1603 - 1680
LE MARÉCHAL DE GRANCEY

Imp. CADART & LUCE, Paris.

FAMILLES ILLUSTRES DE NORMANDIE

ÉTUDE HISTORIQUE ET GÉNÉALOGIQUE

SUR LES

ROUXEL DE MÉDAVY-GRANCEY

DANS LES ARMÉES, A LA COUR ET DANS L'ÉGLISE

AVEC LE PORTRAIT INÉDIT DU PREMIER MARÉCHAL DE GRANCEY

PAR

M. VICTOR DES DIGUÈRES

PARIS

DUMOULIN, ÉDITEUR, QUAI DES AUGUSTINS, 13

—

1870

INTRODUCTION.

La Normandie, cette terre privilégiée, n'est pas seulement fière, à bon droit, de ses plaines fertiles, de ses gras pâturages et de ses industrieuses cités : nulle contrée, peut-être, ne citerait avec orgueil une plus brillante pléiade de poètes, d'artistes et de savants.

Est-il besoin de rappeler ici les noms si populaires de Malherbe, de Corneille, de Mézeray, de Fontenelle, de Poussin, de Jouvenet, de Boïeldieu, pour ne parler que des plus illustres ?

Si le caractère doux et pacifique de ses enfants, si leur esprit industrieux et mercantile, semble les rendre moins propres aux travaux de la guerre, il ne faut pas en conclure que ce génie leur soit refusé.

Sans remonter aux Rollon, aux Robert Guiscard, aux Tancrède de Hauteville, aux Guillaume le Conquérant, nous trouverions, plus près de nous, des noms qui ont laissé de glorieuses traces dans les fastes militaires de la France.

Parmi ces noms, ceux d'Annebault, d'Harcourt, de Montgommery, de Matignon, de Fervaques, de

Médavy-Grancey, peuvent être cités avec le plus d'honneur.

C'est ce dernier que notre étude a pour but de faire connaître.

Vainement, peut-être, chercherait-on dans nos annales une autre famille qui, pendant l'espace relativement court d'un siècle et demi, comprenant cinq générations, ait produit :

Dans la guerre, deux maréchaux de France, cinq lieutenants-généraux, un mestre de camp de cavalerie, et deux chefs d'escadre ;

Dans l'église, trois évêques, un archevêque, quatre abbés et vingt-deux abbesses d'importantes abbayes ;

A la cour, trois chevaliers des Ordres du Roi, deux ambassadeurs, un premier aumônier, trois dames d'honneur de la Reine, deux dames d'atours et deux gouvernantes des petits enfants de France.

Encore faudrait-il au moins doubler ces chiffres, si l'on y joignait ceux qui, parmi les plus proches alliés des Rouxel, remplirent ces éminentes fonctions.

Ne peut-on point dire, sans exagération, qu'une telle famille est entrée dans le domaine de l'histoire? Mais, ô néant des grandeurs humaines! la fécondité merveilleuse qui fut si longtemps comme l'apanage de cette race, parut tout à coup tarie dans sa source, et, vers les premières années du XVIIIe siècle, la mort avait moissonné jusqu'au dernier représentant de cette illustre maison.

A peine leur souvenir vit-il encore parmi nous!

La France, jalouse de toutes ses gloires, a inscrit en lettres d'or le nom de plusieurs d'entre eux sur les tablettes historiques de Versailles.

Notre contrée, qui garde leurs cendres, et qui fut leur berceau, se montre seule indifférente à leur renommée !

La ville d'Argentan, par une inspiration qui l'honore, vient d'élever aux trois frères Eudes de Mézeray un monument dont on peut critiquer, sinon l'ordonnance, au moins les proportions, mais qui doit perpétuer parmi nous leur mémoire.

Avant elle, la petite commune de Ry, berceau des Mézeray, obéissant à une généreuse impulsion, avait pris l'initiative d'inscrire leurs noms sur les murs de sa modeste mairie.

Partout, le souvenir des hommes qui ont laissé quelques traces de leur dévouement ou de leur génie, est pieusement conservé dans le pays qui les compte au nombre de ses enfants (1).

On chercherait en vain chez nous la moindre inscription rappelant le nom des Grancey.

L'église de Médavy, jadis ornée de leurs tombeaux, n'a pas même une dalle où ce nom soit conservé. Qu'est devenu ce magnifique mausolée que Charlotte de Hautemer, fille du maréchal de Fervaques et mère du premier maréchal de Grancey, y fit élever à la mémoire de son noble époux, le comte Pierre Ier de Grancey ? Nous ignorerions jusqu'à son existence passée, sans le précieux manuscrit dont nous allons parler, et qui contient la généalogie des Rouxel de Médavy.

La ville de Verneuil, dont fut gouverneur, aux

---

(1) C'est ainsi que le Mans a sa rue de Tessé, Alençon, sa rue de Matignon, etc.

XVI⁰ et XVII⁰ siècles, Pierre Ier de Grancey, doit à sa veuve la fondation de l'abbaye de Bénédictines, qui eut leur sainte fille pour première abbesse. Une pieuse main a retracé sur les verrières de sa chapelle les armoiries des principales abbesses. Par quel inconcevable oubli les écussons de la fondatrice et de sa fille ont-ils été omis dans cette nomenclature (1) ?

Combien de temps encore doit durer cette regrettable indifférence ? Il ne nous est point donné de le savoir ; mais si notre appel pouvait avoir quelque retentissement, nous serions heureux d'avoir contribué, dans la mesure de nos forces, à la faire cesser.

Un motif plus intime et plus personnel, nous n'avons nul besoin de le taire, nous a guidé dans le choix de cette étude.

Notre enfance s'est, pour ainsi dire, écoulée au milieu des portraits des Grancey (2). Guerriers à l'allure martiale, courtisans enrubanés, prélats à la mine austère, abbesses parfois mondaines, plus souvent ascétiques, belles dames contemporaines des Maintenon et des Sévigné, cette nombreuse galerie avait vivement impressionné notre jeune imagination. Il nous souvient encore d'une sombre

---

(1) Hâtons-nous de dire que cette omission doit prochainement disparaître, grâce aux soins de l'abbesse actuelle, qui prépare en outre à la dépouille mortelle des fondatrices des honneurs dignes de leur mémoire.

(2) M. de Mannoury d'Aubry, notre aïeul maternel, possédait cette nombreuse galerie, qui ne comptait pas moins de deux cents personnages. Un grand nombre a disparu dans la Révolution, mais il nous en reste encore une trentaine.

figure à la Rembrandt, quelque dignitaire de l'Ordre de Malte sans doute ; entrevu à la lueur vacillante du foyer mourant, ce mystérieux personnage a plus d'une fois provoqué nos terreurs enfantines. En face se trouvait une jeune femme en costume de Cour, du temps de Louis XIV ; des boucles de cheveux blonds encadraient le pur ovale de son visage, qui semblait sourire pour nous rassurer.

Naïves illusions d'un autre âge, qu'êtes-vous devenues au milieu des vaines agitations de la vie !

En trahissant ainsi le secret de notre préférence, gardons-nous de faire suspecter notre impartialité.

Nous aurons en effet à signaler des faiblesses qu'il n'entre point dans notre dessein de dissimuler ; nous le ferons toutefois avec la réserve qu'impose le respect de soi-même et de la bienséance.

Nos recherches embrasseront presque exclusivement tout le cours du XVIIe siècle. Nous nous efforcerons de soulever d'une main discrète, mais ferme, le voile du temps qui recouvre les défaillances comme les grandeurs de cette mémorable époque, sur laquelle de récents travaux ont jeté tant de lumières.

Nous voudrions pouvoir dire avec un écrivain contemporain, et peut-être avec moins de complaisance : « L'auteur croit connaître son devoir : ce devoir est de maintenir, à travers les tableaux de mœurs les plus délicats, son jugement sévère et sa plume chaste. Il espère n'y pas manquer (1). »

Quelque éphémères que puissent être les destinées d'une œuvre, quand notre pensée se fait *livre,* elle

---

(1) Octave Feuillet, de l'Académie française.

revêt un corps qui nous survit. A Dieu ne plaise que ce corps devienne jamais, pour notre condamnation, une pierre d'achoppement.

Le XVIIe siècle fait digue entre le XVIe et le XVIIIe siècle, qu'il sépare, a dit un autre écrivain (1).

Cette digue, qui avait pour base les croyances religieuses, la philosophie du XVIIIe siècle allait bientôt s'efforcer de la ruiner. De leur temps, la foi des Pascal et des Bossuet, des Turenne et des Condé, illuminait de ses vives clartés les plus rebelles à la pratique des vertus chrétiennes, et rarement voyait-on les égarements les plus obstinés survivre à l'âge des passions.

Quand, à la lueur incertaine des doctrines antireligieuses, sembla pâlir l'éternel flambeau, la dépravation, affranchie de ses plus salutaires entraves, prit un essor dont le contre-coup devait se faire longtemps sentir.

Le poison descendu goutte à goutte de la cime aux racines de l'arbre social, allait bientôt gagner en superficie ce qu'il perdait en élévation.

Disons maintenant un mot du plan de cette étude.

Nous la diviserons en quatre chapitres.

Le premier, qui sera comme le tableau synoptique des trois autres, comprendra la généalogie de la famille, depuis son arrivée en Normandie, en 1420, jusqu'à son extinction en 1728.

Nous ne ferons qu'indiquer dans cette esquisse

---

(1) Sainte-Beuve, *Préface* des Mémoires de Saint-Simon.

les personnages qui mériteront une mention spéciale, nous contentant de renvoyer le lecteur à leur article particulier, qui se trouvera dans les chapitres suivants.

Un chapitre sera consacré aux Grancey dans les armées ; il comprendra, outre les deux maréchaux de ce nom, les cinq lieutenants-généraux qui leur forment un brillant cortége, et qui combattirent pour la plupart à leurs côtés.

Nous ne pourrons passer aussi près du maréchal de Fervaques, beau-père de Pierre Ier, et qui lui-même porta le nom de Grancey, sans rencontrer fréquemment son nom sous notre plume.

Il en sera de même du maréchal d'Hocquincourt, beau-frère de Jacques III ; et du maréchal de Castelnau, son cousin germain.

Pour ne pas nous égarer dans des digressions et des longueurs inévitables, nous consacrerons à ces trois maréchaux des notices séparées, qui serviront d'ailleurs à mettre en relief plusieurs détails historiques communs à tous les capitaines de la même époque.

Cinq dames de la maison de Médavy ont joué un rôle si considérable à la cour du Grand Roi, qu'elles peuvent, à elles seules, faire l'objet d'un troisième chapitre, intitulé : les Grancey à la Cour. Ce sont : la comtesse de Grancey, Charlotte de Fervaques ; la maréchale de Grancey, Charlotte de Villarceaux, gouvernante des enfants de Monsieur ; ses deux charmantes filles, la comtesse de Marey et Mlle de Grancey, si connues sous le nom d'*anges de la Cour;* et la maréchale de Médavy.

Le quatrième chapitre sera consacré aux Grancey dans l'église.

Nous parlerons d'abord dans ce chapitre des prélats de Médavy-Grancey, les deux évêques de Lisieux, l'évêque de Séez, archevêque de Rouen, puis de l'abbé de Grancey, premier aumônier de Monsieur et du Régent son fils.

Viendront ensuite les nombreuses abbesses, parmi lesquelles deux surtout attireront notre attention par leur mérite et leur sainteté, Louise de Médavy, abbesse d'Almenesches, et Guyonne Scholastique, sa sœur, première abbesse de Verneuil.

Un appendice contiendra les armoiries des principaux alliés des Rouxel.

Enfin, suivant un usage qui tend de plus en plus à se généraliser, et qui, selon nous, ne saurait être trop encouragé, nous dresserons la table alphabétique et analytique des noms propres contenus dans le livre, heureux si par ce surcroît de travail aride, nous pouvons faciliter les recherches de ceux qui seront tentés de nous suivre dans nos explorations rétrospectives.

Si ce premier essai devait être accueilli avec quelque indulgence, peut-être nous déciderions-nous à diriger nos études sur d'autres enfants de notre chère Normandie, dont le souvenir mériterait d'être ravivé.

Il ne nous reste plus qu'à indiquer les principales sources où nous avons puisé les éléments de notre travail.

Nous avons compulsé, souvent avec fruit, l'importante collection des Mémoires pour servir à l'histoire de France, de Michaud et Poujoulat. Les Mémoires de Bussy-Rabutin, publiés en dehors de cette collection, nous ont fourni leur utile appoint. Le Journal de Dangeau, si rempli de faits, malgré sa sécheresse, nous a été d'une grande ressource. Saint-Simon, dont il ne faut pourtant admettre qu'avec réserve les appréciations trop souvent passionnées, ne peut être négligé par quiconque veut étudier consciencieusement la société dans laquelle il a vécu.

La Chronologie historique militaire de Pinard est un guide indispensable pour les campagnes des capitaines.

Les lettres de Mme de Sévigné, celles même de Mme de Maintenon, quoique plus réservées, celles de la marquise de Villars, récemment mises en relief, ont fourni un large contingent à la partie anecdotique de notre étude.

Les historiettes de Tallemant des Réaux, malgré leur regrettable cynisme, et quoiqu'on en puisse souvent suspecter la véracité, n'ont pas laissé de nous être d'un certain secours.

Les pamphlets et les nombreuses chansons du XVIIe siècle, source impure à laquelle on ne puise qu'avec dégoût, contiennent plus d'un trait piquant que l'on chercherait vainement ailleurs.

La *Gazette*, le *Mercure*, la *Clef du cabinet des Princes* (Gazette de Verdun), la *Muse historique de Loret*, étaient autant de répertoires naturellement ouverts à nos investigations.

Le P. Anselme, Moréri, La Chesnaye-Desbois, nous

présentaient d'utiles renseignements généalogiques.

Le *Gallia Christiana*, continué de nos jours avec succès, nous a fait connaître les principaux traits de la vie de nos prélats et de nos abbesses.

L'*Éloge des illustres de l'Ordre de St-Benoît*, par Jacqueline Bouette de Blemur, donne de précieux détails sur la vie de deux dames de Médavy, que les abbayes d'Almenesches et de Verneuil sont fières à bon droit de compter parmi leurs plus saintes filles.

Masseville, Gabriel Dumoulin, de Bras, Odolant-Desnos, Maurey d'Orville, tous nos historiens normands ne nous ont point fait défaut.

Les études pleines d'intérêt de Walckenaër, de Victor Cousin, du duc de Noailles, d'Amédée Renée, et de quelques autres, sur le XVIIe siècle, ne peuvent être négligées par quiconque s'efforce de suivre leurs traces.

Beaucoup de manuscrits ont été par nous consultés ; citons les plus importants.

Un curieux dossier concernant les Rouxel de Médavy, conservé à la bibliothèque impériale (cabinet des titres), nous a donné maint détail imprévu.

Nous avons trouvé les plus utiles renseignements dans un précieux manuscrit sur la famille de Médavy, qui nous a pour ainsi dire fourni la trame de notre ouvrage. Nous voulons parler de la notice généalogique de Lautour-Montfort, mise si obligeamment à notre disposition par son heureux possesseur, M. Germain, auteur d'une histoire d'Argentan (1).

Plus d'une anecdote locale est empruntée au registre de Thomas Prouverre, qu'a bien voulu nous confier M. Barrassin, avocat à Argentan.

Nous devons à l'obligeance de M. de Brossard d'avoir pu prendre connaissance de pièces importantes, conservées au chartrier du château des Iles-Bardel.

Madame l'abbesse de St-Nicolas de Verneuil, nous lui en témoignons toute notre gratitude, a mis à notre disposition des documents qui nous ont permis de tracer l'historique de cette abbaye, dont la fondation est due à la famille de Médavy.

Nous devons aussi des remerciements à madame la supérieure des Bénédictines d'Argentan, pour quelques communications d'une moindre importance.

C'était là certes un vaste champ ouvert devant nous. Il ne faut donc s'en prendre qu'à notre insuffisance si nous n'en avons point su tirer un meilleur parti.

A ceux qui seraient tentés de nous suivre dans une voie trop peu fréquentée, nous ne dissimulerons point l'aridité, disons plus, les fatigues réelles de l'entreprise; qu'ils ne se laissent pourtant point rebuter, car elle contient en même temps d'ineffables compensations.

N'est-ce pas au terme d'une de ces études, que

---

(1) Il ne faut pas confondre cette généalogie avec le manuscrit du même auteur, appartenant à la ville d'Argentan, et auquel nous avons eu plus d'une occasion de recourir.

l'éminent écrivain auquel on doit de si séduisantes peintures de la société du XVII⁰ siècle, lui adressait naguères cet éloquent et suprême adieu, où l'on voit avec bonheur percer la foi du chrétien :

« Posons la plume, et mettons fin à ces peintures d'une société à jamais évanouie, et de femmes que l'œil des hommes ne reverra plus. Encore quelques pages sur Mme de Longueville, et nous aurons dit adieu à ces rêves de nos heures de loisir, que caressa notre jeunesse et qui nous ont accompagné jusqu'au terme de l'âge mûr. Nous l'avouons, nous ne quittons pas sans regret cet aimable et généreux commerce. Soyez bénies en nous séparant, muses gracieuses ou sévères, mais toujours nobles et grandes, qui m'avez montré la beauté véritable et dégoûté des attachements vulgaires. C'est vous qui m'avez appris à fuir les sentiers de la foule, et au lieu d'élever ma fortune, à tâcher d'élever mon cœur.

« Grâce à vos leçons, je me suis complu dans une pauvreté fière; j'ai perdu sans murmure tous les prix de ma vie, et j'ai été trouvé fidèle à une grande cause, aujourd'hui abandonnée, mais à laquelle est promis l'avenir. Soutenez-moi dans les épreuves suprêmes qui me restent à traverser. Contemporaines de Descartes, de Corneille, de Pascal, de Richelieu, de Mazarin, de Condé, Anne de Bourbon, Marie de Rohan, Marie de Hautefort, Marthe du Vigean, Louise-Angélique de La Fayette, sœur Sainte-Euphémie, âmes aussi fortes que tendres, qui, après avoir jeté tant d'éclat, avez voulu vous éteindre dans l'obscurité et dans le silence, donnez-moi quelque chose de votre courage. Enseignez-moi à sourire comme vous à la solitude, à la vieillesse, à la maladie, à la mort. Disciples de Jésus-Christ, joignez-vous à son précurseur sublime pour me répéter, au nom de l'évangile et de la philosophie, qu'il est temps de renoncer à tout ce qui passe, et que la seule pensée qui désormais me soit permise est celle de quelques travaux utiles, du devoir et de Dieu » (1) !

(1) Mme de Hautefort, par M. Victor Cousin, 3e édit., p. 138-139.

GÉNÉALOGIE.

Non loin de l'antique bourg d'Almenesches, renommé par sa célèbre abbaye de Bénédictines, à égale distance de Séez et d'Argentan, le voyageur qui parcourt en chemin de fer le trajet entre ces deux villes, aperçoit, sur les bords riants de l'Orne, ce qui reste encore du château de Médavy.

Quelle ne devait pas être, avant sa mutilation, l'importance de ce château, puisque, réduit de près de moitié, il n'en présente pas moins d'imposantes proportions! Deux belles tours circulaires, derniers débris d'une enceinte jadis fortifiée, achèvent de donner à cette antique demeure un cachet aristocratique.

L'enceinte, dont on voit encore les traces, avait pour limite au nord le lit de la rivière ; un canal circulaire, garni de parapets avec balustrade, la fermait de l'autre côté.

Le style du château nous révèlerait l'époque assez peu reculée de sa reconstruction, si d'ailleurs Lautour-Montfort ne nous apprenait que ce fut l'œuvre du marquis de Grancey, frère du maréchal de Médavy, dans les dernières années du règne de Louis XIV.

Le château qui fit place au nouvel édifice, s'il offrait

un aspect moins grandiose, répondait mieux, à coup sûr, aux exigences d'une époque où la sécurité était le prix des précautions stratégiques. Nous verrons bientôt, en effet, qu'il eut à subir de véritables siéges, quoique la cause en fût parfois assez futile.

L'ancien château renfermait en outre une chapelle dédiée à saint Jean, à la présentation des seigneurs de Médavy, comme la cure paroissiale elle-même, au moins depuis 1574.

Cette chapelle était ornée de belles verrières, sur l'une desquelles était figuré un guerrier à genoux, armé de toutes pièces, et le pot en tête. Une cotte d'armes recouvrait son armure: on y avait représenté, à côté d'autres armoiries, l'écusson des Rouxel, timbré d'une crosse et d'une mitre, avec une croix de Malte en chef (1).

L'étymologie de Médavy a exercé la sagacité des antiquaires (2). Sans nous arrêter à leurs conjectures un peu divergentes, nous dirons que cette terre était depuis longtemps possédée par des familles puissantes. Orderic Vital nous apprend, en effet, qu'un seigneur de Médavy, nommé Hugues, était, au XIe siècle, un des principaux vassaux de Roger, comte de Montgommery.

Agathe, fille de Payen de Médavy, en épousant

---

(1) Manuscrit de la bibliothèque Impériale (dossier concernant les Rouxel de Médavy). C'est dans cette chapelle que se trouvaient, à n'en pas douter, les caveaux de la famille, quoique l'église paroissiale contînt le magnifique mausolée du premier comte de Grancey.

(2) Médavy : *medavium, mel Davidis, medius David, Maii David, Medela Davidis ; me* pour *mansio*, métairie; *med* (en celtique pâturage); Medle, à *Waterin*, mélange d'eaux (l'Orne recevant le Don à Médavy.)

Fouques d'Aunou, vers la fin du XIIIe siècle, apporta le domaine de Médavy à cette puissante maison (1).

La famille du Merle, qui eut vers cette époque un maréchal de France et deux gouverneurs d'Argentan, posséda ensuite Médavy.

Au commencement du XVe siècle, cette terre appartenait à Colin Paynel, qui, le 23 septembre 1409, la céda à Guillaume Larçonneur, en échange de la terre d'Aubry-le-Panthou, revenue peu de temps après à celui-ci.

Guillaume Larçonneur ayant marié, quelques années plus tard, sa fille unique à Jean Rouxel, seigneur du Plessis-Morvant, le domaine de Médavy passa définitivement à la famille de ce dernier, qui en prit le nom et le posséda jusqu'en 1728, c'est-à-dire jusqu'à la mort de son dernier représentant.

Avant de nous occuper de Jean Rouxel et de sa postérité, voyons donc ce qu'était Guillaume Larçonneur.

Parmi les seigneurs anglais qui suivirent en France Édouard III et ses successeurs, dans les premières années du XIVe siècle, et qui secondèrent le succès de leurs armes en Normandie, plusieurs reçurent d'importantes dotations dans notre contrée, à l'exemple de ce qu'avait fait trois siècles plus tôt Guillaume le Conquérant pour ses braves compagnons. D'autres y firent de riches établissements, et surent se concilier la faveur de nos princes. Seulement la conquête de

---

(1) En 1327, Agathe de Médavy était veuve, et reconnaissait aux Assises d'Argentan les transactions faites à l'occasion de la cure de Médavy, dont le patronage avait été aumôné, en 1181, par ses ancêtres aux moines de St-Evroult.

Guillaume devait être durable, tandis que l'occupation anglaise allait avoir un terme.

Aussi vit-on nos voisins reprendre bientôt la route de l'Angleterre qu'ils n'avaient pas eu le temps de perdre de vue. Quelques-uns cependant renoncèrent à leur patrie, et se fixèrent définitivement parmi nous. Tels furent les ancêtres de Guillaume Larçonneur.

Dès 1399, ce dernier était officier du comte Pierre II d'Alençon. C'est vers cette époque qu'il dut épouser Jeanne ou Jacquette d'Agneaux, d'une ancienne famille normande.

Quelques années plus tard, Guillaume Larçonneur était devenu l'écuyer favori et le maître d'hôtel de Jean Ier, duc d'Alençon, ce prince dont la valeur égala la sagesse. Jeanne d'Agneaux, de son côté, n'était pas moins avancée dans les bonnes grâces de Marie de Bretagne, duchesse d'Alençon, qui en fit sa dame d'honneur.

En 1410, le duc accordait à son favori des lettres patentes reconnaissant qu'il était de noble lignage, et l'exemptant de prouver sa noblesse, à cause de l'éloignement de son pays d'origine.

Guillaume Larçonneur devait être aux côtés du duc d'Alençon, lorsqu'à l'exemple de Charles Ier, son aïeul, tué à Crécy, il trouva une glorieuse mort sur le champ de bataille d'Azincourt, après avoir tué de sa propre main le duc d'York et terrassé le roi d'Angleterre.

Le duc Jean II d'Alençon et la duchesse Jeanne d'Orléans, sa femme, continuèrent envers Guillaume Larçonneur et Jeanne d'Agneaux la protection qu'ils avaient trouvée auprès de Jean Ier.

Aussi Larçonneur joignit-il bientôt à ses charges le

gouvernement d'Argentan, à une époque où ce poste avait une importance considérable, à cause des incursions des Anglais.

Lorsqu'en 1417 le roi d'Angleterre, Henri V, vint mettre le siége devant cette ville, il s'en empara avec assez de facilité pour qu'on ait accusé le gouverneur d'avoir manqué d'énergie dans la défense.

Est-ce Guillaume Larçonneur qui doit porter le poids d'une telle accusation? Nous pouvons en douter, puisque, s'il faut en croire le manuscrit de M. Pigeon sur l'histoire d'Argentan, le gouverneur de cette ville s'appelait Trousseauville, quand elle fut prise par les Anglais.

Quoi qu'il en soit, Larçonneur ne tarda point à donner la mesure de sa valeur, en se faisant tuer aux côtés de son maître. Les Français étaient parvenus à reprendre Verneuil, en 1424, lorsque le duc d'York, frère du roi d'Angleterre, connaissant tout le prix de cette place, accourut pour en faire le siége, avec des forces imposantes. Le duc d'Alençon, quoiqu'il n'eût alors que 15 ans, marcha résolument à sa rencontre dans la plaine de St-Denis. Un combat meurtrier s'engagea, en vue des remparts de la ville; l'issue en fut fatale à nos armes : 5000 des nôtres restèrent sur le champ de bataille, et parmi eux se trouvait l'écuyer du duc, dont le dévouement ne put empêcher la captivité de son maître.

La ville d'Argentan dut à Guillaume Larçonneur et à Jeanne d'Agneaux la fondation de la principale chapelle de l'hôpital St-Thomas, où cette dernière reçut la sépulture (1).

(1) Cette fondation fut confirmée par lettres patentes du duc d'Alençon, en date du 16 décembre 1413.

On y remarquait, jusque vers la fin du XVIIe siècle, les armes des fondateurs et celles du duc d'Alençon, leur maître. A cette dernière époque, on eut la singulière idée d'en faire une sacristie, et les armoiries disparurent (1).

Guillaume Larçonneur était seigneur de Médavy, Aubry-le-Panthou, Royville et Bretel ; son crédit à la cour des ducs lui assurait en outre un rang des plus élevés. Aussi sa fille passait-elle pour le plus riche parti du pays, lorsque, vers 1415, elle épousa en premières noces Alain de la Vieuxville, chevalier, seigneur de la Mothe-Beaussey, en Bretagne.

Les biens personnels de Marie Larçonneur s'accrurent bientôt de ceux de son premier mari, qui mourut peu de temps après son mariage, sans laisser de postérité. Les héritiers d'Alain de la Vieuxville intentèrent à sa veuve un procès qui fut renvoyé devant le Parlement de Rennes, le 20 novembre 1428, par le duc Jean de Bretagne.

Mais à cette dernière époque, Marie Larçonneur était déjà remariée, et son nouvel époux était Jean Rouxel, le chef de la famille que nous nous efforçons de faire connaître.

Il l'avait sans doute connue à la cour de Bretagne, où elle avait suivi son premier mari, car Jean Rouxel était écuyer du duc de Bretagne, dont il avait reçu les terres et seigneuries du Plessis-Morvant, situées en cette province.

Comme les ancêtres de Guillaume Larçonneur, Jean Rouxel était venu d'Angleterre en France, mais pour

---

(1) Lautour-Montfort (manuscrit sur Argentan).

y combattre dans les armées du roi Charles VI. Il s'était ensuite attaché au duc Jean de Bretagne, dont il devint bientôt l'écuyer. Il avait été attiré à la cour de Bretagne par son frère, Thierry Rouxel, qui occupait un rang distingué dans la province.

Ce Thierry Rouxel n'ayant point laissé d'enfants mâles, ses biens considérables passèrent, en 1397, dans l'illustre maison d'Avaugour, descendue des ducs de Bretagne, par le mariage de sa fille unique avec un seigneur de cette maison (1).

Jean Rouxel demeura donc seul de son nom en France, ou plutôt en Normandie, qui devint son pays d'adoption, après son mariage. Mais une branche de sa famille s'était perpétuée en Angleterre, où elle remontait à la conquête. On voit, en effet, figurer sur la liste des compagnons de Guillaume un seigneur normand du nom de Roussel, qui se distingua à la bataille de Hastings.

Les descendants de ce Roussel devinrent les Rouxel de France et les Russel d'Angleterre.

Le célèbre premier ministre de la Grande-Bretagne, lord John Russel, ne se glorifiait-il pas de cette origine (2)?

Quant à notre Jean Rouxel, nous pouvons maintenant l'appeler Rouxel de Médavy, car à la mort de

(1) Le seigneur d'Avaugour prit les armes des Rouxel, que portait encore la duchesse de Montbazon, descendue de ce mariage. Après sa mort, sa veuve épousa un Goyon de la Moussaye, de la famille des Matignon, qui prit aussi les armes des Rouxel.

(2) Il y a quelques années, le curé de la paroisse de Rosel près Caen, qui passe pour le berceau de cette famille, eut l'idée de s'adresser à lord John Russel pour obtenir une cloche, qui lui fut courtoisement octroyée.

Guillaume Larçonneur, il devint seigneur de Médavy, d'Aubry, Royville et Bretel.

Jean Rouxel inaugura dignement sa vaillante lignée. En 1432, il était au nombre des trente chevaliers qui soutinrent l'honneur de nos armes dans le combat singulier où furent défaits trente seigneurs anglais, près du château de Rânes, à quelques lieues d'Argentan.

Par lettres patentes datées de Bernay le 1er juin 1437, le roi Charles VII fit don à Jean Rouxel de divers héritages situés ès bailliages d'Alençon et de Caen, en considération de ses services.

Lorsque mourut Marie Larçonneur, au château de Médavy, le 16 juillet 1460, son mari avait déjà cessé de vivre, et les lots de ses biens, faits entre leurs sept enfants, datent de cette époque.

Dès le 17 janvier 1437 (1457 selon d'autres), ils avaient partagé les biens personnels de leur mère et ceux de son premier mari, qu'elle leur avait cédés.

Occupons-nous maintenant de ces sept enfants, qui furent :

I. Alain Rouxel, l'aîné, seigneur du Plessis-Morvant en Bretagne, de Royville, Bretel et Aubry-le-Panthou en Normandie.

Alain Rouxel s'étant déclaré pour le duc de Bretagne, le roi Charles VIII, par lettres du 24 novembre 1487, confisqua tous ses biens situés en Normandie au profit d'Antoine Martel ; mais ces lettres ne reçurent point d'exécution, et il fut bientôt réintégré dans tous ses droits. Etant rentré en Normandie vers la même époque, il ne tarda point à être de nouveau inquiété comme ayant favorisé le meurtre de l'official de Séez, tué par le page d'un sieur Le Bouthellier. Son innocence fut sans doute bientôt reconnue, car peu de temps après, il obtint des lettres de rémission.

Alain Rouxel mourut en 1490. Il avait épousé Renée de Sallet, dont il eut un fils, Pierre Rouxel, mort à Tours, en 1505, sans laisser de postérité, et après avoir dissipé ou engagé tous ses biens. C'était pourtant un vaillant guerrier qui obtint le collier des Ordres du roi (1).

II. Georges Rouxel, qui suit.

III. Olivier Rouxel, devenu par échange avec Pierre, son neveu, seigneur d'Aubry-le-Panthou, qu'il vendit en 1470.

IV. Alain Rouxel, mort sans postérité.

V. Jeanne Rouxel, mariée en 1455 à Jean de Silly, dont naquit Olivier de Silly.

Les Silly ont joué un rôle important en Basse-Normandie et comptent d'illustres alliances. Un membre de cette famille avait accompagné François Ier dans le Milanais et combattu à Marignan. François de Silly avait été bailly de Caen. Jacques de Silly fut le soixantième évêque de Séez. Ce prélat employa son riche patrimoine à l'embellissement de la cathédrale et à la construction du palais épiscopal de Fleuré près Argentan.

Le père de l'évêque, seigneur de Lonray près Alençon, était chambellan du roi et gouverneur du duché d'Alençon ; sa mère était Anne de Pré-en-Pail.

Jacques de Silly, notre évêque, avait trois nièces qu'il dota richement :

La première eut le magnifique château de Lonray,

---

(1) Il vendit sa terre de Royville à Christophe Gouhier, écuyer, sieur d'Ectot, son cousin germain, dont les descendants la possédèrent longtemps; Pierre Rouxel fut inhumé dans l'église St-Pierre de Tours.

embelli par son oncle, et l'apporta en mariage au seigneur de Matignon, comte de Gacé.

La seconde fut mariée au seigneur de Rabodanges, pour lequel Jacques de Silly bâtit le château des Rouges-Terres, à deux lieues de Séez.

La troisième enfin épousa un membre de l'antique famille d'Angennes, des marquis de Rambouillet, et reçut en mariage le château de Fontaine-Riant, situé aux environs de la ville de Séez (1).

VI. Gillette Rouxel, mariée : 1° en 1435 à Guillaume de Champvallon, sieur de la Mailleraye; 2° à Gilles d'Avaugour, ce qui est justifié par un contrat de constitution passé devant les tabellions de Vimoutiers le 26 mai 1453.

VII. Catherine Rouxel, mariée le 31 mars 1457 à Gilles Badin, écuyer, sieur de Vaucelles près Bayeux, dont elle eut un fils, et une fille mariée à Guillaume Davy, écuyer, sieur de Néel.

II.

Le second fils de Jean Rouxel et de Marie Larçonneur, Georges Rouxel, écuyer, seigneur de Médavy, fut capitaine des francs-archers du duché d'Alençon et des comtés du Perche et de Mortain. Il suivit Louis XII et Bayard dans le Milanais, et fut tué en combattant vaillamment à la bataille de Guinegate (appelée la *journée des éperons*), le 16 août 1513.

Il avait épousé, le 4 août 1458, Catherine d'Escalles, fille de Richard d'Escalles, *alias* d'Esclaves, écuyer,

---

(1) Voir Maurey d'Orville, *Histoire de Séez.*

sieur d'Argentelles, maître d'hôtel de Jean, duc d'Alençon, et d'Isabeau de Thieuville (1).

Catherine d'Escalles, dame du Crocq, apporta en mariage à Georges de Médavy le fief du Crocq situé en la paroisse de Montchevrel. Ce dernier en rendit hommage au duc d'Alençon, ainsi qu'il se voit dans les lettres patentes de ce prince datées du 15 septembre 1467, au Mesnil près Trun.

Catherine d'Escalles mourut le 15 août 1520, et fut inhumée dans l'église de Montchevrel.

Quatre enfants naquirent de leur mariage :

I. Robert Rouxel, qui prit les ordres et renonça à son droit d'aînesse en faveur du mariage de Fleury Rouxel, son frère puîné, en 1496. Robert mourut en 1520.

II. Fleury Rouxel, qui suit.

III. Alain Rouxel, sieur du Crocq, marié : 1° à Jacqueline Langlois, dame du Chesnay ; 2° à Catherine Moinet, d'une ancienne famille, dont le nom figure souvent dans les annales de notre pays. Ce dernier mariage eut lieu en août 1514 (2). Alain Rouxel mourut en 1539, sans laisser de postérité.

Il prenait le titre de conseiller de la cour.

IV. Isabelle Rouxel, mariée le 12 mai 1482, à Christophe Gouhier, seigneur d'Ectot (3), qui acheta

---

(1) Un de Thieuville figure sur la liste des compagnons de Robert Courte-Heuse à la conquête de Jérusalem. Paul de Thieuville épousa Anne de Pellevé au XVII siècle.

(2) Catherine Moinet était veuve en premières noces de Jacques Le Chevallier, écuyer, seigneur de Venoix, et en deuxièmes de Guillaume de St-Germain.

(3) De l'avis de Messire Guillaume d'Escalles, son oncle, protonotaire du Saint-Siége, commandeur et administrateur de l'abbaye de Gretain.

la terre de Royville de Pierre Rouxel, cousin germain de sa femme, dont nous avons parlé plus haut (1).

III.

Fleury Rouxel, second fils de Georges et de Catherine d'Escalles, fut seigneur de Médavy et d'Aubry-le-Panthou.

Devenu l'aîné de la famille par la renonciation de son frère Robert, il épousa : 1° le 9 janvier 1496, Philippe de Sarcilly, fille de Jean de Sarcilly, seigneur d'Ernes, et de Catherine de La Palu ; 2° Guillemette de Mathan, fille de Gilles, seigneur de Mathan, et d'Hélène d'Avesgo. Guillemette de Mathan était veuve de Jacques de Pierrefitte en 1512.

La famille de Sarcilly tenait un rang des plus distingués dans notre province (2).

Nous parlerons plus bas d'Eléazar de Sarcilly, plus connu sous le nom de Chandeville, parent du poète Malherbe, et auteur lui-même de poésies assez estimées.

Les de La Palu, les d'Avesgo, les de Mathan, les de Pierrefitte sont encore, ou étaient naguère, représentés parmi nous, et peuvent compter au nombre des plus anciennes familles de Normandie.

Fleury Rouxel de Médavy vivait encore en 1528. Il eut de son mariage avec Philippe de Sarcilly trois enfants qui furent :

I. Jacques, qui suit.

---

(1) La famille des Gouhier est encore représentée en Normandie par les branches de Charencey, de Fontenai, de Petite-Ville, etc.

(2) Jean de Sarcilly s'allia, au XVIe siècle, à Catherine de Lorraine. La ville de Vire a eu deux gouverneurs de ce nom.

II. Suzanne Rouxel, mariée, en 1516, à Gallois de Montagu, son parrain, qui dut obtenir une dispense comme tel.

III. Jacqueline Rouxel, qui épousa en premières noces Charles Brosset, seigneur du Chesnay, et en secondes noces Philippe de Panthou, seigneur de Granval.

IV. Hélène Rouxel, mariée en 1545 à Gilles de Fribois, écuyer, sieur des cours, nommée au contrat de mariage de Guillaume de Fribois, leur fils, le 29 novembre 1586.

De son mariage avec Guillemette de Mathan, sa seconde femme, Fleury Rouxel n'eut qu'une fille.

IV.

Jacques Rouxel, premier du nom, seigneur de Médavy, du Crocq et d'Aubry-le-Panthou, etc., fils aîné de Fleury Rouxel et de Philippe ou Philippine de Sarcilly, épousa, en 1523, Françoise de Pierrefitte, fille unique et héritière de Jean de Pierrefitte, seigneur de Pierrefitte-en-Cinglais, et de Guillemette de Mathan, seconde femme de Fleury Rouxel; ainsi qu'il résulte d'un arrêt de l'Échiquier d'Alençon, en date du 8 octobre 1539, par lequel la terre d'Occaignes, appartenant à André de Pierrefitte, son aïeul, fut adjugée à Françoise de Pierrefitte, contre Guillaume de Pierrefitte son oncle.

Nous avons parlé ailleurs de la famille de Pierrefitte et de la terre du Mesnil-d'Occaignes où se voient encore les restes d'un château du XVIe siècle, dont la construction est due, selon toute apparence, à Jacques de Médavy ou à son successeur.

Jacques Rouxel mourut à Médavy le 11 décembre 1560. Françoise de Pierrefitte, sa veuve, mourut elle-même le 12 octobre 1562. Ils furent inhumés l'un et l'autre dans le caveau de Médavy. A leur union fut accordée une fécondité qui devait encore être surpassée par celle de plusieurs de leurs descendants, comme nous le verrons bientôt.

Les dix enfants nés de leur mariage furent :

I. II. III. et IV. N. N. N. et N. Rouxel, morts jeunes.

V. René Rouxel, seigneur de St-Bazile, Médavy et Aubry, appelé par erreur Fleury dans Moréri, naquit en 1526. Sa valeur et son mérite lui concilièrent les bonnes grâces du roi Henri II, et lui valurent la renommée de grand capitaine. Grièvement blessé à la désastreuse bataille de St-Quentin, il mourut des suites de ses blessures, au mois de janvier 1558, à Montreuil en Picardie. Il n'avait que 30 ans (1).

René de Médavy avait épousé, vers 1552, Françoise Le Vieil, veuve de Maurice Gouhier, sieur de Fontenai et des Champeaux, qui mourut avant lui et fut inhumée dans l'église de Camembert. Il survécut également à un fils qu'il en avait eu.

Par son testament en date du 13 janvier 1558, René Rouxel voulut être inhumé dans la même église, auprès de sa femme et de son jeune fils.

Le 25 mai 1554, il y avait eu, au sujet de la sépulture de cet enfant, une contestation entre René de

---

(1) La bataille de St-Quentin fut particulièrement funeste aux Normands. Au nombre des prisonniers se trouvaient l'amiral d'Annebault et le seigneur d'Aubigny. René de Médavy et le capitaine de Vicques y trouvèrent la mort.

Médavy et le seigneur de Calmesnil, qui avait fait arracher les armoiries gravées sur son tombeau. Une transaction intervint, aux termes de laquelle le sire de Médavy préférait Calmesnil dans les honneurs de l'église.

Au mois de juin 1556, René Rouxel, dans un court séjour en Normandie, avait recherché la main d'une autre veuve, la dame de l'Escorpain. Leur contrat de mariage fut passé vers cette époque, mais la mort ayant surpris René, au mois de janvier suivant, sans que leur union eût été célébrée, il voulut léguer un diamant à la veuve du seigneur de l'Escorpain, en ressouvenir des promesses de leur mariage.

Vers la même époque, le sire de Médavy, qui semblait avoir un goût trop prononcé pour les veuves, avait entretenu, toujours paraît-il sous promesse de mariage, des relations avec Renée Laudier, veuve du sieur de Sainte Marthe, maître des requêtes de la reine de Navarre.

Un enfant né de ce commerce fut baptisé sous le nom de Julien Rouxel; mais son existence fut dissimulée jusqu'à la mort de Jacques Rouxel et de Françoise de Pierrefitte, père et mère de René. A cette époque, Paul Mabon, oncle maternel de Julien, se fit nommer son tuteur et prétendit le faire légitimer, comme né sous promesse de mariage. Mabon succomba, attendu que rien n'établissait la promesse de mariage, que Renée Laudier n'avait jamais cessé d'être appelée Madame de Sainte Marthe, et qu'elle n'avait point porté le deuil de René de Médavy, non plus que de ses père et mère.

Julien, qui avait pris les armes et s'était acquis de la réputation, sous le nom de capitaine Julien, ne se tint pas pour battu. Il porta appel au Parlement de Rouen, de la sentence de l'Échiquier d'Alençon. Ayant encore succombé dans cette instance, il déféra la cause au Conseil, qui allait le condamner définitivement, lorsqu'il fut tué à Paris le 19 janvier 1585. Son meurtrier était le sieur de Vaussey-Vaujarry, gentilhomme normand de la paroisse de Montchevrel, qui vengeait par cette mort une insulte du capitaine Julien, et *le maltraitement* de ses soldats, en revenant de l'armée de Flandres.

Ce singulier procès durait depuis plus de vingt ans.

VI. Georges Rouxel, sieur de Médavy, de Pierrefitte et du Mesnil d'Occaignes, prit aussi le parti des armes et fut tué en 1558, à la défaite du commandant de Thermes, près Gravelines. Il était célibataire.

VII. Jacques II, qui suit.

VIII. Frédéric Rouxel, seigneur d'Aubry-le-Panthou et de Pierrefitte, par partage en date du 22 février 1565, épousa, le 22 mai 1571, devant les notaires d'Essay, Margueritte Labbé, dame de La Rozière, fille de Philippe Labbé, sieur de La Rozière, et de dame Nicole Vallix de Prestal et du Mesnil-Froger. Une fille unique née de ce mariage, Françoise Rouxel, épousa, le 7 janvier 1598, Antoine Osmond, seigneur du Beuville et du Mesnil-Tison, auquel elle porta pour toujours Aubry, Pierrefitte, etc.

La famille d'Osmond, encore représentée de nos jours, était des plus marquantes et compte les plus illustres alliances.

IX. Denis Rouxel, évêque de Lisieux, dont il sera parlé au chapitre des prélats de la maison de Médavy.

X. Le dixième enfant de Jacques Rouxel et de

Françoise de Pierrefitte fut Anne Rouxel, mariée en premières noces à Guy du Bouillonné, seigneur du lieu de Malnoyer, La Boulonnière, Deurtal et Mirville. Anne Rouxel épousa, en secondes noces, Claude Gobé, seigneur de Suresnes ou Sorraine (Surranus dit M. de Thou), chevalier de l'ordre du roi, maître d'hôtel de la reine-mère, grand prévôt de Normandie, maréchal des camps et armées du roi, l'un des favoris privilégiés d'Henri IV; Claude Gobé mourut en 1600 et sa veuve en 1606.

Anne Rouxel avait eu de son premier mariage avec Guy de Bouillonné trois fils : Jacques, Charles et François. L'aîné eut de Catherine du Menildot, sa femme, un fils et trois filles, dont l'aînée épousa Jacques de Bernard, écuyer, sieur d'Avernes.

Charles et François du Bouillonné furent tonsurés le 4 juin 1583. François fut abbé de Mondée, au diocèse de Bayeux, riche abbaye, qui fut comblée des bienfaits de sa mère et de Claude Gobé, son second mari. Ces deux derniers furent inhumés dans le chœur de l'église abbatiale, et leurs armoiries se voyaient sur les vitraux de cette abbaye (1).

V.

Jacques Rouxel, II du nom, seigneur puis baron de Médavy, d'Occaignes, de Caumont, Blanche-Lande, le Balu, les Grandes-Occaignes, le Mesnil-d'Occaignes, le Crocq, le Mesnil-de-Boussey, et la Mothe, naquit vers 1528, probablement à Médavy, du mariage de

---

(1) *Neustria pia*, page 909.

Jacques Ier de Médavy et de Françoise de Pierrefitte.

Avec lui commence, à proprement parler, l'illustration de cette famille, dont l'importance allait toujours croissant depuis son arrivée en Normandie.

Destiné d'abord à l'Église, dès l'âge de 11 ans il recevait du pape Paul III des bulles pour un bénéfice.

La mort de ses deux aînés, tués à St-Quentin et à Gravelines, le porta à renoncer à l'Église.

François, duc d'Alençon, frère du roi Charles-IX, l'ayant pris en affection, sa fortune fut bientôt aussi brillante que rapide. Nommé dès le début gentilhomme ordinaire de la chambre du prince, il ne tarda point à remplir d'importantes fonctions dans son duché d'Alençon.

Fait capitaine de cent arquebuses en 1568, nous le voyons l'année suivante prendre une part glorieuse au combat de Jarnac, où périt si tristement le célèbre prince de Condé. C'est à ce moment que, le premier de sa famille, il reçut l'insigne honneur du collier des Ordres du roi.

Deux ans après, le 4 août 1571, le duc d'Alençon le nommait gouverneur d'Argentan, St-Sylvain et le Thuit.

Cette dignité fut possédée pendant un siècle et demi par ses descendants. Voici en quels termes était conçu le brevet qui la lui conférait :

« François, fils et frère de roy, duc d'Alençon, Chantierry, Évreux, comte du Perche, Dreux, Mantes et Melun, savoir faisons que nous, à pleine confiance de la personne de bien amé Jacques Rouxel, sieur de Médavy, à y celui avons donné et octroyé, donnons et octroyons, l'offisse de capitaine d'Argentan, St-Sylvain et le Thuit, que naguère souloit exercer J. Tierselin, sieur des Brosses.

Donné à Paris le 4me jour d'aoust 1574. »

Un an après sa nomination comme gouverneur d'Argentan, Jacques de Médavy signalait sa présence en cette ville par un acte qui lui fait le plus grand honneur. Le duc d'Alençon, son maître, avait donné des ordres pour prévenir dans son duché le contre-coup de la St-Barthélemy. Grâce à l'énergique attitude du gouverneur, les horreurs de cette triste journée furent épargnées à la ville d'Argentan, où les huguenots étaient si peu populaires. Jacques de Rouxel joua donc chez nous le rôle des Leveneur à Rouen et des Matignon à Alençon (1).

En 1573, Jacques de Médavy était fait capitaine de cinquante hommes d'armes, et le duc d'Alençon le nommait son chambellan ordinaire.

Enfin ce prince qui l'appelait son *bon ami* dans une lettre du 9 mai 1580, le fit, en 1584, son conseiller ordinaire et son lieutenant général aux duché d'Alençon et comté du Perche, dont le gouvernement lui était confié pour le duc et pour le roi.

En 1596, Henri IV érigea en baronnie sa seigneurie de Médavy, dont il se démit cinq ans après en faveur de Pierre Ier son fils, deuxième baron de Médavy.

En 1605, parvenu à un âge avancé et sentant sa fin proche, Jacques Rouxel faisait son testament. Deux ans après, il mourait à l'âge de 80 ans, ayant eu la bonne fortune de voir son fils aîné contracter une illustre alliance, parvenir aux emplois les plus hauts, et son second fils nommé évêque de Lisieux.

---

(1) Germain, *Histoire d'Argentan*, page 392. Jacques de Médavy fut chargé de missions en Flandres et en Angleterre.

Jacques II de Rouxel avait épousé, en 1556, Perronne ou Perrette Fouques de Manetot, fille unique de Guillaume Fouques de Manetot et de Françoise Thiboust du Grez. Perronne de Manetot était dame d'Argences, de Perteville et du Chesne, terres que Jacques échangea, paraîtrait-il, contre celles de la Mothe et du Mesnil-Oger.

Les Fouques de Manetot, d'après les notes manuscrites conservées à la Bibliothèque impériale (dossier des Rouxel), se rattachaient aux Fouques d'Aunou, qui ont joué un rôle si important dans notre contrée, sous le nom de barons d'Aunou. Ils étaient alliés aux Turgot, qui déjà bien connus dès cette époque, devaient plus tard acquérir une grande célébrité (1).

La baronne de Médavy, dont l'union avec Jacques de Rouxel avait duré 50 ans, lui survécut peu. Pleine de tendresse pour ses enfants, elle passait dans l'anxiété les jours qui la séparaient d'eux, lorsqu'ils étaient exposés aux hasards de la guerre. Quand ils lui revenaient sains et saufs, son bonheur était d'autant plus vif que les dangers avaient été plus grands. Elle devait être victime de cette excessive sensibilité. Son fils, le chevalier de Malte, dont nous allons parler, s'étant inopinément présenté devant elle, au retour d'une expédition meurtrière, la joie tua la pauvre mère.

Six enfants naquirent du mariage de Jacques II avec Perronne de Manetot, savoir :

I. Pierre Rouxel, baron de Médavy, premier du nom, qui suit.

---

(1) Anzeray de Courvaudon et Rolland de Morchesne étaient oncles maternels de Perronne de Manetot.

II. Vincent Rouxel, né le 22 janvier 1571, mort un an après le jour de sa naissance et de sa fête.

III. François Rouxel, évêque de Lisieux, dont il sera parlé plus amplement au chapitre des prélats de la maison de Rouxel.

IV. Jacques Rouxel, né le 5 octobre 1582, chevalier de St-Jean de Jérusalem, grand prieur d'Aquitaine, bailly de Morée, commandeur de Lagny-le-Sec, et ambassadeur de l'Ordre de France pendant 9 ans près S. M. Très-Chrétienne.

Le grand prieur d'Aquitaine mourut en 1647, à l'âge de 65 ans, laissant la réputation d'un grand homme de guerre (1).

V. Françoise Rouxel, née le 22 décembre 1558, morte jeune.

VI. Marie Rouxel, née le 8 décembre 1575, nommée par M. du Moulinet, évêque de Séez, et Mesdames de Harcourt et de Rabodanges, morte en 1602 à Verneuil, où se voyait dans l'église de la Madeleine un mausolée de marbre, élevé à sa mémoire par le baron de Médavy son frère, gouverneur de la ville. On devait dire dans cette église, pour le repos de son âme, une messe en musique tous les premiers dimanches du mois et aux jours de St-Pierre, St-François et St-Charles, suivant la fondation faite par le baron et la baronne de Médavy.

Marie de Rouxel était d'une beauté et d'une distinction parfaites.

---

(1) Il était en outre lieutenant de roi de la ville d'Argentan. Ce fut lui qui causa involontairement la mort de sa mère, comme nous venons de le voir.

VI.

Pierre Rouxel, premier du nom, deuxième baron de Médavy, premier comte de Grancey, a tellement marqué dans les fastes de sa famille, que nous devons lui consacrer une notice à part, au chapitre intitulé « *les Grancey dans les armées.* »

Il épousa, le 22 mai 1588, Françoise Charlotte de Hautemer, fille du maréchal de Fervaques, dont nous parlerons également au même chapitre.

L'époux et l'épouse étaient accomplis dans leur sexe, nous dit Lautour-Montfort dans sa généalogie des Grancey; et les biens considérables des deux familles, joints aux bienfaits du roi, les rendirent très-puissants.

La fécondité exceptionnelle, qui était comme le privilége de sa race, ne fit pas défaut à Pierre de Grancey: dix-sept enfants furent le fruit de son union avec Charlotte de Hautemer.

Quelques-uns de ses enfants ajoutèrent un tel lustre au nom de Rouxel, soit par l'éclat de leurs alliances, soit par leur mérite personnel, que nous leur consacrerons également des notices particulières, afin d'éviter dans cette esquisse généalogique des longueurs, dont le moindre inconvénient serait d'en faire perdre le fil.

Enfants de Pierre Ier de Grancey et de Charlotte de Hautemer :

I. André Rouxel, né le 22 janvier 1595, fut baptisé dans l'église de la Madeleine de Verneuil le 11 juin suivant. Il eut pour parrains l'amiral de Villars, si uni de vues et d'intérêts avec le baron de Médavy, et le maréchal de Fervaques, son grand-père. Mme du Neufbourg fut sa marraine.

Trois ans après, André mourut victime de la peste qui ravagea la ville en 1598, et fut inhumé dans l'église de la Madeleine.

II. Jacques Rouxel, né à Verneuil le 13 mars 1598, mort à trois semaines, et inhumé comme son frère dans l'église de la Madeleine.

III. Henry Rouxel, né à Verneuil le 12 mai 1599, eut pour parrain le roi Henri IV, représenté par le cardinal du Perron, et pour marraine la comtesse de Tillières, dont le magnifique château de Tillières était situé dans le voisinage de Verneuil (1). L'évêque de Lisieux, François Rouxel, oncle d'Henri, lui avait fait don d'une pension de 3,000 livres dont il devait peu jouir, car il mourut à Paris le 12 février 1608, et fut inhumé aux Cordeliers de Verneuil. Sa pension fut transmise à son jeune frère, François de Médavy, devenu archevêque de Rouen.

IV. Guillaume Rouxel, né à Médavy le 3 février 1602, baptisé dans l'église de l'abbaye d'Almenesches, à laquelle venait d'être nommée Louise de Médavy sa sœur, âgée de 5 ans. L'évêque de Séez, Claude de Morenne, vint au château de Médavy faire les cérémonies du baptême. Le parrain fut le maréchal de Fervaques, assisté du baron de Prie, son gendre, La marraine fut la baronne de Médavy, douairière.

---

(1) 34 ans plus tard, une autre comtesse de Tillières, Catherine de Bassompierre, sœur du maréchal et femme de Tanneguy Le Veneur, ambassadeur en Angleterre, était marraine d'une cloche de l'abbaye de Verneuil fondée par la comtesse de Grancey.

Mort fort jeune, Guillaume fut inhumé dans le caveau de l'église de Médavy.

V. Jacques Rouxel, troisième du nom, maréchal de France, qui suit.

VI. François Rouxel, archevêque de Rouen, dont nous parlerons en traitant des prélats de ce nom.

VII. Guillaume Rouxel, comte de Marey, lieutenant général des armées du roi, pour lequel nous renvoyons au chapitre des Grancey dans les armées.

VIII. Renée Rouxel, née le 8 mai 1591, mariée en 1616 à François Bigars, marquis de la Londe, capitaine de 50 hommes d'armes des ordonnances du roi, maréchal de camp de ses armées, châtelain de Normanville-en-Caux, seigneur de Beaumais, Rivière et Martigny, d'une famille ancienne et marquante de Haute-Normandie.

Le marquis de la Londe, maire de Rouen, avait été choisi pour lieutenant de Villars, lieutenant général pour la Ligue en Normandie, en 1591 (1). Il a laissé de curieux mémoires sur cette époque (1588-1593) (2).

C'était probablement le beau-père de Renée de Médavy.

Quant à son mari, il se jeta, en 1620, dans le parti de la reine-mère contre la cour, à l'instigation du duc de Longueville, gouverneur de Normandie. Comme la plupart des gentilshommes gagnés par le duc de Longueville, il cherchait à se fortifier dans son château de la Londe, lorsqu'un arrêt du Parlement de Rouen vint enjoindre à tous de cesser ces travaux.

---

(1) Palma Cayet, *Chronologie novennaire.*
(2) Manuscrits de la bibliothèque Impériale, fonds St-Magloire, vol. 10.

« Il n'y eut point d'exception, dit Floquet, pour le puissant marquis de la Londe, voisin et suzerain du baron de Bourgtheroulde, que peut-être il avait aussi gagné à la cause de la reine-mère. A la Londe comme à Orival, tout près de là, se creusaient des fossés profonds et s'élevaient chaque jour à vue d'œil des tours et des murailles. Mais le grand prévôt du Rollet, les huissiers du Parlement et une troupe d'archers, y survenant un jour comme le marquis en personne pressait et dirigeait les travaux, lui montrèrent d'exprès arrêts de défense, auxquels il fallut bientôt obéir (1). »

La marquise de la Londe, tendrement unie à sa sœur Guyonne-Scholastique de Médavy, première abbesse de Verneuil, lui donna de nombreuses preuves de son affection. Deux fois elle recueillit dans son château de la Londe la communauté affligée par la peste. Aussi, lorsqu'au mois d'avril 1645 la marquise rendit son âme à Dieu, dans un âge peu avancé, sa perte fut-elle vivement sentie par l'abbaye de Verneuil, qui fonda un service annuel en son honneur.

Cinq enfants naquirent du mariage de la marquise de la Londe.

Son fils aîné, François Bigars, marquis de la Londe, fut tué au combat de Sailly, près Arras, en 1640.

Son second fils, devenu marquis de la Londe par la mort de son frère, lieutenant des gendarmes du duc d'Orléans, fut tué au siége d'Étampes en 1652.

La fille aînée de la marquise, Charlotte de Bigars, confiée aux soins de la sainte abbesse de Verneuil, Guyonne-Scholastique de Médavy, sa tante, prit le voile

(1) Registres sec. et rapp. civ. 2 et 4 juillet 1620.

dans ce monastère et fut depuis abbesse de Fontaine-Gérard.

La seconde fille de Mme de la Londe, Catherine de Bigars, épousa messire Nicolas Lecordier, seigneur du Trône, président de la Chambre des comptes de Normandie. Avec elle s'éteignit la famille de Bigars; et la terre de la Londe, si longtemps possédée par cette maison, passa dans celle du mari de Catherine, dont le fils a pris le nom, en succédant à son père dans sa charge de premier président de la Chambre des comptes de Normandie.

Le marquisat de la Londe, dont relevaient plus de trente fiefs, figure dans la liste des douze marquisats de Normandie cités par Gabriel du Moulin en 1631. Il était situé entre Rouen et Elbeuf (1).

IX. Charlotte Rouxel, née le 1er juin 1592 à Verneuil, baptisée à l'église de la Madeleine, eut pour parrain le maréchal de Brissac, et pour marraines Mmes d'O et de St-Rhémy. Elle épousa en 1610 messire Jacques de Castelnau, chevalier, baron de Joinville, seigneur de la Mauvissière, etc.

Parmi ses six enfants nous remarquons :

1° Henry de Castelnau, tué au siége de la Rochelle;

2° Jacques, marquis de Castelnau, maréchal de France et chevalier des Ordres du roi, auquel nous consacrerons quelques pages au chapitre des capitaines de la maison de Grancey, ce qui nous dispense d'en parler ici plus amplement;

3° N. de Castelnau, mariée à N., marquis de Chambray, et en deuxièmes noces au marquis de Turin.

(1) Les Bigars de la Londe prétendaient descendre de Guillaume le Conquérant, en droite ligne.

4º Charlotte de Castelnau, religieuse à Almenesches sous sa tante, la pieuse Louise de Médavy; puis abbesse de Bouxierres, au diocèse de Toul.

X. Louise Rouxel, abbesse d'Almenesches, née le 5 juillet 1593, qui, par son mérite et sa sainteté, a droit à une mention spéciale au chapitre des Grancey dans l'Église.

XI. Madeleine Rouxel, abbesse de Gomer-Fontaine, née le 5 juillet 1597 au château d'Argentan, baptisée dans la chapelle de ce château. Nous en parlerons à propos de cette abbaye.

XII. Anne Rouxel, née à Verneuil le 9 novembre 1600, abbesse de Vignats. (Voir également cette abbaye.)

XIII. Guyonne-Scholastique Rouxel, première abbesse de St-Nicolas de Verneuil, où son souvenir est encore vénéré. Nous en parlerons très-amplement à l'article des abbesses.

XIV. Françoise Rouxel, née le 24 mars 1610, nommée par Mme de la Loupe (1). Françoise de Médavy, dite en religion sœur du St-Esprit, fut mise à l'abbaye d'Almenesches auprès de sa sœur, la digne abbesse Louise de Médavy. Tel était le mérite de cette humble fille de St-Bénoît, que sur la demande de l'abbesse de St-Nicolas, Louise de Médavy la lui envoya, en 1642, pour la seconder dans son administration et donner à ses religieuses l'exemple de la modestie, jointe à la plus ardente piété. Françoise de Médavy ne faillit point à sa pieuse mission. Sept ans après, elle fut désignée pour diriger le prieuré d'Argentan, mais elle mourut en

(1) Le baron de la Loupe était un d'Angennes, parent du marquis de Rambouillet.

chemin, le 18 mai 1649, aussi saintement qu'elle avait vécu (1).

XV. Marguerite Rouxel, née le 27 janvier 1612, abbesse de Gomer-Fontaine, morte en 1704, à 93 ans.

XVI. Louise Rouxel, née le 21 juin 1613, religieuse à Vignats, morte en mars 1653.

XVII. Jeanne Rouxel, née le 12 octobre 1614, morte religieuse à Vignats en octobre 1641.

VII.

Jacques Rouxel de Médavy, troisième du nom, comte de Grancey, maréchal de France et chevalier de l'ordre du St-Esprit, auquel nous devons une mention particulière, se maria deux fois.

Sa première femme fut Catherine de Monchy d'Hocquincourt, sœur du maréchal de ce nom.

Sa seconde femme, Charlotte de Mornay de Villarceaux.

Jacques III eut neuf enfants de Catherine de Monchy, et douze de Charlotte de Mornay; en tout vingt-un enfants, dont la plus grande partie porta dignement ce nom déjà illustré.

Les neuf enfants de Jacques de Grancey et de Catherine de Monchy furent :

I. Pierre Rouxel, deuxième du nom, qui suit.

II. Georges Rouxel, né le 4 avril 1627, jour de Pâques, à minuit, qui fut élevé par son aïeule Mme de

---

(1) Elle fut inhumée auprès de sa mère dans l'église de l'abbaye de Verneuil, où des fouilles toutes récentes ont fait découvrir son cercueil. Une inscription, commune à elle, à sa mère, à sa sœur et à sa nièce, va rappeler ce souvenir.

Monchy, mère du maréchal d'Hocquincourt et de la maréchale de Grancey.

Son grand-oncle, Jacques de Médavy, grand prieur d'Aquitaine, le fit recevoir chevalier de Malte en 1646. Il mourut fort regretté du grand maître de l'ordre, en commandant les galères contre les Turcs.

III et IV. François et Jacques, jumeaux, nés à Médavy, le premier à minuit, le second au point du jour. François mourut à 4 mois, et Jacques, âgé de 6 ans, au Mans. Il avait été reçu chevalier de Malte. L'un et l'autre furent inhumés à Médavy.

V. François-Bénédict Rouxel, premier marquis de Grancey, lieutenant général des armées du roi, gouverneur d'Argentan, mérite une notice spéciale.

VI. François Rouxel, dit le chevalier de Grancey, mort jeune.

VII. Marie-Louise Rouxel, née en 1625, fut abbesse d'Almenesches après Louise Rouxel, sa tante, et mourut en 1674. (Voir cette abbaye.)

VIII. Marie-Françoise Rouxel, née en 1630, fut d'abord abbesse de Vignats, puis abbesse de la Saussaie près Paris, où nous la retrouverons en parlant de ces abbayes.

IX. Marie-Bernarde Rouxel, née en 1632, succéda à Guyonne-Scholastique Rouxel, sa tante, première abbesse de Verneuil, et mourut en 1704. (Voir cette abbaye.)

Les douze enfants du maréchal de Grancey et de Charlotte de Mornay furent:

X et XI. Claude et Michel, morts jeunes.

XII. Hardouin Rouxel, dit l'abbé de Grancey, premier aumônier de *Monsieur*, frère unique du roi

Louis XIV, dont nous parlerons avec les prélats de sa maison.

XIII. Jacques-Charles Rouxel, mort en 1667, âgé de dix ans, chevalier de Malte.

XIV. Antoine Rouxel, mort fort jeune à Thionville, dont était gouverneur le maréchal, son père, enterré dans l'église des Augustins de cette ville, rétablie par les soins du maréchal.

XV. Marie-Anne-Charlotte Rouxel, morte au berceau.

XVI. Marie-Louise Rouxel, mariée en 1665 à son cousin germain, le comte de Marey, gouvernante des princesses d'Orléans, après la maréchale de Grancey, sa mère. Nous en parlerons plus amplement à l'article des dames de Grancey à la cour.

XVII. Marie-Madeleine Rouxel, née en 1649, d'abord religieuse à Verneuil, puis abbesse d'Almenesches, après sa sœur, morte le 6 janvier 1727.

XVIII. Marie-Anne Rouxel, religieuse à Vignats, puis abbesse du Parc-aux-Dames (diocèse de Senlis), où elle est morte, le 3 janvier 1696, âgée de 46 ans.

XIX. Louise-Élisabeth Rouxel, si connue sous le nom de Mlle ou Mme *de Grancey*, dame d'atours de la reine d'Espagne. Il en sera question au chapitre des dames de Grancey à la cour.

XX. Marie-Charlotte Rouxel, religieuse à Gomer-Fontaine, le 7 septembre 1669, puis prieure de cette abbaye, dont sa tante était abbesse, morte en 1717 à l'abbaye de St-Antoine-des-Champs, à Paris.

XXI. Marguerite-Charlotte Rouxel, abbesse du Parc-aux-Dames après sa sœur, morte en 1723, âgée de 62 ans 1/2.

VIII.

Pierre Rouxel, deuxième du nom, comte de Médavy et de Grancey, lieutenant général des armées du roi, fils aîné du maréchal de Grancey et de Catherine de Monchy d'Hocquincourt, sa première femme, contracta quatre mariages, comme nous le verrons en parlant des Grancey dans les armées.

Treize enfants naquirent de ses deux premiers mariages.

Henriette de La Palu-Bouligueux lui en donna six, et Marie du Plessis-Bezançon, sa seconde femme, sept.

Les six enfants du premier mariage furent :

I. Jacques-Léonor Rouxel, comte de Médavy et de Grancey, maréchal de France, qui suit.

II. N. Rouxel, né le 9 janvier 1658, à minuit, au château de Grancey, en Bourgogne, mort le 9 mai suivant, avant d'avoir été nommé, inhumé dans le caveau de la collégiale du château de Grancey, avec ses ancêtres.

III. Gabriel Rouxel, chevalier de Grancey, né au château de Grancey le 21 mars 1659, baptisé le même jour dans l'église collégiale de ce lieu. A 16 ans, il faisait le voyage des grandes Iles, sous la conduite du marquis de Grancey, son oncle, alors chef d'escadre ; mais il mourut à son retour, âgé de 18 ans, laissant le comte de Médavy, son frère aîné, héritier de ce qui lui revenait dans la succession d'Henriette de La Palu, sa mère.

IV. Louise-Catherine Rouxel de Médavy, mariée le 29 juin 1681 à René d'Oillamson, marquis de Courcy, comme nous le verrons en parlant du comte Pierre II de Grancey, son père (1).

V. Henriette-Léonore Rouxel de Médavy, mariée en 1683 à Antoine-Achille de Morell, marquis de Putanges, comme il se verra au même article.

VI. N. Rouxel, née en 1664, morte la même année.

Enfants de Marie de Bezançon, seconde femme de Pierre II.

VII. Jacques-Madelain Rouxel, né le 13 août 1665, à Auxonne, dont était gouverneur son grand-père maternel, Bernard du Plessis-Bezançon, baptisé le 24 décembre suivant, eut pour parrain le maréchal de Grancey, son grand-père paternel, et pour marraine la première présidente de Lamoignon. Destiné dès son enfance à l'Église, il fut fort jeune pourvu d'un canonicat au siége de Rouen, dont était archevêque son grand-oncle, François de Médavy. Mais la mort le surprit à La Flèche, le 16 mars 1687, à peine âgé de 22 ans, chez les Jésuites, qui lui donnèrent la sépulture, dans la chapelle Notre-Dame de leur église.

VIII. François Rouxel de Médavy, deuxième marquis de Grancey, lieutenant général des armées du roi, dont il sera parlé à part.

IX. Louis-François Rouxel de Médavy, chef d'escadre, comte de Grancey après la mort du maréchal de Médavy et du marquis de Grancey, ses frères, auxquels il survécut peu. Nous en parlerons à l'article de Pierre II, son père.

X. François-Louis Rouxel, né à Paris le dernier

---

(1) C'est leur fille Anne-Marie-Françoise d'Oillamson qui, en épousant Pierre de Mannoury, est devenue notre trisaïeule maternelle.

août 1672, baptisé le lendemain à St-Roch, paroisse où était situé l'hôtel de Grancey, mort un mois après, et inhumé en l'église de Ste-Marie-Madeleine de la Ville-l'Évêque.

XI et XII. Hardouin-Guy et Jacques Rouxel, morts au berceau, inhumés en l'église collégiale du château de Grancey.

XIII. Anne-Guyonne Rouxel, née le 28 septembre 1668, au château de Grancey, baptisée le 3 novembre suivant, morte jeune.

IX.

Jacques-Léonor Rouxel, comte de Médavy et de Grancey, chevalier des Ordres du Roi, maréchal de France, fils aîné du comte Pierre II de Grancey et d'Henriette de La Palu-Bouligneux, sa première femme, sera de notre part l'objet d'une notice assez étendue. Il épousa, le 12 juin 1685, Marie-Thérèse Colbert de Maulevrier, nièce du grand Colbert, dont il eut trois filles, mortes sans postérité vivante, savoir :

I. Elisabeth-Victoire Rouxel de Médavy, née le 27 mars 1686, mariée en 1713 au marquis de Grancey, son oncle, morte le 16 janvier 1716, en couches d'un fils qui lui survécut peu.

II. N. Rouxel, morte en naissant.

III. Elisabeth Rouxel, née le 4 décembre 1692, morte la même année.

LES GRANCEY DANS LES ARMÉES.

L'étude que nous entreprenons, comprend, nous l'avons déjà dit, une durée d'environ un siècle et demi, de 1560 à 1725.

Cet espace de temps peut lui-même se diviser en deux périodes à peu près égales, la première s'étendant de 1560 à 1652, la seconde de 1652 à 1725.

Si la seconde de ces périodes fut entièrement remplie de nos luttes, d'abord victorieuses, ensuite désastreuses, avec l'étranger, il n'en fut pas de même de la première. Elle offrit, en effet, ce caractère triste et particulier, que la valeur de nos pères devait s'y exercer presque exclusivement dans des dissensions intestines.

Aux guerres de religion succédèrent les agitations de la Ligue, bientôt suivies des intrigues des Mécontents et de la cabale des Importants. Richelieu eut à son tour à sévir contre les réformés ; enfin l'anarchie ne fut définitivement vaincue qu'après la déconfiture des deux Frondes. A peine l'épée du grand Condé, dans la lutte avec les Impériaux, vint-elle faire une glorieuse diversion à de funestes collisions.

Au milieu de ces guerres à jamais déplorables, on a peine à démêler la responsabilité qui incombe à chacun. On vit, en effet, dans des camps opposés ceux que les liens du sang ou de l'amitié devaient rassembler sous le même drapeau.

La famille qui nous occupe ne fut point elle-même à l'abri de ces divisions. Tant que durèrent les guerres de religion, tous ses membres embrassèrent avec zèle la cause des catholiques ; mais il en fut différemment à l'époque de la Ligue et de la Fronde.

Auxquels accorder nos sympathies ? Nous le dirons sans détour comme sans prévention.

On se ferait une illusion bien gratuite, en voyant seulement dans la Ligue l'ambition des Grands sous la conduite des Guise. Les Huguenots, quoi qu'on ait pu dire, étaient loin d'être populaires en France. La Normandie surtout s'était prononcée résolument contre eux. C'est ce que put constater avec la dernière évidence l'historien de Thou, député par le roi en cette province pour y sonder l'opinion. C'était peu de temps avant l'*Édit d'Union*, qui devait consacrer la révolte.

Évreux, Rouen, Dieppe, St-Valéry, le Havre, Montivilliers, Lisieux, Caen et Falaise furent successivement visitées par l'émissaire du roi. La ville de Caen se montra seule fidèle au monarque à demi détrôné, et mérita par cette attitude la faveur d'être choisie plus tard pour le siége éphémère du Parlement.

Après l'assassinat des Guise, le soulèvement devint général. Caudebec, le Havre, Honfleur, Neufchâtel, Lisieux, Évreux, Verneuil, Louviers, Vernon, les Andelys, Lyons, Argentan, Falaise, Bayeux, Avranches et Valognes se déclarèrent pour la Ligue (1). La guerre

---

(1) Voir la *Ligue en Normandie* par le vicomte Robert d'Estaintot.

ne devait cesser qu'avec l'abjuration du roi, qui lui enlevait tout prétexte, et au-delà de laquelle n'allaient point les vœux du plus grand nombre.

Si ces luttes furent lamentables, n'oublions pas que l'unité de la foi en fut le prix, et que nous leur devons peut-être l'intégrité du sol de la France.

Qu'il y a loin de la Ligue à la Fronde! Là l'enthousiasme et l'inspiration, ici la cabale et l'intrigue; là des convictions en armes, ici des convoitises ameutées; là une résistance opiniâtre et calculée, ici une révolte sans grandeur et sans suite. Et quelle différence dans les résultats! Quand la Ligue déposa les armes, sa cause était gagnée par l'abjuration du roi; quand le ridicule et l'impuissance tuèrent la Fronde, l'influence de Mazarin, qui en fut le prétexte, était plus puissante que jamais.

1562-1618.

Pierre ROUXEL, premier du nom,

Baron de Médavy, puis comte de Grancey, lieutenant général au gouvernement de Normandie, chevalier des Ordres du Roi.

Pierre de Médavy, quoique ses biographes n'en parlent point, fut mis de jeune âge à l'Université de Caen. On ne faisait guère étudier alors que ceux qu'on destinait à l'Église; nous pourrions donc en conclure que telle fut sa première vocation, au moins dans son extrême jeunesse, car d'autres goûts ne tardèrent point à lui frayer une autre carrière.

Quoi qu'il en soit, à l'époque où le jeune étudiant y fut admis, la célèbre Université de Caen se relevait à peine, grâce à de généreux protecteurs, de l'état de décadence où l'avaient plongée les guerres de religion et la peste qui affligea la contrée, vers la même époque.

En 1564, le naïf historien de Caen, de Bras de Bourgueville, chargé, comme lieutenant du bailly, de faire une enquête sur les causes de cette décadence, nous en traçait le tableau le plus piteux. Les abords des colléges étaient encombrés de fumiers et d'immondices ; la peste avait exercé des ravages parmi les professeurs et les élèves ; l'horloge et les cloches de l'Université n'appelaient plus aux exercices les rares étudiants qui les fréquentaient ; les directeurs des colléges avaient cessé de conduire leurs élèves aux offices divins ; deux des doyens avaient, quoique prêtres, abjuré le catholicisme, et l'un d'eux était devenu ministre de la nouvelle religion.

Le recteur, maître Nicolle Le Vallois, qui avait perdu ses biens dans la tourmente, était, au grand scandale du bon de Bras, rencontré, dans les rues de la ville, *en robe fourrée, à collet rabattu, ce qui n'était pas trop honnête.* Le temps n'était plus où cet éminent personnage « *vêtu d'écarlate rouge, avec sa grande chape rectorale à fourrure d'hermine* », ne sortait que précédé d'un bedeau portant sa masse d'argent, escorté de doctes et savants hommes, et suivi de nombreux écoliers.

Au temps de cette splendeur, les premières familles de Normandie envoyaient leurs enfants prendre les grades de l'Université. C'est ainsi que Jean de Drosay, sieur de Ste-Marie-en-Auge (1), et maistre Bertran du

---

(1) De même que le célèbre cardinal de Pellevé professa d'abord le droit à Bourges, Jean de Drosay fut professeur en droit à l'Université de Caen. On

Vay, sieur de Montviron, *gentilshommes de bonne maison*, recevaient le grade de docteur en droit, en même temps que Nicolas de Pellevé, devenu cardinal, et son frère, l'évêque de Pamiers.

L'Université de Caen n'avait point dans Pierre de Médavy un élève qui dût lui faire autant d'honneur, mais il ne tarda point à s'acquérir une autre sorte de renommée.

Pierre Rouxel, premier du nom, baron de Médavy, puis comte de Grancey, fils aîné de Jacques II et de Perronne Fouques de Manetot, naquit le 8 février 1562, probablement au château de Médavy, résidence ordinaire de sa famille.

Son éducation guerrière fut confiée à Denis Rouxel, son oncle, cet intrépide capitaine qui devait échanger la cotte d'armes contre la crosse et la mitre, après les cruelles blessures reçues au siège de Domfront en 1578.

Pierre Rouxel acquit bien jeune à cette école la science et l'amour de la noble profession qu'il embrassa avec tant d'ardeur.

Doué d'une force physique peu commune, il ne tarda point à se faire remarquer, dans un séjour en Italie, qui lui fournit l'occasion de déployer sa valeur.

Il s'était tellement signalé, que son mérite commençait à lui susciter des envieux. A son retour en France, un seigneur italien, favori d'Henri III, l'ayant provoqué, un combat singulier fut autorisé par le roi pour vider leur querelle. Le champ leur fut marqué par le seigneur de Falendres. Médavy obtint un triomphe éclatant,

---

lui doit une méthode pour apprendre le droit selon l'esprit de Justinien, Caen, 1545; et une grammaire hébraïque imprimée l'année précédente. De Bras, page 240, et Masseville, t. VI, page 57.

qui rehaussa encore son prestige, et lui valut l'amitié du vaillant duc de Nemours.

A quelque temps de là, une nouvelle affaire également terminée à son avantage, avec un redoutable adversaire, du nom de Francho, vint mettre le comble à sa réputation.

De semblables exploits seraient de nos jours, grâce à l'adoucissement des mœurs, un faible titre à la recommandation ; mais à une époque si voisine encore des exploits de chevalerie et des brillants tournois du règne de Henri II., il en était autrement.

Dès l'âge de 17 ans, Pierre de Médavy avait été nommé capitaine du château d'Argentan, avec permission d'y entretenir garnison. Les lettres de provision de ce commandement lui furent délivrées le 8 juin 1579 par François, duc d'Alençon, frère du roi, qui, le 4 août 1571, avait donné le gouvernement d'Argentan au père de Médavy.

Pierre Rouxel ne tarda point à être fait cornette de la colonelle de France, puis mestre de camp d'infanterie et capitaine de gendarmes.

En 1588, l'année même de son mariage avec Mlle de Fervaques, il obtint la conduite de cent chevau-légers, et peu après il était maréchal de camp.

Cependant le parti de la Ligue commençait à s'organiser. Pierre de Rouxel, qui ne devait l'abandonner qu'à la dernière extrémité, fut aussi un de ses premiers adhérents (1).

Dès le 27 mai 1589, Charles de Lorraine, duc de

---

(1) Le beau-père et le gendre ne suivirent point la même bannière ; car le roi de Navarre n'eut point de plus ferme soutien que le maréchal de Fervaques.

Mayenne, lui accordait les provisions de bailly d'Alençon, et un an après, le 15 mai 1590, il recevait du chef de la Ligue le gouvernement des ville et château de Verneuil, qu'il avait su conquérir à son parti. Il n'avait alors que 28 ans à peine.

Voici comment cette ville était tombée au pouvoir du baron de Médavy.

Après avoir combattu intrépidement à la bataille d'Yvry, où il fut fait prisonnier, Médavy recouvra bientôt la liberté. Étant parvenu à gagner un soldat de la garnison de Verneuil, ancien partisan de la Ligue, et, par le moyen de ce dernier, deux autres de ses compagnons d'armes, Pierre Rouxel se concerta avec le vicomte de Tavannes. Partis de Rouen à la tête de 200 chevaux, ils marchèrent quatre jours sur la route de Caen, pour dépister les soupçons, et tournèrent brusquement sur Évreux. Arrivés à 4 lieues de Verneuil, les deux généraux prennent les devants, à la tombée de la nuit, suivis seulement de 60 maîtres, mettent leurs chevaux au trot, et, parvenus ainsi jusqu'aux fossés de la ville, ils s'y jettent résolument, ayant l'eau jusqu'au cou, et guidés par le soldat gagné à leur cause. La porte leur est ouverte par les deux complices de leur guide, et le château du gouverneur, surpris à l'improviste, tombe en leur pouvoir.

Restait à forcer la tour Grise et le reste de la ville, où commandait Jean de Dreux-Morainville (1), nommé gouverneur du Perche par le roi de Navarre.

---

(1) Jean de Morainville, qui avait épousé en secondes noces Charlotte de la Fayette-Saint-Romain, fut le dernier représentant de la branche royale de Dreux-Morainville, descendue en ligne directe du roi Louis le Gros. — *Histoire des maisons souveraines d'Europe*, par le P. Buffier, t. Ier, p. 125.

Morainville avait sous ses ordres trois compagnies de chevau-légers, formant 250 hommes, et 300 arquebusiers.

Tavannes n'avait encore pu réunir que 150 hommes. Avec ces forces il parvient à prendre la tour Grise. Il détache alors un capitaine et 15 hommes pour parcourir la ville, les fait soutenir par 50 cuirassiers, et se met avec Médavy à la tête du reste de ses troupes. Cependant Morainville s'avance à leur rencontre, culbute l'avant-garde des ligueurs et se trouve bientôt aux prises avec Tavannes et Médavy. L'engagement devient acharné ; Morainville est mis hors de combat d'un coup d'arquebuse dans l'aine, et sa troupe effrayée prend la fuite, laissant au pouvoir des Ligueurs trois cornettes de cavalerie et trois enseignes d'infanterie.

Le gouvernement de Verneuil devait être pour Médavy la récompense de ce hardi coup de main, dont fut témoin la nuit du 20 avril 1590.

Rien ne fut négligé par le nouveau gouverneur pour rendre sa ville imprenable. C'est dans cette vue qu'il fit raser en 1591, le vieux Verneuil situé sur une éminence, à une faible distance de la ville.

Deux ans après, le 20 mai 1593, il avait acquis assez de titres à l'estime du duc de Mayenne, pour être nommé par lui gouverneur des pays et comté du Perche.

Médavy avait pour lieutenant dans ces importantes fonctions Jacques des Moutis, sieur de la Morandière, qui avait épousé Louise de Vieuxpont, fille du seigneur de Chailloué (1). C'est à ce dernier que fut confiée

---

(1) Louise de Vieuxpont était veuve en premières noces de Jacques de Lyée, en deuxièmes noces de Jean Gislain, seigneur de Saint-Mars, et en

par le baron de Médavy une expédition dont l'issue ne fut pas aussi heureuse.

La ville de Mortagne, qui faisait partie du gouvernement du Perche, avait pris le parti du roi. Des Moutis, chargé de la soumettre, y pénétra sans difficulté, dans la nuit du 12 au 13 juillet; mais ce fut en vain qu'il tenta de s'emparer du fort, dont la fondation était due à Jean Ier, comte d'Alençon en 1411. Il fut contraint de se retirer, après avoir essuyé des pertes sérieuses.

Trois jours après, le baron de Médavy étant accouru à son secours, avec 15 à 1600 hommes, le fort ne put résister à la vigueur de son attaque. Les officiers de la ville et les principaux habitants, ne trouvant alors d'autre refuge que l'église Notre-Dame, s'y retranchent, déterminés à faire payer cher leur reddition. Médavy les y assiége; trois fois il est repoussé par les intrépides habitants qui, forcés dans ce nouveau retranchement, n'abandonnent point la partie; barricadés dans la tour, ils dirigent un feu nourri sur les assiégeants. Vainement Médavy fait-il tirer 18 volées de canon contre la tour; vainement encore fait-il allumer dans l'église des feux de paille, pour obscurcir par la fumée le tir des assiégés; rien ne peut vaincre leur résistance.

troisièmes noces de Louis de Lombelton, baron des Essards. Jacques des Moutis était donc son quatrième mari.

Gabriel de Vieuxpont, seigneur de Chailloué, dans le voisinage du château de Médavy, avait lui-même été un des plus fermes soutiens de la Ligue dans notre contrée; mais depuis l'année 1589, il s'était rallié à la cause du Béarnais. Vieuxpont, qui était capitaine de cent hommes d'armes, avait, comme tant d'autres, subi l'ascendant de ce prince, lorsqu'au mois de décembre 1589, les habitants d'Argentan lui ayant ouvert leurs portes le virent assister à la messe de minuit dans l'église St-Germain, donnant ainsi un premier gage d'une conversion si ardemment désirée.

Désarmé par tant d'intrépidité, craignant d'ailleurs d'être attaqué par les royaux rassemblés à Bellême, le baron fait enfin sonner la retraite, à trois heures du soir, après avoir perdu 5 enseignes ou drapeaux, 5 capitaines et 55 soldats (1).

Plus d'une action d'éclat signala le commandement à Verneuil du baron de Médavy. C'est ainsi qu'un jour, il ne craignit point d'aller, lui douzième, reconnaître le camp royal devant Chartres. Une autre fois, à la tête de 50 hommes, il soutint le choc de 800 royaux commandés par les seigneurs de Clermont, d'Amboise et de la Ferté, et leur tint tête pendant une retraite de 8 lieues, de Séez à Laigle.

Un trait surtout efface tous les autres. Dans un combat sous les murs de Verneuil, il perça de son épée le sieur de Trépigny qui commandait une compagnie de gendarmes, l'enleva de dessus son cheval tout armé et enferré de son épée, le portant ainsi plus de quatre pas en l'air (2).

Plus d'une fois le camp royal avait retenti des prouesses du baron; ce dernier fait d'armes excita l'ébahissement du roi lui-même, auquel il fut bientôt rapporté.

Un soldat de cette trempe était fait pour inspirer autant de terreur que de respect. Il faut croire que le premier de ces sentiments l'emporta parfois sur le second. Aussi lorsque leur gouverneur subissait quelque échec, les bons habitants de Verneuil s'en donnaient-ils à cœur joie :

---

(1) Odolant-Desnos, t. II, p. 365-372.

(2) Ce fait d'armes inouï fut l'objet d'un tableau placé au château de Médavy.

« Les messieurs de St-Laurent (1)
Se sont rassemblés en rang ;
Tout le long de la grand'rue,
Pour y passer en revue.
Médavy s'en est allé,
Sur le donjon a monté,
L'artillerie fait tonner
    Tire-lan plan !
Pour effrayer l'habitant ;
A fait tirer le canon
Et payer contribution.
Monsieur de Cintray passa,
Qui mit bientôt le holà.
Tout beau ! messieurs de St-Laurent
Rentrez dans vos appartemens. »

Il paraît qu'à la faveur d'une sortie du gouverneur, le parti royal s'était rendu maître de la ville. Mais son triomphe fut de courte durée. A la nouvelle de cette défection, Médavy, accouru sous les murs de Verneuil, se disposait à en tirer une vengeance éclatante. Les habitants étaient dans la consternation, lorsqu'un courageux citoyen se dévoua pour les sauver du pillage. Jacques Godeville, curé de la Madeleine de Verneuil depuis l'année 1584, avait su se concilier la vénération générale, non moins par sa charité que par son zèle vraiment apostolique. Il avait dans sa jeunesse conquis le grade de maître ès-arts à l'Université de Caen, où Médavy lui-même avait étudié. C'en fut assez pour lui inspirer l'idée d'une courageuse médiation. Il va trouver le gouverneur courroucé, se jette à ses pieds, et le conjure de lui accorder une grâce. Médavy, qui ne le reconnaît point encore, lui demande à quel titre il se

---

(1) Paroisse de la ville, sur laquelle se trouvait le château.

présente ainsi devant lui ; le digne pasteur lui rappelle alors leurs études communes à l'Université de Caen. A ce mot de condisciple, dont le souvenir est toujours si puissant, Médavy le serre dans ses bras et l'assure que sa demande est accordée avant d'être connue. — Ah ! Monseigneur, veuillez épargner la vie des hommes et l'honneur des femmes ; quant à leurs biens, je ne sais que trop qu'ils vous appartiennent par le droit de la guerre.—Eh bien ! je vous accorde moi plus que vous n'osez me demander : je veux qu'on respecte les biens comme les personnes. Et il fait publier à son de trompe : défense, sous peine de mort, d'attenter à la vie, à l'honneur et aux biens des habitants.

L'abbé Godeville rentra dans la ville au milieu des bénédictions de ses ouailles.

Son portrait, longtemps conservé chez un bourgeois de Verneuil du nom de Marc, portait cette inscription :

« M. Godeville, ancien curé de la Madeleine de Verneuil, lequel s'est distingué par ses vertus et les qualités les plus recommandables, notamment en ayant préservé la ville des outrages, violences et pillage qu'un détachement d'armée était près de commettre, ainsi que des pièces authentiques et la tradition en font foi. »

L'abbé Godeville avait été confesseur du roi Henri III ; il céda au vœu de ses concitoyens en revenant habiter son pays natal. Il y mourut à l'âge de 68 ans, le 17 des calendes de mai 1613. Une inscription commémorative de son dévouement fut placée dans l'église de la Madeleine. L'inscription a disparu depuis longtemps, mais le souvenir de ses vertus s'est perpétué dans le cœur de ses compatriotes.

Nous avons tenu à finir par ce trait, quoiqu'il se rapporte évidemment aux débuts de Médavy dans son gouvernement de Verneuil, parce qu'il répond, selon nous, aux accusations de sévérité outrée dont a été taxée son administration. Il prouve au moins, à n'en pas douter, que le baron était accessible aux sentiments les plus généreux.

Cependant le moment approchait où tout prétexte allait manquer aux Ligueurs pour continuer leurs hostilités.

Au commencement de l'année 1593, les instances redoublaient de tous côtés auprès du roi pour le ramener à la religion catholique. Sully lui-même l'engageait à se rendre à ces instances.

Enfin, le 25 juillet, le roi mit un terme à ses indécisions, en abjurant solennellement à St-Denis. « Le roy s'en alla à Sainct Denys, où la cour se trouva plus grosse que de longtemps on ne l'avait vue, chacun désirant voir une action si célèbre, laquelle en espérance, comme elle le fut en effet, devait apporter de si notables changemens (1). »

Alors, de tous côtés arrivèrent au roi les offres de soumission. La Basse-Normandie était déjà réduite à l'obéissance royale; mais en Haute-Normandie le marquis de Villars à Rouen, et le baron de Médavy à Verneuil, tenaient toujours pour la Ligue, et leur adhésion était de première importance. D'anciennes relations d'amitié unissaient Médavy à Villars, et ne lui permettaient point de traiter sans ce dernier. Mais Villars était tout disposé à entrer en composition.

(1) *Mémoires de Sully*, collection Michaud, année 1593.

Sully, chargé de la négociation, n'eut point de peine à la mener à bien. Il ne s'agissait pas seulement pour ces puissants chefs de la Ligue d'échapper à toutes représailles : ils stipulaient encore de grands avantages qui leur furent courtoisement accordés ; non-seulement Villars conserva ses gouvernements de Rouen, du Havre et des bailliages de Rouen et de Caux, mais il fut nommé par le roi amiral de France, et le servit fidèlement tout le reste de sa vie.

Médavy eut lui-même l'honneur de traiter directement avec Sully. Aussitôt après l'abjuration du roi, un nommé Desportes de Verneuil (1) avait été envoyé par le baron à Évreux, auprès du grand ministre logé dans son abbaye de St-Taurin, pour s'entendre avec lui. Le roi, informé de ces propositions, écrivait dès le 3 septembre 1593 à Sully pour y donner suite.

Au mois de janvier suivant, Desportes va trouver Sully à Chartres et en obtient la promesse de se rendre au château de Condé-sur-Iton, que l'évêque d'Évreux a bien voulu mettre à la disposition de Médavy, pour y conférer ensemble du traité à intervenir.

Sully, muni des pouvoirs du roi, quitte Chartres dans les derniers jours de février, après les cérémonies du sacre, et va trouver à Anet la duchesse d'Aumale, qui, tout en cherchant à se le concilier pour l'accommodement du duc son époux, lui donne dans ce magnifique château une piteuse hospitalité. Après s'être morfondu toute une nuit d'hiver dans une chambre

---

(1) Il ne s'agit point sans doute ici du célèbre Philippe Desportes, abbé de Tiron, oncle du satyrique Regnier, qui fut en effet chargé de la négociation entre Sully et le marquis de Villars. C'est plutôt son frère, Joachim Desportes, auteur d'un abrégé de la vie du roi Charles IX.

dont les verrières étaient effondrées, Sully part de grand matin pour le château de Condé, où l'attend une meilleure réception de la part des gens de l'évêque. Mais laissons parler les auteurs des *OEconomies royales* :

« Vous partistes de fort matin, allastes dîner à Condé, où vous fustes très-bien reçu par les gens de M. d'Évreux et vous mistes aussitôt au lict, pour vous récompenser de la mauvaise nuictée que vous aviez eue à Anet, en attendant la venüe de M. de Médavit qui arriva sur les midy. Vous le trouvastes au commencement fort irrésolu, ne scachant quasi ce qu'il vouloit faire, et grandement douteux et défiant, tesmoignant de croire que l'on ne luy tiendroit jamais rien de tout ce que l'on lui promettoit. Mais finalement, après que vous luy eustés conseillé en amy de se désembarasser de ses mauvaises affaires, lesquelles, comme vous le saviez très-bien, yroient toujours en empirant, voire ne vaudroient plus du tout rien, s'il attendoit que Rouen, le Havre, Paris, Amiens, Abbeville et une infinité d'autres places meilleures que la sienne, qui traittoient, fussent rendus, il vous bailla des articles et conditions, sur lesquelles ayant longtemps contesté, vous tombastes enfin d'accord ; mais il vous pria de ne l'astreindre point à se déclarer que M. de Villars n'eust traitté, ou que le mois de mars ne fust expiré, pour ce qu'il s'estoit engagé de paroles à luy jusques à ce jour là seulement, et qu'il envoyeroit son Desportes avec vous à Rouen, pour voir comment les affaires passeroient, afin de luy en donner advis (1). »

---

(1) *Mémoires de Sully ou OEconomies royales*, année 1593.

On ne sait vraiment ce qui l'emporte dans cet entretien, de la défiance un peu normande du baron, ou de l'adresse un peu cauteleuse du ministre. Aussitôt que le roi eut connaissance du projet de traité, il écrivit à son ministre pour y acquiescer et lui témoigner sa satisfaction :

« Mon amy, j'ai vu par vostre lettre du dernier février ce que vous avez traité avec le sieur de Médavid, ce qui m'est encores plus particulièrement représenté par les articles que vous m'avez envoyez, lesquels je suis content d'accorder en la forme qu'ils sont, dont vous pourrez donner asseurance au dit sieur de Médavid, et que je trouve bon qu'il voye le sieur de Villars, et qu'ils se remettent ensemble à mon service ; mais je veux que, dès à présent, le dit sieur de Médavid fasse suspension d'armes, comme je feray faire de ma part, et qu'il vous donne asseurance de se faire et déclarer mon serviteur dans certain temps, encore que le dit sieur de Villars ne fit le semblable.......

« De Chartres, le 2 mars 1594. *Signé,* Henry. Et plus bas, Potier. »

Sur cette assurance, Médavy se rend à Rouen auprès du gouverneur (1). Le roi, « remettant à la prudence et loyauté tant esprouvée de son fidèle ministre le parachèvement de cet œuvre, » l'envoie le 25 mars auprès de Villars, qui lui fait l'accueil le plus cordial, malgré de perfides conseils; Sully soupe avec le gouverneur, le baron de Médavy et quelques invités dans la grande galerie de St-Ouen.

Le surlendemain, Sully va de nouveau trouver Villars

---

(1) André de Brancas, marquis de Villars, amiral de France.

à St-Ouen, et, en présence de Médavy et du premier président de Bauquemare, « ayant tiré de sa pochette une fort belle escharpe blanche et la luy ayant mise au col, Villars cédant à son enthousiasme s'écrie : « Allons morbieu, la Ligue est f....., que chacun crie, vive le roi. » Et lors il se fit une telle acclamation que tout l'air en retentissoit... (1) »

Le lendemain, le ministre envoie à Verneuil « pour faire le semblable » et reprend le chemin de Paris.

Il semble pourtant que quelques difficultés s'élevèrent pour l'exécution du traité de Médavy, puisque, quatre mois après le voyage de Sully à Rouen, le roi écrivait à ce dernier :

« Mon amy, le sieur de Médavid m'a remonstré plusieurs difficultez que l'on fait à l'exécution de mon intention, en ce que je lui ay accordé par les articles du traitté de la réduction de ma ville de Verneuil en mon obéyssance ; et parce que je ne désire nullement qu'il soit frustré de l'espérance qu'il a eüe en se rendant mon serviteur, je fais sçavoir ma volonté à mon conseil et à quelques autres particuliers. Mais puisque vous avez, suivant mon commandement, fait cette négociation avec ledit sieur de Médavid, je vous mande par cette lettre que vous apportiez de votre part tout ce qui vous sera possible afin que ce que vous avez faict avec luy et que je luy ay promis, luy soit maintenu et gardé, en effectuant ma volonté de point en point, au contentement dudit sieur de Médavid, sans qu'il soit sujet en autres sollicitations et longueurs de procez, voulant sur toutes choses que l'on recongnoisse le désir que j'ay que ma parole soit inviolable-

(1) *Mémoires de Sully.*

ment maintenüe ; et m'asseurant que vous satisferez à ce que je vous recommande, je prieray Dieu qu'il vous ayt en sa saincte garde.

« Escrit au camp de Laon, le 4 août 1594. *Signé*: Henry, et plus bas, Ruzé. »

Les hésitations de Sully dans l'accomplissement de ses promesses ne semblent-elles point donner raison aux méfiances du baron ? Mais la loyauté du bon Henri ne pouvait s'accommoder de pareils subterfuges, et force fut bien à son ministre d'exécuter les clauses du traité, quelque onéreuses qu'elles fussent pour les finances de l'État.

Médavy ne fut pas seulement confirmé dans son gouvernement de Verneuil : il prit une large part dans les distributions de deniers qui ne coûtèrent pas moins de 32,000,000 de livres au trésor royal. Les gouvernements de Rouen et du Havre, y compris les dédommagements accordés au duc de Montpensier, au maréchal de Biron et à quelques autres, absorbèrent à eux seuls 3,477,800 livres partagées entre ces derniers, le marquis de Villars et le chevalier d'Oyse. 380,000 livres furent en outre accordées à Médavy et à Vitry.

Ce qui fut alors réclamé au trésor royal soit par les Français, soit par les étrangers, à titre de solde, de pensions, de prêt, d'arrérages de rentes, etc., montait à la somme, énorme pour le temps, de 330,000,000 de livres !

« Voilà un beau champ ouvert aux travaux d'un surintendant des finances ! » s'écrie, à ce propos, l'illustre Sully. On sait avec quelle prudence et avec quel succès il parvint à s'en tirer.

A défaut d'autres preuves, nous verrions dans ces larges concessions faites aux chefs de la Ligue, la preuve évidente que leur cause n'était point désespérée. Si leurs bras furent désarmés, ne peut-on point attribuer aussi bien leur soumission à un sentiment tout spontané, inspiré par l'abjuration du roi, qu'à l'impuissance de continuer une guerre devenue sans objet?

Disons encore à leur allégeance, en présence des avantages considérables obtenus comme prix de leur soumission, que, pour beaucoup d'entre eux, ce fut à peine une indemnité des sacrifices qu'ils s'étaient imposés, pour soutenir une lutte dont la religion était le principal enjeu.

Quoi qu'il en soit, le baron de Médavy conserva longtemps encore le gouvernement de Verneuil, où il servit le roi avec autant de fidélité qu'il avait déployé d'énergie dans les rangs de la Ligue.

Faut-il croire que sur la demande des habitants, fatigués de sa dure administration, ce gouvernement lui fut retiré par le roi Louis XIII, l'année même de sa mort? Il nous répugne d'autant plus de l'admettre, qu'en l'année 1599, le roi Henri IV l'avait confirmé dans ses pouvoirs sur Verneuil et sur Argentan, en même temps qu'il lui conférait le collier de St-Michel, et le nommait capitaine de 30 lances, du titre de 50 (1).

Depuis lors, Médavy ne cessa d'être comblé des bienfaits du roi. Dans cette même année 1599, au mois d'avril, il fut fait lieutenant, sous le maréchal de Fervaques, son beau-père, du gouvernement du

(1) Le roi avait en outre engagé le domaine de Verneuil au comte de Grancey, pour 33,000 fr. Les archives de l'abbaye de Verneuil, qui nous fournissent ce renseignement, tendent à absoudre le baron de Médavy de la dureté qu'on lui a imputée dans l'exercice de son gouvernement.

bailliage d'Évreux, auquel fut uni le gouvernement de Verneuil. Le 8 octobre suivant, il devenait bailly d'Alençon et d'Évreux, et, deux mois après, il obtenait la survivance du maréchal de Fervaques comme lieutenant au gouvernement du bailliage d'Évreux.

La même année, Henri IV, qui aimait tant les braves, lui donnait une bien grande marque d'affection, en consentant à nommer un de ses fils à Verneuil, où le cardinal du Perron vint représenter le roi.

En 1611, il fut nommé conseiller du roi en ses conseils d'État et privé.

Enfin, le roi Louis XIII le fit, en 1613, un de ses lieutenants généraux au gouvernement de Normandie, et créa en sa faveur, en 1616, une compagnie de 60 lances.

A ces témoignages multipliés de la faveur royale, ajoutons les nombreuses lettres de félicitations qu'il reçut de ses souverains, et une grande quantité de brevets de pension conçus dans les termes les plus flatteurs.

Il faut donc chercher une autre cause à la disgrâce de Médavy que la désaffection des habitants de Verneuil.

Cette cause, les mémoires du temps nous la font connaître.

L'extrême faveur dont jouissait auprès de la reine son compatriote Concini, qu'elle avait fait maréchal d'Ancre, avait soulevé l'indignation générale. Les mécontents, comme on les appelait, formèrent un parti puissant, sous la conduite des Grands, et particulièrement du prince de Condé. Le baron de Médavy ne fut pas le dernier à entrer dans la coalition. La reine déploya bientôt contre ces conjurés une rigueur qui ne devait point sauver son favori.

Le prince de Condé fut arrêté le 2 septembre 1616. Quatre mois après, une armée de 14,000 hommes, sous le commandement du comte d'Auvergne, fils naturel de Charles IX, fut envoyée dans le Thimerais et dans le Perche. Senonches, La Ferté-Vidame, Nogent-le-Rotrou, La Ferté-Bernard et Verneuil, qui tenaient pour le duc de Nevers, le prince de Condé, le duc de Mayenne et le baron de Médavy, rentrèrent aussitôt dans l'obéissance.

Richelieu, alors tout dévoué à la reine-mère, à la maison de laquelle l'avait attaché le maréchal d'Ancre, traite assez durement le baron de Médavy, qui, dit-il, « était de toutes les séditions (1). »

On voit que le futur ministre n'avait point oublié les troubles de la Ligue, seules séditions qu'on pût reprocher à Médavy. Le célèbre cardinal, qui devait bientôt porter de si rudes coups à la puissance des Grands, les poursuivait ainsi, jusque dans le passé, de ses préventions rétrospectives.

Cependant la face des choses ne tarda point à tourner. Le roi, qui n'était pas moins irrité que les Grands contre l'omnipotence du maréchal, conspirait secrètement avec eux à l'instigation de Luynes, déjà très-avant dans la faveur royale.

La mort de Concini, assassiné au Louvre le 24 avril 1617, vint ôter tout prétexte à la conspiration et rendre la sécurité aux conjurés.

Au mois de décembre, le roi alla tenir à Rouen l'assemblée des notables. Médavy, qui s'y était rendu, y fut pris d'une maladie à laquelle il succomba le

---

(1) *Mémoires du cardinal de Richelieu*, année 1617.

dernier jour de ce mois, âgé de 56 ans seulement. Il était gouverneur de Verneuil depuis 27 ans.

Son oraison funèbre fut prononcée à ses obsèques par le P. Le Rebours (1). Son corps fut rapporté dans le caveau de Médavy, lieu de sépulture de ses ancêtres. Charlotte de Hautemer de Fervaques, sa veuve, lui fit élever un magnifique mausolée en marbre blanc, avec colonnes et entablement de marbre noir. Ce monument, d'une structure parfaite, ne mesurait pas moins de 15 pieds de hauteur.

Nous verrons, en parlant des dames de la maison de Médavy à la cour, quel rôle la comtesse de Grancey, sa veuve, allait bientôt jouer à Verneuil, et nous trouverons dans l'accueil sympathique qu'elle y reçut à cette occasion, une nouvelle preuve des bons souvenirs qu'y avait laissés sa famille.

Pierre Ier, baron de Médavy, avait épousé, le 22 mai 1588, Charlotte de Hautemer, fille du maréchal de Fervaques. Nous donnons, à l'article de ce maréchal, des renseignements détaillés sur l'illustre famille dans laquelle il venait d'entrer.

« L'époux et l'épouse, nous dit Lautour-Montfort, dans sa généalogie manuscrite des Rouxel, étaient accomplis dans leur sexe, et les biens considérables des deux familles, joints aux bienfaits du roi et des princes, les rendirent très-puissants.

« Ils eurent des Rouxel, la baronnie de Médavy, les seigneuries des Essards, du château, de Macey, Mersey, Blanche-Lande, la Balu, le Croc, Montchevrel, grandes et petites Occaignes, Boissey et La Mothe;

---

(2) Bibliothèque du P. Lelong.

« Du maréchal de Fervaques, le comté de Grancey, la terre de la Houssaye, la baronnie de Selongey, celle de Marey, et autres seigneuries réunies au dit comté.

« Enfin, ils acquirent les fiefs du château d'Almenesches, Painthièvre, La Quatorzaine, Bonnevent, le fief-commun, le domaine de Verneuil, et celui de Séez, autrement Grasville. »

1537-1613.

Le Maréchal de FERVAQUES,

Comte, puis duc de Grancey, chevalier des Ordres du roi.

Le maréchal de Fervaques a plus d'un titre à notre souvenir. Indépendamment des liens si resserrés qui le rattachent à la famille de Rouxel, nous ne pouvons oublier qu'enfant du pays il y joua, pendant de longues années, un rôle considérable.

Le P. Anselme donne la généalogie des Hautemer de Fervaques, depuis Jean Ier, seigneur du Fournet et du Mesnil-Tison, qui vivait en l'an 1300 (1).

Guillaume Ier de Hautemer, arrière petit-fils de Jean Ier, vivant en 1376, épousa Jeanne de Mondétour, dont il eut Gérard de Hautemer, mariée à Jeanne de Bardou, d'une famille bien connue en Basse-Normandie.

Leur fils, Jean III de Hautemer, devint seigneur de Fervaques par son mariage avec Blanche de Groignes, vers l'an 1414. Ils eurent pour fils :

Guillaume II, seigneur de Fervaques, marié à Jeanne

---

(1) L'ancienneté des Hautemer ne saurait d'ailleurs être contestée, puisqu'ils figurent dans la recherche de Montfault, en 1460.

d'Annebault, fille de Raoul d'Annebault et de Jeanne de Ressancourt.

Nous ne pouvons rencontrer ce nom d'Annebault sans rappeler le lustre qu'il a jeté sur notre pays.

Raoul d'Annebault était le grand-père de Jean II d'Annebault, gentilhomme de la chambre du roi, connétable héréditaire de Normandie, marié à Marie de Blosset, fille de Jean, seigneur de Carrouges, et bisaïeul du célèbre amiral d'Annebault et du cardinal évêque de Lisieux, son frère.

Du mariage de Guillaume II de Fervaques avec Jeanne d'Annebault naquit Guillaume, troisième du nom, marié à Collette de Montlandrin, dont il eut :

Jean V de Fervaques, lieutenant de la compagnie du maréchal de St-André, tué à la bataille de Cérisolles, le 14 avril 1544.

Jean V, lui aussi, avait contracté une illustre alliance en épousant Anne de la Baume, veuve de Pierre d'Aumont, seigneur d'Estrabonne, fille de Marc de la Baume, comte de Montrevel et de Grancey, et d'Anne de Châteauvillain, dame de Grancey.

Les Montrevel comptent parmi les leurs, entre autres personnages marquants, deux maréchaux de France.

Quant aux Châteauvillain et aux Grancey, ils ne leur cédaient en rien, comme nous allons le voir. Jeanne de Châteauvillain apportait à Jean de Fervaques la magnifique terre et le comté de Grancey, en Bourgogne, qu'elle avait recueillis dans la succession de son père, Jean III de Châteauvillain et de Grancey, marié à Marie d'Estouteville.

Jean III de Châteauvillain était lui-même arrière petit-fils de Jean de Châteauvillain et de Jeanne de

Grancey, fille d'Eudes, seigneur de Grancey, marié en premières noces à Béatrix de Bourbon, fille de Louis I, duc de Bourbon, et en secondes noces à Yolande de Bar, descendue de Louis le Gros, roi de France. Jeanne était sortie de ce dernier mariage.

Nous lisons, dans l'Encyclopédie du XVIIIe siècle (article Grancey), que Ponce de Grancey était connétable de Bourgogne en 1193. Eudes de Grancey, d'après le même article, et Mahaut de Noyers, sa femme, fondèrent, en 1361, une collégiale dans leur château de Grancey.

Cette puissante maison possédait 24 terres en Bourgogne, entre autres Gemeaux, Meursault, etc.

Elle a donné aux XVe et XVIe siècles deux évêques à Autun, distingués par leur savoir et leur piété. L'un d'eux, Ferry de Grancey, mort en 1434, fut inhumé en la collégiale de Saulieu.

Voici un trait qui fait honneur à un seigneur de Grancey; il est tiré du IXe volume de l'histoire de France par Villaret, à l'an 1319, sous le règne du roi Jean. Pierre d'Andelei, capitaine anglais, qui s'était emparé de plusieurs forteresses entre Troyes et Châlons, entreprit de se rendre maître de cette dernière ville, dans laquelle il parvint à s'introduire, à la faveur de la nuit. Les habitants, réveillés par le bruit des armes, se levèrent avec précipitation, criant aux larrons anglais et navarrais. S'étant rassemblés, ils soutinrent le premier choc et donnèrent le temps au seigneur de Grancey, chevalier de Bourgogne, d'arriver avec 60 hommes d'armes au secours de la place; sa présence ranima les habitants, qui achevèrent de repousser les ennemis.

C'est cet Eudes de Grancey que Philippe le Hardi nomma gouverneur de Bourgogne en 1370.

La magnifique terre de Grancey, ajoute l'Encyclopédie du XVIIIe siècle, à laquelle nous empruntons ce trait, passée par alliance des Grancey aux Châteauvillain et de ceux-ci aux Fervaques, devint en dernier lieu la propriété des Rouxel de Médavy, qui la conservèrent jusqu'à la mort du dernier maréchal de Médavy, en 1725.

Mais revenons à Jean V de Fervaques. De son mariage avec Anne de la Baume naquit un fils, Guillaume de Hautemer, seigneur de Fervaques, comte de Grancey, qui n'est autre que le maréchal de Fervaques dont nous nous occupons.

Le maréchal de Fervaques naquit en 1537 ou 1538, au château de Fervaques, diocèse de Lisieux.

Voué dès l'enfance à la noble profession des armes, Guillaume de Hautemer avait à peine 17 ans lorsqu'il fut engagé au service du duc d'Alençon par le maréchal de Tavannes, son parent.

La bataille de Renty, livrée le 13 août 1554, lui fournit bientôt l'occasion de se signaler. Sa valeur ne fut pas moins remarquée au fatal combat de St-Quentin, le 10 août 1557, et à la bataille de Gravelines, le 13 juillet de l'année suivante.

Quand éclatèrent les funestes guerres de religion, Guillaume de Hautemer se rangea du côté des catholiques, auxquels il fut toujours fidèle. Il prit une glorieuse part aux combats de Dreux, le 19 décembre 1562, de St-Denis, le 10 novembre 1567, et de Mondétour, le 3 octobre 1569.

Dès l'année 1562, il commandait à Lisieux, dont

le duc de Bouillon, gouverneur de Normandie, lui avait confié la défense. Il paraîtrait que la prise de possession de ce commandement ne fut pas sans quelque difficulté, en présence de la popularité dont jouissait dans cette ville le gouverneur Guy de Longchamp, sieur de Fumichon, nommé à ce poste le 19 août de la même année. Fervaques s'y maintint pourtant jusqu'en 1569, époque à laquelle il reprit son rang dans l'armée.

En 1574, nous voyons Guillaume de Hautemer prendre, en qualité de maréchal de camp, une part active au siége de Domfront, où le comte de Montgommery fut fait prisonnier par le comte de Matignon.

S'il faut en croire Agrippa d'Aubigné, il ne tint pas à Guillaume de Fervaques que le comte de Montgommery n'échappât au funeste sort qui l'attendait. Il avait fait dire au roi de Navarre que, « *s'il pouvait faire plaisir à Montgommery aux dépens de Matignon, il le ferait.* » Fervaques avait emmené au siége de Domfront, en qualité de guidon, Agrippa d'Aubigné, alors simple écuyer du roi de Navarre. Il lui confie pendant une nuit le commandement de quatre compagnies, placées près de la poterne, avec ordre de lui obéir en tout. D'Aubigné s'approche seul du fossé, comme pour le reconnaître ; une sentinelle veillait immobile de l'autre côté ; il l'appelle et lui demande de faire venir un gentilhomme de ses amis[1], nommé Leportal, qu'il savait enfermé dans le château. A ce dernier, il s'ouvre de son projet, et le charge de donner rendez-vous à Montgommery la nuit suivante, au même endroit. Montgommery s'y rend et le jeune écuyer lui offre de le tirer de péril ; le moment est favorable : le jour précédent Alençon vient d'être occupé par les réformés ;

quelques lieues l'en séparent ; arrivé là, il pourra s'y arrêter cinq ou six heures et gagner la Beauce, où l'attendent 200 chevaux.

Vainement Leportal conjura-t-il le malheureux comte d'avoir confiance dans l'écuyer; il refusa obstinément, et sur le vain espoir de l'arrivée des Raîtres, il offrit à l'homme qui seul pouvait le sauver, de s'enfermer avec lui dans cette étroite enceinte de murailles, que dominait partout le canon de Matignon. Au moment où ils se séparèrent, les hauteurs se couronnèrent de soldats : c'étaient les régiments de Lavardin, de Lassay, de Ste-Colombe et de Lussan, ensemble 5000 arquebusiers. « Autrement était écrit au ciel ! » s'écrie d'Aubigné dans ses mémoires.

Guillaume de Hautemer n'approuvait pas les excès commis contre les huguenots. Aussi le trouvons-nous vers cette époque dans les rangs de l'armée du Béarnais, qui venait d'embrasser la religion catholique et qui cherchait à s'entourer de partisans pris parmi les plus modérés des deux camps.

Félibien va jusqu'à dire que Fervaques était le principal favori du prince. D'après le même historien, il lui persuada de se soustraire à l'influence de la cour qui allait presque à le rendre captif. Ce fut le 3 février 1576 que ce projet de fuite fut mis à exécution. Ce jour-là Henri, après s'être rendu à la foire St-Germain, sortit de Paris, sous prétexte d'une partie de chasse dans la forêt de Senlis. Il y courut le cerf tout le samedi ; mais, sur le soir, il prit la route de Vendôme, d'où il passa au Maine, et ensuite en Anjou. Parvenu à Saumur, il céda aux obsessions de ses anciens coréligionnaires et redevint huguenot. Alors Fervaques n'hésita pas à l'abandonner, cédant, nous voulons le croire, à un mobile plus noble que la versatilité de son caractère, à laquelle Louis Dubois, qui nous a fourni la plupart de ces détails, semble attribuer exclusivement sa détermination.

L'amitié du *brave Crillon* n'était peut-être pas étrangère à sa rentrée dans les rangs de l'armée royale, et la protection de ce haut personnage dissipa les nuages qui rendaient un peu suspect le concours de son protégé.

Au mois d'août 1581, le duc d'Alençon, frère du roi, qui allait entreprendre la malheureuse expédition de Flandres, s'attacha Fervaques, devenu lieutenant général ; il venait d'en faire le grand-maître de sa maison et le chef de ses conseils. Ces hautes fonctions n'étaient ni sans difficulté, ni sans péril auprès d'un prince qui « *avait de mauvaises inclinations, aimait les conseils violents et se plaisait dans le désordre et dans le trouble* (1). » La sanglante échauffourée d'Anvers, en 1583, en fut une preuve éclatante, et ne fit honneur ni au prince, ni à son conseiller, qui tomba prisonnier entre les mains des Anversois, après d'inutiles actes d'intrépidité.

A la mort d'Henri III, le roi de Navarre, devenu roi de France, n'eut pas de plus fidèle serviteur que Fervaques.

En 1590, lors du siége de Paris, il s'empara du faubourg St-Denis et parvint à s'y retrancher.

Lorsque, deux ans plus tard, Henri IV mit le siége devant Rouen, Fervaques ne se fit pas moins remarquer ; le 5 février 1592, le duc de Parme s'étant porté au

---

(1) *Le Laboureur*, additions aux mémoires de Castelnau.

secours de la ville avec des forces considérables, le roi pris à l'improviste courait le plus grand danger, si Fervaques n'avait pas soutenu vigoureusement pendant deux heures tous les efforts de l'ennemi.

Il ne figura pas avec moins de valeur au siége d'Honfleur en 1594.

L'année suivante, il recevait des mains du roi le cordon de l'ordre du St-Esprit (le 7 décembre 1595).

Le siége d'Amiens, en 1597, fut pour Fervaques une nouvelle occasion de se signaler. Ce fut à ce dernier siége qu'il reçut le bâton de maréchal de France. La Normandie avait fourni un large contingent à l'armée assiégeante, et Fervaques n'était sans doute point étranger à cet empressement. L'armée royale perdit 1,200 hommes.

Un historien normand fait remarquer à ce propos « que les protestans avaient en grande partie abandonné le roi, tandis que les Ligueurs se rattachaient chaque jour à lui et rendaient à sa cause les plus signalés services, ce qui faisait dire au roi *qu'il connaissait bien ceux de la Ligue et que ces gens-là n'avaient jamais été ennemis de sa personne, mais seulement de la religion* (1). »

Le maréchal de Fervaques n'était pas seulement un vaillant homme de guerre ; ses capacités administratives et diplomatiques furent plus d'une fois utilisées par son souverain.

C'est ainsi qu'il fut envoyé par le roi à Rouen, le 16 juin 1597, avec Le Camus de Jambeville, président

---

(1) Masseville, *Histoire de Normandie*, année 1597. Précieux témoignage en faveur de ceux qui s'étaient ligués contre un souverain hérétique.

du grand conseil, pour négocier avec le Parlement de Normandie l'enregistrement de l'édit de Nantes.

Le Parlement de Normandie, toujours jaloux de sauvegarder la foi catholique, s'était constamment montré hostile aux religionnaires. Il devait faire, pendant dix années entières, la plus vive opposition à l'enregistrement de l'édit qui autorisait leur culte.

Enfin, le 16 mai 1609, le maréchal de Fervaques envoyé une seconde fois à Rouen, avec le maître des requêtes Viguier, parvint à triompher de cette longue résistance, et, le 5 août suivant, l'édit était enregistré.

En 1605, Fervaques avait été nommé lieutenant général pour le roi aux bailliages de Rouen, de Caux, d'Évreux, de Caen et de Gisors. Le 11 juillet 1607, le gouvernement de Gisors lui fut en outre donné.

Au printemps de l'année 1610, peu de temps avant de tomber sous le fer d'un assassin, le roi, se disposant à rentrer prochainement en campagne, donna au maréchal de Fervaques une preuve éclatante de la haute estime en laquelle il tenait son jugement et sa capacité. Voulant assurer la marche régulière du gouvernement intérieur, pendant son absence à la tête de ses armées, il institua un conseil de régence sous la direction de la reine Marie de Médicis. Le maréchal de Fervaques devait faire partie de ce conseil suprême, en compagnie des cardinaux de Joyeuse et du Perron, des ducs de Mayenne, de Montmorency et de Montbazon, du maréchal de Brissac, etc. (1).

Cependant, le 14 mai de la même année, Henri IV succombait sous le poignard de Ravaillac. Trois jours

---

(1) *Mémoires de Sully*, année 1610.

après cet odieux attentat, le maréchal de Fervaques arrivait à Rouen avec le premier président Faucon de Ris. Consterné, comme la France entière, par cette horrible catastrophe, le maréchal se rend au Parlement et adresse aux magistrats éplorés ces nobles et touchantes paroles : « Le malheur est si grand d'avoir perdu un roy tel que le nostre, que je ne le puis exprimer, et pleust à Dieu que je feusse à sa place ! Je ne suis pas venu ici pour faire le gouverneur ny pour employer le pouvoir que j'ay en mon gouvernement, mais au service de Dieu, du roy et de la province. Je ne veux point de ville, de chasteau ny de forteresse pour mon asseurance, et veux employer ma vie et mes moyens pour la deffense du pays. Je m'asseure qu'ayant la volonté et le conseil de la compaignye, il n'y a homme qui ose lever la teste. Je veux concerter mes actions avec celles de la compaignye, et n'avoir avec elle qu'un même but et intention, pour s'opposer aux mauvais desseins et remuemens contre le service de S. M. et le repos public. »

Ce langage fit sur le Parlement la plus vive et la plus touchante impression. « L'obéissance à un prince puissant et victorieux et en la force de son âge, est recommandable aux subjetz, répond l'avocat-général du Vicquet ; mais celle qui se rend à un prince mineur d'ans, semble plus volontaire et accompagnée d'une sincère affection (1). »

Après la mort du roi, Fervaques conserva jusqu'à la fin la faveur et la confiance de la reine Marie de Médicis. Quelques mois seulement avant sa mort, au

---

(1) Floquet, t. IV, page 274-275.

mois de juin 1613, il reçut de la régente une nouvelle mission auprès du Parlement de Normandie.

C'était à l'occasion du fameux procès entre Bassompierre et Mlle d'Entragues. Quoique le maréchal fût âgé de 75 ans, sa verte vieillesse ne lui avait rien fait perdre de son énergie. Il était étroitement lié avec Bassompierre, qu'il *festoyait* dans son gouvernement de Lisieux, lorsque ce dernier passait par cette ville pour se rendre à sa terre de St-Sauveur, dans le Cotentin.

La reine-mère s'était hautement déclarée en faveur de Bassompierre, contre les d'Entragues. On s'en étonnera peu lorsqu'on saura que Marie de Balzac d'Entragues, l'adversaire de Bassompierre, était sœur de la célèbre marquise de Verneuil.

Bassompierre, qui devait les commencements de sa faveur à la cour aux bonnes grâces de la marquise, avait voulu jouer auprès de sa jeune sœur le rôle de son royal patron auprès de l'aînée, et n'en avait pas été plus mal traité.

La jeune fille avait cru pouvoir racheter son déshonneur et recouvrer l'affection de sa mère irritée, en arrachant à son amant une promesse écrite de mariage. Mais Bassompierre, qui ne considérait son facile triomphe avec Mlle d'Entragues que comme un des trop nombreux épisodes de sa vie galante, s'était fait donner une contre-lettre annulant l'effet de la promesse.

Les choses en étaient là, lorsque, sur la demande de Marie d'Entragues, l'affaire fut renvoyée au Parlement de Normandie, par le crédit du comte de Soissons, gouverneur de la province, et ennemi personnel de Bassompierre.

Déjà les d'Entragues avaient fait jouer auprès des

magistrats tous les ressorts de l'intrigue, lorsqu'arriva à Rouen, par l'ordre de la régente, le maréchal de Fervaques, avec charge expresse *de prêter aide et confort à Bassompierre*. Sa charge de lieutenant général au gouvernement de Normandie rendait sa tâche d'autant plus facile. Le comte de Soissons venait de mourir; mais la comtesse, Anne de Montafié, sa veuve, était demeurée à l'abbaye de St-Ouen, résidence du gouverneur. Fervaques s'en fait ouvrir les portes et prend possession des appartements du comte, où se trouvaient encore ses meubles. La comtesse en fut tellement émue, qu'elle en tomba malade, s'il faut en croire Malherbe, dans une de ses lettres.

Les premières paroles du vieux maréchal, en arrivant à Rouen, avaient été pour dire publiquement que *son espée, ses moyens et tout son pouvoir estoient au service de Bassompierre*. Il voulut siéger en personne au Parlement, dont il fit garder la grande salle par la compagnie d'arquebusiers et la cinquantaine, sans s'émouvoir des plaintes des magistrats. La reine l'avait fait accompagner par le maître des requêtes Marillac, confident de ses désirs sur l'issue du procès.

Bassompierre était lui-même accouru à Rouen avec *plus de deux cents gentilshommes* de ses amis. Les d'Entragues en comptaient presque autant auprès d'eux: « quantité de dames qui étoient à Rouen, beaucoup d'étrangers qui y vinrent, et la bande de noblesse que j'y avais menée, firent que tout le temps que j'y demeurai, qui fut un mois, se passa comme un carême-prenant en continuelles fêtes, bals et assemblées (1). »

---

(1) *Mémoires de Bassompierre*, année 1613. Voir aussi l'*Histoire du Parlement de Normandie*, par Floquet.

La reine envoyait à Rouen de deux jours l'un, pour être informée de la marche du procès ; elle voulut entendre le plaidoyer de la Brétignière en faveur de son protégé.

Le Parlement finit par donner gain de cause au maréchal de Bassompierre, à la grande joie de la reine, qui applaudissait dans cette solution l'humiliation de sa rivale, non moins que le triomphe de son favori.

Mais que penser de l'intégrité de magistrats que l'on supposait, de part et d'autre, accessibles à de semblables pratiques ?

Pour le maréchal de Fervaques, il n'avait plus que quelques mois à vivre. Comblé de charges et d'honneurs, il n'attendait plus rien de la faveur royale. Il était chevalier de St-Michel et du St-Esprit, dès la fondation de l'ordre ; il fut fait duc de Grancey, au mois de décembre 1611.

Nous trouvons dans le P. Ange et le P. Simplicien les lettres d'érection du comté de Grancey en duché-pairie ; on y lit :

« Louis, par la grâce de Dieu etc. Nous avons jeté l'œil sur notre cher et bien aimé cousin, Guillaume de Hautemer, comte de Grancey, etc.

« Ayant été bien avertis que du côté paternel il est extrait de la maison de Hautemer, autant signalée par son ancienneté de noblesse que par les généreux actes et exploits de guerre de ceux qui en sont issus,..... et du côté maternel sort des illustres maisons de Châteauvillain, de la Baume et de Grancey,..... (suit une longue énumération des alliances et des faits d'armes de toutes ces maisons), tellement que notre dit cousin se trouvant recommandable par sa naissance, par sa vertu et par ses grands et signalés services à cette couronne,...... savoir faisons que nous, bien et dûment informés que le comté de Grancey, assis au bailliage de Langres, mouvant et relevant de notre couronne, est de grande étendue, terre ancienne et noble, de laquelle sont tenus en foi et hommage plusieurs fiefs et arrière-fiefs, assez seigneurials (sic) et de bon revenu, pour être élevée en titre et prééminence de duché et pairie, et pour en soutenir la dignité et la dépense, etc. (1). »

Les lettres d'érection ne furent point enregistrées, moins de deux ans s'étant écoulés entre la date de ces lettres et la mort du maréchal, qui ne laissait point de postérité mâle.

Guillaume de Fervaques termina sa longue et laborieuse carrière le 14 novembre 1613, âgé de 75 ans, après avoir vécu sous sept rois, *aussi chargé de biens que d'années et de dignités.*

Le laboureur, dans ses *additions aux mémoires de Castelnau*, après avoir dit que le maréchal de Fervaques avait autant d'esprit que de valeur, et qu'il fut le courtisan le plus délié de son siècle, ajoute qu'il a été taxé de trois défauts considérables, d'ambition, d'avarice et de peu de religion. Le premier de ces défauts lui est à coup sûr commun avec beaucoup de grands hommes; quant au manque de religion, le concours que les catholiques trouvèrent toujours dans Guillaume de Hautemer, et les pieuses fondations qu'on lui doit, ne nous permettent pas d'admettre sans réserve cette grave imputation.

(1) Les terres, seigneuries et baronnies réunies en duché n'étaient pas moindres de vingt-deux.

Un historien moderne, que nous avons déjà cité, Louis Dubois, est plus sévère encore pour la mémoire du maréchal, qu'il irait jusqu'à taxer de cruauté, sur la foi d'une vague tradition populaire.

Cette tradition ferait de Guillaume de Fervaques, une sorte de bouc émissaire des méfaits si souvent reprochés, avec plus ou moins d'exagération, aux seigneurs féodaux. Ce ne seraient que femmes mises à mal, vassaux et manants malmenés, etc., etc.

Louis Dubois, il est vrai, tout en se faisant l'écho de ces récriminations, ne semble pas lui-même y attacher beaucoup de confiance. Il fait très-sensément remarquer, malgré son peu de partialité pour le maréchal, combien de tels bruits sont invraisemblables, en présence des témoignages d'estime et d'amitié dont ne cessa d'être comblé Guillaume de Fervaques, de la part du roi populaire et de son illustre ministre.

Ceci nous amène à parler du rôle joué par Guillaume de Hautemer, à Lisieux et aux environs.

Nous avons dit que, dès 1562, il était nommé gouverneur de la ville de Lisieux, située à peu de distance de son château de Fervaques. C'est à cette époque de sa vie et de son gouvernement que se rapportent les plus fâcheux souvenirs contre sa modération et sa dignité. D'après Louis Dubois, il aurait pris une part bien regrettable au pillage de la cathédrale, au moins en tolérant le fanatisme des protestants, qui s'en rendirent coupables, le 5 mai de cette même année 1562. On cite même de lui à ce sujet des propos aussi impies que cyniques. Nous nous garderons bien de les répéter ici, d'autant plus qu'ils lui sont prêtés par des ennemis avérés.

Le 16 juillet 1568, Guillaume de Hautemer se trouvait à son château de Fervaques, d'où il annonçait aux habitants de Lisieux que le roi l'envoyait en cette ville avec sa compagnie, en qualité de gouverneur. Il devait en outre, en l'absence de Carrouges, y exercer les fonctions de lieutenant pour sa Majesté dans tout le bailliage.

Cependant, les habitants faisant difficulté de le recevoir, malgré l'avis que leur en avait donné Carrouges, Henri, frère du roi, mandait lui-même aux habitants : « Ayez, sans attendre de nous autre et plus exprès commandement, à recevoir ledit sieur de Fervaques et satisfaire et obéir à ce que nous avons ci-devant mandé et ordonné, sous peine d'être déclarés rebelles et désobéissants à nos vouloir et instruction, et comme tels être châtiés avec telle exemplarité qu'il en sera mémoire. Donné au château de Boulogne, le 21 juillet 1568. »

Ces tristes débats se prolongèrent jusqu'au 10 septembre, date à laquelle le roi écrivit à Fumichon d'obéir à Fervaques, qui se trouvait alors à Caen avec Carrouges.

En 1574, Fervaques, maréchal de camp sous Matignon, fait déguerpir Montgommery de St-Lo, où il s'était renfermé avec 2,000 hommes ; nous l'avons vu cette même année suivre Matignon à Domfront, où il s'était réfugié Montgommery.

La sollicitude de Fervaques pour son pays ne s'était pas ressentie des démêlés qu'il avait eus avec les habitants de Lisieux, et dont son compétiteur Guy de Fumichon fut sans doute la principale cause. A sa sollicitation, Fervaques fut érigé en bourg, par lettres patentes du mois de mai 1599. Henri IV, qui avait reçu l'hospitalité au château, tandis qu'il guerroyait en Basse-Normandie, établit en outre dans le bourg de Fervaques une foire et un marché.

Le 7 août 1605, sur la demande des habitants de Lisieux, le maréchal rendit une ordonnance contre les vagabonds et les bandits qui pullulaient depuis les guerres civiles. Dix ans plus tard, une autre ordonnance, datée du château de Fervaques, prescrivait des mesures à l'occasion des pestiférés.

Enfin, l'année même de sa mort, en 1613, il fondait à Lisieux un couvent de capucins, comme pour racheter par cette pieuse action le souvenir des dissensions religieuses dont il avait été le témoin trop complaisant.

Nous allions omettre pour le maréchal de Fervaques le plus précieux des témoignages. On a longtemps conservé au château de Grancey un billet autographe adressé à Fervaques par le roi Henri IV, en juin 1595. C'était avant la bataille de Fontaine-Française. « A cheval, Fervaques, lui écrivait le roi, l'ennemi approche; j'ai besoin de ton bras. Je suis Henri. »

Cette courte lettre, dit le président Bouhier, pourrait être mise en parallèle avec celle qui nous reste de Brutus (1).

Le maréchal de Fervaques avait épousé, en 1558, Renée l'Évesque de Marçonnay, fille de François l'Évesque, seigneur de Marçonnay, en Poitou, et de Jacqueline Gillier (2).

Renée l'Évesque de Marçonnay était digne par son intrépidité d'être la compagne du maréchal.

(1) *Encyclopédie du XVIIIe siècle*, t. XVI, p. 502, verbo Grancey.
(2) Le célèbre maréchal de Clérembault était un Gillier.

En 1592, elle commandait le château de Grancey, où se trouvait en garnison une compagnie de cavalerie. Le sieur de Vitray ayant voulu s'en rendre maître par surprise, la comtesse de Grancey sut déjouer ses projets et se maintenir dans ce poste important (1).

Trois filles naquirent du mariage de Guillaume de Fervaques avec Renée de Marçonnay. Ces trois filles étaient :

1° Louise-Marie de Hautemer, mariée en premières noces à Jacques de Hellenvilliers, seigneur d'Avrigny (2), et en deuxièmes noces, le 23 mars 1593, à Aymard de Prie, marquis de Toucy, fils de René de Prie, baron de Toucy et de Jossine de Selles ;

2° Charlotte de Hautemer, comtesse de Grancey, mariée à Pierre de Rouxel, baron de Médavy, devenu comte de Grancey par son mariage ;

3° Jeanne de Hautemer, dame de Mauny, mariée en premières noces, le 8 mai 1579, à Claude d'Etampes, baron de La Ferté-Imbault, chevalier des Ordres du roi, chambellan de Monsieur, et en secondes noces à François de Canonville, baron de Raffetot (3).

Par une singulière fortune, la haute dignité du maréchal de Fervaques, dont le nom allait s'éteindre,

---

(1) Voir les *Mémoires* de Guillaume de Saulx, seigneur de Tavannes (année 1592).

(2) Mézeray, t. III, p. 263 de son abrégé, nous dit que d'Avrilly, gendre du maréchal de Fervaques, était fils d'un sergent de La Ferté près Blois, qui par son luth, sa voix et sa danse, avait gagné la faveur de François de Valois, duc d'Alençon, frère des rois François II, Charles IX et Henri III.

(3) Les Canonville de Raffetot étaient, dit Saint-Simon, des gentilshommes riches, anciens et bien alliés de Haute-Normandie. Raffetot est le nom d'un village du diocèse de Rouen.

devait renaître dans la descendance de chacune de ses filles :

Mme d'Etampes fut mère de Jacques d'Etampes, marquis de La Ferté-Imbault et de Mauny, chevalier des Ordres du roi, nommé maréchal de France en 1651, par l'entremise de Gaston d'Orléans, mort au château de Mauny, le 20 mai 1668, âgé de 78 ans, et inhumé dans l'église de ce lieu (1);

La comtesse de Médavy-Grancey, deuxième fille du maréchal de Fervaques, eut pour fils, comme nous le verrons bientôt, le premier maréchal de Grancey, et pour petit-fils le maréchal de Castelnau ;

Quant à la troisième fille du maréchal de Fervaques, Louise de Hautemer, mariée en secondes noces à Aymard de Prie, sa fille Louise de Prie devait épouser le maréchal de la Mothe-Houdancourt, duc de Cardonne, qui se trouvait ainsi cousin issu de germain des maréchaux de la Ferté-Imbault, de Grancey et de Castelnau.

Les belles duchesses d'Aumont, de La Ferté et de Ventadour, dont les noms se rencontrent si souvent dans les relations de l'époque, étaient toutes trois filles de la maréchale de La Mothe-Houdancourt (2).

(1) Le marquisat de Mauny, situé dans la paroisse de ce nom, à 4 lieues de Rouen, était l'un des douze cités par Gabriel Dumoulin. Quant au domaine de La Ferté-Imbault, il se trouve dans les environs de Salbris (Loir-et-Cher) et contient actuellement 3,400 hectares, avec un château princier.

L'arrière petit-fils du maréchal de La Ferté épousa, en 1733, la fille de la célèbre Mme Geoffrin. Devenue veuve à 21 ans, la jeune marquise, à l'encontre de sa mère, se montra la constante adversaire des encyclopédistes. Ce fut elle qui, sous la direction de Mme de Marsan, fit une partie de l'éducation des vertueuses princesses, sœurs de Louis XVI, Mmes Clotilde et Elisabeth.

(2) La maréchale de La Mothe, nous dit Saint-Simon, était arrière petite-fille du maréchal de Souvré, gouverneur de Louis XIII. Mme de Lansac, grand'mère de Mme de La Mothe, fut gouvernante de Louis XIV. La maré-

La famille de Prie tirait son origine de Godefroy de Prie (en Nivernais), qui vivait en 1178.

Cette maison a fourni plusieurs personnages illustres, parmi lesquels on peut citer un grand pannetier et un grand maître des arbalétriers de France. René de Prie, cardinal, évêque de Bayeux, vivait à la fin du XVe et au commencement du XVIe siècle.

Le mari de Mlle de Fervaques, Aymard II de Prie, était capitaine de cent hommes d'armes des ordonnances du roi, et chevalier de ses Ordres. Il fut député de la noblesse d'Auxerre en 1614. Leur arrière petit-fils, Louis II, marquis de Prie, né le 9 mars 1673, brigadier des armées du roi, ambassadeur en Sardaigne, fut attaché à l'éducation de Louis XV, chevalier des Ordres du roi, et lieutenant général en Bas-Languedoc. Il tint, avec la duchesse de La Ferté, sa cousine, le jeune roi Louis XV, sur les fonts baptismaux. Son fils Louis III, marquis de Prie, né à Paris, le 23 février 1720, eut pour parrain Louis XV, et pour marraine la duchesse de Ventadour, sa parente.

Louis II de Prie avait épousé la fille du riche financier Berthelot de Pléneuf. Ce fut elle qui joua pendant deux ans un rôle si considérable, par l'ascendant qu'elle exerçait sur le duc de Bourbon, premier ministre. S'étant aliéné les bonnes grâces de Fleury, la belle marquise de Prie finit par se faire exiler à sa

---

chale remplit la même charge auprès des fils, petits-fils et arrière petits-fils du grand roi; et après elle, sa fille, la duchesse de Ventadour; à cette dernière succéda sa petite-fille, la princesse de Soubise, qui céda elle-même sa place à la duchesse de Tallard, sa petite-fille, si bien que cette famille compta 5 générations successives dans ces insignes fonctions. Saint-Simon, t. IV, p. 277.

terre de Courbépine, en Normandie, où elle mourut de chagrin au bout de 15 mois, à l'âge de 29 ans.

Le maréchal de Fervaques, demeuré veuf, avec les trois filles dont nous venons de parler, de Renée l'Evesque de Marçonnay, contracta, en 1599, un second mariage avec Anne d'Alègre, veuve de Guy XIX, comte de Laval, dont il n'eut point d'enfants.

Anne d'Alègre était fille de Cristophe, marquis d'Alègre (1), seigneur de Saint-Just et d'Oisery, et d'Antoinette du Prat. C'était sans doute ce marquis d'Alègre qui avait sa principale demeure à Blainville près Rouen, et qui, fidèle à la cause royale sous la Ligue, parvint à se saisir du château de Rouen, le 21 février 1590 (2).

La comtesse de Laval avait eu de son premier mariage un fils qui semble avoir été l'objet des prédilections du maréchal de Fervaques. Sully, parent de la comtesse, avait jeté les yeux sur le jeune comte de Laval pour sa fille aînée, Marguerite de Béthune, depuis duchesse de Rohan. Il était même en parole avec le maréchal, lorsque le roi son maître, d'abord favorable au comte de Laval, beaucoup plus riche que le duc de Rohan, finit par se prononcer pour ce dernier, et fit rompre le projet d'union si cher à la maréchale (3).

Anne d'Alègre, après la mort de son premier mari,

---

(1) Le marquisat d'Alègre, l'un des douze cités par Gabriel Dumoulin, se trouvait en Haute-Normandie.

(2) Palma Cayet.—*Chronologie novenaire.*

(3) Ce fut cette Marguerite de Béthune, duchesse de Rohan, qui, pour se venger de sa fille unique, qui avait épousé malgré elle Henri de Chabot, produisit, en 1645, un garçon de 15 ans, comme vrai fils d'elle et du duc de Rohan, et entreprit ce célèbre procès qui faillit se terminer à son avantage. (*Mémoires de Sully.*—Note.)

avait été nommée tutrice de ce fils. Il est à croire qu'elle était en grande faveur à la Cour, car le roi lui avait fait don de plusieurs sommes considérables, par lettres-patentes, données à Tours le 8 mars 1590.

Après la mort du maréchal de Fervaques, Anne d'Alègre, sa veuve, à laquelle il laissait des biens immenses, dissipa follement ces biens dans la vaine espérance d'épouser le duc de Chevreuse (1), qui se contenta de prendre une large part dans la grande fortune de la maréchale, sans songer un instant à s'unir à elle (2).

On lit à ce sujet dans Tallemant des Réaux : « Cette dame était veuve sans enfants et riche de 200,000 écus. M. de Chevreuse fit semblant de la vouloir épouser. Elle en devint amoureuse sur cette espérance, car c'était une honnête femme, et s'en laissa tellement empaulmer, qu'elle lui donnait tantôt une chose tantôt une autre, et enfin elle le fit son héritier. Il envoya son corps par le message au lieu de sa sépulture. »

Non contente des sommes énormes que lui avait laissées le maréchal, et des avantages de toute nature dont il l'avait comblée, Anne d'Alègre voulut, après la mort de son second mari, réclamer la moitié des acquêts faits en Normandie pendant son premier mariage, se fondant sur la Coutume de Paris, où son contrat de mariage avait été passé. Un arrêt du Parlement de Rouen, rendu en faveur de la comtesse de Médavy et de la marquise de Prie, sa sœur, la débouta de ses prétentions, par le motif que le maréchal avait toujours

---

(1) Claude de Lorraine, duc de Chevreuse, qui épousa la célèbre Marie de Rohan, veuve du connétable duc de Luynes, mort en 1621.

(2) *Le Laboureur*, additions aux mémoires de Castelnau.

demeuré en Normandie, qu'il y avait sa principale terre et qu'il était lieutenant du roi en cette province (1).

On peut inférer de cet arrêt que, malgré l'importance de la terre et du château de Grancey, où le maréchal résidait quelquefois, le château de Fervaques n'avait jamais cessé d'être son séjour de prédilection.

D'un autre côté, quelle ne devait pas être l'étendue du domaine de Fervaques, s'il était supérieur à la terre de Grancey, avec ses nombreuses dépendances?

Situé dans la riche vallée de la Touques, entre Vimoutiers et Lisieux, à peu près à égale distance de ces deux villes, le château de Fervaques, quoique mutilé dans les premières années de ce siècle, est encore digne d'attirer les regards de l'archéologue.

De l'enceinte et des fossés d'eau courante qui l'environnaient de toutes parts, il ne reste plus que deux côtés.

L'ancienne tête de pont, qui a échappé à la destruction, consiste en un pavillon carré construit en briques, avec chaînes de pierres, et couronné d'une corniche à corbeaux saillants, avec machicoulis.

La façade du château, nous dit M. de Caumont dans la *Statistique monumentale du Calvados*, consiste en une longue galerie, flanquée de deux pavillons carrés. On y accède par un perron double, orné de quatre lions. La galerie centrale n'a qu'un rez-de-chaussée élevé sur les offices, et son toit d'ardoises est rompu par des lucarnes de maçonnerie. Elle est construite toute en bossages, ou têtes de diamants, entremêlées de briques rouges. La corniche à modillons classiques rappelle la renaissance.

(1) Basnage, *Coutume de Normandie commentée*, t. II, p. 74.

Les deux gros pavillons carrés sont élevés d'un étage. Deux corps-de-logis en équerre, faisant aile en avant de la façade, s'appuyent sur les deux pavillons dont ils sont contemporains. Toutes ces constructions peuvent être attribuées à la fin du XVIe siècle.

Entre l'aile de l'est et le pavillon d'entrée s'élève un corps-de-logis plus ancien, rappelant la période ogivale. Les deux extrémités, légèrement en saillie, sont en pierre de taille. Des fenêtres à croix, à double accolade au linteau, garnies d'une grille annelée en fer rond, au rez-de-chaussée, éclairent l'intérieur. Ces deux corps avancés sont couronnés par des gables dont les rampants, garnis de feuilles frisées, se terminent par des panaches.

La porte centrale est également en accolade avec feuilles frisées, panaches et pinacles sur les pieds-droits. On a peint les armes des Hautemer sur un écu situé sous l'accolade. Deux ailes en saillie règnent derrière ce corps-de-logis.

On montre encore au château de Fervaques la chambre où séjourna Henri IV, en 1590, pendant le siége de Lisieux.

Les premiers seigneurs de Fervaques dont on ait retrouvé la trace étaient de la famille de Brucourt, une des plus considérables de la province aux XIIe et XIIIe siècles. Les Hautemer devinrent seigneurs de Fervaques, non pas comme on l'a dit sous forme dubitative, par leur alliance avec la famille de Bardou, mais bien, croyons-nous, par le mariage de Jean III de Hautemer avec Blanche de Groignes, dans les premières années du XVe siècle.

A la mort du maréchal de Fervaques, sa fille aînée

Louise de Hautemer, que nous venons de voir mariée à Aymard de Prie, marquis de Toucy, devint propriétaire de ce magnifique domaine.

Louis de Prie, leur fils, le posséda après eux.

Ce dernier laissa deux filles, la maréchale de la Mothe-Houdancourt, duchesse de Cardonne, et Charlotte de Prie qui, en 1639, épousa Nicolas, marquis de Bullion, sieur de Bonnelles, conseiller du roi et commandeur de ses Ordres.

La maison de Bullion, déjà alliée aux Bellièvre, aux La Mothe-Houdancourt, aux La Ferté-Senneterre, aux Lamoignon, aux Nicolaï, aux Brulart, devait contracter encore de plus illustres alliances, comme nous allons bientôt le voir.

Le père de Nicolas de Bullion fut ce fameux surintendant des finances si aimé de Mazarin et de la reine Anne d'Autriche, et fils sans doute lui-même du confident intime de Henri IV.

Saint-Simon nous a raconté sur le surintendant plus d'une anecdote piquante. C'était, du reste, d'après le même auteur, un habile ministre, estimé et modéré, et qui avait beaucoup d'amis.

« Lorsqu'il fit faire les premiers louis d'or, il pria cinq ou six de ses amis à dîner, le maréchal de Grammont, le maréchal de Villeroy, les commandeurs de Jars et de Souvré, le marquis d'Hauterive et quelque autre encore. Au fruit, il fit servir cinq ou six bassins remplis de cette nouvelle monnaie et leur dit d'en remplir leurs poches et leurs chausses, et leurs chapeaux même s'ils voulaient, et que tout ce qu'ils pourraient en emporter eux-mêmes était à eux. Pas un de la compagnie ne se fit prier et tous s'en fourrèrent tant qu'ils purent, s'en allèrent à grande peine gagner leurs carosses, et trouvèrent n'avoir jamais fait si bonne chère. Cette magnificence n'a pas été répétée, mais on peut croire que, quoiqu'elle vînt du surintendant, la reine en avait pourtant eu la confidence (1). »

Le surintendant mourut subitement à Paris, le 22 décembre 1640. Guy Patin, en racontant cette mort avec quelques détails, nous dit que le cardinal Mazarin, étant allé voir le surintendant à la nouvelle de son apoplexie, ne put retenir ses larmes à l'aspect du moribond. « *Solutus in lacrymis, princeps purpuratus recessit* (2). »

Parmi les nombreuses épitaphes que la mort du surintendant inspira à la malignité publique, celle-ci n'est pas la plus agressive :

> Icy dessoubz gist Bullion,
> A qui la taille et le taillon,
> Et la Paulette et la Gabelle,
> Passa pour une bagatelle.
> . . . .
> Il établit le sou pour livre,
> Mais enfin Dieu nous en délivre (3).

Le surintendant fut enterré aux Cordeliers, auxquels il avait donné cent mille francs.

En 1651, la marquise de Bullion était veuve et sa grande fortune la faisait rechercher par les plus brillants partis.

> La Mirepoix, la Bullion
> Riche de plus d'un million,

---

(1) Saint Simon, *Additions au journal de Dangeau.*
(2) Guy Patin, lettre du 26 décembre 1640.
(3) *Recueil des chansons du temps.*

nous dit Loret dans sa muse historique, figuraient parmi les veuves que l'opinion publique donnait au maréchal de Lhospital (1).

Mᵐᵉ de Bullion mourut à Paris, le 14 décembre 1700, âgée de 78 ans. Le *Mercure galant*, en annonçant sa mort, ajoute qu'elle était fort estimée de la reine-mère et du cardinal de Mazarin, et que c'était une dame de mérite qui avait fort brillé à cette cour.

Elle laissait deux fils qui portèrent l'un et l'autre le titre de marquis de Fervaques.

L'un d'eux, Alphonse de Bullion, gouverneur du Maine, mourut célibataire, le 30 mai 1698. Il donnait par testament à la duchesse de Ventadour, sa cousine-germaine, la jouissance d'une terre de 14,000 livres de rentes. D'autres dames de ses amies n'avaient point non plus été oubliées dans ses libéralités posthumes. Telle était, du reste, l'importance de sa fortune, qu'il laissait encore des biens considérables à son frère, Charles Denis de Bullion, marquis de Galardon et de Fervaques, prévôt de Paris, et bientôt gouverneur du Maine, à la sollicitation de la maréchale de La Mothe, sa tante, fidèle protectrice de cette famille.

Ce dernier avait épousé Marie-Anne Rouillé de Meslay, femme, d'après Saint-Simon, d'une ambition et d'une cupidité peu communes. Elle poussa son mari à attaquer le legs fait à la duchesse de Ventadour, sans

---

(1) Le maréchal n'épousa ni « la Mirepoix, ni la Bullion », ni cinq ou six autres qu'on lui donnait en même temps. Son choix se porta sur une autre veuve, Françoise Mignot, qui avait épousé en premières noces Pierre de Portes, trésorier et receveur général du Dauphiné, et qui veuve une seconde fois du maréchal de Lhospital, finit par devenir secrètement la femme de Jean Casimir, roi de Pologne, inhumé dans l'église de son abbaye de St-Germain-des-Prés, où l'on voit encore son tombeau. Saint Simon, t. VI, p. 190.

tenir aucun compte des bienfaits que cette dame et la maréchale de la Mothe, sa mère, avaient prodigués aux Bullion et à elle en particulier. La cour et la ville s'indignèrent de cet odieux procès, qui fut perdu aux acclamations de tous.

Cinq fils et quatre filles naquirent de ce mariage. L'une devint la duchesse d'Uzès ; une autre épousa le prince de Talmont La Tremouille.

L'aîné des fils, Anne-Jacques de Bullion, marquis de Fervaques, fut, comme son père et son oncle, gouverneur de la province du Maine, et de plus chevalier des Ordres du roi.

C'est à lui qu'échut la terre de Fervaques, qui reçut par ses soins de nouvelles additions et de grands embellissements.

Le 14 mars 1708, le roi signait son contrat de mariage avec Marie-Madeleine-Hortense Gigault de Bellefonds, petite-fille du maréchal de ce nom, qui appartient par sa naissance à la Normandie ; Mlle de Bellefonds était fille du marquis de Bellefonds et de Marie-Olympe de La Porte-Mazarin, fille elle-même d'Hortense Mancini, la célèbre nièce du cardinal.

Mlle de Bellefonds avait 100,000 écus assurés par ce contrat. Quant au marquis de Fervaques, il possédait, nous dit Dangeau, *un bien prodigieux*.

Trois filles sortirent de ce mariage. L'aînée, Marie-Anne-Étiennette de Bullion, épousa, en 1734, Charles-Aimé-Sigismond de Montmorency, duc d'Olonne. La seconde, Jacqueline-Hortense de Bullion, fut la femme de Guy André-Pierre de Montmorency-Laval, et la troisième fut mariée à Paul-Louis, duc de Beauvilliers.

A la mort du dernier marquis de Fervaques, le

château de Fervaques, avec la plus grande partie des immenses domaines qui en dépendaient, fut acquis par Mélanie de Sabran, veuve du marquis de Custine, une des victimes de 93. Après elle, Fervaques fut possédé par le marquis de Custine, son fils, auteur de plusieurs livres de littérature et de voyages. Ce dernier, ayant perdu sa jeune femme et son fils encore au berceau, abandonna le séjour de cette terre, et bientôt après la vendit en détail.

Le château, avec quelques domaines voisins, fut acheté, en 1831, par Mme la marquise de Portes et appartient aujourd'hui à Mme Alfred de Montgommery, sa fille.

Le comte de Montgommery, par ses récents succès sur le turf, vient d'ajouter une illustration d'un genre nouveau à ce vieux nom de Fervaques, qu'il a donné au vainqueur du grand prix des courses du bois de Boulogne.

1603-1680.

Jacques III, Rouxel,

Comte de Grancey, maréchal de France, chevalier des Ordres du roi.

Jacques Rouxel, troisième du nom, comte de Médavy et de Grancey, maréchal de France, gouverneur de Thionville, etc., chevalier des Ordres du roi, naquit au château de Médavy, le 7 juillet 1603.

Quoiqu'il ne fût que le dixième enfant de Pierre Ier de Rouxel et de Charlotte de Fervaques, à lui seul il était réservé de perpétuer le nom de ses ancêtres, qu'il enrichit encore d'un nouvel éclat.

Comme plusieurs de ses devanciers, il fut d'abord destiné à l'Église, et le vendredi 21 septembre 1612, à l'âge de 9 ans, il recevait la tonsure des mains de Mgr Suarès de Ste-Marie, évêque de Séez, en même temps que ses deux frères François Rouxel, devenu archevêque de Rouen, et Guillaume, mort peu de temps après.

A peine Jacques de Médavy était-il âgé de 13 ans, que, devenu l'aîné de la famille par la mort d'André, d'Henry et de Guillaume, ses frères, il était destiné à la carrière des armes, et obtenait du roi Louis XIII, le 27 mars 1616, la commission d'une compagnie de chevau-légers composée de 50 hommes.

Trois ans après, le 17 mars 1619, âgé de moins de 16 ans, il était nommé gouverneur d'Argentan (1).

On était alors au plus fort de la petite guerre des Mécontents, auxquels s'étaient joints les partisans de la reine-mère.

Le roi Louis XIII se mit, avec le duc d'Orléans, son frère, à la tête de huit mille hommes de pied et huit cents chevaux pour aller soumettre la Normandie ; il arriva le 15 juillet 1620 dans la ville de Caen qui s'était prononcée en sa faveur, mais dont le château résistait encore, sous les ordres du capitaine Prudent. Le roi vint en personne sommer le commandant de rendre la place assiégée par les sires de Praslin et de Créquy. Prudent se montra digne de son nom en capitulant le surlendemain.

Ce fut à ce siége que Jacques de Médavy fit ses premières armes. Le reste de la campagne, il suivit l'armée royale à Angers, dont le combat du Pont-de-Cé ouvrit bientôt les portes au roi.

Il faut croire que les débuts de Médavy dans ces deux affaires avaient inauguré brillamment sa carrière, car l'année suivante, il recevait du roi une pension de mille écus et la mission de lever un régiment. Ce régiment, composé de dix compagnies, fit le plus grand honneur à son jeune colonel, et lui valut les compliments du roi et du cardinal. La plus belle noblesse de Normandie, nous dit Lautour-Montfort, avait tenu à honneur d'en faire partie, et l'on n'y avait admis que

---

(1) Ce gouvernement, qui ne lui fut pas dès lors confié, en raison de son extrême jeunesse, lui fut rendu le 18 juin 1629.

des hommes de choix. Aussi le régiment du comte de Grancey fit-il brillamment les campagnes de Piémont. La bataille de Turin, le siége de la Rochelle en 1628, le siége de Casal en 1629, la conquête de la Savoie par le roi en 1630, furent tour à tour témoins de la valeur de nos braves Normands.

En 1632, le comte de Grancey était au siége de Trèves; en 1635, à la bataille d'Avein; en 1636, au combat d'Yvoy et au siége de Saverne, où il recevait une blessure. C'est à ce siége que le roi le nomma maréchal de camp. Le duc de Weimar, qui commandait en chef les troupes françaises, prit en telle estime le comte de Grancey, qu'il voulait que tous les ordres fussent donnés par lui et que ses officiers lui obéissent comme à lui-même. Grancey fut en outre fait gouverneur des villes, citadelles et comtés de Montbelliard, Porentruy, pays de Bâle en Suisse, comté de Beffort et autres lieux voisins (1).

Un trait d'audace du comte de Grancey, qui rappelle les exploits les plus héroïques de la féodalité et des temps antiques, est rapporté en ces termes par l'Encyclopédie du XVIIIe siècle :

« Lorsque Galas, général des impériaux, fit une irruption dans la Bourgogne, en 1636, l'armée française fut obligée, en se repliant, de passer la rivière de Tillet, au pont de Spoi, près de Lux. Le comte de Grancey, qui commandait l'arrière-garde, pour amuser les ennemis fit une action d'une valeur extraordinaire.

« Poussé par plusieurs escadrons de cavalerie, il fit sa retraite au pont de Spoi et se vit abandonné de l'infanterie devant le défendre; à la faveur des haies

---

(1) *Mercure galant*, année 1681, p. 154 à 170.

qui le bordaient, ayant passé ce pont, il se trouva seul contre ces escadrons; il tua d'un seul coup de pistolet le cheval de celui qui le pressait de plus près, et ce cheval étant tombé mort sur le pont, Grancey, l'épée à la main, y disputa le passage, soutenu d'un seul cavalier : ce fut un spectacle singulier que de voir deux hommes arrêter mille chevaux. Cette résistance donna le temps à quelques officiers d'infanterie de ramener des mousquetaires, qui tinrent en bride les ennemis, jusqu'à ce qu'on eût fait filer le bagage qu'on était résolu d'abandonner. Il renouvela ainsi la belle action du chevalier Bayard et celles d'Horatius Coclès (1). »

A peine Grancey était-il nommé aux gouvernements dont on vient de parler, qu'il fit lever le siége d'Héricourt, investit et battit Ste-Urfane, à la vue des ennemis, et força la ville en peu de jours. Les habitants et la garnison s'étant retirés au château, il les força à capituler. Il eut le genou cassé au siége de St-Hippolyte.

Le 19 mai suivant, il se signalait en Flandres par une nouvelle action d'éclat. Avec 60 chevaux et 200 mousquetaires, il s'embusque dans un bois près de la ville de Lille, détache au point du jour 15 cavaliers chargés d'enlever la bétail dans le voisinage ; l'alarme se répand dans la ville, qui fait sortir 80 chevaux et 250 mousquetaires à la poursuite de ce petit détachement. Entraînés jusqu'au bois où se tenait embusqué le comte avec sa troupe, ils y sont vigoureusement assaillis et laissent sur le terrain les deux tiers des leurs. Grancey n'avait perdu que 10 hommes, mais il eut beaucoup de blessés (2).

(1) *Encyclopédie du XVIIIe siècle*, t. XVIII, p. 502, v° GRANCEY.
(2) Pinard, *Chronologie historique et militaire.*

Au printemps de l'année 1639, le marquis de Feuquières, Manassès-de-Pas, lieutenant général, ayant été chargé du siége de Thionville, avait le comte de comte de Grancey et M. de Saint-Paul pour maréchaux de camp. Le marquis de Praslin, mestre de camp général, commandait la cavalerie, et M. de Saint-Aoust l'artillerie. L'entreprise était difficile, surtout avec les faibles ressources du général; mais c'était une diversion pour favoriser le siége de Hesdin, qui devait se faire sous les yeux du roi, en présence de Richelieu, et sous le commandement du maréchal de la Meilleraye, son neveu.

L'issue n'en fut point heureuse. Les ennemis, sous la conduite de Picolomini, attaquèrent la petite armée de Feuquières, presque au début des opérations du siége. Le comte de Grancey reçut le commandement du quartier de Navarre, dont faisait partie le régiment de Grancey-infanterie. Le marquis de Praslin avait ordre de le soutenir avec sa cavalerie. C'est sur ce quartier, situé sur la route de Luxembourg, que se porta tout l'effort de l'ennemi. L'infanterie montra une grande solidité, mais la cavalerie abandonna ses officiers à la première décharge, et jeta partout le désordre. Tous les efforts du marquis de Praslin furent impuissants pour l'arrêter dans sa fuite.

La confusion fut telle que Bussy-Rabutin, qui eut ensuite à lutter contre l'ennemi, fit d'abord tirer sur le régiment de Navarre, contraint de se retirer dans son quartier par la défection de la cavalerie.

Vivement irrité de cette lâche conduite, le comte de Grancey, après en avoir vainement exigé une punition exemplaire et immédiate, refusa de prendre commandement en chef que voulait lui confier le marquis de Feuquières, atteint de blessures graves dans la mêlée; telle était l'indignation du comte, qu'il s'était vu contraint de donner des coups de plat de sabre à des officiers de cavalerie, pour les faire aller au feu (1).

Le combat recommença le soir sans plus de succès, et sans que le marquis de Praslin parvînt à faire reprendre du cœur à sa cavalerie. La déroute fut donc complète, et des 1,200 hommes commandés le matin par le comte de Bussy-Rabutin, à peine lui en restait-il 400 le soir.

Le croirait-on? Richelieu s'efforça d'atténuer l'humiliation de cette funeste journée en faisant mettre pour quelques jours à la Bastille, non-seulement le marquis de Praslin, dont la cavalerie s'était si mal comportée, mais encore le comte de Grancey, dont le régiment d'infanterie avait vaillamment combattu, et qui avait fait des efforts désespérés pour arrêter la cavalerie dans sa fuite (2)!

La malignité publique n'épargna ni le général en chef, qui pourtant avait été plus malheureux que coupable, ni le marquis de Praslin, dont la cavalerie s'était si tristement conduite; le comte de Grancey n'en reçut aucune atteinte, et en fut quitte pour une courte captivité, ce qui ne l'empêcha pas, 17 ans plus tard, d'être fait gouverneur de Thionville.

---

(1) Pinard va jusqu'à dire que le comte de Grancey tua quelques fuyards de sa propre main, pour arrêter les autres, ce que rend assez probable sa bouillante valeur.

(2) Vie de Manassès de Pas, dans les *Mémoires du marquis de Feuquières*, t. I, p. 147 à 200, et *Mémoires de Bussy-Rabutin*, année 1639.

Au siége de Thionville
Il y avait un général
Qui croyait prendre la ville,
Mais il s'en acquitta mal.

Praslin avec ses timballes,
Dont on faisait tant de cas,
Il a dit troussez nos malles
Et n'oubliez pas nos plats :
Ils sont d'argent Guillemette
. . . . (1).

Le courage du comte de Grancey eut une meilleure fortune lors de la prise d'Arras, en 1640. Le maréchal de Châtillon, qui commandait en chef à cette dernière affaire, écrivait au roi que « le comte de Grancey s'y était exposé avec grande vigueur et affection (2). »

Au mois de mai 1641, le duc Charles III de Lorraine avait signé avec la France un traité d'alliance contre la Maison d'Autriche, consentant à ce que le roi prît possession de tous ses états, s'il contrevenait à la parole jurée.

Malgré la solennité de cet engagement, quelques mois s'étaient à peine écoulés que la versatilité du prince l'avait jeté dans le parti des impériaux. A la nouvelle de cette défection, le roi envoie en Lorraine le comte de Grancey, à la tête d'un corps d'armée, pour s'emparer des états du duc, en exécution de la dernière clause du traité d'alliance.

---

(1) *Chanson du temps.*
(2) Masseville, *Histoire de Normandie*, t. VI, p. 140.

Grancey n'avait que six mille hommes et quelques canons, mais avec ces forces il parvint en peu de temps à réduire la province en l'obéissance du roi. Bar-le-Duc, St-Michel, Pont-à-Mousson, Épinal, et vingt autres places tombèrent successivement en son pouvoir.

Le 27 janvier 1642, Grancey reçoit la mission de lever un régiment de cavalerie, puis il revient en Lorraine, d'où il est envoyé en Franche-Comté.

A peine arrivé, le comte apprend que le baron de Cé, gouverneur de cette province, assiége le château de Ray-sur-Saône, défendu courageusement par Yve, chevau-léger de la garde du roi. Résolu de le secourir, il se met immédiatement en marche, et, à la faveur du bois dont le pays est couvert, il pénètre jusqu'au camp des Bourguignons, sans que ceux-ci prennent l'alarme; il range sa troupe en bataille dans la plaine, et fond si brusquement sur l'ennemi, qu'il le met en déroute, lui enlève deux pièces de canon, ses bagages, et lui tue 200 hommes.

Le baron de Cé parvint à se sauver, mais le baron de Vêle fut tué. Montaut et Beaujeu, son fils, Grammont et Mandré, gouverneur de Besançon, furent faits prisonniers (1).

Après ce hardi coup de main, le comte renvoya ses troupes en Lorraine pour s'opposer aux sorties de la garnison de la Mothe.

En 1643, il était avec le grand Condé à Rocroy, et l'année suivante avec le duc d'Orléans à Gravelines, dont le gouvernement lui fut donné le 30 juillet 1644. Il y resta le reste de cette campagne et la suivante,

---

(1) *Mémoires de Montglat*, année 1642.

après s'être démis de son régiment de cavalerie. Le 25 avril 1645, le roi concédait au comte de Grancey tous les biens ayant appartenu au roi d'Espagne dans l'étendue de son gouvernement de Gravelines.

Le 27 novembre 1646, il fut fait lieutenant général, gouverneur du fort Philippe, et commandant en chef de l'armée de Flandres, en l'absence du maréchal de Rantzau. Il demeura à cette armée les deux années suivantes.

Cette campagne fut pour le grand Condé l'occasion d'un nouveau triomphe puisqu'elle se termina par la victoire de Lens, où Grancey sut se faire remarquer à côté du prince : « Vous brave Villequier, les deux La Ferté, d'Hocquincourt, Grancey et toute la généreuse noblesse du royaume, qui avez exposé généreusement vos vies, sous les commandements de ce généreux prince, imitez ses vertus et défaites les ennemis du roi », s'écrie l'historien de cette bataille, livrée le 20 août 1648 (1).

En 1649 se place un des faits d'armes de Jacques de Grancey, le combat de Brie-Comte-Robert. C'était au plus fort de la Fronde : le prince de Marsillac (si connu depuis sous le nom de duc de La Rochefoucault), le marquis de Noirmoutiers (un La Trémouille), le marquis de Sillery, beau-frère de Marsillac, le second fils du marquis de Duras, et le marquis de Vitry, dans le but de ravitailler Paris, étaient venus jusqu'à Brie, à la tête de onze escadrons, pour escorter un grand convoi de blé et de farine. Le comte de Grancey en ayant été

(1) *La bataille de Lens*, par Isaac de la Peyrère. Paris, 1649, in-f° de 22 p., cité par la *Bibliothèque historique de France*, t. II, n° 22, 289.

informé, marche aussitôt à leur rencontre pour leur barrer le passage. Avertis à temps, Marsillac et Vitry font diriger leur convoi sur Brie et cherchent à éviter le comte; mais celui-ci les poursuit avec tant de diligence qu'il parvient à les joindre près de Cervon. Le brouillard était si épais que les deux parties étaient à vingt pas l'une de l'autre sans s'être aperçues. Le choc fut si rude qu'il resta une quarantaine de morts sur la place, dans chacun des deux rangs. Les frondeurs mis en désordre furent refoulés jusqu'à deux lieues de là. Sillery renversé dans la mêlée fut fait prisonnier, et Marsillac en fut quitte pour un coup de pistolet dans l'épaule.

Grancey ne s'en tient point à ce premier succès; secondé par le commandant de Monteclair, gouverneur de Dourlens, il s'empare du château de Lésigny, appartenant au duc de Luynes, se saisit de Villemenon et met le siége devant Brie-Comte-Robert; il fait dresser une batterie à l'aide de laquelle une brèche est pratiquée; au bout de deux jours la ville est à sa merci et le lendemain le château battu en brèche se rend à discrétion (1).

Cependant, des troubles ayant éclaté en Normandie, et le comte de Matignon s'étant déclaré pour la Fronde, le cardinal envoya Grancey en qualité de lieutenant général pour le roi en cette province. Cette nomination avait lieu le 29 janvier 1650. Six mois après, le 12 août, Matignon ayant été arrêté, M. de Grancey obtint le commandement général de la Normandie.

(1) *Mémoires* de Monglat, de La Rochefoucault, et *journal anonyme*, manuscrit de la Bibliothèque impériale, n° 10,273, t. I, p. 264 à 308.

Dès avant cette époque, ses services avaient été assez remarqués de la reine-mère et du cardinal pour que celui-ci lui eût promis le bâton de maréchal, en même temps qu'au marquis d'Hocquincourt, son beau-frère, et à La Ferté-Imbault, son cousin germain.

Aussi, quel ne dut pas être le désappointement du comte de Grancey, lorsque, le 5 janvier 1651, il ne se vit pas compris dans la promotion qui élevait ces derniers au maréchalat, en compagnie de trois autres lieutenants généraux?

Si nous en devons croire Monglat, Grancey en conçut un tel dépit « qu'il partit aussitôt pour son gouvernement de Gravelines, en disant tout haut, au sortir de chez la reine, que les Espagnols seraient bien aises de ravoir Gravelines. »

Effrayé de ces menaces, toujours d'après Monglat, le cardinal lui aurait envoyé en diligence le bâton.

La politique cauteleuse de Mazarin, non moins que la brusquerie militaire du comte de Grancey, donneraient un caractère de vraisemblance au témoignage de Monglat, si son allégation n'était isolée, et même en contradiction avec celle de Loret, qui semble attribuer à un autre les menaces prêtées au maréchal de Grancey. Voici, en effet, en quels termes le gazetier de la duchesse de Nemours annonce à sa protectrice la nomination des cinq maréchaux :

« La reine a fait en abondance
De nouveaux maréchaux de France :
De Grammont et les deux Fertés
Entre ces gens là sont comptés,
Le grand Grancey de Normandie
Et d'Hocquincourt de Picardie,

Et même M. du Daugnon,
Le quel a mandé, plaise ou non,
En jurant et parlant en maître,
Qu'absolument il voulait l'être (1). »

Ce qui résulte clairement de ces deux versions, c'est l'empire que devait exercer la crainte sur les faveurs du cardinal. Sur ce point le doute n'est pas admissible : nous en avons d'ailleurs pour garant le passage suivant des mémoires de la duchesse de Nemours :

« Ils savaient que, pour déterminer le cardinal à ce qu'on désirait de lui, il ne fallait que le maltraiter et le menacer ; que d'ailleurs il n'était sensible ni aux offenses ni aux services ; qu'il n'était ni cruel ni méchant; que par dessus tout cela, également avare et faible, il ne pouvait se résoudre à faire du bien qu'à ceux qui lui avaient fait ou lui pouvaient faire du mal; qu'enfin pour pouvoir obtenir quelque chose de lui, il fallait s'en faire craindre, puisqu'on le menaçait rarement sans succès (2). »

Quoi qu'il en soit, nous lisons dans la *Gazette*, à la date du 28 janvier 1651 : « Le maréchal de Grancey, après avoir assuré son gouvernement de Gravelines contre les desseins des ennemis et fait achever la démolition de Bourbourg, est venu recevoir de la main du roy le baston dont il a été honoré par leurs majestés, entre les mains desquelles, le 22 de ce mois, il presta le serment, avec de notables marques de

---

(1) Loret, *Muse historique*, lettre 2, du 8 janvier 1651. Du Daugnon ne fut fait maréchal de France, sous le nom de Foucault, qu'au mois d'avril 1653.

(2) *Mémoires de la duchesse de Nemours*, année 1648.

l'estime qu'elles faisaient de sa valeur et de sa fidélité (1). »

Après l'arrestation du prince de Condé, le duc d'Orléans s'étant entièrement brouillé avec la cour et refusant de siéger au conseil de régence dont il était le chef, la reine-mère députa vers lui au Luxembourg les ducs de Vendôme, d'Elbeuf, d'Épernon, et les maréchaux de Grancey et d'Hocquincourt pour essayer de l'amener à un accommodement; à quoi le duc répondit « qu'il remerciait ces messieurs de leurs politesses, mais qu'il ne pouvait retourner au palais royal avant que les princes fussent mis en liberté (2). »

Le maréchal de Grancey, dont le dévouement à la reine ne se démentit jamais, trouva bientôt l'occasion de lui en donner une nouvelle preuve. Mazarin, en butte à l'animosité de plus en plus prononcée des frondeurs, avait été contraint de s'y soustraire un instant par l'exil. Le maréchal abandonna son gouvernement de Gravelines et se dirigea sur la Normandie pour y lever des troupes et favoriser le retour du cardinal. Son absence fut fatale à ce gouvernement. L'archiduc, profitant de l'absence du gouverneur, fit une entreprise sur Gravelines et s'en rendit maître en 1652. Mais le cardinal, touché du dévouement du maréchal et voulant l'indemniser de cette perte, lui donna avec la promesse du gouvernement de Thionville une somme de cent mille livres.

Le maréchal de Grancey, qui avait suivi la reine sur les bords de la Loire avec les troupes levées par lui

---

(1) *Gazette* du 28 janvier 1651.
(2) *Mémoires de Guy Joly*, année 1651.

en Normandie, ne fut point étranger aux succès de l'armée royale pendant cette campagne décisive, où la fortune de Condé parut un moment l'emporter. Nous le voyons assister, au commencement de février 1652, avec les maréchaux de Villeroy et de Praslin, aux prières des quarante heures qui se disaient à Saumur pour l'obtention de la paix, en présence du roi, de la reine-mère et de Monsieur, frère du roi (1).

Le 25 avril suivant, il était retourné à Calais pour presser l'armement de trois vaisseaux destinés à secourir Gravelines (2).

Comme il avait pris part aux périls, le maréchal allait bientôt assister aux triomphes.

Le 21 octobre 1652, le roi rentrait à Paris, aux acclamations de la population. Quelques mois plus tard, c'était le tour du cardinal. L'hôtel-de-ville, voulant fêter son retour, lui offrit un banquet dont la *Gazette* nous a transmis la description : « S. E. fut conduite dans la grande salle, expressément parée de fort belles tapisseries, où après une demi-heure d'entretien, le poisson le plus exquis de la saison fut servi sur une table longue, à 40 couverts, à laquelle S. E. fut accompagnée des ducs de Guise et d'Arpajon, des maréchaux d'Estrées, de Villeroy, de Grammont, de la Mothe-Houdancourt, de Senneterre, d'Aumont, d'Hocquincourt, de Grancey, du comte Servien, du sieur Fouquet, surintendant des finances, de Le Tellier, secrétaire d'État, de six conseillers de ville, et trois quarteniers (3).

---

(1) *Gazette* du 12 février 1652.
(2) *Id.* du 25 février 1652.
(3) *Id.* de 1653, p. 339.

Désormais débarrassé des ennemis du dedans, le cardinal put porter tous ses efforts contre les Impériaux.

Le 31 juin 1653, Hocquincourt, beau-frère de Grancey, quittait Paris pour aller commander l'armée de Roussillon et de Catalogne.

Le maréchal de Castelnau, alors lieutenant général, son neveu, commandait l'armée de Flandres, où il se conduisit si vaillamment.

Quant au maréchal de Grancey, il fut investi du commandement en chef de l'armée de Piémont (1).

Parti de Paris le 24 août 1653, il arrivait le 10 septembre à Rivoli, où le duc de Savoie et Mme Royale lui firent une magnifique réception. Le lendemain matin il fut conduit dans l'appartement que lui avaient fait préparer ses augustes hôtes et pendant huit jours il fut fêté, à tour de rôle, par l'ambassadeur de France et les principaux officiers de nos troupes.

Il avait pour lieutenants généraux le marquis de Ville

---

(1) Loret n'a garde d'omettre dans sa *Gazette* le départ du maréchal, son compatriote, et l'affliction de la maréchale, à laquelle l'attachaient les liens de la reconnaissance.

> « Le sieur maréchal de Grancey,
> Qui jadis eut maint os froissé,
> En servant le feu roi, son maître,
> La nature l'ayant fait naître
> Presqu'aussi fier qu'un Rodomont,
> S'en va commander en Piémont
> Et d'Hocquincourt en Catalogne,
> Qui n'est pas petite besogne.
>
> . . . .
>
> Si sa très-aimable moitié,
> Digne d'une extrême amitié,
> Pour son absence aussi soupire,
> Il est superflu de le dire. »
>
> L. 18 et 31 des 24 mai et 30 août 1653.

et le comte de Quincé, qui l'avaient précédé en Savoie et en Piémont, les marquis de Vardes et de Montpezat.

Le 18 septembre il prit congé de leurs altesses royales, à Moncaglieri, et partit le lendemain pour rejoindre son armée.

Jusqu'à ce moment, il ne s'était rien passé d'important, quoique la saison fût bien avancée. Ce ne fut donc qu'à son arrivée que s'ouvrit la campagne.

Mais il était temps : le marquis de Caracène, général en chef de l'armée espagnole, après avoir fait construire un pont sur le Tanaro, se disposait à surpendre les troupes du comte de Quincé et du marquis de Ville, retranchées derrière la rivière. L'armée ennemie venait de passer le pont, lorsque le maréchal, arrivant à l'improviste, range ses troupes en bataille, fait sonner la charge et donne le signal du combat. Le commandement de l'aile droite est confié à Montpezat ; de Vardes commande l'aile gauche ; le maréchal se met au centre avec le comte de Quincé. Les Piémontais étaient conduits par les marquis de Ville et de Monty. La lutte fut opiniâtre et la victoire disputée pendant plus de quatre heures demeura enfin à l'armée française. Caracène, contraint d'abandonner le champ de bataille, y laissa neuf cents des siens, non compris ceux qui se noyèrent au nombre de plus de trois cents, en voulant repasser la rivière. Le comte de Galeazzo Trotti, son neveu, général de la cavalerie, et plusieurs de ses officiers périrent dans la mêlée ; lui-même, blessé dangereusement au bras, ne parvint à se sauver qu'avec peine. On fit en outre bon nombre de prisonniers (1).

---

(1) Les Suisses firent merveille : leurs balles étant épuisées, ils les remplacèrent avec leurs boutons d'étain.

Quant aux pertes des Français, elles furent relativement insignifiantes. Le maréchal demeura toute la nuit en bataille, à portée du mousquet des ennemis. Son fils aîné, le comte Pierre II de Grancey, qui avait reçu un coup de pique à la cuisse, ne s'en acharna pas moins à la poursuite des ennemis et les harcela pendant leur retraite.

La *Gazette* fit une longue et pompeuse description de cette brillante affaire, qui prit le nom de combat de la Roquette (1).

Le maréchal pénètre alors dans l'Alexandrin, le ravage jusqu'à Serravalle, et s'abouche avec le général ennemi qui lui demande une entrevue dans une campagne ouverte, en vue des deux armées, à vingt milles de Felizano. Cette entrevue eut lieu le 9 octobre 1653, ne dura pas moins d'une heure, et se passa avec beaucoup de courtoisie de part et d'autre. Les généraux français et espagnols étaient accompagnés de leurs principaux officiers ; le défilé du retour se fit au son des tambours et aux accords des trompettes des deux camps.

---

(1) Loret ne manque pas de célébrer ce triomphe :

« Le preux maréchal de Grancey,
S'étant en Piémont avancé,
Prit en fort peu de temps la peine
D'attaquer M. Caracène,
Auquel il vous mit bien et beau
Neuf cents des siens sur le carreau.

. . . .

Ledit Grancey, guerrier bouillant,
En tels lieux rarement s'étonne ;
Son procédé c'est : donne ! donne !

. . . .

Dame ! il n'entend point raillerie. »
L. 37, du 11 octobre 1653.

Cependant, aucune trêve n'ayant été conclue, le maréchal passe la Sezia, s'empare du château de Carpignano, et parcourt en vainqueur le Novarrais jusqu'au Tesin.

La prise de Carpignano ne lui livrait pas seulement l'entrée du Novarrais, elle lui fournissait en outre le moyen de pourvoir aux approvisionnements de l'armée en vivres et en fourrages.

Au milieu de cette marche triomphale, il apprend que la marquise de Caracène vient de tomber dangereusement malade à Milan. Avec une courtoisie chevaleresque, il accorde aussitôt une trêve de six jours au marquis pour lui permettre de voir sa femme, et la campagne finit au milieu des témoignages de sympathie échangés entre les officiers des deux armées.

Le 31 décembre, le maréchal retourne à Turin rejoindre son armée, dans laquelle règne une discipline parfaite, grâce à une sévérité et à une vigilance de chaque instant.

Le 16 février 1654, le duc de Savoie obtient de la cour de France que le maréchal repassera les monts pour aller hiverner à Pignerol.

Le 17 mars, il va visiter le Crescentin et Verrue, où il fait entrer 300 mousquetaires pendant qu'on la fortifie.

Son séjour devant se prolonger en Savoie, la maréchale se décida à aller le rejoindre.

La maréchale arriva le 23 mai à Turin. Elle fut reçue avec une grande distinction et fêtée par le duc de Savoie et Mme Royale. Toute la cour, dit la *Gazette*, alla lui rendre visite.

La campagne suivante fut signalée par un nouvel

avantage remporté par le maréchal de Grancey sur le marquis de Caracène.

Il s'agissait de pénétrer dans le Milanais; le 9 octobre, il passe le Tanaro dans l'intention de se loger à Castelas, entre les deux bras de la Bormida. Caracène le prévient, s'empare d'un bras de la rivière, tandis que Montpezat passait l'autre; le maréchal marche résolument sur Caracène qui veut lui disputer le passage, engage avec lui un combat acharné qui dure plus de trois heures, le chasse de ses positions, et le force à se retirer sur Alexandrie, à la faveur de la nuit, qui préserva l'armée ennemie d'une ruine complète (1).

« Le preux maréchal de Grancey,
. . . .
Attaquant un gros d'ennemis,
. . . .
En a tué plus de sept cents.
. . . .
Je crois que M. Caracène
Est fort sage et grand capitaine,
Mais pour notre dit maréchal,
Ma foi! quand il est à cheval
Et qu'il tient son grand cimeterre,
C'est un très-rude homme de guerre (2). »

A la suite du passage de la Bormida, le maréchal de Grancey entra dans le Milanais, que son armée occupa jusqu'à l'hiver.

Du reste, les forces dont il disposait étaient trop faibles pour lui permettre de prendre l'offensive (3).

---

(1) *Gazette* pour 1654, p. 1137, 1148.
(2) Loret, *Muse historique*, l. 43, du 24 octobre 1654.
(3) Quincey, t. I, p. 176.

On a reproché au maréchal son inaction après la bataille de La Roquette. Les Napolitains recommençaient à se soulever ; il fallait, ajoute-t-on, profiter de ces mouvements et marcher sur le royaume de Naples, avec le prestige de nos armes victorieuses (1).

Il nous semble que la réponse à ce reproche se trouve dans l'insuffisance même de l'armée du maréchal, constatée par M. de Quincey, dans son histoire militaire.

Le maréchal paraît avoir exercé à la suite de cette campagne les fonctions d'ambassadeur en Savoie.

Le 17 mars 1656, il recevait les brevets d'une compagnie de chevau-légers, d'un régiment d'infanterie, et le gouvernement de Thionville. Ce poste important ne pouvait être mis en mains plus sûres. Quelques mois après son arrivée, les Espagnols tentèrent de surprendre la ville, mais leurs projets furent déjoués par la vigilance et l'énergie du maréchal ; il fondit sur une brigade ennemie qui s'avançait à la faveur de la nuit et la tailla en pièces (2).

L'année suivante, le gouverneur recevait le roi lui-même dans ses murs, et lui faisait une magnifique réception :

> « Le roi, dit-on, fut l'autre jour
> Visiter cette forte ville
> Que l'on appelle Thionville,
> Où le maréchal de Grancey,
> Dans la guerre maître passé,
> Lui fit avec ardeur et zèle
> Une réception si belle,
> Que le roi, des rois l'ornement,
> S'y divertit extrêmement (3). »

(1) Larrey, *Histoire de Louis XIV*, t. II, p. 443 à 445.
(2) *Muse historique*, l. 30, du 29 juillet 1656.
(3) *Ibid.*, l. 39, du 6 octobre 1657.

Nous avons déjà vu qu'on doit au maréchal le rétablissement de l'église des Augustins de Thionville, où fut inhumé un de ses fils, mort jeune dans cette ville.

Une seule récompense manquait au maréchal de Grancey. Mazarin s'était imposé l'obligation de ne faire aucun chevalier du Saint-Esprit pendant qu'il était au pouvoir. A la mort du cardinal, Louis XIV saisit avec empressement l'occasion de donner à sa cour un nouvel éclat, en complétant le nombre des chevaliers de ses Ordres, qui de cent était tombé au-dessous de quarante.

Le maréchal de Grancey fit partie de la nombreuse promotion du 1er janvier 1662. La cérémonie se fit avec beaucoup de pompe dans l'église des Augustins de Paris, où, d'après les statuts de l'ordre, elle devait avoir lieu lorsque le roi se trouvait dans sa capitale. Vingt-six ans devaient s'écouler entre cette promotion et celle qui la suivit en 1688 (1).

Jacques de Grancey, couvert de blessures et de cicatrices, songea enfin à jouir d'un repos si chèrement acheté. Il semble avoir passé dans la retraite les dix-huit années qui lui restaient encore à vivre. Mais ses nombreux enfants remplissaient noblement dans l'église et dans les armées le vide que sa retraite un peu prématurée allait laisser.

Le 20 novembre 1680, il terminait, dans sa 78e année, une longue et laborieuse carrière. Il fut inhumé dans l'église des Capucines de la place Vendôme, voisine de l'hôtel d'Hocquincourt, où il résidait à Paris (2).

---

(1) Walkenaër, *Mémoires sur Mme de Sévigné*, 2e partie, p. 295.

(2) L'église des Capucines était alors très-recherchée pour les sépultures des grands personnages. Elle contenait plusieurs monuments remarquables

Si la gloire militaire du maréchal de Grancey fut surpassée par celle de plusieurs généraux ses contemporains, à une époque si féconde en grands hommes, ne lui en reste-t-il point une belle part et ne put-on pas, à sa mort, lui rendre avec vérité ce grand hommage « *qu'il ne fut jamais battu dans aucune des affaires où il commanda en chef, soit en France, soit en Allemagne, soit en Italie* (1)? »

Lautour-Montfort a tracé le portrait suivant du maréchal dans la généalogie manuscrite de sa famille :

« Intrépide dans les combats, bouillant dans les expéditions, superbe et magnifique dans l'entretien de ses compagnies au service du roi, et modeste dans ses habillements, ses manières étaient hautes ; il était ferme dans ses résolutions, vif dans les réparties et naturel dans les réflexions. Inviolable dans son attachement au roi, il faisait volontiers parade de sa fidélité, témoin la réponse qu'il fit, en présence du roi, au prince de Condé et au maréchal de Turenne : « Oui, corbleu! leur dit-il en frappant sur la manche de son pourpoint, ce que je dis est aussi vrai qu'il est vrai que je n'ai jamais tourné casaque! » Sanglante allusion aux tristes défaillances des deux grands capitaines!

« Des courtisans le plaisantaient sur la négligence de sa toilette et sur l'absence de poudre qui déparait sa chevelure : « Messieurs, dit-il en montrant sa poire

---

On y admirait, entre autres, la magnifique chapelle du duc de Tresmes et celle du célèbre ministre Louvois, la plus belle de Paris. (Note de M. Chéruel dans les *Mémoires de Saint-Simon*, t. VIII, p. 474, et *Description de la France*, par Piganiol de la Force.)

(1) *Mercure* de janvier 1684, p. 154 et *Encyclopédie du XVIIIe siècle*, verbo Grancey.

à poudre à canon, je ne connais pas d'autre poudre que celle-là (1). »

Il y a loin de ce portrait à la figure d'un courtisan. Aussi le maréchal poussa-t-il la hardiesse jusqu'à braver le tout puissant Louvois, son compétiteur en galanterie. Les libelles du temps nous représentent, en effet, le maréchal comme ayant partagé quelques-unes des faiblesses que l'on reproche avec tant de raison au célèbre ministre, comme à son maître. S'il faut en croire Lautour-Montfort, la morgue du ministre dut céder le pas à l'audace du maréchal dans une entreprise de ce genre. Le nom de l'héroïne nous a même été conservé.

Il s'agissait de cette Mme du Mesnil, fort à la mode alors et très-recherchée dans un certain monde. Bussy-Rabutin, dans le triste livre qui lui valut sa disgrâce, n'a garde de passer son nom sous silence. Le vieux maréchal n'est pas plus épargné. Ancien compagnon d'armes du comte de Grancey, Bussy, qui portait si haut ses aspirations ambitieuses, n'avait sans doute point vu sans un secret dépit l'élévation à laquelle était parvenu son rival. Aussi s'en donne-t-il à cœur joie à l'endroit du pauvre maréchal et de Mme du Mesnil.

On sait du reste avec quelle réserve il faut accueillir ces élucubrations malsaines d'un esprit aigri, qui n'eut pas même la pudeur d'épargner sa vertueuse cousine, Mme de Sévigné. Aussi nous garderions-nous bien de

(1) Le magnifique portrait que nous possédons du maréchal de Grancey ne dément point l'esquisse de Lautour-Montfort. La noblesse des traits de cette mâle figure n'a d'égale que son indomptable énergie. Nous tenons d'autant plus à ce portrait contemporain du maréchal, qu'il ne figure point, comme celui de son petit-fils, dans les galeries de Versailles.

relever ces diatribes, s'il ne s'y trouvait sur le maréchal des particularités qu'on chercherait vainement ailleurs. La scène se passe dans les salons du fameux baigneur *Lavienne*, ce rendez-vous des libertins de haut lieu. Le duc de Saulx, le marquis de Sablé et quelques autres y mènent une joyeuse vie. Survient un garde de MM. les maréchaux de France, envoyé par le maréchal de Grancey pour conduire le marquis de Sablé au Fort-l'Évêque. Grand émoi chez nos écervelés qui ne trouvent rien de plus expédient que de faire asseoir à leur table le maréchal, demeuré non loin de là dans son carrosse, avec son fidèle valet de chambre *Gendarme*, sorte de faquin, au franc parler, moitié Caleb, moitié Scapin, auquel est confié, entre autres attributions, le soin de fixer et de détacher chaque jour la jambe de bois de son maître. On devine le reste : le nouveau venu est bientôt mis au diapason des convives, et le marquis, dont le principal crime aux yeux du maréchal était une rivalité en galanterie auprès de Mme du Mesnil, échappe à l'arrestation qui le menaçait.

Sans le pamphlet de Bussy, nous ignorerions la glorieuse mutilation du maréchal. Quant *aux grandes oreilles plates* qu'il prête aux Grancey, nous n'y saurions voir qu'une boutade du satyrique écrivain.

Nous voudrions également douter de la légèreté de mœurs du maréchal, à l'époque où écrivait Bussy; mais le témoignage du généalogiste confirme malheureusement l'imputation du pamphlétaire.

Faut-il croire encore avec ce dernier qu'un enfant né de cette coupable liaison était élevé à l'hôtel de Grancey? Un tel exemple ne serait point isolé parmi la haute société du temps.

Heureusement pour la mémoire du maréchal, ce relâchement de mœurs devait bientôt faire place à de meilleurs sentiments. Ses dernières années furent employées à racheter par d'abondantes aumônes, de pieux legs et de nombreuses fondations les funestes entraînements auxquels il avait trop facilement cédé. Ce retour lui fut d'autant plus facile qu'il avait toujours conservé un fond de religion, dû en partie peut-être aux sages exhortations de l'archevêque de Rouen, son frère, dont l'influence était si grande auprès de sa famille.

Le maréchal avait en outre une grande déférence pour sa vénérable mère, Charlotte de Fervaques; il se plaisait même à s'associer à ses bonnes œuvres. A la mort de la comtesse, en 1633, il avait tenu, de concert avec ses frères, à faire exécuter les intentions de la défunte, en donnant à l'abbaye de St-Nicolas, fondée par elle, une somme de 23,700 livres montant des libéralités de la comtesse envers cette abbaye, dirigée par Guyonne-Scholastique de Médavy.

Il vendit également à l'abbaye, moyennant 33,000 livres, le domaine de Verneuil, engagé par le roi Henri IV au comte de Grancey, son père.

Le maréchal avait pour aumônier le digne abbé Le Tellier, qui visitait souvent l'abbaye de Verneuil et lui servait d'intermédiaire auprès de l'abbesse sa sœur. Ce fut ce dernier qu'il chargea, en 1638, de remettre à l'abbaye une relique de saint André, apôtre, arrachée en Allemagne à des soldats qui se la disputaient (1).

Parlons maintenant des deux mariages et des nombreux enfants du maréchal de Grancey.

(1) *Archives de l'abbaye de Verneuil.*

Bien jeune encore, à vingt ans, il épousait en premières noces Catherine de Monchy d'Hocquincourt, dame d'honneur de la reine Anne d'Autriche et sœur du célèbre maréchal auquel nous consacrons une notice.

Catherine de Monchy était fille de haut et puissant seigneur Georges de Monchy, seigneur d'Hocquincourt, grand prévôt de France, et de haute et puissante dame Claude de Monchy, dame d'Aussen et d'Inquessen.

Leur contrat de mariage fut passé le 12 février 1624, devant les notaires du Châtelet, au palais du Louvre, en présence de la reine, de Mme la princesse, de Mme légitimée de France, duchesse de La Valette, de Mgr le prince de Conti, de haut et puissant seigneur Jean de Monchy, seigneur de Montcavrel, oncle paternel de l'épousée, et autres seigneurs et dames de la cour.

La comtesse douairière de Grancey, retenue dans ses terres en Normandie, s'était fait représenter au mariage de son fils par un gentilhomme de notre contrée, Daniel Gouhier, écuyer, sieur de Fontenay.

La dot de Catherine de Monchy était de 108,000 livres, et sa famille une des plus anciennes de France. Le P. Anselme en donne la généalogie depuis Drion, seigneur de Monchy, qui accompagna le roi Louis le Jeune en la Terre-Sainte, en 1146, et épousa Adde de Picquigny.

On peut voir les armes des Monchy sur le plafond de la salle des Croisades, au palais de Versailles.

Les maillets de ces armes, timbrées d'une tête de Maure, leur étaient venus de ce que, dans une bataille contre les Sarrazins, un de leurs ancêtres, après avoir fait des actions héroïques, écrasa d'un coup de massue la tête d'un des rois Maures. Ce trait est rapporté dans l'histoire du sieur de Boufflers, liv. I, ch. xxxvi.

Georges de Monchy d'Hocquincourt, beau-père du maréchal de Grancey, était le second fils d'Antoine de Monchy et d'Anne de Balzac.

Son frère aîné, Jean IV de Monchy, seigneur de Montcavrel et de Rubempré, etc., chevalier des Ordres du roi, gouverneur d'Ardres et d'Étaples, avait épousé en 1596 Marguerite de Bourbon, fille d'André de Bourbon, dame de Roncherolles, et petite-fille de Jacques de Bourbon, fils naturel de Jacques II de Bourbon, comte de Vendôme, quatrième aïeul du roi Henri IV.

Le père de la comtesse de Grancey fut successivement capitaine de chevau-légers, maréchal de camp des armées du roi, premier maître-d'hôtel de la reine (1), grand louvetier de Boulonnais, grand prévôt de France, le 25 février 1630, lieutenant général de Lorraine en 1636 et gouverneur de Monthulin, Boulogne et Péronne en 1639. Il avait, en outre, obtenu gratuitement le gouvernement de Nancy.

Ces différentes charges lui assuraient une position des plus considérables.

L'office de grand prévôt lui avait à lui seul coûté 300,000 livres (plus d'un milion de notre monnaie), et cet énorme prix, il avait pu l'acquitter avec les libéralités dont le roi l'avait comblé.

Le gouvernement de Péronne était évalué à la moitié de cette somme.

---

(1) Georges de Monchy obtint cette charge importante par la faveur du maréchal d'Ancre, et malgré le duc d'Épernon, qui voulait y faire nommer le marquis de Rouillac. (*Mémoires du cardinal de Richelieu*, année 1617, p. 150.)

Aussi Georges de Monchy, malgré les riches dots par lui données en 1624 à la comtesse de Grancey, sa fille, et en 1628 au marquis d'Hocquincourt, son fils, depuis maréchal de France, lorsqu'il épousa Éléonore d'Étampes de Valencey, avait-il trouvé le moyen d'acquérir pour 50,000 écus de terres, de 1622 à 1628 (1).

Le grand prévôt de France, ou prévôt de l'hôtel du roi, comme on l'appelait le plus souvent depuis que ces deux offices avaient été réunis en un seul, sous Henri III, en 1578, était un officier d'épée qui jugeait toutes les personnes à la suite de la cour, en quelque lieu qu'elle se transportât ; sa juridiction s'étendait au-dedans de dix lieues à l'endroit de la personne du roi et de sa cour. Le grand conseil seul pouvait réviser ses sentences en matière civile ; il jugeait sans appel toutes les causes criminelles et de police qui survenaient à la suite de la cour (2).

Le premier grand prévôt de France fut François du Plessis, seigneur de Richelieu, père du cardinal. Hocquincourt fut son quatrième successeur. Après lui, cette charge fut successivement occupée par son fils en 1642, par Jean du Bouchet, marquis de Sourches en

(1) Tous ces détails sont puisés dans un manuscrit de la Bibliothèque Impériale (dossier des Rouxel de Médavy).

(2) Le tribunal de la prévôté était composé du grand prévôt, de deux lieutenants généraux, civil, criminel et de police, d'un procureur du roi avec son substitut, d'un trésorier payeur, d'un greffier receveur des consignations, deux commis greffiers, douze procureurs, quatorze huissiers, trois notaires. Le grand prévôt avait en outre sous lui un lieutenant général ordinaire d'épée, douze capitaines exempts, quatre-vingt-huit gardes, un maréchal de logis et un trompette. — *Encyclopédie du XVIIIe siècle*, t. XXVII, p. 371-375.

1643, et par trois autres membres de cette dernière famille.

Le grand prévôt d'Hocquincourt était, comme on le voit, un haut personnage. Aussi ne faut-il point s'étonner de le voir figurer dans les chroniques du temps. Tallemant des Réaux nous a laissé sur lui quelques curieux détails : nous ne pouvons les passer sous silence, malgré la source équivoque où nous les puisons.

D'après l'auteur des historiettes, une aventure galante à laquelle se trouvait mêlé le grand prévôt d'Hocquincourt suggéra à La Calprenède le sujet de son fameux roman de Cassandre. Tallemant, en racontant cette intrigue dans l'historiette de La Calprenède, nous donne en même temps le récit assez piquant du mariage de La Calprenède avec une dame appartenant à une famille honorable de Basse-Normandie. Cette dame était tellement folle des romans de La Calprenède qu'elle consentit à l'épouser, à la condition qu'il achèverait la *Cléopâtre*, et cette incroyable clause fut mise au contrat.

D'Hocquincourt fut un courtisan assez peu souple ; il conservait son franc parler même avec le cardinal de Richelieu. Un jour qu'il sollicitait sa nomination comme chevalier de l'Ordre du roi, à laquelle sa place semblait lui donner des droits : — « Vraiment, lui dit le cardinal, voilà une belle dignité ! — C'est pourtant cette dignité qui fit votre père chevalier, lui répartit d'Hocquincourt. »

Tallemant, tout en admirant la hardiesse du grand prévôt, prétend qu'il n'en fut pas mieux à la cour. Nous l'en croyons volontiers sur parole.

Georges de Monchy, étant devenu veuf en 1637, épousa en secondes noces Gabrielle du Châtelet, fille d'Erard, marquis du Châlelet, maréchal de Barois, gouverneur de Grey, de la maison princière de Lorraine. Gabrielle du Châtelet était elle-même veuve de Charles, comte d'Escars.

Georges de Monchy laissait deux enfants de son premier mariage, la comtesse de Grancey et le maréchal d'Hocquincourt, auquel nous devons bien une mention particulière que l'on trouvera plus bas.

Le grand prévôt d'Hocquincourt eut donc la gloire d'être père et beau-père de deux maréchaux de France.

Après 15 ans de mariage, Catherine de Monchy, comtesse de Grancey, mourut le 5 décembre 1638, à Argentan, au monastère des Bénédictines, fondé l'année même de son mariage par Louise de Médavy, abbesse d'Almenesches, sa belle-sœur.

Son corps, porté à Médavy, fut inhumé dans le caveau de l'église de ce lieu, consacré à la sépulture des Rouxel.

Quatre ans après, le 25 juillet 1643, le comte de Grancey épousait en secondes noces Charlotte de Mornay de Villarceaux, que nous retrouverons au chapitre des dames de Grancey à la Cour.

Nous ne quitterons point le maréchal de Grancey sans dire quelques mots du rôle par lui joué dans notre contrée, où il parut souvent, quoique ses éminentes fonctions l'en tinssent la plupart du temps éloigné.

Dès le 1er novembre 1620, le comte de Grancey, âgé seulement de 18 ans, mais déjà gouverneur d'Argentan, marchait en tête des notables de la ville, lors de la plantation de la croix des capucins devant la porte aux Telliers (1).

---

(1) *Souvenirs du collège d'Argentan*, par M. Louis Lautour.

Le 31 mai de l'année suivante, le gouverneur posait avec la comtesse de Grancey, Charlotte de Fervaques, sa mère, la première pierre du couvent des capucins, sur les instances des officiers de la ville et des principaux habitants. Les armes de la maison de Rouxel y furent gravées avec une inscription commémorative de cette cérémonie.

En 1644 et 1645, le comte de Grancey fit construire l'autel St-Hyacinthe dans l'église des Jacobins d'Argentan, et ses armoiries furent mises sur l'autel par les religieux reconnaissants.

En 1658, la translation des reliques de saint Mansnuet dans la chapelle de saint Jean-Baptiste, donna lieu à des fêtes magnifiques qui durèrent huit jours et auxquelles présida l'évêque de Séez, François de Médavy, frère du maréchal. 5 ou 600 prêtres, qu'accompagnaient 130 à 140 religieux, assistaient à cette cérémonie. Trois femmes y abjurèrent le calvinisme.

Telle était l'affluence des fidèles que le gouverneur d'Argentan, suivi de tous les officiers de justice, dut avoir recours à trois hallebardiers pour fendre la foule (1).

En 1640, une grande disette ayant occasionné une misère universelle dans tout le royaume, le Parlement rendit plusieurs arrêts pour permettre de lever des taxes dans le but de soulager les pauvres.

« Il y fut apporté si bon ordre en notre ville, dit Thomas Rouverre, que ce furent ceux de la province qui furent le mieux assistés. M. le maréchal de Grancey, gouverneur d'Argentan, donna ordre à son receveur général de donner tous les jours 100 livres de pain. »

---

(1) *Orne pittoresque*, p. 206.

Le 12 août 1664, comme il s'agissait de faire refondre les cloches de St-Germain, le trésorier en charge, Philippe Esnault, alla présenter requête au maréchal pour obtenir les vieilles arquebuses de métal, déposées dans la maison de ville, et cette requête fut octroyée en son nom par M. Dubreuil, lieutenant de roy au gouvernement de la ville.

Nous ne pouvons passer ici sous silence l'épisode le plus connu, peut-être, de l'administration du maréchal de Grancey comme gouverneur d'Argentan, quoique, selon nous, on en ait singulièrement exagéré la portée, dans l'intérêt d'une autre gloire locale.

Les fortifications d'Argentan, trop faibles pour présenter une résistance sérieuse, avaient été jusqu'alors le prétexte de nombreuses attaques, souvent suivies de pillages, surtout pendant les guerres de religion et les troubles de la Fronde.

Les faire disparaître, c'était en même temps diminuer les chances d'invasion, en enlevant à la ville le vain prestige d'une position stratégique. C'est ce qu'entreprit le comte de Grancey, consultant en cela l'intérêt des habitants, bien plutôt que son amour-propre de gouverneur. Mais le souvenir du comte de Marey était encore tout récent, et l'esprit frondeur des habitants ne lui avait point pardonné ses triomphes éphémères. Aussi quand le marteau des démolisseurs voulut s'attaquer à la tour de l'horloge, particulièrement chère aux bons bourgeois, une vive opposition s'éleva tout à coup contre les projets du gouverneur, qui ne s'attendait pas à cette résistance. Au premier rang des mécontents se faisait remarquer le chirurgien Charles d'Houay, l'un des échevins de la ville, frère du célèbre historien

Mézeray. Le comte de Grancey, surpris autant qu'irrité de cette résistance, interpelle l'échevin avec cette brusquerie énergique dont nous avons rapporté plus d'un trait : « Qui es-tu, s'écrie-t-il, pour oser résister ainsi à mes ordres ? » C'est à ce moment que Charles d'Houay lui aurait fait cette réponse devenue célèbre : « *Nous sommes trois frères adorateurs de la vérité : l'aîné la prêche, le second l'écrit, et moi je la défendrai jusqu'à mon dernier soupir.* »

Sans vouloir contester la hardiesse d'une telle répartie, il nous est impossible de n'être point frappé de son allure théâtrale et prétentieuse.

Une prudente réaction s'est opérée de nos jours contre ces mots à grand effet, dont on peut souvent suspecter l'authenticité. Traduits en langage vulgaire, ils gagnent parfois en énergie ce qu'ils perdent en élégance ; nous n'en voulons d'autre preuve que la piquante anecdote de Cambronne.

Pour nous, Charles d'Houay s'est acquis un titre bien plus solide à la reconnaissance de ses concitoyens, lorsqu'avec La Fontenelle et Prouverre, il déploya tant de dévouement pendant la peste de 1638.

Avons-nous besoin d'ajouter que, puissant comme il l'était, le comte de Grancey donna un exemple de modération trop rarement suivi, en arrêtant les travaux de démolition de la tour de l'horloge, qui ne fut détruite qu'en 1727 ?

1599-1658.

Le Maréchal d'Hocquincourt,

Chevalier des Ordres du roi.

Qu'on ne s'étonne point de voir figurer le maréchal d'Hocquincourt dans une étude consacrée aux Grancey. Émule et contemporain du maréchal de Grancey, son beau-frère, sa vie ne fut pas moins mêlée que son sang aux destinées de la famille qui nous occupe. L'originalité de cette figure ne pouvait d'ailleurs manquer de tenter notre pinceau, et nous ne résistons point au désir d'en donner une ébauche.

Charles de Monchy, marquis d'Hocquincourt, naquit en 1599.

En 1636, il succéda à son père dans le gouvernement de Péronne, et y joignit les gouvernements de Roye et de Montdidier.

Il exerça en outre les hautes fonctions de grand prévôt de France, en 1642, sur la résignation de son père.

Cependant, dès 1639, il se distinguait au combat de Moranges, où il occupait déjà sans doute un grade élevé, puisque l'année suivante il servait, comme maréchal de camp, sous M. de l'Hôpital-du-Hallier, devant Arras.

Il se trouvait à la Marfée en 1641, et l'année suivante il était en Catalogne avec le maréchal de la Meilleraye.

Détaché par le maréchal de la Mothe-Houdancourt, le 17 mars de cette année 1642, pour s'opposer à la jonction de l'armée espagnole de Catalogne avec celle du Roussillon, dans le dessein de secourir Collioure, investi par nos troupes, Hocquincourt, à la tête de 5,000 hommes, charge vigoureusement l'ennemi, le met en déroute et fait prisonnier le général de la cavalerie ennemie, don Vincentio de la Maria.

Quelques jours après, le 31 mars, une partie des troupes espagnoles, poursuivies par les Français, furent battues à Villefranche par La Mothe-Houdancourt, dont le marquis d'Hocquincourt commandait l'arrière-garde. En 1646, Hocquincourt était au siége de Gravelines.

Envoyé l'année suivante en Allemagne, comme général des armées du roi, il contribua beaucoup à la prise de Schorndorff et à celle de Tubingen.

En 1649 se place un premier épisode de la vie si agitée de Charles de Monchy. La cour avait quitté Paris le 7 juin pour se rendre à Amiens. A son arrivée dans cette ville, le cardinal Mazarin manda au marquis d'Hocquincourt, gouverneur de Péronne, de le venir trouver, pour l'entretenir de quelques affaires importantes : il n'était pas content de ce que ce dernier avait laissé passer la duchesse de Chevreuse, qui était revenue de Flandres sans le consentement de la reine. Le cardinal avait encore d'autres vues : il convoitait le gouvernement de Picardie, et Péronne lui en paraissait l'accessoire obligé ; il voulait donc traiter de cette place avec le gouverneur, dont la fidélité lui semblait ébranlée.

« Hocquincourt, dit Mme de Motteville, était un homme vaillant et de grand cœur, mais léger et facile à dégoûter. Il avait pris liaison avec les frondeurs sur quelque petit mécontentement, et avait quitté l'armée pour aller se renfermer dans sa place (1). Sur l'ordre qu'il reçut du ministre, il vint le trouver avec une bonne escorte, étant convenus, avant leur entrevue, du lieu et de la quantité de gens qu'ils devaient avoir l'un et l'autre, et de toutes leurs sûretés. Ils se virent enfin dans une campagne, au milieu de 50 hommes de cheval de chaque côté. Hocquincourt était un bon Picard, franc cavalier et bon ami. Il dit au cardinal qui lui témoignait vouloir être de ses amis, à des conditions avantageuses, qu'il ne lui pouvait accorder son amitié ni recevoir ses offres, s'il ne lui permettait de travailler à les remettre bien ensemble, lui et le duc de Beaufort, ayant promis de ne rien faire sans ce prince. Le Ministre, qui ne demandait que la paix, lui donna pouvoir d'aller traiter avec le duc de Beaufort et consentit même à quelques offres, qu'il lui permit de lui faire de sa part. Hocquincourt partit ensuite de Péronne et vint à Paris chercher le prince pour tâcher de lui persuader cet accommodement. Sa mission échoua ;

(1) Voici, d'après le *Journal inédit*, ce qui s'était passé. La marquise d'Hocquincourt renfermée dans Péronne, en l'absence du gouverneur son mari, en avait fermé les portes à quelques compagnies des gardes qu'on y avait envoyées et dont elle avait pris ombrage. Hocquincourt, blessé lui-même, quitta l'armée devant Arras et se retira précipitamment à Péronne. (*Journal inédit*, n° 10,273, t. I. p. 416.)

mais Hocquincourt fit son accommodement avec le cardinal, conserva son gouvernement de Péronne, et devint un des meilleurs soutiens de la cour (1). »

La paix était si bien faite que nous le voyons, le 15 décembre 1650, prendre une part considérable à la bataille de Réthel, où il commandait l'aile gauche de l'armée ; son appui décida la défaite de Turenne, encore engagé dans le parti de la Fronde, qu'il allait bientôt quitter pour combattre dans les armées du roi, côte à côte avec Hocquincourt, son adversaire de la veille.

La Gazette de 1650, en rendant compte de cette bataille et des combats qui la suivirent, dit que « le sieur d'Hocquincourt n'oublia rien de sa conduite et de ce grand cœur qui lui fait tout entreprendre. »

La récompense de ces services ne se fit pas longtemps attendre. Nous lisons dans la Gazette, à la date du 7 janvier 1651 : « Leurs majestés, selon la coutume de tout temps pratiquée dans les états bien policés, voyant cette campagne si glorieusement finie, se sont appliquées à honorer et récompenser ceux qui s'en sont montrés dignes : ayant la veille des Rois fait prester le serment de maréchaux de France aux sieurs de Villequier, de La Ferté-Imbault et d'Hocquincourt, et envoyé le baston, marque de cet office de la couronne, aux marquis de La Ferté-Senneterre et comte de Grancey, qui se trouvèrent absents....., tous lesquels cinq depuis plusieurs années avaient exercé avec beaucoup d'honneur et de valeur la charge de lieutenants généraux en leurs armées. »

---

(1) Fasciné par la duchesse de Montbazon, et sur le point de se laisser entraîner par elle dans les rangs de la Fronde, il lui écrivait : « Péronne est à la belle des belles. »

Désormais tout dévoué à la reine et au cardinal, le maréchal d'Hocquincourt donna de nombreuses preuves de son zèle ardent pour le roi, jusqu'à l'époque où cédant de nouveau aux perfides suggestions d'une autre passion, il trouva une mort prématurée en combattant dans les rangs ennemis.

Après l'arrestation des Princes, l'impopularité du cardinal étant portée à son comble, ce dernier se vit obligé, le 6 février 1651, de se retirer à St-Germain ; le duc d'Orléans, l'un des plus acharnés pour l'instant contre lui, refusait de se rendre au Conseil tant que le premier ministre resterait aux portes de Paris.

Les maréchaux d'Hocquincourt et de Grancey furent députés à Monsieur par la reine-mère avec les ducs de Vendôme, d'Elbeuf, d'Epernon et quelques autres, pour tâcher de vaincre sa résistance (1).

Cependant le cardinal, cédant pour un moment à l'irritation des esprits, avait quitté la France après être allé lui-même ouvrir les portes de la citadelle du Havre au prince de Condé et à ses frères, assez peu reconnaissants de cette faveur forcée.

Le Parlement étend la proscription jusqu'aux nièces du cardinal :

> Le Parlement, deux jours après,
> A grands coups d'arrêts sur arrêts,
> Qui sont de furieuses pièces,
> Fit sortir ses trois chères nièces,
> Tant de Paris que de la Cour.

Alors le maréchal se fit le protecteur des trois jeunes exilées :

(1) *Mémoires de Guy-Jolly* (année 1651).

Mais le généreux d'Hocquincourt,
Ayant l'âme obligeante et bonne,
Les reçoit, dit-on, dans Péronne (1).

L'exil de Mazarin ne devait pas être de longue durée. Hocquincourt est choisi par la reine, parmi les plus dévoués, pour lever une armée destinée à protéger la rentrée du cardinal (2). Le comte de Brienne est chargé par le roi de faire pour le maréchal une lettre, où il lui est enjoint d'accompagner le premier ministre. « On eût bien voulu, dit Brienne dans ses Mémoires, lui donner une patente de général d'armée; mais parce que le sceau était à Paris (la cour se trouvait à Poitiers), on craignit que, l'envoyant pour lui faire apposer, le dessein qu'on avait ne fût découvert. La reine agitant la question pour savoir si sans cette patente M. d'Hocquincourt pouvait commander, je la résolus en lui disant que les maréchaux de France, pour commander les armées, n'ont pas besoin d'un autre pouvoir que le leur. »

Rassuré par cette fidèle escorte, Mazarin quitte sa retraite de Dinan, vers la fin de novembre, et rentre résolument en France.

Hocquincourt, secondé par ses amis, le marquis de de Navailles et le comte de Broglie, s'avance avec prudence au milieu de quelques escarmouches : « Le maréchal d'Hocquincourt, écrit-on de Nesle à la Gazette, ayant eu avis que les ennemis avaient passé l'Escaut à

---

(1) Loret, *Muse historique*, l. 7, du 11 février 1651.

(2) Le maréchal, comme ses officiers, avait adopté l'écharpe verte, qu'il devait plus tard échanger contre l'écharpe isabelle, adoptée par l'armée de Condé.

Valenciennes et s'avançaient vers cette ville avec infanterie, canon et pionniers, envoya, pour en prendre langue, l'un des siens, avec une petite partie qui lui rapporta qu'ils étaient composés de 26 ou 27 escadrons et 3 bataillons, avec 4 pièces d'artillerie ; il donna aussitôt l'ordre nécessaire à tous les passages de la rivière, y fit aller les officiers avec les mousquetaires, garnit tous les postes de la milice du pays, envoya à Roye et Montdidier faire assembler la noblesse et les communes, et s'avança droit ici avec sa compagnie de chevau-légers, celle de ses gardes, etc.

« La nuit du 19, une partie de ces ennemis, avec 700 chevaux et 200 mousquetaires en croupe, parut pour s'emparer de la ville. Trouvant le pont bien gardé, elle se retire en brûlant quelques villages ; le maréchal monte à cheval avec ses troupes et les poursuit jusqu'à Ham, les escarmouchant de si bonne sorte, qu'il les fit retirer et rassura ainsi le pays fort alarmé (1). »

Hocquincourt s'acquitta de sa mission avec tant de bonheur que le cardinal, ayant rejoint la cour à Poitiers, songea à lui donner un commandement important.

Le duc de Rohan, espérant empêcher le cardinal de rejoindre la cour, avait soulevé l'Anjou. La reine, effrayée de cette nouvelle défection, eut besoin de toute l'audace du maréchal pour la rassurer. On lui confia le soin d'assiéger les rebelles aux Ponts-de-Cé et à Angers, de préférence au duc de Bouillon et à Turenne revenus à l'armée du roi. Le Pont-de-Cé fut bien vite forcé. Quant à Angers, il fut plus difficile de s'en

(1) *Gazette* de 1651, p. 1363, à la date du 22 novembre.

emparer, mais l'intrépidité du maréchal en vint bientôt à bout.

Le cordon du St-Esprit fut la récompense de ce dévouement.

Nous voudrions pouvoir passer sous silence une odieuse machination imputée au maréchal par le cardinal de Retz, dans ses tristes Mémoires. S'il fallait en croire le coadjuteur, Hocquincourt aurait été jusqu'à proposer à la reine d'assassiner le prince de Condé, après sa sortie de prison. La reine aurait même accueilli cette proposition, qui n'aurait été repoussée que par l'horreur qu'elle inspira au coadjuteur et à la duchesse de Chevreuse (1).

M. Cousin, dans son intéressante étude sur Mme de Longueville et la Fronde, n'hésite pas à absoudre la mémoire du maréchal d'une accusation si grave. Il inclinerait plutôt à en charger le coadjuteur, qui en a d'ailleurs été soupçonné. Le savant écrivain explique fort bien que ni l'intérêt ni le caractère d'Anne d'Autriche ne dictaient une pareille conduite, tandis que Retz et la duchesse de Chevreuse avaient tout à gagner à la mort de Condé, leur plus redoutable ennemi. D'ailleurs, ajoute M. Cousin, Retz a pris le soin de nous raconter que, tout jeune, il était entré dans une conspiration contre la vie de Richelieu. Plus tard, l'hôtel de Chevreuse ne lui fut pas sans doute une école de scrupules, et on ne fait pas tort à Mme de Chevreuse, la conseillère de Retz, en admettant qu'elle a bien pu ouvrir un pareil avis, elle la complice de Chalais et de bien d'autres, elle qui, en 1643, avec Mme de Mont-

---

(1) Monglat associe le comte d'Harcourt à cette odieuse proposition.

bazon, avait armé le bras de Beaufort, et l'avait porté à assassiner Mazarin, au sortir du Louvre.

Il est bien plus vraisemblable que le maréchal n'avait proposé à la reine qu'une arrestation, s'il le fallait, à force ouverte (1).

Qu'on nous permette d'ajouter, à notre tour, que rien dans le caractère de Charles d'Hocquincourt n'autorise à le charger d'une aussi coupable conception : on a pu le taxer de légèreté et de fougue, jamais de perfidie et de lâcheté. Loin d'ailleurs de s'être montré l'ennemi personnel du prince, on a déjà vu, et l'on verra bientôt encore, qu'il n'avait que trop d'inclination pour sa personne et de complaisance pour ses défaillances.

Turenne pouvait à bon droit se trouver froissé de l'espèce d'exclusion dont semblait le frapper la faveur du maréchal d'Hocquincourt, mais sa grande âme était au-dessus de ces mesquines jalousies. Il joignit donc sa petite armée à celle de son rival, et, de concert, ils allèrent défendre le pont de Gergeau, où ils firent une barricade et purent s'opposer au passage de l'ennemi, grâce à l'arrivée de quelques régiments royaux.

Après avoir rompu ce pont, ils marchèrent sur Gien, où ils passèrent la Loire avec la cour, mise ainsi à l'abri d'un coup de main de l'armée des Frondeurs.

Tout à coup, Condé quitte la Guyenne et, bravant mille dangers, parvient à traverser les lignes du comte d'Harcourt, avec six compagnies déterminées. Il va se reposer quelques instants à Châtillon, et apprenant que l'armée royale est à 8 lieues de là, il y court et

(1) Cousin, Mme *de Longueville*, p. 34 à 35.

joint les avant-postes, le 2 avril 1652. Il prend le commandement de son armée, que se partageaient Beaufort et Nemours, la fait reposer un jour, s'empare sans coup férir de Montargis et Château-Renard, et fond sur les détachements royaux, dispersés en quartiers, peu sur leurs gardes, et croyant n'avoir à lutter que contre les lieutenants de Condé.

Cet éparpillement de l'armée royale, motivé par la nécessité de s'approvisionner de fourrages, est considéré par le grand capitaine comme une cause de faiblesse dont il faut se hâter de profiter. Hocquincourt occupait Bleneau, et Turenne, Briare. Ils devaient opérer leur jonction le lendemain. Leur petite armée se composait de 4 à 5,000 fantassins et 4,000 chevaux ; Condé était à la tête de 6 à 7,000 hommes et de 5,000 chevaux.

Dans la nuit du 6 au 7, il tombe à l'improviste sur le premier quartier d'Hocquincourt qu'il culbute, et fait bientôt plier les autres. Hocquincourt se bat vaillamment, mais accablé par le nombre, il est contraint de se retirer sur Auxerre, le corps de Turenne n'arrivant point à son secours. Ce dernier, qui ne croyait avoir affaire qu'à Nemours, ne s'était guère ému. Il arrive au milieu de la nuit et apprend qu'il est en face de Condé. Il se retire aussitôt et fait dire à Hocquincourt de le rejoindre, choisit avec sagacité ses positions et tient tête à Condé, contraint à son tour à la retraite.

Sur le soir Hocquincourt le rejoint avec Bouillon. Les deux armées se retirent alors, l'une sur Gien, l'autre sur Châtillon, sans succès bien décisif de part et d'autre.

Napoléon, dans ses *Mémoires*, reproche à Turenne

de ne pas avoir attendu d'Hocquincourt et le duc de Bouillon, son frère ; mais, avec cette sûreté de coup-d'œil qui le caractérisait, Turenne avait voulu profiter de la position avantageuse qu'il s'était choisie et, en définitive, le succès lui donna raison.

Quant au maréchal d'Hocquincourt, surpris dans sa fausse sécurité par une attaque imprévue, il avait fait des pertes sérieuses : 3,000 chevaux et tout son bagage étaient tombés au pouvoir de Condé (1).

Profondément humilié de cet échec, il voulut en rendre en partie responsable l'inaction de Turenne, arrivé tardivement à son secours, et en conçut contre celui-ci un ressentiment dont nous trouverons encore des traces plusieurs années après. Dans une entrevue qu'il eut presque aussitôt avec Condé, il se plaignit amèrement de cet abandon (2).

Le prince ne semble pas avoir approuvé ces griefs, mais il s'efforça de mettre à profit pour sa cause le dépit du maréchal, auquel on avait exagéré le mécontentement de la cour. S'il faut en croire les mémoires assez détaillés de M. de Bordeaux, le grand Condé chercha à ébranler la fidélité d'Hocquincourt, en se servant d'un gentilhomme de sa maison tombé entre les mains des Frondeurs après l'affaire de Bleneau. Les propositions qu'il fit faire au maréchal par cet intermédiaire étaient des plus séduisantes. Il lui donnait à espérer le gouvernement d'une province, et joignait à cette offre celle de 100,000 écus comptant. La célèbre duchesse de Châtillon, dont était épris Hocquincourt

---

(1) Hocquincourt perdit plus de 300,000 livres en vaisselle d'argent, pistoles, chevaux et autres équipages.

(2) *Mémoires* de Turenne et de M*** (le comte de Brégy).

aussi bien que Condé, fut employée par ce dernier pour entraîner une défection qu'elle devait obtenir plus tard. Le comte de Grandpré (1) conseillait au maréchal d'accepter les propositions du prince et semblait disposé à se laisser séduire lui-même.

Hocquincourt résista à toutes ces avances, que ce fût par dévouement à la cour, comme nous aimons à le croire, ou seulement par l'impossibilité où se trouvait Condé de réaliser ses offres, comme paraît l'insinuer l'auteur des mémoires que nous venons de citer (2).

La cour, redoutant le mauvais effet du combat de Bleneau sur les dispositions des provinces, et voulant peut-être calmer l'irritation d'Hocquincourt, se hâta d'adresser aux gouverneurs une lettre qui atténuait singulièrement la portée de cet échec.

« Hier au soir, écrivait le roi, mon cousin, le maréchal d'Hocquincourt, qui est logé à Blesneau, ayant eu advis que le prince de Condé s'en venoit à Châtillon, envoya aussitôt ses ordres pour faire assembler les troupes et donner advis, en mesme temps, à mon cousin, le maréchal de Turenne, de faire assembler les siennes. Mais ledit prince étant arrivé au quartier des dragons, avant qu'ils fussent deslogés, il y en eut quelques-uns de pris, et néanmoins la perte ne fut pas grande, tant parce que la plupart étoient dispersés en plusieurs chasteaux, que parce qu'il y en avoit encore d'autres commandés ailleurs. Le prince de Condé s'est advancé ensuite vers le quartier de mondit cousin le maréchal d'Hocquincourt et n'y ayant plus trouvé per-

---

(1) Charles-François de Joyeuse, comte de Grandpré, chevalier des Ordres du roi, lieutenant général, mort à Paris en 1680.

(2) *Mémoires* de M. de Bordeaux, t. III, p. 65 et suiv.

sonne, parce que ledit sieur maréchal étoit déjà au rendez-vous, marcha vers les autres quartiers et rencontra en sa marche quelques autres bagages et quelques troupes du corps dudit sieur maréchal d'Hocquincourt, que l'obscurité de la nuit sans lune avoit fait esgarer en venant au même rendez-vous. A la vérité, quelques soldats du régiment d'infanterie de Navailles ont esté pris et perdus en ce rencontre, mais toute la cavalerie qui y estoit aussi s'est sauvée, et outre que celle dudit prince, qui suivoit cette partie des troupes du corps dudit maréchal d'Hocquincourt, a esté en général fort maltraitée, le duc de Nemours a esté grièvement blessé.

« Escrit à Gien, le 10 avril 1652 (1). »

Le roi allait même jusqu'à dire qu'il y avait eu dans les deux affaires « beaucoup plus de pertes sans comparaison de la part des ennemis que de la sienne, en ce qui est des officiers et soldats. »

Tout en faisant la part de l'optimisme des bulletins officiels, qui ne date pas seulement de nos jours, il est permis d'inférer de la lettre royale que notre maréchal avait essuyé une défaite moins complète que ne semblent l'indiquer certaines relations, faites pour la plupart par les soutiens de la Fronde.

Quoiqu'il en soit, Hocquincourt ne tarda pas à prendre sa revanche sur l'armée de Condé, retranchée à Etampes. Les deux maréchaux concertèrent si bien leurs efforts, qu'après trois heures de combat ils défirent entièrement neuf régiments d'infanterie et quatre ou cinq escadrons de cavalerie. Ils firent en outre 2000 prisonniers et prirent beaucoup d'officiers (2).

(1) Document cité par M. Cousin.
(2) *Mémoires* de Turenne.

Mlle de Montpensier fit, vers cette époque, de concert avec le duc de Lorraine, de vains efforts pour entraîner le maréchal d'Hocquincourt dans le parti de la Fronde. L'intermédiaire de cette négociation, qui ne devait point aboutir, fut le marquis de Vignacourt, ami du maréchal. On peut en voir les détails dans les Mémoires de Mlle de Montpensier, année 1652.

Les services du maréchal d'Hocquincourt avaient été tellement appréciés à la cour, qu'un commandement important lui fut confié dans les premiers mois de l'année suivante.

Nommé vice-roi de Catalogne, il part pour aller commander les armées du roi dans le Roussillon, après avoir pris congé de leurs majestés à St-Germain-en-Laye (1). Le 23 juillet, le maréchal arrive à Perpignan, où il est reçu avec une allégresse incroyable par la bourgeoisie et le peuple. Dès le surlendemain, il part pour le camp de Gironne, où il devait rejoindre l'armée du marquis du Plessis-Bellièvre. Il s'empare en passant de Figuières et de Castillon, dont la possession assurait l'approvisionnement de son armée.

Arrivé devant Gironne le 27 juillet, il commença les opérations du siége, après avoir inspecté l'armée du marquis. Ses débuts contre la place furent heureux : il parvint à en faire les approches, sans perdre beaucoup de monde, repoussa les sorties des ennemis et pratiqua à la muraille une brèche qui lui permettait de donner l'assaut.

Cette ville était si difficile à prendre que plusieurs généraux l'avaient vainement tenté. Les assiégés, effrayés

---

(1) *Gazette* du 31 juin 1653.

des progrès du maréchal, s'apprêtaient déjà à capituler, malgré la bravoure de leur chef, don Juan d'Autriche. Dans cette extrémité, ils implorèrent le secours du ciel et exposèrent sur leurs remparts la châsse de saint Narcisse, évêque de Gironne, en grande vénération parmi le peuple. Nos troupes se rient de cet auxiliaire impuissant, et se disposent à donner un assaut furieux, lorsque tout à coup la châsse est obscurcie par une quantité innombrable de mouches qui, répandues dans le camp des assiégeants, s'attachent aux flancs de leurs chevaux. Affolés par cette invasion subite, les chevaux rompent leurs attaches, courent à l'aventure, se précipitent dans la rivière sans pouvoir se débarrasser de ces myriades d'ennemis microscopiques, et mettent le désordre parmi les troupes.

Le maréchal est contraint de se replier sur Figuières ; don Juan d'Autriche le poursuit sans pouvoir l'atteindre. Hocquincourt veut faire reposer ses troupes exténuées par la chaleur ; mais apprenant que le gouverneur de Roses manque de vivres, à peine remis des blessures reçues au siége de Gironne, il entreprend de ravitailler cette place. Don Juan veut couper le convoi escorté par le maréchal en personne, mais celui-ci lui oppose une vigoureuse résistance et lui inflige une déroute complète. 500 hommes tués et 1800 prisonniers furent le résultat de cet engagement (1).

A la fin de décembre de cette même année, Hocquincourt se dispose à rentrer dans le Roussillon. Au commencement de janvier, il fait son entrée dans Perpignan, au milieu des acclamations universelles.

(1) Voir les *Mémoires* de M. de Bordeaux, t. III, p. 269 et suivantes.

Enfin, au commencement de février 1654, il revient à Paris, où il reçoit un chaleureux accueil de leurs Majestés. Il joint le gouvernement de Ham à celui de Péronne et part pour cette dernière ville, d'où il va saluer la cour à La Fère et vient l'attendre aux portes de Ham, à la tête de 80 gentilshommes. Après avoir complimenté le roi et la reine, le maréchal leur présente les clefs de la ville, où ils entrent au bruit du canon et où il leur offre un magnifique souper.

La cour étant repartie le lendemain pour Péronne, le maréchal rejoint Turenne avec ses troupes aux environs de Bapaume, et marche avec lui sur Arras assiégé par le prince de Condé en personne. Le château de St-Paul tombe sous leurs coups; Hocquincourt, après une vigoureuse attaque, s'empare du Mont-St-Éloy, à une petite lieue du camp ennemi. Les Impériaux y avaient 500 hommes qui se rendirent à discrétion.

Dans la nuit du 25 août, Hocquincourt, Turenne et La Ferté-Imbault tombent à l'improviste sur les lignes ennemies; l'infanterie plie, la cavalerie prend la fuite, abandonnant son canon et ses bagages. Hocquincourt, qui avait commencé l'attaque par le quartier des Lorrains, emporte d'emblée l'un des principaux forts, culbute les ennemis, leur passe sur le ventre, traverse la ville délivrée avec 4,000 chevaux, se met à leurs trousses et achève leur défaite. Le prince de Condé se sauva à grand'peine avec quelques escadrons, subissant à son tour le sort de son adversaire à Bleneau (1).

Loret ne manque pas de glorifier ce triomphe dans sa *Muse historique* :

---

(1) *Gazette* de 1654 et *Mémoires* du temps.

> Turenne, Ferté, d'Hocquincourt,
> Que ce fut pour vous un beau jour !
> O Ferté, d'Hocquincourt, Turenne,
> Quelle glorieuse semaine !
> Turenne, d'Hocquincourt, Ferté,
> Quel los n'avez-vous mérité (1) !

Le 1ᵉʳ octobre suivant, la maréchale d'Hocquincourt vint saluer à La Fère leurs Majestés qui lui firent un accueil des plus flatteurs (2).

C'est peu de jours avant l'affaire d'Arras qu'il faut placer le bizarre entretien entre le maréchal et le Père Canaye, dont Saint-Évremond nous a laissé la piquante relation.

Le maréchal était à son château de Péronne, si célèbre par la captivité de Louis XI. Saint-Évremond qui suivait l'armée dînait à la table du gouverneur, avec le Père Canaye, son ancien professeur de philosophie. A en juger par les propos prêtés au maréchal, le repas devait être fort avancé, et les libations n'y avaient pas été ménagées, lorsque la conversation prit les allures excentriques dont Saint-Évremond s'est fait l'éditeur responsable. La passion insensée du maréchal pour la duchesse de Montbazon, qui servait de texte à cet entretien, paraît être un fait bien avéré. Tallemant des Réaux nous dit que, de tous les adorateurs de la duchesse, Hocquincourt était celui dont on avait le plus parlé. Quant aux propos impies dont Saint-Évremond assaisonne son récit, il nous est difficile de

---

(1) Loret, *Muse historique*, lettre 35 du 29 août 1654.
(2) *Gazette* de 1654.

les accepter à la lettre, et de n'en pas attribuer une partie au scepticisme bien connu de l'auteur.

D'ailleurs, il résulte de la conversation même, que le maréchal était fort attaché à la religion, quelques déplorables motifs qu'il en donnât, *inter pocula*.

Nous ririons plus volontiers avec Saint-Évremond de l'inexpérience en fait d'équitation du Père Canaye, auquel le maréchal avait malicieusement fait donner son cheval le plus fougueux, à la grande joie de son compagnon de route, qui se pâmait d'aise à la vue des soubresauts du cavalier aux abois.

C'est au milieu de ce fameux repas que parvint à d'Hocquincourt la lettre de Mazarin lui enjoignant d'opérer sa jonction avec Turenne, pour combattre Condé sous les murs d'Arras. En annonçant à ses hôtes le contenu de cette lettre, le maréchal, qui n'avait point oublié Bleneau, ne put s'empêcher de leur dire : « Turenne m'a laissé battre à Bleneau. Si Arras étoit sauvé et Turenne battu, je serois content, j'y feroi mon possible. »

Arras fut sauvé, mais Turenne compta un triomphe de plus.

La passion du maréchal d'Hocquincourt pour la duchesse de Montbazon n'est pas la seule qui pèse sur sa mémoire.

Une femme aussi célèbre par sa beauté que par l'influence qu'elle exerça sur les personnages les plus remarquables de son temps, influence à laquelle n'échappa point le grand Condé lui-même, la duchesse de Châtillon, dont nous avons déjà parlé, compta en effet parmi ses nombreux courtisans le maréchal d'Hocquincourt.

Élisabeth-Angélique de Montmorency était fille de

cet infortuné Boutteville, décapité par Richelieu à la suite de son fameux duel avec le marquis de Beuvron. Elle avait épousé en premières noces Gaspard de Coligny, duc de Châtillon, pair de France, tué à Charenton, à la veille d'être fait maréchal de France. Après avoir mené une vie d'intrigues et d'aventures galantes, elle refusa la main du Roi Charles II d'Angleterre et finit par épouser en secondes noces Christian-Louis, duc de Mecklembourg-Schwerin, prince des Vandales.

Sa sœur aînée, Marie-Louise de Montmorency, était mariée à Dominique d'Étampes, marquis de Valencey, frère de la maréchale d'Hocquincourt, et père de la sainte abbesse des Clairets, au Perche, qui entreprit la réforme de cette abbaye, avec l'abbé de Rancé, son supérieur.

Dévouée à Condé, la duchesse de Châtillon sut mettre à profit son ascendant sur l'esprit du maréchal pour l'attirer dans le parti du prince, passé définitivement à l'ennemi. Peut-être fit-elle jouer habilement le ressort de la jalousie du maréchal contre Turenne, que Mazarin avait remis à la tête des armées, en laissant Hocquincourt au second plan. Les places de Péronne et de Ham, d'une importance considérable au point de vue stratégique, devaient tenter Condé, dont l'armée pesait sur la Flandre. Hocquincourt, ébranlé dans sa fidélité, allait peut-être livrer ces places, lorsque le cardinal, informé de ces machinations, fit arrêter la duchesse de Châtillon, et eut recours à la maréchale d'Hocquincourt pour ramener son mari, déjà alarmé par l'arrestation de la duchesse. La maréchale, ardente et spirituelle, fit tourner son intervention au profit des siens, et la double manœuvre du cardinal eut un plein succès.

Hocquincourt fut facilement amené à céder ses gouvernements de Ham et de Péronne, moyennant 200,000 écus. Encore cette dernière ville fut-elle donnée au marquis d'Hocquincourt son fils, dont la fidélité ne pouvait être suspecte. Mme de Châtillon fut aussitôt remise en liberté.

Cependant Mazarin était toujours sur le qui vive; redoutant encore l'ascendant de la duchesse, il conçut l'idée de faire servir la rivalité de Condé et d'Hocquincourt auprès d'elle à les brouiller ensemble. Le frère du célèbre surintendant Fouquet fut celui qu'il choisit pour exécuter ce projet. Ce dernier avait trouvé le moyen de s'insinuer auprès de Mme de Châtillon et de suborner quelques-uns de ses gens. Il parvint ainsi à intercepter au profit du cardinal des lettres échangées entre la duchesse et le prince. Dans l'une de ses lettres, l'affaire de Gironne était tournée en ridicule, et l'habileté d'Hocquincourt tenue en suspicion. On mit la lettre sous les yeux du maréchal, comme pour l'exciter à venger son honneur outragé par le prince. Quelque ressentiment qu'il dût éprouver à la lecture de cette lettre, il sut dissimuler et se contenir. La suite prouva bientôt que ni le prince ni la duchesse n'avaient perdu leur empire sur lui.

Mécontent de n'avoir pas été traité favorablement depuis le siége de Gironne, et toujours harcelé par les conseils de la duchesse et du prince, il finit par céder à leurs suggestions réitérées.

Au mois de mars 1658, il se remit à conspirer en faveur de Condé, en cherchant à soulever la Normandie et le Vexin. Il parvint à détacher Hesdin du parti de la cour, et fit remettre cette place au prince de Condé.

Il voulut également livrer Péronne, mais il en fut empêché par son propre fils, le marquis d'Hocquincourt, qui venait d'en obtenir le gouvernement.

Il y eut une tentative de soulèvement dans la Normandie, travaillée de longue main par Mme de Longueville, mais le mouvement fut facilement comprimé.

Le cardinal tenta un dernier effort pour prévenir la défection d'Hocquincourt : il voulut attirer le maréchal à la cour, où il n'eût pas manqué de s'assurer de sa personne ; mais celui-ci se tenait sur ses gardes. Trop compromis pour espérer une rentrée en grâces, il se hâta de négocier son traité et d'aller rejoindre en Flandre l'armée de Condé. A peine arrivé, il se jeta dans Hesdin qui s'était révolté.

Cette triste campagne devait être pour lui la dernière, et moins heureux que son illustre chef, il ne lui fut pas donné de racheter par des services, auxquels son âge et son expérience de la guerre le rendaient si propre, une défaillance qui lui coûta bien cher.

Le 13 juin 1658, l'armée royale assiégeant Dunkerque, Hocquincourt fit une sortie pour reconnaître les lignes françaises, et comme s'il eût recherché le terme d'une vie devenue à charge, il s'exposa tellement au danger, qu'il reçut sept coups de mousquet, dont il mourut une heure après dans une chapelle où ses gens le portèrent.

Voici comment cette mort est racontée par l'historien des Montmorency dans la vie du maréchal de Luxembourg, alors engagé sous la même bannière :

« Le lendemain, tous les généraux, escortés de 4,000 hommes de cavalerie, s'avancèrent pour reconnaître la position de Turenne, et choisir un terrain pour le campement de l'armée.

« Pendant que le duc d'York, le marquis de Caracène et d'Estevan de Gamare observaient le camp des Français qui s'étendait jusqu'à la mer, le comte de Boutteville (Luxembourg) chargé du même soin pour l'autre partie du camp, se coula, à la tête des Cravates, par le chemin qui est entre les dunes et les prairies; il surprit la grande garde de l'ennemi, la battit et la poursuivit jusqu'aux lignes, dont il examina avec beaucoup d'attention la force et la position. Comme il retournait rendre compte au prince de Condé de l'objet de sa mission, il rencontra le maréchal d'Hocquincourt, qui, *aussi impatient de signaler sa valeur que s'il eût été à sa première campagne,* lui proposa de l'accompagner de nouveau jusqu'au camp des Français. Boutteville lui représenta qu'il serait dangereux de s'avancer si près d'un camp où il avait répandu l'alarme. D'Hocquincourt, loin de se rendre, le pressa avec tant d'instance, que Boutteville cédant enfin à son âge et à sa dignité, consentit à le suivre. Cette bravade, non-seulement coûta la vie à d'Hocquincourt, mais manqua d'être funeste au prince de Condé, à don Juan, au duc d'York et à Luxembourg.

« En effet, Condé ne se fut pas plus tôt aperçu que d'Hocquincourt marchait aux lignes, qu'il y marcha lui-même. Don Juan d'Autriche, qui n'était qu'à quelques pas de là, honteux de voir les généraux français s'exposer si fort à ses yeux, voulut partager avec eux le danger. Le duc d'York les joignit, et tous ensemble s'éloignèrent de près d'une demi-lieue de leur escorte, n'ayant pour toute défense que les deux compagnies de Cravates commandées par Boutteville. On conçoit combien cette troupe légère était incapable de soutenir le choc de la cavalerie pesamment armée.

Cependant, d'Hocquincourt et Boutteville chargent la garde ennemie, la renversent et la suivent jusqu'aux lignes : le comte, avec toute la précaution qui doit accompagner la valeur, le maréchal, avec tant de témérité qu'il approcha jusqu'à la demi-portée du mousquet d'une redoute. On vit alors sortir du camp des Français, que la première alarme avait rendus plus vigilants, un gros de cavalerie qui s'empara d'une hauteur voisine, afin de couper et d'envelopper la poignée d'Espagnols qui venait ainsi les insulter. A l'instant même le maréchal d'Hocquincourt tomba mort d'un coup de feu au bas-ventre : c'en était fait de tous les généraux, ils allaient être coupés et enveloppés par les ennemis dont le nombre augmentait à chaque moment, sans la manœuvre hardie du duc d'York et du comte de Boutteville qui, pour leur donner le temps d'échapper, s'arrêtent et présentent le front aux Français. Cette fière contenance leur en imposa au point qu'ils balancèrent s'ils chargeraient. Condé et don Juan profitèrent de cet instant de doute pour fuir avec le cadavre de d'Hocquincourt, qu'ils eurent beaucoup de peine à emporter.

Le prince de Condé parut très-sensible à la destinée du maréchal d'Hocquincourt qui, après avoir affronté la mort en tant de combats, venait de périr d'une manière si peu convenable à la dignité et à la réputation d'un vieux général. Cet accident jeta tant de tristesse et de découragement dans le camp, que plusieurs augurèrent mal de la bataille à laquelle on se disposait (1). »

(1) *Histoire de la maison de Montmorency*, par M. Desormeaux, t. IV, p. 94 et 95.

Mlle de Montpensier rapporte dans ses *Mémoires* une curieuse particularité sur la mort du maréchal : « On lui trouva dans sa poche une lettre de Mme de Ligniville, qui était nièce de Mme d'Hocquincourt, sa belle-mère. Je l'ai connue, c'était une honnête fille. Elle s'était retirée dans un couvent du faubourg St-Germain, qui s'appelle les Filles-du-Saint-Sacrement. Elle lui écrivit, malade d'un crachement de sang, que si elle eût été en état d'aller à la grille, elle l'eût prié de la venir voir pour l'avertir qu'il ne vivrait pas longtemps, et qu'il fallait employer le peu qu'il lui restait à faire pénitence ; elle lui donnait beaucoup de bons avis de cette force. La lettre était fort tendrement écrite ; à la fin elle lui disait : « Et pour marquer la vérité de ce que je vous écris, c'est que je mourrai dans un tel temps ; » elle lui marquait le moment de sa mort. Il donna cette lettre à M. le prince qui l'alla voir, et par son testament qu'il avait fait après qu'il avait reçu cette lettre, il ordonna que l'on portât son corps à N.-D. de Liesse. Le roi en refusa la permission alors, et depuis il l'a accordée (1). »

S'il faut en croire Guy Patin, dans ses *Lettres* récemment publiées, le maréchal d'Hocquincourt aurait, avant de mourir, fait d'importantes révélations arrachées par un sentiment de patriotisme, ravivé aux approches de la mort, et qui n'avait jamais sans doute cessé d'obséder sa conscience. Grâce à ces révélations, Turenne put s'opposer aux projets de secourir Dunkerque, et conjurer pour la France un danger considéré comme très-sérieux.

(1) *Mémoires* de Mlle de Montpensier, année 1658.

La postérité a depuis longtemps amnistié les égarements des Condé, des Turenne et des Luxembourg ; ne soyons pas plus rigoureux pour la mémoire du maréchal. Sa triste fin n'a pu effacer le souvenir des services qu'il avait rendus à la France, et d'Hocquincourt figure aujourd'hui dans la galerie des maréchaux du palais de Versailles, entouré de ses illustres contemporains.

« Charles de Monchy, maréchal d'Hocquincourt, nous dit Bussy-Rabutin qui ne l'a pas flatté, avait les yeux noirs et brillants, le nez bien fait et le front un peu serré, le visage long, les cheveux noirs et crépus, et la taille belle ; il avait fort peu d'esprit ; cependant il était fin à force de défiance ; il était brave et toujours amoureux, et sa valeur, auprès des dames, lui tenait lieu de gentillesse. Mme de Châtillon qui le connaissait, crut qu'il était tout propre à faire les folies dont elle avait besoin. »

Voici un trait sur le maréchal rapporté par Tallemant des Réaux :

« Roger de Grammont, comte de Louvigny, frère du maréchal, se battit en duel avec Hocquincourt, encore assez jeune. Grammont lui ayant dit : « Otons nos éperons » profita de ce qu'il se baissait pour lui donner un grand coup d'épée qui passait d'outre en outre. Hocquincourt en fut malade six mois, et comme on croyait qu'il en mourrait et qu'on lui parlait de pardonner, il dit qu'il voulait bien lui pardonner s'il en mourait, mais pas autrement. »

Hocquincourt avait épousé à Calais, le 7 septembre 1628, Éléonore d'Étampes de Valencey, dont il eut huit enfants. L'un d'eux, Armand d'Étampes, fut évêque comte de Verdun ; l'aîné fut ce marquis d'Hocquincourt qui succéda à son père dans le gouvernement de Péronne, où il se conduisit si noblement lors de la défection du maréchal. Il n'hésita pas à faire tirer le canon sur les troupes de son père qu'il contraignit à se retirer. Couvert de confusion par la conduite du maréchal, il alla se jeter aux pieds du roi à Amiens et voulut lui remettre le gouvernement de Péronne; mais le roi refusa sa démission et lui confia les clefs de la ville, qu'il conserva jusqu'à sa mort, arrivée en 1689. Louis XIV n'oublia jamais ce trait de fidélité, et 30 ans après, il s'en souvenait si bien, qu'en faisant une promotion de chevaliers de ses Ordres, il y comprit le marquis d'Hocquincourt, en lui rappelant gracieusement son principal titre à cette haute dignité (1).

Le marquis d'Hocquincourt servit avec distinction et fut fait lieutenant général en 1655.

Il s'allia dans l'illustre famille des Molé (2) et laissa six enfants dont le dernier, Éléonor de Monchy, abbé de N.-D. des Boheries, mourut en 1705 âgé de 40 ans.

Deux de ses fils aînés avaient été tués en combattant. La perte de l'un d'eux fut assez vivement sentie par Turenne pour qu'il la mandât personnellement au roi. Quelques heures après avoir écrit au prince, *ce canon chargé de toute éternité* enlevait le grand homme à la

---

(1) *Lettres* de Mme de Sévigné.

(2)   J'avais oublié l'autre jour,
      Que le sieur marquis d'Hocquincourt

. . . .

      Comme époux avait accolé
      Mademoiselle de Molé.
          Loret, *Muse historique*, lettre 12 du 20 mars 1660.

France, et le roi recevait en même temps la lettre de Turenne et la nouvelle de sa mort (1).

Celle qui seule devait perpétuer ce sang, Marie-Madeleine d'Hocquincourt, jeune, riche et charmante pupille, avait été confiée à la garde d'un de ses parents, René de Marillac, conseiller d'état ordinaire, et conseiller d'honneur en tous les parlements de France. Ce dernier la maria, en 1694, au marquis de Feuquières, malgré l'opposition de l'abbé d'Hocquincourt, qui redoutait pour l'avenir de sa sœur la grande disproportion d'âge, l'humeur dure et la physionomie peu avenante du marquis. Les chansons du temps n'épargnèrent ni Marillac, ni son protégé.

>   Feuquières n'est pas fort beau,
>   Cependant on se démène,
>   Pour avoir ce jouvenceau.
>   J'en sais la raison certaine,
>   Marillac lassé de la belle,
>   Ne peut se défaire d'elle
>   Sans lui donner un magot.
>   Je ne veux point de Feuquières,
>   On me prendrait pour un sot,
>   S'il devenait mon beau-frère.
>   Son humeur et sa noire mine
>   Le rendent propre à Proserpine,
>   C'est la femme qu'il lui faut (2).

En dépit des quolibets des chansonniers, l'alliance

---

(1) *Lettre* de Mme de Sévigné, du 31 juillet 1675.
(2) Recueil de chansons du temps. La marquise de Feuquières mourut en 1737, dans le monastère de Port-Royal, à l'âge de 68 ans. C'est elle qui vendit, vers 1696, la terre d'Hocquincourt dont elle avait hérité.

du marquis de Feuquières était digne de l'héritière de l'antique maison de Monchy.

Le marquis de Feuquières descendait au vingt-deuxième degré de Wallon de Pas, vivant en 1060. Sa famille, l'une des plus anciennes de l'Artois, avait donné à la France Ansel de Pas qui soutint victorieusement l'assaut donné par Saladin au château de Daron, en 1170. Baudouin de Pas combattit vaillamment à Bouvines sous les yeux de Philippe-Auguste. Le bisaïeul du marquis fut tué à la bataille d'Yvry. Henri IV en apprenant sa mort s'était écrié : « Ventre St-Gris, j'en suis fâché! La race est bonne, n'y en a-t-il plus? —La veuve est grosse. — Eh bien! je donne au ventre la même pension qu'au père. » La veuve de ce seigneur de Pas était Madeleine de La Fayette ; celui qui devait jouir de la pension fut le grand-père de notre marquis, Manassès de Pas, mort si tristement au siége de Thionville, lieutenant général, dont nous avons parlé à l'article du maréchal de Grancey. Le père du marquis, Isaac de Pas, marquis de Feuquières, devint lui-même lieutenant général et rendit comme ambassadeur en Suède des services importants à la France.

M. Étienne Gallois a publié, en 1845, cinq volumes de lettres qui mettent en relief le rôle joué par Manassès de Pas et ses descendants, pendant le cours du XVIIᵉ siècle.

Isaac de Feuquières avait eu, dans son gouvernement de Verdun, l'occasion d'apprécier le jeune Bossuet, chanoine de Metz, dès l'année 1640. Son séjour et ses emplois militaires dans les trois évêchés, avaient mis Isaac de Pas à même de connaître à Metz le père de Bossuet et de prendre de la bienveillance pour son fils. Il devint même, sans l'avoir peut-être prévu, l'un des premiers auteurs de la réputation du grand évêque. Le marquis parlait souvent à Mme de Rambouillet et à son entourage du talent extraordinaire et de la facilité prodigieuse du jeune abbé. Ce fut à sa sollicitation que Bossuet prononça, vers onze heures du soir, à l'hôtel de Rambouillet, où il l'avait présenté, ce fameux sermon à l'occasion duquel Voiture disait plaisamment « qu'il n'avait jamais ouï prêcher ni si tôt ni si tard (1), » faisant une double allusion à l'heure avancée du sermon et à la grande jeunesse du prédicateur.

Quant au marquis Antoine de Feuquières, marié à Mlle d'Hocquincourt, son illustration dépassa celle de ses ancêtres. Ses importants Mémoires, encore consultés de nos jours, sont souvent cités par l'auteur du siècle de Louis XIV, à l'appui de ses appréciations sur les guerres du grand roi.

La réputation littéraire d'Antoine de Feuquières était déjà établie de son temps ; car en 1675, Mme de Sévigné donnait sa relation de la mort de Turenne comme la meilleure de toutes celles qui avaient paru. « Il est vrai, ajoutait-t-elle, que ce petit Feuquières a un coin d'Arnaud dans sa tête, qui le fait mieux écrire que les autres courtisans. »

Le marquis de Feuquières était, en effet, petit-fils d'Anne Arnaud, cousin germain d'Arnaud d'Andilly, et proche parent d'Arnaud, marquis de Pompone, protecteur de toute la famille. La mère d'Antoine de Feuquières était Anne-Louise de Grammont, sœur du maréchal de ce nom.

---

(1) De Beausset, *Histoire de Bossuet*.

Le fils unique né du mariage du marquis de Feuquières avec Mlle d'Hocquincourt, du nom d'Antoine comme lui, fut colonel du régiment de Bourgogne. Étant mort fort jeune et sans alliance, sa sœur, Pauline Corysandre de Feuquières, devint l'unique héritière des biens des familles d'Hocquincourt et de Feuquières. Elle fut mariée au marquis de Soyecourt.

Ainsi s'éteignirent ces deux noms, qui avaient brillé d'un si vif éclat.

Une descendante des Soyecourt, ayant épousé vers la fin du siècle dernier le comte de Sainte-Aulaire, fut mère de Mme la duchesse Decazes qui, devenue propriétaire des lettres dont nous venons de parler, les a confiées pour les publier à M. Étienne Gallois (1).

---

(1) *Introduction* aux 1er et 2e vol. des *Lettres* des Feuquières.

1620-1658.

Le Maréchal de CASTELNAU,

Chevalier des Ordres du roi.

Nous avons vu Charlotte de Médavy, seconde fille de Pierre Ier et de Charlotte de Fervaques, épouser, en 1610, Jacques de Castelnau, chevalier, baron de Jonville, seigneur de Mauvissière et autres lieux.

Le Père Anselme fait remonter la généalogie de cette famille à Pierre de Castelnau, écuyer de l'écurie du duc d'Orléans, depuis Louis XII.

Le beau-père de Charlotte de Médavy était ce célèbre Michel de Castelnau, baron de Jonville, puis comte de Beaumont-le-Roger, chevalier de l'Ordre du roi, auteur de précieux Mémoires sur les règnes de Henri II, François II, Charles IX, Henri III et Henri IV. Michel de Castelnau avait en effet rempli sous ces cinq règnes de nombreuses et importantes missions.

Après la mort de François II, c'est à Michel de Castelnau que fut confié le soin de ramener en Écosse l'infortunée Marie Stuart, à laquelle on le donna pour conseiller. Il combattit pour elle à la bataille qu'elle gagna sur le comte de Huntley, et sut pénétrer si avant dans sa confiance qu'elle le chargea de négociations délicates auprès de sa fière rivale, Élisabeth d'Angleterre.

Catherine de Médicis qui, raconte Mézeray, « roulait toujours de vastes et chimériques desseins dans sa tête, avait pensé de rechercher pour son fils Charles IX, la reine Marie Stuart, veuve de son frère. Cette tentative ayant échoué, elle songea à la reine Élisabeth d'Angleterre. Les négociations duraient depuis près de deux ans, quand l'altière fille de Henri VIII répondit à Michel de Castelnau, notre ambassadeur, que *le roi de France était trop grand et trop petit*, trop grand roi pour aller demeurer en Angleterre, et trop jeune pour elle qui avait 38 ans. »

Après plus d'un an de séjour, tant en Écosse qu'en Angleterre, Michel de Castelnau revint à la cour de France, où il reçut le meilleur accueil. Mis à la tête des troupes de Bretagne, en Normandie, il y prit une part considérable à la guerre contre les Huguenots. Il eut principalement à lutter contre le célèbre baron de Colombières, François de Briqueville, qui, après avoir servi avec honneur sous François Ier, Henri II, François II et Charles IX, finit par embrasser le parti des calvinistes, et se fit tuer sur la brèche avec ses deux fils, en défendant St-Lo contre l'armée royale (1).

Michel de Castelnau, fait prisonnier par le baron de Colombières, fut conduit au Havre, d'où il rejoignit bientôt au siége de Rouen le roi, qui avait payé sa rançon.

Henri III, voulant déjouer les menées des protestants

---

(1) On voit encore de nos jours le château de Colombières, situé entre Bayeux et St-Lo, avec ses tours, ses fossés et ses machicoulis.

en Angleterre, envoya près de la reine Élisabeth Michel de Castelnau, qui y demeura pendant 10 ans. C'est durant ce long séjour en Angleterre que furent rédigés les célèbres Mémoires de Castelnau.

De retour en France en 1585, il fut fait chevalier des Ordres du roi, et put encore rendre des services à son pays, quoique les fatigues eussent altéré sa santé. Après son avènement au trône, en 1589, Henri IV sut utiliser son expérience ; mais bientôt le repos lui étant devenu indispensable, Castelnau se retira à son château de Jonville, en Gâtinais, où il mourut en 1592, âgé de 74 ans.

Nous devons la première édition des Mémoires de Castelnau à son fils, Jacques de Castelnau, mari de Charlotte de Médavy, qui entreprit cette publication en 1621.

Parmi les autres éditions qui ont paru depuis cette époque, celle de J. Le Laboureur, en 1659, se fait remarquer par les nombreuses additions qui l'accompagnent, et qui comprennent les généalogies des Castelnau et de leurs alliés, les Rouxel de Médavy.

Dédiée au marquis de Castelnau, notre maréchal, alors lieutenant général des armées du roi, cette belle édition est ornée des portraits de Michel de Castelnau et du maréchal son petit-fils.

Le premier, dessiné et gravé par de La Roussière, représente l'auteur des Mémoires en costume du règne d'Henri III, avec cheveux en brosse, barbe en pointe et moustaches retroussées. Sa figure allongée est un peu rembrunie par un certain air de sévérité.

Le burin de Nanteuil, au contraire, donne au maréchal une physionomie à la fois noble, douce et intelligente. On regarde généralement ce portrait comme le chef-d'œuvre de Nanteuil.

Six enfants naquirent du mariage de Jacques de Castelnau avec Charlotte Rouxel.

Celui qui fait l'objet de cette notice, Jacques, marquis de Castelnau, maréchal de France, servit vaillamment pendant une carrière trop tôt brisée par une mort glorieuse.

Cousin des maréchaux de Grancey, de La Ferté-Imbault et de La Mothe-Houdaucourt, il fut leur émule dans presque tous les combats de cette époque.

Il fit ses premières armes dans cette campagne de Hollande qui, commencée sous de favorables auspices, eut un si triste dénouement.

En 1636, il était aux siéges de Corbie; en 1638 à la brillante prise du Catelet par du Hallier; l'année suivante, à la réduction d'Hesdin.

En 1640, il assistait aux combats meurtriers qui se livrèrent devant Arras et à la prise de cette ville par les maréchaux de Châtillon et de La Meilleraye, qui firent mentir le fameux proverbe :

> Quand les Français prendront Arras,
> Les souris mangeront les rats.

En 1641, il prit part au siége d'Aire.

Castelnau se trouvait encore, en 1644, devant Fribourg, à ces brillants combats où le grand Condé jetait son bâton de maréchal dans les retranchements ennemis pour exciter l'ardeur de ses troupes.

Il était alors à la tête du régiment de cavalerie du cardinal Mazarin.

L'année suivante, le marquis de Castelnau prenait

part, en qualité de maréchal de bataille, à la victoire de Nordlingen, où il reçut deux coups de mousquet et où Condé se couvrit de gloire (1).

Castelnau fut fait maréchal de camp et gouverneur de la Bassée en 1647, après la prise de cette ville par le maréchal de Gassion, le 19 juillet (2).

En 1648, il joignait le gouvernement de Brest au gouvernement de la Bassée.

En 1651, la *Gazette* cite avec éloge le marquis de Castelnau qui commandait une des principales attaques, lors du passage de l'Escaut par l'armée du roi, sous le commandement du maréchal d'Aumont.

Cette même année, Castelnau fut fait chevalier des Ordres du roi, le 9 février; il n'avait que trente-un ans (3).

A cette époque, le marquis était un des plus fidèles conseillers de la reine et du cardinal. Monglat le nomme parmi les familiers de la cour qui avaient la nuit des conférences avec la reine, au sujet des affaires d'État, alors si épineuses. Il s'agissait d'amener le jeune roi et sa mère à sortir de Paris et à se mettre à la tête de l'armée contre les Frondeurs, dont les exigences devenaient de plus en plus impérieuses.

En 1653, Castelnau, lieutenant général, était aux prises de Dunkerque et de Mouzon. Cette dernière place donna beaucoup de peine à la forcer. Castelnau, qui était le seul lieutenant général présent au siége, y prit une part considérable. D'après le duc d'York, le mar-

---

(1) Le P. Anselme et *Mémoires* de Monglat.
(2) *Ibid.*
(3) Ce fut seulement le 9 février 1658, d'après le catalogue des chevaliers des Ordres.

quis « s'entendait parfaitement bien à faire un siége (1). » Aussi la *Gazette* nous le montre-t-elle, comme ayant grandement contribué au succès, par sa présence continuelle à la tranchée. C'est à lui que fut réservé l'honneur de dresser les articles de la capitulation, qui furent acceptés par Turenne (2).

A la prise de Ste-Ménéhould, le 20 octobre 1653, Castelnau étant descendu dans la tranchée, y reçut trois balles dans la cuisse (3).

Au commencement de mars 1654, il fut envoyé par le roi comme second au maréchal de La Ferté-Senneterre, en Lorraine. Chargé du siége de Tanes, il s'y livra avec tant d'ardeur que, dès la première nuit, il prit les faubourgs. Deux jours après, le 8 mars, il donnait l'assaut à la ville; mais ayant eu les deux doigts fracturés, il fut transporté à Nancy, au grand regret de ses troupes, qui admiraient son intrépidité et sa vigilance ; ce qui n'empêcha pas la ville d'être prise le lendemain.

Le 20 mars, sa blessure lui permit de revenir à Tanes commander, en l'absence du maréchal (4).

Au mois de juin, il se faisait remarquer à l'affaire de Brissac. Cette place avait été soustraite à l'obéissance du roi par la défection momentanée du comte d'Harcourt, qui fut bientôt contraint de la rendre (5).

Le mois suivant, Castelnau reçoit l'ordre de rejoindre en Flandres l'armée de Turenne, où il devait avoir un commandement sous ce maréchal.

(1) *Mémoires* du duc d'York.
(2) *Gazette* de 1653.
(3) *Ibid.*
(4) *Ibid.*, 1654.
(5) *Ibid.*

Il contribua pour sa bonne part à la déroute de Condé, sous les murs d'Arras, avec les maréchaux d'Hocquincourt et de La Ferté.

Vers la fin de 1654, Condé ayant mis le siège devant Le Quesnoy, l'importance de cette place porta Turenne à la ravitailler. Elle allait en effet manquer de vivres. Pour y parvenir, il divisa son armée en plusieurs camps volants. Le marquis de Castelnau, qui en commandait un, fut assez heureux pour surprendre la garnison du Catelet, et emporter cette position à la pointe de l'épée. Turenne se hâta de profiter de ce succès, et parvint à faire entrer un convoi dans Le Quesnoy qui fut ainsi sauvé (1).

En 1655, il contribua beaucoup aux prises de Landrecies, Condé et St-Guilhain. Turenne cite à maintes reprises, dans ses *Mémoires*, les brillants faits d'armes de Castelnau dans toute cette campagne. Le Catelet avait été forcé par le marquis en personne. Cet heureux coup de main engagea Turenne à charger Castelnau du siége de La Capelle, dont la garnison portait sans cesse la terreur et le ravage dans la Picardie. La défense de cette place avait été confiée au comte de Boutteville, si célèbre depuis sous le nom de maréchal de Luxembourg. Castelnau simule des marches et des contre-marches pour détourner les soupçons de l'ennemi, puis il marche sur la Chapelle, croyant surprendre Boutteville qui, prévenu à temps, fait une vigoureuse sortie et repousse les assiégeants. Rien ne rebute Castelnau : chaque jour était témoin de nouvelles sorties et de nouveaux combats ; quoique l'avantage demeurât

---

(1) *Mémoires* de M. de Bordeaux, t. III, p. 405.

presque toujours aux Français, nos troupes décimées ne purent lutter longtemps sans être secourues. Vainement Castelnau demanda-t-il du renfort : pour toute réponse il reçut l'ordre de se retirer, sans pouvoir profiter de ses succès (1).

Le grand Condé lui-même se plaisait à rendre hommage à son vaillant et loyal adversaire. Il lui écrivait à la date du 18 août 1655, au camp de Tournay :

« Monsieur, je vous envoie la copie d'une lettre que M. le maréchal de Turenne a escrit à M. le cardinal Mazarin, qui m'est tombée entre les mains. Je ne puis mieux m'adresser qu'à vous, pour vous demander les témoignages de la vérité de ce qui s'est passé dans notre retraite, puisque *je vous ai toujours cru fort homme d'honneur,* et que vous avez vu de fort près tout ce qui s'est passé..... Je ne demande aucun honneur de cette retraite, mais je ne prétends point aussi avoir de blasme, je vous crois trop homme d'honneur et trop de mes amis pour en parler autrement, et je vous prie de croire que personne n'est tant que moi, etc.

« *Signé :* Louis de Bourbon. »

Turenne ne dédaignait pas de prendre conseil de Castelnau, et nous lisons dans ses Mémoires qu'après avoir balancé un jour entier avant de commencer le siége de Mardik, il se détermina à ouvrir la tranchée « sur l'avis de M. de Castelnau (2). »

Le lendemain matin, la place capitulait et la garde en était confiée au marquis.

---

(1) *Histoire de la maison de Montmorency*, par M. Desormeaux, t. IV, p. 60 à 62.

(2) *Mémoires de Turenne*, année 1657.

Dans les premiers mois de l'année 1658, Castelnau ayant rejoint l'armée de Turenne sous les murs de Dunkerque, reçut le commandement de l'aile gauche de cette armée, à la bataille des Dunes, livrée le 14 juin, où nous venons de voir périr le maréchal d'Hocquincourt; Turenne s'est plu à rendre hommage à la valeur de Castelnau, dans la relation de cette importante affaire. Le roi lui-même, renchérissant sur les éloges de Turenne, écrivait, le lendemain de la bataille, aux cours souveraines que le marquis « avait très-prudemment et très-vaillamment agi. » Ce triomphe fut de courte durée, car deux jours après, le 17 juin 1658, il recevait à l'attaque du fort Léon une balle qui lui traversa la main et se logea dans son corps.

La blessure ne parut point d'abord dangereuse, mais quelques jours après, elle prit un tel caractère de gravité qu'on désespéra bientôt de le sauver. Dès ce moment, le roi et le cardinal lui prodiguèrent à l'envi les plus grandes preuves de sympathie. Deux fois par jour, Mazarin allait prendre en personne des nouvelles de sa santé. Le roi lui-même se rendit auprès du moribond, auquel il apportait comme suprême consolation ce bâton de maréchal qu'il ne devait point porter. Quelques jours après, en effet, le 15 juillet 1658, il succombait à ses cruelles blessures.

A cette époque, les armées n'étaient pas, comme de nos jours, pourvues d'excellents chirurgiens. Aussi Guy Patin écrivait-il, à la date du 16 juillet 1658, ignorant encore la mort du maréchal : « M. de Castelnau a reçu un coup de mousquet dans le ventre, à cause de quoi on a fait partir en diligence, le 19 juin dernier, un chirurgien fameux, nommé Dallancé, qui est allé en poste à l'armée, pour y panser ce seigneur, qui est un brave et excellent capitaine, et qui était à la veille d'être fait maréchal de France (1). »

Dallancé, dont parle Guy Patin, était un chirurgien très en renom à la cour. Il mourut fort riche et laissa un fils, célèbre physicien. C'est chez Dallancé que se retira Bussy-Rabutin, lors de sa sortie de la Bastille, le 17 mai 1666 (2).

Devons-nous en croire le comte de Bussy-Rabutin lorsqu'il nous dit dans ses *Mémoires*, à propos de cette promotion *in extremis* : « Castelnau mourut de sa blessure; on le fit maréchal de France en mourant, et ce ne fut que sur la parole des médecins qu'il ne pourrait encore vivre vingt-quatre heures, qu'on lui fit cet honneur. Cependant il eût bien mérité de le recevoir plus tôt ; mais c'était la manière du cardinal de faire acheter les grâces. »

Nous serions assez disposé à ne voir dans cette boutade qu'une épigramme du comte à l'adresse du cardinal, auquel il ne pardonnait point sa disgrâce.

Dans tous les cas, le maréchal de Castelnau n'en était nullement atteint, et son mérite n'était pas mis en doute par Bussy-Rabutin, qui dit dans un autre passage de ses *Mémoires* : « Castelnau était un des plus braves hommes de son temps, et il avait tant de chaleur à la guerre qu'elle l'empêchait bien souvent de faire des réflexions ; d'ailleurs il était un fort bon homme et fort commode. »

Ce témoignage n'est pas le seul que nous puissions

---

(1) Lettres de Guy Patin, t. II, p. 401.
(2) Walckenaër, *Mémoires* sur Mᵐᵉ de Sévigné, 2ᵉ partie, p. 354.

invoquer en faveur du maréchal : nous lisons dans les *Mémoires* de M. de Bordeaux : « Il y avait déjà quelque temps qu'il aspirait au bâton de maréchal, et il s'en était montré bien plus digne que quantité de gens qui l'avaient obtenu sous le ministère de Mazarin ; mais comme il ne s'en était jamais fait craindre, il eût couru grand risque de mourir sans être honoré de cette dignité, si une des principales créatures de Son Éminence ne l'eût prié de lui accorder cet honneur. »

La vie du maréchal de Castelnau a été écrite par Le Laboureur et imprimée à la fin du volume des *Mémoires* de Michel de Castelnau, son grand-père, p. 58 de l'*Histoire généalogique* de cette maison.

La veille du jour où fut blessé mortellement Castelnau, un autre maréchal, qui se rattachait à la famille de sa mère et dont nous parlons à ce titre, Hocquincourt trouvait à ce même siége, mais hélas ! dans les rangs ennemis, une fin bien autrement cruelle et empoisonnée par le remords !

Le corps du maréchal fut porté à Bourges, dans l'église des Jacobins, où il repose et où fut prononcée son oraison funèbre (1).

Le maréchal de Castelnau avait épousé Marie Girard de l'Espinay.

La maréchale dont l'hôtel était situé au Marais, près de la place royale, figure sous le nom de *Clérophise* parmi les précieuses, dans le grand *Dictionnaire* de Somaize : « Clérophise est une ancienne précieuse d'assez bonne humeur. Elle aime la raillerie et y réussit assez bien, parce que, outre qu'elle a de l'es-

(1) Voir l'*Histoire du cardinal Mazarin*, par Aubery, t. II, p. 494 à 498.

prit, elle a beaucoup d'expérience, à cause de son âge, qui est de 40 ans. »

Nous doutons que ce dernier trait fût du goût de la maréchale, qui s'était fait une certaine réputation de galanterie.

Le maréchal laissa un fils et une fille.

Son fils, le marquis Michel de Castelnau, succéda à son père dans le gouvernement de Brest. Blessé mortellement à l'attaque d'Ameyden, où il se trouvait comme « mestre de camp » d'un régiment de cavalerie, il mourut des suites de ses blessures, à Utrech, le 2 décembre 1672, âgé de 27 ans seulement.

Il avait épousé Louise-Marie Foucault du Daugnon, fille de Louis Foucault, comte du Daugnon, maréchal de France. C'est de cette dernière que Mme de Sévigné dit dans une lettre du 5 janvier 1674 : « Quant à la marquise de Castelnau, elle est blanche, fraîche et consolée. »

C'était un an après la mort du marquis !

Non-seulement la marquise de Castelnau oublia promptement son mari, mais elle ne craignit pas de compromettre le nom qu'elle lui devait par des intrigues, dont nous trouvons plus d'une trace dans les écrits du temps.

Ses rapports avec le marquis de Termes eurent un certain retentissement (1). Elle avait un moment captivé le brillant duc de Longueville, plus connu sous son premier nom de comte de Saint-Paul. Quoique cette liaison eût été assez promptement rompue par la mort prématurée du duc, celui-ci paraissait faire assez bon

---

(1) *Lettres* de Mme de Sévigné, passim.

marché de la marquise, lorsqu'il disait à Ninon :
« Mademoiselle, délivrez-moi donc de cette grosse marquise de Castelnau (1). ».

Aussi quand, après la mort du duc, ce propos fut rapporté à Mme de Castelnau, celle-ci se consola-t-elle promptement de la mort du comte de Saint-Paul « qui eut un si grand nombre de pleureuses », d'après Mme de Sévigné (2).

La fille du maréchal fut cette belle Charlotte de Castelnau, duchesse de Grammont, dont on admire le charmant portrait dans les galeries historiques de Versailles.

Charlotte de Castelnau, connue d'abord sous le nom de Mme de Louvigny, ne devint duchesse de Grammont que par suite de la mort du comte de Guiche, fils aîné du maréchal de Grammont. Mme de Sévigné, en racontant à sa fille la douleur du vieux maréchal, ajoute malicieusement : « Mme de Louvigny est inconsolable, mais c'est par la raison qu'elle n'est point affligée. N'admirez-vous point le bonheur de cette dernière ? La voilà dans un moment duchesse de Grammont (3). » Elle parle encore ailleurs de Charlotte de Castelnau qu'elle a surnommée « *la Rosée* » comme elle appelle sa belle-sœur, Mme de Monaco, « *le Torrent.* »

(1) *Lettres* de Mme de Sévigné, passim.
(2) *Ibid.*
(3) *Ibid.*

1606-1652.

Joseph-Guillaume ROUXEL de MÉDAVY-GRANCEY,

Comte de Marcy, lieutenant général des armées du roi.

Joseph-Guillaume Rouxel, cinquième fils de Pierre Ier, comte de Grancey, et de Charlotte de Fervaques, naquit le 6 août 1606, probablement à Médavy, et fut baptisé dans la chapelle de ce château, le 15 octobre 1609, par l'évêque de Séez, Jacques Suarès de Sainte-Marie. Il eut pour parrain le maréchal de Fervaques, son grand-père, et pour marraines Mmes de Launoy et de La Frette.

Destiné à l'Église dès sa naissance, à 6 ans il était chevalier de Malte, suivant le bref du grand-maître de Vignacourt, en date du 18 mai 1612.

François de Rouxel, son oncle, évêque-comte de Lisieux et abbé de St-André-en-Gouffern, étant venu à mourir en 1617, le jeune Guillaume fut nommé l'année suivante à cette importante abbaye, par provisions en date du 8 février 1618. Ce début était de nature à satisfaire son ambition, mais le génie de sa race l'attirait invinciblement vers la carrière des armes. Il ne tarda donc point à résigner son abbaye entre les mains de François de Médavy, son frère, devenu depuis archevêque de Rouen.

Après avoir partagé avec ses frères la succession du baron de Médavy, son père, le 21 mai 1627, il prit définitivement le parti des armes, où il devait acquérir une brillante réputation. Il devint rapidement conseiller du roi en ses conseils, capitaine lieutenant des gens d'armes de Mgr le duc de Valois, chevalier des Ordres du roi et maréchal de camp de ses armées.

Le comte de Marey, malgré sa grande valeur, fut le moins populaire de sa famille au milieu de ses compatriotes. Un épisode malheureux de son commandement dans la ville d'Argentan le mit en grand discrédit auprès d'eux. Un chroniqueur argentanais, Thomas Prouverre, auquel nous faisons maint emprunt, s'est fait l'historien de ces griefs.

Le comte de Grancey, son frère aîné, depuis maréchal de France, et déjà lieutenant général, était gouverneur d'Argentan à l'époque désastreuse des guerres de la Fronde. C'était en 1649. Il s'agissait de maintenir cette ville dans l'obéissance du roi et de l'arracher au parti des princes.

Le comte de Grancey, empêché par d'autres soins, délégua son autorité sur cette ville au comte de Marey, son frère, qui s'y transporta aussitôt. A son arrivée il fut parfaitement accueilli par les échevins, tout dévoués à la cause royale. Le comte de Marey, secondé par les autorités, fit faire le dénombrement des habitants en état de porter les armes, les passa en revue, fit fortifier les faubourgs et établit des gardes à toutes les portes.

Cependant la Fronde comptait dans le pays des

soutiens assez puissants. Parmi ceux-ci, et au premier rang, se faisait remarquer M. de Chambois, tout dévoué au duc de Longueville, et qui guerroya si longtemps avec des chances diverses dans les rangs des Frondeurs. Dans la nuit du 21 février, il fond à l'improviste, avec 1,200 chevaux et 300 fantassins, sur la ville d'Argentan, où il s'était sans doute ménagé des intelligences.

Surpris par cette invasion inopinée, le comte de Marey est contraint de céder la place et se retire au château de Médavy, avec une quarantaine de ses hommes. La vertueuse abbesse d'Almenesches, Louise de Médavy, sœur du comte de Marey, crut elle-même prudent de demander un asile à son frère, et se réfugia auprès de lui au château de Médavy, avec une dizaine de ses religieuses.

Retranché dans ce château, le comte s'y renforce et se prépare à se venger de la surprise de M. de Chambois. Cependant celui-ci, resté maître de la ville, avait renvoyé, dès le lendemain, toutes ses troupes, à l'exception de la compagnie de chevau-légers du duc de Longueville. Les habitants d'Argentan, réduits à cette faible garnison, tremblaient de voir le retour du comte de Marey, auquel la panique prêtait des forces considérables, tandis qu'il n'était point encore parvenu à rassembler plus de 150 hommes.

Aussi se garda-t-il bien de prendre l'offensive, différant sa revanche à des circonstances plus opportunes. Laissant à Médavy quelques troupes chargées de lever des contributions sur les paroisses voisines, il parvint à faire sa jonction avec les cavaliers du comte d'Harcourt, commandant des forces royales en Normandie. Il paraît que les troupes demeurées à Médavy se livrèrent à quelques actes de pillage que M. de Chambois fut impuissant à réprimer. M. des Parquets, dont la ferme de Boissei avait eu le plus à souffrir de ces excursions, envoie M. de La Vente, son fils, à la tête d'une compagnie du comte de Dunois, piller la maison de La Mothe-Peley, appartenant au comte de Marey (1).

Les meubles sont brisés et le portrait du comte, lacéré, est jeté dans les fossés du château. L'exaspération de ce dernier s'accroît à la nouvelle de ces tristes exploits, qu'il jure de venger sur la ville d'Argentan.

Sur ces entrefaites, un semblant de paix ayant été conclu entre la cour et les Frondeurs, les troupes reçurent l'ordre de rejoindre leurs garnisons respectives.

Le comte de Marey demande au duc de Longueville, toujours gouverneur de la province, la garnison d'Argentan pour trois régiments. Il s'abouche avec les autorités de la ville, qui n'osent lui en refuser les clefs, et le vendredi 23 avril, il y fait son entrée à la tête de 600 chevaux et 300 fantassins et s'installe dans le château.

Plein de ressentiment pour la défection des habitants, il veut livrer la ville au pillage. Deux des trois échevins mandés par lui, les sieurs Prouverre de Francheville et Barbot des Perrelles, parviennent à grande peine à calmer son courroux ; mais la ville n'en est pas

---

(1) Le château de La Mothe, situé non loin de Médavy, paraît avoir eu une certaine importance à cette époque. François de Médavy, archevêque de Rouen, y fut baptisé en 1604. Le comte de Marey, quoique marié en Bourgogne, où il possédait des domaines importants, y faisait de fréquents séjours. Nous verrons qu'il y reçut en 1640 l'abbesse de Verneuil, sa sœur, avec dix de ses religieuses, ce qui suppose que ce château était assez considérable.

moins imposée à une contribution de 500 écus par jour, durant son séjour dans les murs d'Argentan. Les troupes irritées exercèrent en outre de tristes représailles en saccageant la maison de Mlle des Parquets (1).

Cependant, instruit de ce qui se passe et jaloux de se venger à son tour, M. de Chambois parvient à faire changer l'ordre de la garnison, arrive à Argentan à franc étrier, se rend au château auprès du comte de Marey, qui ne devait plus voir en lui un ennemi de sa cause, et lui intime l'ordre d'évacuer la place, qu'un commissaire du duc est en route pour lui apporter.

Le commissaire étant en effet arrivé le mercredi suivant, le boute-selle sonne par toute la ville, et les troupes du comte de Marey cèdent la place au commandant nouvellement désigné.

Il semble par tous ces détails que l'esprit des habitants n'était pas trop sympathique à la cause royale. On comprend d'ailleurs leur ressentiment contre une incursion qui ne leur coûtait pas moins de 50,000 livres. Aussi les quolibets pleuvaient-ils sur les troupes du comte de Marey, pendant qu'elles évacuaient la ville : du haut des remparts, les bons bourgeois chantaient à tue-tête ces deux versets parodiés du psaume *In exitu* :

Marey vidit et fugit.
Quid est tibi *Marey* quod fugisti ?

Le roi députa MM. de Tilly, Leroux et du Houllay pour informer sur cette affaire ; mais par la faveur du

---

(1) Un généreux gentilhomme du voisinage, M. Turgot de St-Clair, de la famille du célèbre économiste, fournit l'argent nécessaire au paiement de la contribution.

duc d'Orléans, elle fut évoquée au Conseil et demeura sans poursuites (1).

Quant à M. de Chambois, il fut l'objet d'une ovation qui se perpétua longtemps après lui ; on faisait suivre les cris de : vive le roi ! de ceux de : et M. de Chambois ! que la rime seule n'avait pas contribué à associer.

Là ne se bornèrent point les exploits de M. de Chambois : les recueils du temps nous ont laissé le récit d'une équipée qui fait moins d'honneur à sa bravoure qu'à sa présence d'esprit et à sa dissimulation.

Le comte de Marey avait donné rendez-vous dans le château du Chesne à plusieurs gentilshommes et soldats qu'il recrutait pour la cause de la cour. Le comte réunissait ses hôtes à sa table sous la protection des remparts du château soigneusement gardés, lorsque Chambois, à la tête de 600 hommes, entreprit de s'en rendre maître par surprise. Il se présente à la sentinelle, accompagné d'une trentaine seulement des siens, les fait passer pour des conviés du comte, et pénètre sans le moindre obstacle jusque dans la salle, où se trouvent réunis sans défiance et sans armes les convives du châtelain. Il n'eut pas beaucoup de peine à s'en rendre maître et à les faire prisonniers. 60 chevaux tombèrent ainsi en son pouvoir, scellés et bridés. Bonne aubaine pour les gazetiers de Paris, presque tous Frondeurs et aux aguets des moindres échecs subis par la cour :

> Voilà comme l'on prit du Chesne le chasteau,
> Sans y avoir donné qu'un seul coup de chapeau (2).

(1) Germain, *Histoire d'Argentan*, p. 409.
(2) Le *Courrier burlesque de la guerre de Paris*, Ire partie, in-4° de 32 p. Paris 1649, p. 26.

Que le comte de Marey ait déployé dans ces regrettables luttes une sévérité outrée et qu'il ait trop facilement cédé au désir de venger une insulte personnelle sur une ville entière, peu disposée il est vrai pour la cause qu'il servait, c'est ce qui ne semble pas pouvoir être sérieusement contesté, en présence du récit de Thomas Prouverre. Il ne faudrait pourtant pas en tirer de trop sévères conséquences contre la loyauté et la valeur réelle de Guillaume de Grancey. Nous en avons du reste pour garants les témoignages les plus précis et les plus honorables.

Mais avant de revenir au comte de Marey, voyons ce que devenait son implacable adversaire :

Au commencement de l'année suivante, Chambois commandait à Pont-de-l'Arche, qu'il était parvenu à gagner au duc de Longueville, au prix de 30,000 livres offertes au gouverneur. Vainement le menace-t-on de ne lui faire aucun quartier si l'on est contraint d'envoyer le régiment des gardes pour l'en faire déguerpir ; il va trouver à Dieppe la courageuse duchesse de Longueville qu'il ramène avec lui, et auprès de laquelle il annonce la résolution de périr plutôt que de rendre la ville.

Cependant peu de temps après il est contraint de capituler, mais il se fait rembourser les 30,000 livres payées par lui pour le duc de Longueville au précédent gouverneur (1).

Bientôt, vivement poursuivi par les troupes du maréchal de Grancey, redevenu maître de ses mouvements,

---

(1) *Journal* inédit de Dubuisson-Aubenay, p. 12, 17 et 18, bibliothèque Mazarine.

il fut contraint de se retirer jusqu'à Montrond en Berry, auprès de la princesse de Condé :

> On dit que le sieur de Chambois,
> Passant par plaines et par bois,
> Avec une troupe hardie,
> A traversé la Normandie,
> Et malgré des empêchements
> De trois ou quatre régiments
> Que Grancey lui mettait en trousse,
> En disant toujours : pousse ! pousse !
> Est parvenu jusqu'à Montrond,
> Non sans danger ni sans affront (1).

M. de Chambois, toujours dévoué aux princes, continua à guerroyer jusqu'à la fin de la Fronde. Lorsqu'au commencement de l'année suivante on répandit en ville le bruit que le roi devait quitter Paris, le duc de Beaufort monta à cheval dans la nuit du 11 février 1651, et chevaucha par les rues, tandis que le coadjuteur se rendait à la porte St-Jacques. M. de Chambois surveillait son quartier tandis que le comte de Fiesque en parcourait un autre (2).

Cependant, plus heureux que le comte de Marey, M. de Chambois devait voir la fin de ces déplorables dissensions. Rentré en grâce auprès de la cour, en même temps que le duc de Longueville qui conserva son gouvernement de Normandie, il obtint par la protection de ce prince le poste éminent de gouverneur de la ville de Caen.

Le grand Jubilé de 1656 fut pour lui l'occasion

---

(1) Loret, *Muse historique*, lettre 17 du 10 septembre 1650.
(2) *Journal* inédit de Dubuisson-Aubenay, p. 109, bibliothèque Mazarine.

d'un heureux retour à la pratique des vertus chrétiennes dont il s'était trop longtemps affranchi.

C'est encore à Loret que nous empruntons le récit de cette conversion, qui eut alors un grand retentissement et en entraîna beaucoup d'autres :

> Chambois si preux et si fendant
> Et qui jadis, il est certain,
> Fut assez étrange mondain,
> Touché d'une douleur extrême,
> A fait paraître ce carême
> Un si grand changement en lui,
> Que presque on ne parle aujourd'hui
> Que de sa sainte pénitence ;
> . . . .
> Ce fut au Jubilé dernier,
> . . . .
> On le vit aller par les rues
> Nus pieds, nus bras et jambes nues,
> Et le corps vêtu pauvrement,
> Aux stations publiquement,
> . . . .
> Disant tout haut : *meâ culpâ* (1).

Quelques jours après, Loret revient encore sur le chapitre de M. de Chambois, à l'occasion d'un fameux duel entre deux gentilshommes dont les noms appartiennent à notre contrée.

Nous avons parlé ailleurs des du Barquet, seigneurs du Bourg-St-Léonard, entre Chambois et Argentan (2).

---

(1) Loret, *Muse historique*, l. 18 du 6 mai 1656.
(2) Voir notre *Histoire de Sévigni*. Nicole du Barquet épousa, le 25 août 1539, Gervais Guyon, sieur de Pommereux, notre septième aïeul paternel ; et Françoise du Barquet, qui pourrait bien être la sœur du gentilhomme de

Un des membres de cette ancienne famille, qui résidait alors à Caen, *brave et vigoureux gentilhomme*, au dire de Loret, recherchait en mariage une jeune fille appartenant à une des familles les plus honorables de la ville. M. du Barquet avait su se concilier l'affection de sa fiancée en même temps que l'estime et l'agrément de ses parents. Le mariage était donc sur le point de se conclure, lorsqu'un autre gentilhomme de la même ville, nommé Aubert, vivement épris de cette belle, conçut la folle pensée de l'enlever. Il était déjà parvenu à associer bon nombre de ses amis à son audacieuse entreprise, lorsque M. du Barquet averti, accourut à la tête d'une nombreuse escorte, à laquelle le gouverneur de la ville s'était joint lui-même, et chargea vigoureusement les ravisseurs.

On allait en venir aux mains, quand les dames de la ville, accourues tout éplorées sur le théâtre du combat, parvinrent à arrêter l'effusion du sang. Mais il fut imposssible de contenir les deux rivaux, qui se battirent avec tant d'acharnement qu'ils restèrent pour morts sur la place (1).

M. de Chambois ne jouit pas longtemps de son gouvernement. L'année suivante, le même Loret annonçait ainsi sa mort :

Chambois, l'un des plus hardis hommes,
Qui fût dans l'empire des pommes.
. . . .

Caen, épousa, vers 1661, Isaac de Mannoury, notre quatrième aïeul maternel. Cette famille était parfaitement connue de M. de Chambois, car le Bourg-St-Léonard est situé dans le voisinage du bourg de Chambois.

(1) Loret, *Muse historique*, l. 19 du 13 mai 1656.

Chambois donc, chef de cette ville,

. . . .

Est allé de vie à trépas,
Si détaché des vains appas
Qu'on ne saurait pas mieux mourir.

. . . .

Sa personne était fort aimée

. . . .

Et l'on dit bien des *oremus*
Pour l'âme de ce gentilhomme
Qui de pécheur devint prud'homme (1).

La famille de Rosnyvinen à laquelle appartenait M. de Chambois, originaire de Bretagne, était devenue propriétaire du domaine de Chambois avec son curieux château, si souvent décrit et conservé jusqu'à nos jours, par le mariage d'Olivier de Rosnyvinen, maître d'hôtel du roi Louis XI, avec Marie de Tilly (2).

Après cette trop longue digression, où nous a entraîné un des adversaires du comte de Marey, si connu dans notre pays, il est temps de revenir à ce dernier, avec lequel nous n'en avons point encore fini.

Le comte de Marey servit en Flandres, en 1651, sous le maréchal de Grancey, son frère aîné.

La *Gazette* rendit compte en ces termes d'un brillant fait d'armes qu'il accomplit sous les murs de Dunkerque :

« Le comte de Marey, maréchal de camp, après avoir reçu du maréchal de Grancey, gouverneur de Gravelines, quelques armes et munitions, dans la nuit

---

(1) Loret, *Muse historique*, l. 4 du 18 octobre 1657.

(2) La fille unique du dernier marquis de Chambois épousa, en 1777, Louis-François d'Avesgo de Coulonges ; en elle s'éteignit cette branche de Rosnyvinen qui, croyons-nous, est toujours représentée en Bretagne.

du 17 au 18 septembre, fit passer les régiments d'infanterie de Son Altesse royale, de Languedoc, de Valois, les gens d'armes et les chevau-légers de sa dite altesse et viron cent chevaux du régiment de la reine, et les jeta le 19 dans Dunkerque, à la vue de l'armée de terre des dits Espagnols et de leur cavalerie, bien qu'elle fût montée, en état de combattre et seulement à une demi-lieue de Mardick, sans qu'elle fît mine de s'y opposer, non plus qu'à la retraite de ce comte, qu'il ne fit pas moins heureusement avec sa cavalerie à Marc et autres lieux (1). »

Le comte de Marey, attaché à la maison de Gaston d'Orléans et tout dévoué à ce prince, se trouva naturellement entraîné dans les rangs de la Fronde, à la suite de ce triste chef de parti.

Honoré de la confiance du grand Condé, il combattait intrépidement à ses côtés, à la célèbre affaire de Briare, dont nous avons parlé à l'article du maréchal d'Hocquincourt, quand il fut emporté par un boulet de canon. La relation de ses obsèques se trouve dans la *Gazette*, à la date du 8 juin 1652 :

« On fit dans le couvent des Carmes déchaussés du faubourg St-Germain, un service solennel pour Guillaume de Rouxel de Médavy, comte de Clermont et de Marey, capitaine-lieutenant des gens d'armes du duc de Valois, et lieutenant général des armées du roi, décédé depuis quelque temps de la blessure qu'il avait reçue à la cuisse, d'un coup de canon, au combat donné à Briare, sur le canal, entre l'armée du roi et celle des princes. Son Altesse royale ayant témoigné

(1) *Gazette* de 1651, p. 1049.

beaucoup de regret de sa mort ainsi que tous ceux de sa maison qui assistaient à ce service, avec plusieurs personnes de condition (1). »

Il est à remarquer que dans le récit de cette cérémonie, le comte de Marey est désigné comme lieutenant général des armées du roi, quoique dans tous les recueils du temps, le grade qui lui est attribué soit celui de maréchal de camp. N'est-il pas présumable que, dans le but d'adoucir l'amertume de ses derniers moments, le grand Condé lui avait conféré cet avancement, qui n'eût pas manqué d'être confirmé à la paix, si le comte eût survécu à ses blessures.

Quoi qu'il en soit, la postérité indulgente pour des fautes dont la responsabilité retombe en grande partie sur les malheurs de ces temps troublés, n'a pas oublié les services rendus antérieurement à la France par le grand Condé comme par ses lieutenants, et le nom du comte de Marey figure aujourd'hui sur les tables d'honneur des galeries historiques de Versailles.

Guillaume de Rouxel avait épousé, en 1634, Marie d'Aschey, fille unique de « haut et puissant seigneur messire Jean-Antoine d'Aschey, chevalier des Ordres d'Espagne, baron de Montherault, Soraise et autres lieux, gouverneur de Dole, conseiller et intendant des affaires d'état du pays et comté de Bourgogne, et de haute et puissante dame Claude Peronne de Choiseul, comtesse de Clefmont, sa première femme (2). »

---

(1) *Gazette de France* pour 1652, p. 587-588.

(2) Nous possédons de la comtesse de Marey un assez bon portrait, qui a dû être fait peu d'années après son mariage. Quant au portrait du comte de Marey, également en notre possession, il est plein de noblesse et de distinction.

Neuf enfants naquirent du mariage du comte de Marey avec Marie d'Aschey, savoir :

1° Antoine Rouxel, né à Clefmont le 1ᵉʳ novembre 1636, mort à Noël de la même année.

2° Claire-Françoise Rouxel, née le 26 août 1638, mariée le 14 août 1651 à Érard du Châtelet, marquis de Trichâteau, seigneur de Senoncourt, général de bataille des armées de S. A. Charles IV, duc de Lorraine, grand bailly et gouverneur de son bailliage d'Allemagne, général de son artillerie, et depuis maréchal de Lorraine.

La marquise de Trichâteau étant morte le 11 décembre 1654, le marquis de Trichâteau épousa, en secondes noces, la nièce du maréchal duc d'Aumont, Anne-Élisabeth d'Aumont d'Aubigny, et en troisièmes noces Marie de La Baume-Leblanc de la Vallière.

Un fils né du premier mariage, N..... du Châtelet, marquis de Trichâteau, fut tué en Allemagne en 1678, aide-de-camp du maréchal de Créquy.

La famille du Châtelet se rattachait authentiquement à la branche ducale de Lorraine, comme on peut le voir dans l'*Histoire généalogique de la maison du Châtelet, branche puînée de la maison de Lorraine, par dom Calmet.*

3° Le troisième enfant du comte de Marey et de Marie d'Aschey fut Anne-Marie-Françoise Rouxel, née le 12 février 1640, dame chanoinesse de Remiremont en 1649, puis abbesse de Bouxières en Berry, morte en 1686.

4° Élisabeth-Gabrielle-Françoise de Rouxel, née le 6 juillet 1641, fut dame chanoinesse de l'église collégiale et séculière de Remiremont.

Dans un voyage que fit cette chanoinesse en Normandie, au mois de mai 1706, elle mourut subitement à Cordey, près Séez, au château du seigneur de Lanchal, âgée de 65 ans. Elle fut inhumée le 16 du même mois dans le caveau de sa famille à Médavy.

5° Joseph Rouxel, comte de Marey, mestre de camp de cavalerie, dont il sera parlé à l'article des dames de Grancey à la Cour, à l'occasion de la célèbre comtesse de Marey, sa cousine germaine, qu'il épousa en 1665, et qui fut gouvernante des enfants de Monsieur, en survivance de la maréchale de Grancey, sa mère.

6° Catherine-Blanche Rouxel, née le 8 janvier 1646. Elle fut religieuse bénédictine à Troyes, en Champagne, puis au couvent du Val-de-Grâces qui venait d'être établi à Rouen. Elle exerça ensuite pendant vingt ans les fonctions de prieure à l'abbaye royale d'Almenesches sous Mme de Médavy, sa cousine. Nommée abbesse de St-Jean d'Autun le 24 décembre 1700, elle mourut quinze jours après, sans avoir eu le temps de prendre possession de cette riche abbaye. Elle fut inhumée dans le monastère de Notre-Dame de Troyes, où se lisait cette épitaphe :

« Icy repose, en attendant la résurrection, dame Catherine-Blanche de Rouxel de Médavy, religieuse professe de cette abbaye, et nommée par le roi à l'abbaye de St-Jean d'Autun, décédée le 13 janvier 1701, âgée de 54 ans. De profession 37. *Requiescat in pace.* »

7° Le septième enfant du comte de Marey et de Marie d'Aschey fut Marie Rouxel, née le 19 avril 1648.

A peine Marie Rouxel eut-elle atteint sa quinzième année qu'on songea à la marier dans notre contrée (1).

(1) D'après le dossier de la Bibliothèque impériale, elle aurait d'abord été dame chanoinesse de Remiremont.

Le mari qu'on lui destinait n'eût-il eu d'autre tort que d'être âgé de soixante-dix ans, c'en était assez pour faire rejeter ce mariage. Mais les avantages que présentait en apparence une union si disproportionnée éblouirent les parents de Marie de Rouxel.

Christophe de Hally, fils de Martin de Hally, ancien conseiller au Parlement de Normandie, avait épousé en premières noces Marie de Falaise, laquelle, à la mort de son frère Joachim, seigneur de Bernai-sur-Orne, hérita de tous les biens de sa maison. Cristophe du Hally acheta d'elle la terre de La Ferrière-aux-Étangs, dans le voisinage de Messey, au diocèse de Séez.

Christophe, qui avait été nommé premier chambellan de Philippe de France, duc d'Orléans, prit alors le titre de comte attaché à cette seigneurie et à celle de La Carneille.

Le nouveau comte de La Ferrière fut, à ce qu'il paraît, un médiocre époux pour Marie de Falaise ; car du vivant de cette dame, en 1657, il fit donation à Catherine de Pellevé, fille aînée de Pierre de Pellevé, seigneur de Flers, de la seigneurie de La Carneille, qu'il tenait de sa femme. Il est vrai que trois ans après il échangeait cette donation contre une somme de 30,000 livres, payable à Catherine de Pellevé au décès du donateur, et une rente viagère de 500 livres.

Sur ces entrefaites, Marie de Falaise étant venue à mourir, le comte de La Ferrière songea, malgré son grand âge, à un nouvel hymen, et sans s'effrayer des quinze ans de Mlle de Marey, il demanda sa main. Il offrait en apparence des avantages considérables ; la nouvelle épouse eut en jouissance le château de La

Ferrière, un douaire important, des bagues, des joyaux, un carrosse et sa chambre garnie.

Mais le comte avait des dettes secrètes. Pour les éteindre, il fallut vendre de son vivant la terre de La Ferrière, dont Louis Berryer, affidé du surintendant Fouquet, conseiller d'État et secrétaire du conseil, se rendit acquéreur.

Huit ans après son second mariage, le 1er août 1671, Christophe de Hally mourait, laissant pour héritiers Christophe, Alexandre et Jean de Hally, ses neveux.

Catherine de Pellevé obtint par transaction 10,000 livres comptant et une pension de 1,000 livres.

Quant à Marie de Rouxel, comtesse de La Ferrière, elle dut se contenter d'une somme de 13,000 livres et d'une rente viagère de 500 livres. Encore ne put-elle s'en faire payer. Ce ne fut que neuf ans après, le 20 janvier 1680, qu'un arrêt du Parlement la mit en possession de la terre de St-Quentin, paroisse St-Marcouf, et de celle de La Carneille, modique compensation des avantages qu'elle avait sacrifiés (1).

La comtesse de La Ferrière mourut à Paris, le 22 mai 1725, âgée de 77 ans, et fut inhumée aux Carmes-déchaussés.

8° et 9° Les deux derniers enfants du comte de Marey furent une fille nommée Élisabeth, née le 1er juillet 1649, morte la même année, et un fils, Jean-Baptiste-Gaston, né posthume le 18 août 1652, qui mourut en odeur de sainteté, à l'âge de 28 ans, chanoine régulier de l'ordre de St-Augustin, à Hérival en Lorraine. Dès l'âge de 19 ans,

---

(1) Voir l'*Histoire du canton d'Athis*, par le comte de La Ferrière, p. 381 à 391.

le malheureux jeune homme, privé de la vue, et d'une constitution chétive, avait fait un testament où se reflétait sa belle âme (1).

Il avait été tenu sur les fonts baptismaux par Gaston, duc d'Orléans, et la duchesse de Montpensier, sa fille (2).

(1) Lautour-Monfort, Généalogie manuscrite.
(2) Dossier des Rouxel à la Bibliothèque impériale (manuscrits).

1626-1704.

Pierre II de Rouxel,

Comte de Grancey, lieutenant général des armées du roi.

Voici une figure qui, avec moins de relief peut-être que celle de ses devanciers, n'en a pas moins son cachet d'originalité. S'il n'atteignit pas les grades suprêmes de son père et de son fils aîné, si son rôle fut plus effacé, Pierre II de Grancey ne porta pas d'une main moins ferme l'épée de sa famille ; et n'eût-il d'autre gloire que celle d'être le fils aîné du premier maréchal de Grancey et le père du second, c'en serait assez pour mériter une place dans cette galerie de capitaines.

Quoique la dernière moitié de sa longue carrière ne réponde point à ses brillants débuts, elle ne peut faire oublier entièrement la première. Il se trouve, il est vrai, dans sa vie privée, des pages que nous voudrions pouvoir effacer, mais en en parlant avec discrétion, nous ferons la part du milieu dans lequel il vécut et du relâchement de mœurs auquel il s'associa avec trop de complaisance.

Par sa naissance, d'ailleurs ; par sa vie en grande

partie écoulée chez nous; par sa mort arrivée dans notre pays, au milieu des fonctions importantes qu'il y exerça longtemps; par sa descendance alliée dans des maisons encore représentées parmi nous, Pierre de Grancey rentre plus particulièrement dans le cadre de notre travail. On nous pardonnera donc de nous y arrêter plus longtemps que ne semble le comporter l'importance de sa personnalité.

Pierre de Rouxel, comte de Grancey, deuxième du nom, fils aîné du maréchal Jacques de Grancey et de Catherine de Monchy d'Hocquincourt, sa première femme, naquit à Médavy le 27 février 1626.

Dès l'âge de 18 ans, en 1644, il servait comme volontaire, en Flandres, sous le maréchal de Gassion.

La même année, par commission, en date du 5 mars, il fut fait capitaine dans le régiment de cavalerie du cardinal Mazarin, commandé par le marquis de Castelnau, son cousin-germain, mort maréchal de France.

Le nom du régiment était d'un heureux augure pour l'avenir du jeune capitaine.

Le grand Condé, alors duc d'Enghien, venait d'inaugurer par la bataille de Rocroy la série de ses immortelles victoires. Pierre de Grancey assista avec lui aux combats de Fribourg, à la prise de Philippsbourg, de Gernsheim, de Spire, de Worms, de Mayence, de Landau, de Wimphen et de Rottembourg; il se trouvait à la bataille de Nortlingen, à la prise de cette place, de Dunkelspuel, d'Hailbron, et à la réduction de Trèves en 1645.

Passé en Flandres en 1646, il combattit aux siéges de Bergues, Furnes et Dunkerque.

Il obtint, la même année, le gouvernement du fort Philippe, où il commanda les trois années suivantes (1).

A la fin de cette campagne, il avait été fait mestre de camp de cavalerie du régiment de Marey, appartenant au comte de Marey, maréchal de camp, son oncle.

Il suivit en 1649 le comte d'Harcourt (cadet la Perle) au siége de Cambray.

L'archiduc étant parvenu, à la faveur d'un épais brouillard, à faire entrer 1,500 hommes dans cette place, malgré la vigilance du comte d'Harcourt, ce dernier ne jugea pas prudent de continuer le siége, que la seule faiblesse de la garnison avait fait entreprendre. Il se retira donc à quelque distance, dans les marais d'Arleux, et confia la garde de son camp à Pierre de Grancey, dont la bravoure lui était connue. La garnison de Douay, profitant de cette circonstance, fit une vigoureuse sortie; mais Pierre de Grancey fut assez heureux pour repousser l'ennemi jusqu'aux portes de la ville. Il poursuivit les assiégés avec tant d'ardeur qu'il fut blessé d'un coup de mousquet sur la contrescarpe.

Dans la campagne suivante, il servit sous les ordres du maréchal du Plessis-Praslin. Il prit une part importante à la bataille de Rethel, où il défit un bataillon ennemi. En récompense de sa valeur, le maréchal lui donna les drapeaux pris par lui sur l'ennemi et lui permit de les porter à son château de Grancey.

A la même époque, il recevait une mission dont il

---

(1) Le fort Philippe, à 4 bastions, dépendait de l'importante place de Gravelines.

sut s'acquitter avec un plein succès : on lui donna le commandement de la cavalerie et la conduite des convois devant Guise, assiégée par les Espagnols. Il parvint à en faire entrer plusieurs dans la place qui se trouva ravitaillée.

Lorsqu'en cette même année 1650, le comte de Grancey, son père, fut envoyé par le roi en Normandie, pour contenir cette province et observer les princes qui s'y étaient retirés, son fils fut chargé de l'accompagner.

Le 5 janvier 1651, son père ayant été fait maréchal de France, Pierre de Rouxel prit à partir de ce moment le titre de comte de Grancey, qui lui revenait comme aîné de la famille, et qu'il conserva toute sa vie. Jusque là il était connu sous le nom de comte de Médavy.

Le 7 novembre 1651, âgé de 25 ans à peine, il s'était assez signalé pour être nommé maréchal de camp des armées du Roi.

Ce grade avait alors une valeur plus grande que de nos jours. Il précédait bien immédiatement comme aujourd'hui le grade de lieutenant général, mais il représentait sous Louis XIV le second échelon des officiers généraux. Il y avait, en effet, entre le colonel et le maréchal de camp, le brigadier des armées du Roi, officier-général lui-même.

Quand le maréchal de camp commandait en chef dans une province, par ordre du Roi, il avait une garde de 15 hommes, sous le commandement d'un sergent.

En campagne, il touchait 900 livres par mois de 45 jours.

Le nouveau maréchal de camp accompagna sur la frontière du Luxembourg son père et son oncle, les maréchaux de Grancey et d'Hocquincourt, lorsque, sous leur sauvegarde, le cardinal Mazarin put enfin rentrer en France, après un exil volontaire d'assez courte durée.

Le comte de Grancey escorta le colonel de son ancien régiment jusqu'à Poitiers, où le cardinal put rejoindre la cour, et où ils arrivèrent le 28 janvier 1652. Hocquincourt ayant alors entrepris le siége d'Angers, qui avait pris le parti de la Fronde, à l'instigation du duc de Rohan, fut vaillamment secondé par son neveu.

A la tête de 200 gentilshommes, réunis par ses soins pendant son séjour en Normandie avec son père, le comte de Grancey défit entièrement la compagnie des gardes du duc de Rohan, qui tentait de se jeter dans la place pour la secourir, attaqua avec intrépidité les faubourgs de la ville, qui tombèrent en son pouvoir et permirent au maréchal d'Hocquincourt de pénétrer dans la ville à la tête de ses troupes.

L'affaire avait été si meurtrière que l'oncle et le neveu, blessés assez dangereusement, passèrent à Paris pour avoir succombé à leurs blessures.

Ce premier succès de l'armée royale sur les forces de la Fronde dut singulièrement flatter la reine et le cardinal, entourés de tous côtés par la défection.

En témoignage de son heureux coup de main, Pierre de Grancey envoya au jeune roi qui se trouvait alors à Saumur, les casaques des gardes du duc de Rohan, si complètement défaits par lui.

La récompense de ces précieux services ne se fit pas longtemps attendre : ce n'était pas le moment pour le cardinal de faire acheter longuement et chèrement ses faveurs. Que ne devait-il pas d'ailleurs au jeune comte et à sa famille ?

Quoiqu'il n'eût encore que 27 ans, Pierre de Grancey reçut le 5 juin 1653 le brevet de lieutenant général des armées du roi.

Le P. Anselme et la plupart des biographes des Rouxel ne parlent point de cette nomination. Nous ne pouvons cependant en douter, puisqu'elle est donnée par Pinard, dont l'histoire militaire est puisée aux archives de la guerre. Elle est d'ailleurs confirmée par les mémoires de St-Simon et le journal de Dangeau.

Le 7 août de la même année, Pierre II recevait en outre du Roi la commission de mestre de camp du régiment de Grancey-infanterie, devenu depuis régiment de Briqueville.

Lorsqu'en 1654 le maréchal de Grancey obtint le commandement en chef de l'armée d'Italie, son fils l'accompagna dans cette glorieuse campagne. Il se trouvait le 23 septembre au fameux combat de La Roquette, où il reçut un coup de pique à la cuisse, ce qui ne l'empêcha pas de poursuivre vigoureusement les ennemis après leur défaite et de les harceler continuellement pendant leur retraite.

Au passage de la Bormida, il reçut encore deux coups de pique au ventre, et assista à toutes les affaires dirigées avec tant de succès par le maréchal.

En mars 1659, le comte de Grancey se démit de son régiment en faveur du marquis de Grancey, son frère, qui parvint lui-même plus tard au grade de lieutenant général.

En 1668, il recevait un coup de mousquet dans la cuisse à l'attaque de la demi-lune de Dôle.

Il suivit le roi, en qualité d'aide de camp, à la première campagne de Hollande, en 1672, et eut le genou cassé d'un coup de mousquet, en faisant travailler à la tranchée devant Orsoy, sous les yeux de son souverain.

Cette campagne fut la dernière du comte de Grancey. Ses nombreuses blessures lui avaient sans doute rendu nécessaire un repos acheté au prix d'une carrière brillamment inaugurée et trop tôt interrompue.

Nommé en 1679, après la mort du marquis de Grancey, son frère, gouverneur de la ville et du château d'Argentan, il passa dans ce gouvernement les vingt-cinq années qui lui restaient encore à vivre.

Le comte de Grancey affectionnait tout particulièrement la résidence d'Argentan, située dans le voisinage de Médavy. Il finit par abandonner le château de Grancey à son fils aîné, depuis maréchal de France.

A peine arrivé dans son gouvernement, le comte de Grancey s'occupa de l'embellissement de la ville. Depuis longtemps déjà, les fossés des fortifications ne servaient plus à leur destination primitive. Le nouveau gouverneur eut l'idée d'utiliser la portion de ces fossés qui longeait les murs du château, pour en faire une promenade publique. Le terrain, naturellement en pente, fut nivelé à grands frais et recouvert d'un sable fin. Une terrasse avec parapets occupait chacune des extrémités : celle d'en bas donnait sur la rue du Beigle, qu'elle dominait de six pieds ; l'extrémité supérieure était au contraire en contre-bas des terrains avoisinant la place Mahé. Deux contre-allées de tilleuls, formant berceau, accompagnaient l'avenue centrale et offraient un charmant ombrage aux promeneurs.

Une partie du château ducal, servant de résidence au gouverneur, faisait saillie sur les fortifications : le comte la fit raser et la convertit en terrasse. Il pouvait ainsi jouir, sans sortir de l'enceinte du château, de l'agréable vue qu'offrait la promenade, *perpétuellement honorée de toute la noblesse des deux sexes* (1).

Il manquait au gouverneur ce que Lautour-Montfort appelle un cabinet de plaisance : voici comment il y fut pourvu. La belle chapelle St-Nicolas, fondée en 1373 par Pierre II, comte d'Alençon, n'était séparée du château que par une faible distance; le gouverneur l'y fit relier par une galerie qui a depuis longtemps disparu. La chapelle de saint Côme et saint Damien, qui occupait le premier étage du pavillon du château regardant la ville, devenait alors inutile. Cette chapelle, fondée en 1135 par Henri Ier, roi d'Angleterre et duc de Normandie, fut donc supprimée, et son revenu fut joint à la dotation de St-Nicolas.

Ce changement dut avoir lieu vers 1690, car Thomas Prouverre nous apprend qu'avant cette époque la chapelle St-Nicolas, se trouvant dans le plus triste état, servait de magasin à fourrages. Le naïf chroniqueur a pris soin de nous faire connaître les circonstances qui donnèrent lieu à la restauration de la chapelle. En 1689, quelques pieux ecclésiastiques ayant proposé aux écoliers en philosophie de former entre eux une congrégation de la Sainte-Vierge, plusieurs habitants demandèrent à y être admis. On songea à la chapelle St-Nicolas pour en faire le siége de l'Association ; le duc de Vendôme,

---

(1) Les beaux ormeaux qui ont disparu il y a une vingtaine d'années ne dataient point de cette époque. Ils avaient été plantés lors de la restauration du cours, opérée de 1753 à 1758, sur les plans gratuits de Lautour-Montfort, qui nous transmet ces détails. Nous nous souvenons d'y avoir vu attacher, en 1830, les chevaux des gardes du corps, lors du séjour à Argentan du roi Charles X, partant pour l'exil.

seigneur engagiste du domaine, donna sans peine son agrément au projet, et le 5 mars 1690, la chapelle, restaurée aux frais de la congrégation, était bénite par l'abbé Hérouard, petit-fils de Thomas Prouverre (1).

Le comte de Grancey fit encore d'autres additions au château. Il se fit autoriser à bâtir une maison (2) sur l'emplacement des fossés de la ville, entre la tour des Étampes et le donjon, et y joignit plus tard un jardin contigu, que lui cédèrent les héritiers de Luc Viel, écuyer (3).

Au mois de juillet 1682, à l'occasion de la naissance du duc de Bourgogne, la ville d'Argentan voulut s'associer à la joie universelle par des fêtes publiques,

---

(1) La chapelle St-Nicolas, depuis longtemps abandonnée, est sur le point de disparaître pour faire place aux constructions du nouveau palais de justice. Il est regrettable qu'on ne cherche point plutôt à utiliser son beau vaisseau pour y installer quelque annexe du palais, pour lequel on trouverait facilement un emplacement aussi avantageux.

(2) Cette maison, que l'on appelait *la charüe*, nous ne savons trop pourquoi, servit probablement à loger François de Chantelou, sieur d'Abbeville, nommé en 1699 lieutenant de roi des ville et château. Le comte semble l'avoir lui-même habitée, car Lautour-Montfort nous apprend qu'il mourut dans la maison du lieutenant de roi.

Les Jésuites l'acquirent à sa mort, avec quelques terrains voisins, pour y fonder un établissement; mais ce projet n'eut point de suite, quoique les PP. eussent, pour plus de sûreté, obtenu de la marquise de Grancey, veuve de l'avant-dernier gouverneur, une concession sur laquelle elle ne semble avoir eu aucuns droits.

(3) Ce Luc Viel, sieur du Theil, d'après Lautour-Montfort, était un exempt des gardes qui, en récompense de ses services, obtint du roi, en 1634, la donation des terrains précédemment occupés par les fossés et murailles du donjon et du château. Nous croyons que ce personnage n'était autre que Lucas Viel, sieur des Parquets, anobli en 1634 comme associé de la flotte du Canada, demeurant à St-Germain-en-Laye, en qualité de commissaire ordinaire de l'artillerie. *Annuaire de l'Eure* pour 1866.

dont Thomas Prouverre et le *Mercure galant* nous ont laissé la pompeuse description (1). Tout le monde prit les armes ; il y eut le soir de grands feux allumés dans les rues, avec accompagnement de fusées, boîtes, couleuvrines et mousquetades. Le comte de Grancey servit un grand festin à tous les officiers de la ville. Les bourgeois soupèrent en grand régal dans les rues, à la lueur des feux. Le vin valant alors douze sous le pot, la ville paya le quart de deux pipes, pour que chacun pût s'associer à l'allégresse générale.

« M. le comte de Grancey, gouverneur d'Argentan, nous dit le *Mercure galant*, y fit faire les réjouissances publiques le dimanche 23 août. Toute la bourgeoisie sous les armes alla le prendre au château, où s'était rendu tout le corps de justice et quantité de noblesse et le conduisit à l'église St-Germain. Le *Te Deum* fut solennellement chanté en musique avec différents motets. Au sortir de là, le comte alluma le feu de joie préparé dans la place d'armes. Le bruit de toute l'artillerie de la ville et du canon du château se mêla aux décharges que firent trois fois les mousquetaires. Ils remenèrent M. le gouverneur dans le même ordre jusques au château, qui fut éclairé le soir dedans et dehors d'une infinité de lumières sur les balcons et sur les fenêtres. Il donna un magnifique repas dans la grande salle à quantité de personnes considérables, gentilshommes, magistrats, officiers de la ville et du voisinage, et après qu'on eut soupé, il fit jouer un

---

(1) « A Versailles, nous dit l'abbé de Choisy, on devint presque fou : chacun se donnait la liberté d'embrasser le roi..... le bas peuple paraissait hors de sens ; on faisait des feux de joie de tout, les porteurs de chaise brûlaient familièrement la chaise dorée de leur maîtresse..... »

feu d'artifice dressé sur une terrasse qui donne sur le cours, et composé de boîtes, roues à feu, lances et fusées volantes.....

« La fête fut continuée le lendemain au château, où M. le gouverneur, en présence des dames et de toutes les personnes distinguées, fit faire la curée d'un gros cerf qu'il avait pris. C'était un plaisir de voir cent des meilleurs chiens qu'il y ait en France, dont sa meute est composée, démembrer et manger ce cerf au son de vingt cors de chasse (1). »

Comme on le voit, Pierre de Rouxel aimait passionnément la chasse. Sa meute, composée de *cent des meilleurs chiens qu'il y eût en France,* était appuyée par vingt cors et devait faire grande figure. Le voisinage de la forêt d'Argentan, de tout temps si renommée pour les bêtes fauves et le gros gibier, lui permettait de se livrer fréquemment à son délassement favori. Le marquis de Grancey, son prédécesseur dans le gouvernement d'Argentan, n'ayant point le même goût que son frère aîné, la forêt s'était peuplée d'une grande quantité de cerfs. A peine le comte fut-il mis en possession de son gouvernement par la mort du marquis, arrivée en 1679, qu'il s'empressa de former sa magnifique meute, et pendant les années 1684, 1685 et 1686, plus de *deux cents cerfs* furent forcés par son équipage.

Les étangs de Silly étaient la plupart du temps le théâtre des exploits de cette meute. Le 11 décembre 1686, à 3 heures d'après-midi, le cerf étant venu comme à l'ordinaire se faire prendre dans l'étang inférieur de Silly,

(1) *Mercure galant,* novembre 1682, p. 25-55.

en présence de tous les chasseurs, trois serviteurs du comte montèrent dans une mauvaise barque pour aller le chercher et le ramener à la rive. La barque ayant chaviré, ils furent tous noyés, sans qu'on pût leur porter secours. Plein d'anxiété, le comte leur criait: « Mes pauvres enfans invoquez Jésus et Marie. » Le lendemain, leurs corps ayant été retirés de l'eau, ils furent inhumés par les religieux de Silly dans le cimetière de l'abbaye (1).

En 1683, le gouverneur avait été parrain de la première cloche de St-Martin d'Argentan avec la marquise de Grancey, sa belle-sœur, veuve du précédent gouverneur.

Thomas Prouverre nous parle d'une petite émeute qui eut lieu à Argentan en 1691, à l'occasion d'une querelle survenue entre les gens du comte de Grancey et les Irlandais refugiés à Brest. Ces soldats, nombreux et indisciplinés, avaient été envoyés, avec d'autres troupes, pour observer les côtes de Normandie, sur le bruit d'une descente projetée par le prince d'Orange; car c'est le triste privilége des deux nations d'exciter à tour de rôle les craintes de leurs voisins par ces alertes, le plus souvent dénuées de fondement.

Au printemps de l'année suivante, cette armée d'observation était portée de 25 à 29,000 hommes, et le commandement en était confié au vertueux maréchal de Bellefonds, dont la piété édifia toute la ville d'Argentan, pendant le court séjour qu'il y fit au mois de mars 1692. Le comte de Grancey fut un des commençaux du maréchal, logé chez M. de Belzais, curé d'Argentan (2).

---

(1) Manuscrit de Thomas Prouverre.
(2) Ibid.

Le comte Pierre II de Grancey mourut à Argentan le 20 mai 1704, à l'âge de 78 ans. Son corps fut déposé pendant quarante jours dans l'église St-Germain de cette ville, et de là transporté à Médavy dans le caveau de ses ancêtres.

Voici en quels termes peu flatteurs Saint-Simon rapporte la mort du comte dans ses *Mémoires* : « Le vieux Grancey mourut en même temps et au même âge (que la duchesse de Verneuil morte à 82 ans, ce qui est manifestement une erreur), marié pour la quatrième fois depuis six semaines. Il était lieutenant général depuis la paix des Pyrénées (1). En ce temps-là on allait vite, puis choisi ou laissé (2), et c'est ainsi qu'on fait des généraux utiles et non pas des gens usés dont le corps ne peut plus aller. Celui-ci était demeuré depuis obscur et dans la débauche, toujours chez lui en Normandie et sans avoir rien de recommandable que d'être le fils et le père de deux maréchaux de France (3). »

Ce jugement nous semble bien sévère, et s'il n'est malheureusement pas tout à fait sans fondement, il peut au moins être considéré comme entaché de cette exagération qu'on rencontre trop souvent chez le noble écrivain.

Comme le dit Saint-Simon, le comte de Grancey venait de contracter son quatrième mariage lorsqu'il fut surpris par la mort. C'est ici l'occasion de parler de ses nombreuses alliances.

---

(1) Nous avons vu qu'il l'était depuis 1653.
(2) Il le fallait bien, quand on était criblé de blessures.
(3) Saint-Simon, t. III, p. 73.

A une époque où la cour et la ville retentissaient des prouesses galantes d'une brillante pléiade de courtisans, le comte de Grancey, à peine âgé de 25 ans, fils aîné du maréchal et chef d'une famille puissante autant que renommée, connu lui-même par son intrépide valeur qui lui avait valu si jeune le grade de maréchal de camp, joignait à tous ces avantages les dehors séduisants dont la plupart des siens avaient le rare privilége.

Il ne faut donc pas s'étonner s'il prit une large part aux galanteries dont cette époque fut comme la suprême expression. Sa liaison avec Bussy-Rabutin, qui devint son allié, et qui devait plus tard lui offrir un asile dans une circonstance critique, suffirait pour expliquer maint épisode de sa vie aventureuse. Le brillant marquis de Vardes, le séduisant comte de Guiche, le marquis de Sévigné, le duc de Villeroy formaient avec Bussy un dangereux entourage.

Les galanteries du comte de Grancey ne furent pourtant point toujours frivoles, et dès cette époque il songeait au mariage. Nous en trouvons la preuve dans les gazettes du temps. La première qui reçut ses vœux et fut sur le point de devenir sa femme, Mlle de Palaizeau, était alors très-recherchée. Au nombre des rivaux du comte auprès de la belle jeune fille, se trouvait le maréchal de L'Hospital, dont Loret nous dit :

> Sachez que l'on lui donne aussi,
> La Beuvron, Palaizeau, de Tresmes,
> Dont les mérites sont extrêmes (1).

---

(1) Loret, *Muse historique*, lettre 28 du 16 juillet 1651.

Le mariage de Pierre de Grancey avec Mlle de Palaizeau, sur le point de se conclure, fut rompu par la famille du comte, comme n'offrant pas les avantages qu'on en avait d'abord espérés :

> On m'apprit, l'autre matinée,
> Que l'hymen ou bien l'hyménée
> Du fils de M. de Grancey,
> Était absolument cassé ;
>
> . . . .
>
> Il en voulait, ce damoiseau
> A l'infante de Palaizeau,
> Mais cela ne s'est pas fait, pour ce
> Qu'elle n'avait pas dans sa bourse
> Les cent mille livres comptant
> Qu'on avait promis en traitant (1).

Vers la même époque, le comte de Grancey était vivement épris d'une jeune fille qui devint bientôt un moment célèbre sous le nom de duchesse de Roquelaure.

Charlotte-Marie de Daillon, fille du comte du Lude, attirait alors tous les hommages dus à son éclatante beauté. Le jeune duc d'Anjou, frère du roi, n'était pas le moins touché de ses charmes. Fort heureusement pour le comte de Grancey, sa recherche ne fut point agréée :

> Le jeune comte de Grancey,
> Étant sensiblement blessé
> Des yeux de la belle du Lude
>
> . . . .

---

(1) Loret, *Muse historique*, lettre 27 du 9 juillet 1651. Trois ans après, Mlle de Palaizeau épousait le duc d'Orval, grand écuyer de la reine, de la famille des Béthune-Sully. — *Ibid.*, l. 41 du 10 octobre 1654.

> Ses soins d'amour jusques ici
> N'ont pas encore trop réussi (1).

Peu de temps après, *la belle du Lude* épousait ce fameux duc de Roquelaure qui s'est acquis par ses bons mots et ses bouffonneries une réputation populaire. Leur bonheur ne fut pas de longue durée. Une année ne s'était pas écoulée depuis leur mariage que, compromise par les assiduités du dangereux comte de Vardes, la duchesse de Roquelaure succombait aux remords d'une coupable passion, suivie d'un prompt et cruel abandon (2).

La vie des camps arracha pendant deux ans le comte de Grancey aux séductions de la cour.

Il venait d'être fait depuis quelques mois lieutenant général des armées du roi, lorsque, dans les premiers mois de 1654, il épousa Henriette de La Palu-Bouligneux, fille de haut et puissant seigneur Jean de La Palu, comte de Bouligneux et de Meilly, baron de Chandenay, seigneur de Plantay, La Poispe, Arnay-le-Duc, etc., et de haute et puissante dame Gabrielle de Damas-Thianges.

Leur contrat de mariage fut passé le 6 avril 1654 (6 juillet d'après Lautour-Montfort) au château de Chalencey, en Champagne, devant François Guillet, notaire à Langres.

Pierre de Rouxel était assisté de François de Médavy, alors évêque de Séez, depuis archevêque de Rouen, son oncle et son tuteur, en l'absence du maréchal, son

---

(1) *Muse historique*, lettre 15 du 21 avril 1652.
(2) Walckenaër, *Mémoires* sur Mme de Sévigné, Ire partie, p. 538.

père, qui commandait en chef l'armée de Piémont.

D'après Moréri, la famille de La Palu-Bouligneux, originaire de la Bresse, tenait un des premiers rangs dans cette province et était féconde en grands hommes. Ses alliances avec les Saulx-Tannes, les Damas-Thianges, les Clairambault, les Rochechouart, suffiraient pour justifier cette assertion.

Lachesnaye-Desbois fait remonter leur généalogie à Pierre de La Palu, seigneur de Varembon, qui vivait en 1151. Ce devait être un puissant seigneur, puisque, dès l'an 1000, il levait à ses dépens trois mille hommes de pied et quinze cents lansquenets, à la tête desquels il allait secourir le roi de Provence (1).

Un des personnages les plus illustres de cette ancienne famille fut sans contredit Pierre de La Palu (*Paludanus* ou *Petrus de Palude*), célèbre docteur de Sorbonne, de l'ordre de S. Dominique, et patriarche de Jérusalem au XIVe siècle. Il était fils de Gérard de La Palu, seigneur de Varembon et autres lieux. Il enseigna la théologie à Paris avec réputation et fut fait patriarche de Jérusalem par le pape Jean XXII, en 1329. Il alla aussitôt en Palestine, d'où, étant de retour en 1331, il n'oublia rien pour faire entreprendre une nouvelle croisade contre les infidèles; mais il ne put y réussir. Il mourut à Paris, le 13 janvier 1342. On a de lui des commentaires sur le Maître, des sentences et d'autres ouvrages (2).

Le père de la comtesse de Grancey, Jean de La Palu, avait été l'élu de la noblesse du duché de Bour-

---

(1) *Mercure de France*, septembre 1685, p. 95.
(2) *Dictionnaire historique* par l'abbé Ladvocat, nouvelle édition, 1745.

gogne en 1630; il était fils de Jacqueline de Saulx-Tavannes et petit-fils de Jeanne Clutin (1).

La Chronique historique et militaire de Pinard mentionne, parmi les officiers généraux de l'époque, trois membres de cette famille, contemporains de Pierre de Grancey.

C'est d'abord Jacques-Claude de La Palu, comte de Bouligneux, probablement l'oncle de Mme de Grancey, mort le 20 novembre 1692, âgé de 78 ans. Nommé capitaine de la compagnie des 200 hommes d'armes de la reine-mère, il fut fait maréchal de camp le 22 septembre 1652. D'après Moréri, il aurait été lieutenant général des armées du roi.

Étienne de La Palu, comte de Meilly, puis de Bouligneux, après la mort de son père, servit d'abord comme volontaire, en 1646, au régiment du colonel général de la compagnie, fut fait colonel du régiment de Normandie le 15 mai 1657 et brigadier le 15 avril 1672. Il mourut, en 1674, d'une blessure reçue au siége de Woerden (2).

Louis de La Palu, probablement fils du précédent, comme ce dernier fut d'abord connu sous le nom de comte de Meilly, qu'il changea ensuite en celui de comte de Bouligneux. Entré comme lieutenant au régiment du roi, en 1682, il y eut une compagnie le 7 janvier suivant, et obtint le régiment du marquis de Montpezat le 26 mai 1684. Nommé brigadier en 1693, il prit le titre de comte de Bouligneux. Le 29 janvier 1702, il fut fait maréchal de camp, et le 10

---

(1) Jacqueline de Saulx était fille de Philippine Bauldot de Clairambault.
(2) Ce devait être le frère de la comtesse de Grancey.

février 1704, lieutenant général des armées du roi. Il fut tué au siége de Vérue, le 14 décembre de la même année, sous le commandement du comte de Médavy, son cousin.

D'un courage à toute épreuve et d'une ardeur invincible, le comte Louis de Bouligneux se fit souvent remarquer parmi les plus intrépides. En 1688, au siége de Philipsbourg, bravant les ordres formels du roi, il s'élança à l'attaque de l'ouvrage à corne, quoique son régiment ne fût point commandé pour cet assaut. Une courte captivité au fort Louis fut la punition de son indomptable valeur.

En 1690, sur le bruit qui s'était répandu d'un engagement prochain, il quitte l'armée du maréchal de Boufflers et se rend au camp de Mengen, d'où l'on a toutes les peines du monde à le faire rejoindre son corps.

Le 14 avril 1702, le maréchal de Tessé, secondé par la bravoure du comte de Bouligneux, remporta à Mantoue un avantage sur les Impériaux. Cette fois encore, Louis de La Palu s'était volontairement offert au feu de l'ennemi. Après l'engagement, le maréchal gronda fort ces braves, au nombre desquels se trouvait son fils, « d'avoir été ainsi faire les carabins et de s'être jetés à l'eau comme des barbets ; » mais il finit par les embrasser (1).

(1) Louis de La Palu avait un frère cadet, colonel d'infanterie, qui se distingua beaucoup au siége de Barcelone et mourut le 13 mars 1698.

Son frère aîné, Bernard de La Palu, marquis de Bouligneux, était mort à Paris, de la petite vérole, le 25 août 1685, à l'âge de 23 ans. Le marquis de Bouligneux avait été élevé auprès du grand Dauphin et nommé capitaine de cavalerie dans le régiment du commissaire général. Le marquis venait de figurer dans le dernier carrousel, lorsqu'il fut surpris par la mort. —*Journal de Dangeau* et *Mercure de France*, septembre 1685, p. 95.

Saint-Simon raconte une bien singulière anecdote sur le comte de Bouligneux, tué au siége de Vérue :

« Bouligneux, lieutenant général, et Wartigny, maréchal de camp, deux hommes d'une grande valeur mais tout à fait singuliers, furent tués devant Vérue. On avait fait l'hiver précédent plusieurs masques de cire de personnes de la cour, au naturel, qui les portaient sous d'autres masques, en sorte qu'en se démasquant on y était trompé en prenant le second masque pour le visage, et c'en était un véritable tout différent dessous ; on s'amusa fort à cette badinerie. Cet hiver-ci, on voulut encore s'en divertir ; la surprise fut grande lorsqu'on trouva tous ces masques naturels, frais et tels qu'on les avait serrés après le carnaval, excepté ceux de Bouligneux et de Wartigny, qui, en conservant leur parfaite ressemblance, avaient la pâleur et le tiré de personnes qui viennent de mourir. Ils parurent de la sorte à un bal et firent tant d'horreur qu'on essaya de les raccommoder avec du rouge, mais le rouge s'effaçait dans l'instant, et le tiré ne put se rajuster. Cela m'a paru si extraordinaire que je l'ai cru digne d'être rapporté ; mais je m'en serais bien gardé aussi, si toute la cour n'avait pas été, comme moi, témoin et surprise extrêmement, et plusieurs fois, de cette étrange singularité. A la fin, on jeta ces deux masques (1). »

Disons maintenant un mot de la famille de Gabrielle de Damas-Thianges, mère de la comtesse de Grancey.

Le P. Anselme la fait remonter à Elziran de Damas, chevalier, seigneur de Cousan, en Forez, qui vivait en 1063 (2).

---

(1) *Mémoires* de Saint-Simon, t. III, p. 135.
(2) Guy IV, de Damas, chevalier, conseiller, grand échanson, souverain

Gabrielle de Damas-Thianges, comtesse de Bouligneux, était fille de François de Damas, seigneur de Thianges, etc., chevalier de l'Ordre du roi, lieutenant des gendarmes du duc de Mayenne, gouverneur de Noyon et de Soissons, capitaine de cent hommes d'armes, et de Françoise Dyo.

Claude-Léonor, marquis de Thianges, neveu de Mme de La Palu, fut le mari de la spirituelle marquise de Thianges, Gabrielle de Rochechouart, sœur de Mme de Montespan (1).

Le comte de Grancey devint donc par son mariage cousin germain de la célèbre marquise et oncle à la mode de Bretagne de ses deux filles, les belles duchesses de Nevers et de Sforza. Bussy-Rabutin, allié des Thianges, devint aussi le parent du comte, auquel nous le verrons bientôt prêter son hôtel de Paris, dans une circonstance critique.

Au bout de 7 ans et demi de mariage, Henriette de La Palu mourut en décembre 1661, au château de Grancey, laissant six enfants au comte Pierre II.

Après trois ans de veuvage, celui-ci épousait en secondes noces, le 14 août 1664, par contrat passé devant les notaires d'Auxonne, noble dame Anne de Bezançon, fille de Bernard de Bezançon, seigneur du Plessis, conseiller ordinaire au Conseil d'État de la guerre, lieutenant général des armées de Sa Majesté, son am-

---

maître d'hôtel du roi Jean le Bon, et grand chambellan de France, était présent, le 22 juin 1357, au contrat de mariage de Bérault-Dauphin, comte de Clermont, avec Jeanne de Forez.

(1) Les Damas étaient déjà alliés aux Rochechouart, car Georges de Damas, trisaïeul de la comtesse de Bouligneux, avait épousé Jeanne de Rochechouart.

bassadeur à Venise, gouverneur d'Auxonne, etc., et de noble dame Louise Damphoux de Vachères.

Les du Plessis-Bezançon étaient de même famille que les du Plessis de Richelieu, les du Plessis d'Argentré, les du Plessis-Liancourt, de La Roche-Guyon et de Châtillon.

Voici ce que nous avons pu recueillir sur cette famille.

Vers la fin des guerres de la Fronde, les Espagnols, jaloux de nos succès en Piémont et de l'appui que le duc de Savoie pouvait nous fournir, tentèrent de grands efforts pour le détacher de notre cause. Leurs propositions firent tant d'impression sur le prince, que, malgré les conseils de sa mère, cette fille de Henri le Grand, demeurée française de cœur, il était sur le point de rompre avec nous, lorsque la duchesse douairière envoya un courrier à la cour de France pour l'avertir du danger qui la menaçait. Il fut aussitôt résolu qu'on nommerait un ambassadeur extraordinaire auprès des cours d'Italie pour conjurer le danger, s'il en était temps encore, et pour conclure une ligue offensive et défensive avec les princes, en s'efforçant d'y faire entrer le duc de Savoie lui-même. Le choix de la reine tomba sur du Plessis-Bezançon. L'envoyé commença sa mission par Turin, où il fut assez heureux pour renouveler le traité d'alliance dont on redoutait la rupture, en promettant au duc pour le printemps suivant un secours de 8,000 hommes, que le maréchal de Grancey devait commander et lui amena effectivement.

De Turin, du Plessis-Bezançon se dirigea sur Mantoue dont le duc, allié à la maison d'Autriche, fut plus difficile à gagner. Les Génois se montrèrent de meilleure composition, et quelques autres princes furent encore sollicités par lui avec des chances de succès diverses.

Du Plessis-Bezançon, ambassadeur à Venise en 1658, reçut une chaîne d'or du sénat de cette république (1).

En 1649, du Plessis-Besançon, conseiller d'État, maréchal de camp, fut envoyé par le roi à Rouen pour contre-balancer l'influence du duc de Longueville qui venait de se jeter dans le parti de la Fronde. « Craignant, disait le roi, par la bouche de son envoyé, au Parlement de Normandie, que si ces magistrats n'estaient advertis de la conduite du duc, ils ne reçussent comme par le passé les advis et les ordres de ce prince, d'où il pourrait arriver de grands mouvements..... nous vous enjoignons que vous n'ayez à y déférer aucunement (2). »

La nouvelle comtesse de Grancey avait une sœur, du nom d'Hélène, dont l'alliance éclipsa la sienne. Veuve de M. Le Brun, président au grand Conseil, elle épousa, en 1688, le prince de Courtenai, veuf en 1676 de Marie de Bussi-Lamet. La famille de Courtenai remontait authentiquement et légitimement à Louis le Gros, roi de France, sans qu'elle ait jamais pu parvenir à faire consacrer officiellement cette illustre parenté. Cette branche de la maison royale avait pourtant donné quatre empereurs à l'empire d'Orient. Un instant Mazarin avait songé à faire reconnaître ce Courtenai comme prince du sang, en lui donnant une de ses nièces en mariage. Il s'agissait de la belle Hor-

---

(1) *Mémoires* de M. de Bordeaux, t. III, p. 205 et suiv.
(2) Floquet, *Histoire du Parlement de Normandie*, t. V, p. 180.

tense Mancini, devenue depuis duchesse de Mazarin, dont la main avait été briguée par plusieurs souverains, au nombre desquels le roi Charles II d'Angleterre. La légèreté du jeune prince de Courtenai, qui n'avait alors que 20 ans, fit renoncer le cardinal à ce projet.

Le prince de Courtenai, beau-frère du comte de Grancey, était tellement considéré comme de sang royal, qu'ayant perdu son fils aîné au siége de Mons, le roi alla le visiter en personne, ce qui fut fort remarqué (1).

Anne de Bezançon, seconde femme du comte de Grancey, mourut en couches à Paris, à l'hôtel d'Hocquincourt, devenu la propriété de Pierre II, le 3 septembre 1672. Sept enfants étaient nés de cette seconde union. Nous parlerons bientôt de ces sept enfants et des six nés de la précédente.

Le troisième mariage du comte de Grancey eut un triste retentissement. S'il commença par une sorte de roman, il donna bientôt naissance à un interminable et assez scandaleux procès.

Dans les premiers mois de l'année 1672, une dame de La Vallée-Corné s'était retirée avec sa fille unique, âgée de 16 à 17 ans, dans l'abbaye de Gomer-Fontaine, dont était alors abbesse Marguerite de Médavy, sœur du maréchal et de l'archevêque de Rouen.

---

(1) *Histoire des maisons souveraines de l'Europe*, par le P. Buffier, t. I, p. 161, et *Mémoires* de Saint-Simon, t. XIII, p. 28. Il est remarquable que le prince de Courtenai ait eu pour protecteurs, au début comme au déclin de sa carrière, les cardinaux Mazarin et Dubois. C'est à ce dernier qu'il dut de mourir dans une position de fortune digne de sa naissance. La fille unique de son second mariage avait épousé le marquis de Beauffremont. *Ibid.*, t. XIII, p. 28.

Au dire de Mme de La Vallée, le but de cette retraite, entourée d'un certain mystère, était de se soustraire, en rompant ménage, aux poursuites des *traitants* qui avaient imposé son mari à de fortes taxes. Pour parvenir à se faire décharger de ces taxes, il fallait affecter des dehors de simplicité, que ne comportait pas leur tenue de maison. En réalité, ajoutait cette dame, les finances de M. de La Vallée étaient des plus prospères : il ne possédait pas moins de 70,000 livres de rentes en terres, de beaux deniers comptants, et une créance d'un million sur le trésor royal.

Pour s'expliquer la petite supercherie à laquelle ne craignait pas de recourir Mme de La Vallée, et pour excuser l'espèce de complicité qu'en assumait l'abbesse de Gomer-Fontaine, il est nécessaire de rappeler les rigueurs qui inaugurèrent l'administration de Colbert, et dont un contemporain, appartenant à notre contrée, nous a tracé le curieux tableau :

« Il est à remarquer que dans ce temps la corruption a été si grande que toutes choses ont été mises en parti ; que les monopoliers et les partisans n'avoient jamais été si autorisés et que la plus grande partie des hommes qui avoient du bien, on les taxoit à des sommes immenses, et qu'un homme qui avoit un ennemi alloit trouver un traitant qui le taxoit à la somme qu'il jugeoit lui-même. De sorte qu'un homme riche, on lui imposoit d'avoir mis la main aux deniers du roi, ou à d'autres affaires, et on le taxoit à 10,000 livres, 25,000 livres à payer moitié dans quinzaine, l'autre à trois mois. Et auparavant qu'il se fût pourvu au conseil ou devant l'intendant, il étoit exécuté à toute rigueur. Il faut remarquer que les juges du conseil et l'intendant étoient parties et juges, et par les rigoureuses exécutions qui avoient été faites, il y en avoit déjà la moitié de payé....... (1). »

La fortune de M. de La Vallée était-elle, par son origine, absolument à l'abri de la recherche des traitants ? C'est ce dont il est au moins permis de douter.

Quoi qu'il en soit, sa fille unique pouvait être considérée comme un très-riche parti. Sa fortune personnelle était assez considérable pour lui permettre de choisir une alliance à sa guise ; ce qu'il lui fallait avant tout, c'était un mari assez bien en cour pour faire prévaloir les droits de ses parents, et mettre un terme aux poursuites qu'ils redoutaient.

Ces confidences de Mme de La Vallée-Corné, plus ou moins sincères, plus ou moins désintéressées, ne pouvaient manquer d'éveiller l'attention de l'abbesse. Tout naturellement sa première pensée fut de faire profiter de ces grands avantages un des membres de sa famille. Le second fils du maréchal, François-Bénédict de Médavy, marquis de Grancey, devenu plus tard lieutenant général des armées du roi, commandait à cette époque un des vaisseaux de la marine royale et se trouvait en expédition. Ce fut d'abord sur lui que se portèrent les vues de l'abbesse. On écrivit donc au marquis pour lui proposer ce brillant mariage. Celui-ci répondit qu'il s'en remettait à son oncle l'archevêque de Rouen, toujours considéré comme le conseiller et l'âme de toute la famille.

Sur ces entrefaites, la comtesse de Grancey, Anne

---

(1) Journal inédit de M. de Brossard, chartrier du château des Iles-Bardel (17 janvier 1668).

de Bezançon, étant venue à mourir, son mari qui supportait avec peine un veuvage pourtant si récent, songeait déjà à le faire cesser. S'il faut même en croire les *factums* du procès auquel nous empruntons ces détails, il demandait à des liaisons passagères les plaisirs illicites auxquels il était fort enclin. Ces désordres étaient connus de l'archevêque. Le sage prélat savait que le comte était plus impatient de son veuvage que le marquis du célibat ; aussi conçut-il immédiatement le projet de le faire cesser, en présentant à son neveu l'appât d'une riche et belle héritière. Il savait d'ailleurs que nul plus que le comte n'avait aimé ses femmes, pour lesquelles il avait toujours eu les meilleurs procédés.

Le 22 octobre 1672, l'archevêque écrivait à sa nièce, l'abbesse de Gomer-Fontaine, pour lui faire part de ce nouveau projet. La naissance de la future comtesse laissait sans doute à désirer, mais pour le comte, âgé déjà de 48 ans, deux fois veuf, et père d'une nombreuse famille, la fortune de Mlle de La Vallée était une large compensation.

De son côté, la mère de la jeune fille se prêta volontiers à la substitution proposée : le titre de comtesse de Grancey était bien tentant, et la protection du maréchal et de l'archevêque promettait une heureuse issue à ses démêlés financiers.

L'entrevue est donc arrêtée, et telle est l'impression qu'elle produit sur le comte de Grancey qu'il veut hâter le plus possible la conclusion du mariage. Il écrit dans ce sens à l'archevêque, son oncle. Celui-ci lui répond, le 3 novembre, qu'il approuve sa recherche, mais qu'il faut songer au sérieux et s'entendre avec M. de La Vallée, en prenant pour modèles les deux premiers contrats de mariage du comte de Grancey; il offre de se rendre à Paris le dimanche suivant pour traiter cette affaire et signer le contrat, si l'on tombe d'accord. Six jours après, il écrit encore à son neveu au sujet de cette importante affaire : « Je crois que l'on parle de M. le maréchal pour vous reconnaître son principal héritier; par là il se lieroit dans son bien qui est en Normandie, et l'on ne le doit pas souhaiter; c'est assez que la coustume y ait pourvu, et pour le douaire, la maison n'a jamais le douaire des femmes qu'à 3,000 livres de rente pour douaire préfix, je crois que l'on en doit être content. »

Comme on le voit, le prélat pense à tout, mais il se tient sur ses gardes.

De son côté l'abbesse de Vignats, Marie-Françoise de Médavy, sœur du comte, qui allait échanger son abbaye de Vignats contre celle de La Saussaye, au diocèse de Paris, prenant aussi l'affaire à cœur, lui écrivait pour le rassurer : « Ne doutez pas que je ne ménage vos intérêts comme il faut; votre affaire prend un très-bon chemin; je crois qu'il y aura quelque entrevue des deux patrons (l'archevêque et La Vallée père), cela avancera sûrement les choses. C'est pourquoi ne vous effrayez pas, et croyez l'abbesse de Vignats toute à vous..... »

Ainsi qu'il l'avait promis, le prélat se rend à Paris et descend à l'hôtel des Ursins, près Notre-Dame.

La Vallée l'envoie prier de lui faire ouvrir sa porte sur les quatre à cinq heures du matin. Bien que cette heure matinale paraisse un peu suspecte à l'archevêque, *comme d'un homme craignant le sergent*, il fait néanmoins donner l'ordre au suisse de tenir la porte ouverte à l'heure indiquée. La Vallée est introduit auprès du lit du prélat : après les civilités d'usage, invité à faire connaître l'état de son bien, il annonce 70,000 livres de rente, en marais desséchés (10,000 arpents estimés à 10 francs de rente, réduits à 7). Il possède en outre une terre de 120 écus de rente dans l'île de Ré. Quant à ses créances et valeurs mobilières, elles sont des plus considérables. Le roi lui devait 1,000,000, sur lequel 100,000 écus allaient lui être payés au premier jour. Mais sur cette dernière somme La Vallée ayant 100,000 livres à payer, il ne pouvait s'engager que pour le surplus, montant à 200,000 livres.

L'archevêque ne se laisse point éblouir par cette brillante énumération ; il est d'autant plus réservé qu'il croit reconnaître dans La Vallée un ancien plaideur. Il cherche donc un prétexte pour obtenir un délai. Il faudrait au moins attendre le paiement des 100,000 écus du roi ; d'ailleurs le comte n'étant veuf que depuis trois mois, les plus simples convenances s'opposaient à une conclusion immédiate. La Vallée se rendant en apparence aux arguments de son interlocuteur, un ajournement de six mois est convenu de part et d'autre.

Ceci se passait du 10 au 12 novembre. Cependant dès le lendemain 13, un premier ban était publié à l'église St-Sulpice, et le même jour un courrier était envoyé par La Vallée à Gomer-Fontaine pour engager le comte de Grancey à monter de suite en carrosse avec la mère et la fille, et à le rejoindre à Argenteuil. Le lendemain 14, le comte se rend à Argenteuil avec la dame de La Vallée et sa fille ; ils y demeurent un seul jour, et, dès le 16, le comte est envoyé par La Vallée auprès de l'évêque de Langres, pour obtenir la dispense des bans. Toutes ces démarches, on s'en doute bien, étaient faites à l'insu du maréchal et de l'archevêque.

La dispense obtenue, le comte revient à Argenteuil, change de logement, et le lendemain on se rend au Pecq, à la porte de St-Germain, où le roi ne se trouvait pas, et l'on y passe le contrat de mariage avant de rentrer à Paris. Le contrat passé, on revient chez La Vallée père à Paris, où l'on a soin de s'enfermer.

Cependant la nouvelle de la publication de bans faite à St-Sulpice avait mis en émoi le maréchal et l'archevêque ; ils font rechercher le comte, dont on ne peut obtenir de nouvelles. On va trouver l'évêque de Langres et l'archevêque de Paris ; on en obtient la révocation de la dispense et la défense de passer outre à la célébration du mariage. L'archevêque ne se contente pas de ce premier succès : son titre de conseiller du roi lui donne un accès facile à Versailles ; il se rend auprès de Louis XIV, qui confirme la défense de l'archevêque et envoie un garde la signifier au comte, chez La Vallée père. Le comte se garde bien de paraître, mais alarmé par toutes ces démarches, il quitte aussitôt Paris avec la mère et la fille, prend la route d'Orléans jusqu'à Montlhéry, où Mme de La Vallée espère trouver un prêtre. Ce dernier faisant défaut, on en cherche vainement plusieurs dans le voisinage. On croit pouvoir compter sur le curé de Ris, mais il refuse son ministère. Après plusieurs autres démarches aussi infructueuses, on se décide à passer la rivière, pour quitter le diocèse de Paris. Enfin, le lundi 21, vers le soir, on arrive à La Bretesche, au diocèse de Sens. Là on apprend qu'un prêtre normand, retiré à Nangis, consentira à célébrer le mariage; mais le curé de cette paroisse refuse son église. Force est d'attendre jusqu'au lendemain 22. A défaut de l'église, on se contente de la chapelle du château de La Bretesche, où le mariage est enfin célébré par le prêtre normand, en présence de l'hôte, du valet d'écurie et du valet du comte de Grancey. La cérémonie terminée, l'on revient à Paris.

Une union contractée sous d'aussi tristes auspices et avec une aussi coupable précipitation ne devait pas apporter le bonheur sous le toit conjugal.

Quelques mois s'étaient à peine écoulés depuis la cérémonie que déjà le comte de Grancey, entraîné par l'énergique résistance du maréchal et de l'archevêque, joignait son opposition à la leur, et quittait l'hôtel d'Hocquincourt, où il devait résider avec sa nouvelle femme. Retiré à l'hôtel de Bussy, il s'y livrait, au dire des La Vallée, aux déréglements dont il avait contracté la funeste habitude.

Cependant l'archevêque de Sens, sur les instances de la famille, avait fait mettre l'affaire au greffe de l'officialité. De son côté, la nouvelle comtesse adressait au lieutenant civil de Paris une demande en séparation de corps et de biens, dès le 8 mars 1673. Le 24 du même mois, le maréchal et l'archevêque la faisaient assigner pour justifier de son mariage. Le 29 novembre, la jeune femme obtenait en sa faveur un sentence de l'officialité de Sens, dont portèrent appel le maréchal et le prélat devant le primat de Lyon.

Une sentence du lieutenant civil de Paris, en date du 3 septembre 1674, prononça la séparation de corps et de biens entre les nouveaux époux et ordonna la restitution de la dot de la comtesse.

Mais l'archevêque n'abandonnait pas la partie. Un arrêt de la quatrième chambre des enquêtes, en date du 18 mai 1678, cassa la quittance des 200,000 livres, montant de la dot de la comtesse, et condamna La Vallée père à payer cette somme au comte.

Il fallait au prélat de bien puissants motifs pour le soutenir dans cette lutte implacable ; la malheureuse comtesse se défendit avec une énergie facile à concevoir dans la déplorable situation où l'avaient réduite l'ambition de ses parents et la légèreté du comte.

Il est curieux de voir avec quelle persistance elle s'efforce d'établir que sa naissance la rend digne de la haute position qu'elle revendique. S'il faut en croire les nombreux *factums* échangés entre elle et la famille de Grancey, son père appartenait à la noblesse. Les services qu'il avait rendus au roi pendant les années 1650, 1651 et 1652, lui avaient valu le titre de conseiller d'État et la dignité de chevalier de l'un des Ordres royaux. L'aïeul paternel de la comtesse avait lui-même conquis des titres à la bienveillance royale à l'époque du siége de La Rochelle, où il avait contracté de glorieuses blessures, et en fournissant l'armée de vivres et de munitions pour lesquels il était encore dû des sommes considérables. Les deux cadets de La Vallée avaient aussi suivi les armées du roi : l'un d'eux avait été gouverneur de Château-Porcien, l'autre maréchal de bataille, en Italie, sous le duc de Modène.

Parmi ses parents paternels, elle cite avec complaisance, entre beaucoup d'autres, les de Lescale, sortis du grand Scaliger, les comtes de Clisson et d'Érisson, neveux de

M. le marquis de Sourches, grand-prévôt, le marquis de Loire, le marquis de Sire, d'Égrefeuille, etc., etc., tous gentilshommes demeurant dans l'île de Ré, La Rochelle, pays d'Aunis et Poitou; et, à Paris, M. de Cumont, conseiller de la Cour, Tallemant, maître des requêtes, les abbés du même nom, des Réaux, le marquis de Ruvigny, etc.

Du côté maternel, elle a pour parents Pussort (le trop célèbre conseiller), le vicomte du Bac, de Saint-Ferjus, de Moncey, etc., gentilshommes de Champagne et de Picardie.

Ces tristes débats durèrent presque sans interruption jusqu'à la mort de la malheureuse femme, arrivée le 25 janvier 1703, sans qu'aucun rapprochement eût eu lieu entre les deux époux durant ce long espace de temps (1).

L'auteur de la généalogie manuscrite que nous avons plus d'une fois citée, Lautour-Montfort, se contente de dire que ce dernier mariage du comte Pierre était défectueux par les formalités omises, *ainsi que par la différence des qualités des mariés, et par le défaut du consentement du maréchal comte de Grancey.*

Quelque doute que l'on puisse concevoir sur la validité de ce troisième mariage, on ne saurait s'empêcher de plaindre cette pauvre femme, vouée par l'ambition de ses parents à une existence remplie d'amertume.

Le comte, retiré dans ses terres de Normandie, continuait, au dire de la comtesse, à y mener une vie dissolue que ses infortunes conjugales expliquaient sans la justi-

---

(1) Nous avons puisé tous ces détails dans le dossier des Rouxel de Médavy-Grancey, conservé aux manuscrits de la Bibliothèque impériale.

fier. D'après la même source, la terre de la Blanche-Lande aurait été le principal théâtre de ses irrégularités de mœurs.

Il était permis de supposer que l'âge avancé de Pierre de Grancey, non moins que le souvenir de ses tribulations matrimoniales, l'empêcheraient de songer à un quatrième mariage : et pourtant, quatorze mois après la mort de sa troisième femme, le 11 mars 1704, il épousait en quatrièmes noces, par contrat passé devant les notaires d'Argences, vicomté de Caen, noble dame Charlotte de Seran, fille de feu messire Louis de Seran, baron d'Audrieu, chevalier, seigneur et patron dudit lieu, et de noble dame Catherine d'Osmond.

Ce dernier mariage ne fut pas de longue durée, car deux mois après, le 20 mai 1704, le comte de Grancey mourait, comme nous l'avons vu, à son château d'Argentan.

Sa veuve lui survécut assez longtemps. Elle existait encore en 1727, époque où Lautour-Montfort écrivait sa généalogie.

La famille de Seran, encore représentée de nos jours, tenait un rang distingué parmi la noblesse du pays.

Parlons maintenant des nombreux enfants nés des deux premiers mariages du comte de Grancey.

L'aîné des fils de son premier mariage fut le comte de Médavy, maréchal de France, dont nous nous occuperons bientôt.

La fille aînée de Pierre de Grancey et d'Henriette de La Palu-Bouligneux fut Louise-Catherine Rouxel de Médavy, née au château de Chalencey, en Bourgogne, le 27 février 1657, baptisée le 2 décembre suivant, dans la chapelle de ce château, par son grand-oncle François de Médavy, alors évêque de Séez, et plus tard archevêque de Rouen.

Par contrat en date du 29 juin 1681, Louise-Catherine de Médavy-Grancey fut mariée à haut et puissant seigneur messire René d'Oilliamson, chevalier, vicomte de Coulibeuf, marquis de Courcy, seigneur de Bavent, Anglesqueville, Fribois, etc., fils de Jacques d'Oilliamson et de haute et puissante dame Françoise Bouttin.

La famille d'Oilliamson, une des plus anciennes et des plus importantes de Basse-Normandie, tirait son origine de Thomas d'Oilliamson, ou Williamson, venu en France, à la fin du XVe siècle, avec le maréchal d'Aubigny, et l'un des vingt-quatre archers de la garde écossaise. Thomas d'Oilliamson appartenait à une très-ancienne famille d'Écosse qui comptait, en moins d'un siècle, deux alliances avec les Stuart (1).

Louise-Catherine de Grancey, marquise de Courcy, était digne par son mérite personnel non moins que par sa naissance de l'alliance qu'elle venait de contracter. Nous en trouvons la preuve dans une curieuse pièce de vers de Mme d'Osseville, conservée dans un recueil du temps, à la date de 1703 :

> . . . .
> Placez-y
> De Coigny
> La comtesse,
>
> . . . .
> De sa cour
> Est d'Harcourt;
> . . . .

(1) *Histoire du canton d'Athis*, par le comte Hector de La Ferrière.

> De Courcy,
> Bonne et belle,
> Vient aussi.

Cinq enfants naquirent du mariage de Louise-Catherine de Grancey avec le marquis de Courcy. Ce furent :

1° Hardouin-François d'Oilliamson, marquis de Courcy, marié le 12 juillet 1703 à noble dame Charlotte Duval de Lanchal (1) ;

2° François d'Oilliamson, tué à la bataille d'Hochstœdt;

3° N. d'Oilliamson ;

4° Anne-Marie-Françoise d'Oilliamson, mariée en 1714 à messire Pierre de Mannoury, seigneur d'Ectot, de Ste-Eugénie et d'Hallaines, trisaïeul maternel de celui qui écrit ces lignes (2) ;

5° Marie-Madeleine-Charlotte d'Oilliamson, morte célibataire en 1725.

La seconde fille de Pierre II de Grancey et d'Henriette de La Palu-Bouligneux, fut Henriette-Léonore Rouxel de Médavy, née en 1660, mariée, par contrat du 25 juin 1683, à messire Antoine de Morell, marquis de Putanges, Ste-Croix, Barou et autres lieux, gouverneur des châteaux et villes de Falaise et de Mortagne, fils

---

(1) Philippe Duval de Lanchal, conseiller du roi, trésorier général des finances à Alençon, fut anobli en juillet 1653. (*Annuaire de l'Eure* pour 1865, page 224.)

(2) Lautour-Montfort, *Généalogie manuscrite des Rouxel de Médavy*. Mme de Mannoury fut marraine avec son grand-oncle, l'abbé de Grancey, premier aumônier de Monsieur, à Almenesches, les 22 août 1693 et 31 juillet 1695, ainsi qu'il se voit sur les registres de cette paroisse, où elle a signé Anne-Marie-Françoise *d'Oleençon*. Elle avait été élevée à l'abbaye d'Almenesches, par l'abbesse Marie-Marguerite de Médavy, sa grand'-tante, fille du premier maréchal de Grancey.

unique de haut et puissant seigneur messire Achille de Morell, chevalier, seigneur et marquis de Putanges, brigadier des armées du roi, capitaine au régiment des gardes françaises, et de haute et puissante dame Marie Ollier (1).

La bénédiction nuptiale fut donnée à la marquise de Putanges, dans la chapelle du château de Médavy, par François de Rouxel, archevêque de Rouen, son grand-oncle.

Le *Mercure galant* rendit compte du mariage de la marquise de Putanges et des fêtes qui le suivirent.

Cette relation contient des détails précieux sur le cérémonial de l'époque, et nous croyons devoir la reproduire ici :

« Il s'est fait un mariage considérable depuis peu de temps; c'est celui de M. le marquis de Putanges, gouverneur des villes et châteaux de Falaise et de Mortagne au Perche, fils de M. de Putanges, capitaine aux gardes, gouverneur de Mortagne, avec Mlle de Grancey, fille de M. le comte de Grancey, et petite-fille du feu maréchal de ce nom. Ce sont deux personnes très-bien assorties et dont le mérite est fort connu. La cérémonie s'est faite à Médavy, le 26 du dernier mois, par M. l'archevêque de Rouen, grand-oncle de Mlle de Grancey.

« Les mariés en partirent le lendemain, accompagnés de M. le comte de Médavy, de M. et Mme la marquise de Courcy, sœur de la mariée, et de plusieurs autres

---

(1) Nous avons remarqué, dans la principale auberge de Putanges, une magnifique plaque de cheminée, au double écusson des Morell de Putanges et des Rouxel de Grancey, provenant d'une fonderie qui existait encore au dernier siècle aux environs de ce bourg.

personnes de qualité. Ils allèrent dîner à Argentan chez Mme la marquise de Grancey, veuve de M. le marquis de Grancey, chef d'escadre, qui les conduisit ensuite jusqu'à Falaise.

« M. le chevalier de Corday, qui en est lieutenant de roi, vint au-devant d'eux plus d'une lieue, avec un gros escadron de cavalerie. Après qu'il eut fait son compliment au marié, il les suivit dans le même ordre qu'il était venu jusque dans le château, avec toute la bourgeoisie qui alla aussi au-devant d'eux, hors les faubourgs de Guibray, et qui s'était mise sous les armes au bruit des tambours, fifres et hauts-bois, au nombre de plus de 2,000, tous fort lestes. Ils se rangèrent ensuite en bataille dans la place du château, où ayant fait plusieurs décharges de leur mousqueterie, qui fut précédée de celle des canons, mortiers et boîtes, ils défilèrent dans le même ordre qu'ils avoient paru d'abord. La nouvelle mariée reçut les compliments de tous les corps de la ville, du clergé par M. le curé de la Trinité, du corps de ville par M. le vicomte et maire, du bailliage par M. de Noirville, lieutenant général de l'élection, par M. de Saint-Bazile, président, et de toutes les communautés religieuses par leurs supérieurs. Elle répondit à tous avec autant de justesse que si elle eût su ce que chaque corps lui devoit dire.

« Il y eut le soir un magnifique régal, avec de très-grandes profusions de vin pour le peuple. La fête eût été parfaite si on eût pu ajouter le bal, mais le deuil de Mme de Putanges, aïeule du marié, ne le permit pas (1). »

(1) *Mercure galant*, juillet 1683, p. 162 à 167. Cinq ans après, le 22

En contractant de semblables alliances, les familles, même les plus considérables de la province, en recevaient un nouveau lustre. Ceux qui n'avaient pas de titres auparavant, ne manquaient point de devenir aussitôt comtes ou marquis.

Du reste, si les mérites de la marquise de Putanges égalaient ceux de la marquise de Courcy, la maison dont elle prenait le nom ne le cédait en rien à celle où était entrée sa sœur.

La famille de Morell avait acquis en 1528 la terre d'Aubigny près Falaise. Elle y construisit, au commencement du XVIIe siècle, un château important qui subsiste encore, quoique inhabité depuis plusieurs années.

L'église de la paroisse d'Aubigny, située à quelque distance du château, renferme six statues de grandeur naturelle, en pierre du pays, et parfaitement conservées.

Ces statues, d'un grand effet, représentent six des seigneurs d'Aubigny, à genoux et les mains jointes.

La première recouvre la dépouille mortelle de « noble homme messire Raven de Morell, lui vivant sieur et patron d'Aubigny, Canivet, Soulengy, Putanges, Thilleul, Morières et La Courbonnel, chevalier de l'Ordre du roi, conseiller et chambellan de Monseigneur le duc, frère du roi, lequel décéda en l'armée du roy, estant devant Rouen, le sixième jor de l'année 1592 (1). »

---

février 1688, Mlle de Putanges, sœur du marquis, épousait à Paris M. de Sainte-Hermine, neveu de Mme de Maintenon. Elle avait 50,000 écus de dot, ce qui dénote une fortune considérable dans cette famille. (*Mémoires* de Dangeau.)

(1) L'historien de la ville de Caen, de Bras de Bourgueville, nous dit que Raven Morell, *esleu à Fallaize, fut meurtri d'un coup de pistolet,*

Près de ce seigneur d'Aubigny repose Gabrielle de Riant, sa femme.

Les autres statues sont celles de :

1º Raven de Morell d'Aubigny, chevalier de l'Ordre du roi et lieutenant d'une compagnie de gens d'armes, mort en 1625 ;

2º Bradellis de Morell, commandant de cent gentilshommes, mort en 1666 ;

3º Achille-Antoine de Morell, fils du précédent, mort en 1673, après s'être signalé dans les guerres d'Italie.

C'est sans doute le père du marquis de Putanges, qui nous occupe, et qui dut lui-même être inhumé au rang de ses ancêtres.

Le marquis de Putanges eut quatre fils de son mariage avec Mlle de Grancey. L'un d'eux, messire Hardouin Thérèse de Morell, chevalier, marquis de Putanges, brigadier des armées du roi, étant demeuré seul, hérita de la terre d'Yvoi-en-Berry, faisant partie de la succession de Marie Ollier, sa grand'mère.

Par contrat passé devant Me Perrichon, notaire à Paris, le 10 février 1724, il épousa Catherine-Henriette de Vassan, fille de Zacharie de Vassan, seigneur de Puyseux, etc., gentilhomme de la chambre de S. A. R. Mgr le duc de Berry, et de haute et puissante dame Thérèse-Louise de Lambert, fille de Henri de Lambert et de Catherine Guyot du Daugnon (1).

Parlons maintenant des enfants du mariage du comte

---

comme il alloit à sa terre du Tort, près le dit Fallaize. Il attribue sa mort aux religionnaires, qui se remuaient fort à l'avènement de François II. Ce Raven était sans doute le père de celui dont nous venons de parler. — *Recherches et antiquitez de la ville de Caen*, p. 165.

(1) Lautour-Montfort, généalogie manuscrite.

de Grancey avec Anne du Plessis-Bezançon, sa seconde femme. L'aîné, François Rouxel de Médavy, marquis de Grancey, lieutenant général des armes du roi, mérite un article particulier que l'on trouvera plus loin.

Le second, Louis-François Rouxel, comte de Grancey, chef d'escadre des armées navales, ne saurait être passé sous silence.

Né au château de Grancey, le 10 septembre 1667, baptisé en l'église collégiale de ce château, le 16 du même mois, il reçut, avant l'âge de dix-sept ans, la commission de capitaine de cavalerie d'une compagnie dans le régiment de Grancey, suivant l'ordre, signé Louis, en date du 30 mai 1684.

Dix-neuf mois après, il entrait dans la marine, comme garde, pour le département de Rochefort; après une année de service sur mer, il était nommé enseigne le 10 janvier 1687. Pourvu du grade de lieutenant de vaisseau, le 5 avril 1688, il était envoyé à Toulon en cette qualité. Il devint capitaine de vaisseau le 1ᵉʳ janvier 1693.

Enfin, le 1ᵉʳ novembre 1720, il fut nommé chef d'escadre.

Le 29 du même mois, il épousait, par contrat passé devant Mᵉˢ Marchand et Durand, notaires à Paris, Marie-Catherine Aubert de Tourny, en présence et du consentement de Sa Majesté, de S. A. R. Madame, de S. A. R. Mgr le régent, et de tous les autres princes et princesses du sang. Le chancelier de Pontchartrain figurait également au contrat.

La dot de la mariée n'était pas inférieure à 724,000 fr., somme très-considérable pour le temps. Mˡˡᵉ de Tourny était fille d'Urbain Aubert, chevalier, marquis de Tourny, seigneur de La Falaize, Carcassonne, Mercey et autres lieux, conseiller du roi en ses conseils, président en la cour des comptes, aides et finances de Normandie, et de dame Marie-Anne Le Tellier.

Le marquisat de Tourny, situé en Haute-Normandie, entre les Andelys et Vernon, comprenait dix-sept fiefs nobles et six en roture. Ce magnifique domaine avait été érigé en marquisat par lettres-patentes du 16 février 1686, en faveur de Dominique de Montfort. Le château de Tourny était flanqué de quatre tours aux quatre angles (1).

Urbain Aubert acquit le domaine de Tourny peu de temps après son érection en marquisat, et en prit aussitôt le titre (2).

Avant d'être président à la cour des comptes de Normandie, il avait été receveur général des finances à Caen (3).

Le marquis de Tourny avait deux filles et un fils. L'aînée de ses filles fut la comtesse de Grancey; la seconde épousa Etienne Le Camus, intendant de Pau.

Quant au fils du marquis de Tourny et de Marie-Anne Le Tellier, Urbain-Armand Aubert, marquis de Tourny, baron de Nuly, etc., maître des requêtes et intendant de Guyenne, il épousa Jeanne-Claude Cherourier, sœur de

---

(1) Thomas Corneille, *Dictionnaire universel géographique et historique*.

(2) *Tablettes historiques et généalogiques*, V^e partie.

(3) Mme de Tourny était elle-même d'une famille de finance. En 1639, Le Tellier de Tourneville, receveur des gabelles à Rouen, était si mal vu, que la populace ameutée avait pillé sa maison après en avoir fait le siége; ce qui n'empêcha point sa fille unique d'épouser, le 24 avril 1648, le marquis d'Ectot, un d'Harcourt. Cette famille, d'après le journal inédit de Dubuisson-Aubenay, était originaire de Canapville, près Louviers, où se trouvaient encore des paysans du nom de Le Tellier.

Mme Mandat, qui lui donna les trois fils dont nous allons parler (1).

La dot considérable donnée à la comtesse de Grancey fait assez voir quelle devait être la fortune du président de la cour des comptes de Normandie.

Ces énormes fortunes, assez communes chez les financiers, avaient soulevé contre eux de nombreuses récriminations. Le pouvoir céda trop facilement à l'aveugle réaction de l'opinion publique; une série d'actes de rigueur, auxquels ne présidèrent point toujours la justice et la modération, s'inaugura contre les enrichis. Reprenant les traditions financières des commencements du dernier règne, on ne trouva rien de mieux à faire que de taxer ceux que l'on supposait avoir trop bénéficié des deniers publics à des contributions plus ou moins en rapport avec leurs exactions vraies ou supposées. C'est ainsi que le marquis de Tourny fut imposé en 1716 à la taxe incroyable de *douze cent mille francs* (2)!

Le comte de Grancey, déjà si riche par son mariage, devint bientôt l'unique héritier de toute sa famille par la mort du maréchal de Médavy et du marquis de Grancey, ses deux frères aînés.

Un instant il put espérer que le nom de Rouxel ne serait point éteint, malgré les coups redoublés de la mort, car il lui naquit un fils le 18 juin 1721 ; mais

---

(1) *Tablettes historiques et généalogiques*, Ve partie.

(2) *Journal* de Dangeau, du 2 novembre 1716.

Saint-Simon nous dit, et nous le croyons facilement, que la frayeur se mit parmi les financiers. M. d'Auneuil, frère de la maréchale de Lorges, et conséquemment oncle de Saint-Simon, ne dut qu'à la protection de ce dernier d'échapper aux poursuites. On prétendait que les traitants avaient profité de *dix-huit cent millions!!* — Saint-Simon, t. VIII, p. 342.

trois mois après, ce nouveau rejeton disparaissait comme les autres.

Le comte de Grancey ne devait pas jouir longtemps de tous ses héritages ; à peine eut-il le temps de les recueillir, car il mourut lui-même à Paris, le 20 août 1728, vingt jours seulement après le marquis de Grancey. Il fut inhumé dans l'église des Dames capucines de la place Vendôme, où reposaient déjà le maréchal de Grancey, son grand-père, le maréchal de Médavy, son frère aîné, et la comtesse de Marey, sa tante.

Les Rouxel de Médavy laissaient en Normandie plusieurs parents, comme nous venons de le voir, mais les immenses biens de cette famille, compromis par les prodigalités de ses derniers représentants, allaient passer dans des mains étrangères.

Le château de Médavy, après avoir été successivement possédé par plusieurs acquéreurs, appartient aujourd'hui à M. le général de Maussion.

Quant au château de Grancey, qui existe encore dans son intégrité, voici les phases diverses qu'il a subies.

A la mort du dernier comte de Grancey, Catherine Aubert de Tourny, sa veuve, devint propriétaire du comté de Grancey avec les baronnies de Marey et de Selongey, qui lui furent adjugées pour la remplir de ses droits matrimoniaux (1).

Le marquis de Tourny, son frère, avait laissé de son mariage avec Mlle Cherouvrier, ou Le Cherouvrier des Grassières, trois fils qui lui survécurent.

L'aîné, le marquis de Tourny, mort célibataire,

(1) *Tablettes historiques et généalogiques*, V^e partie.

fut ce célèbre intendant de Guyenne, auquel la ville de Bordeaux, qu'il contribua tant à embellir, a élevé une statue sur la magnifique allée qui porte son nom.

Le second fut connu sous le nom d'abbé de Tourny.

Le troisième, parvenu au grade de lieutenant général des armées du roi, ne laissa point d'enfant de son mariage avec Mlle Bouhier de Lantenay. Ce dernier disait plaisamment de ses deux frères, que l'aîné aurait dû être abbé, l'abbé militaire, et lui-même intendant, intervertissant ainsi à plaisir le rôle dévolu à chacun d'eux par la Providence.

La comtesse de Grancey mourut à Paris le 18 novembre 1758, dans sa 55e année (1). On ne peut raisonnablement lui faire un crime d'avoir préféré sa propre famille à celle de son mari pour la transmission des biens provenant des Rouxel de Médavy, puisqu'elle en était devenue légitimement propriétaire.

Aussi légua-t-elle le domaine de Grancey à son neveu, le lieutenant général. Ce dernier étant lui-même mort sans enfants, comme nous venons de le voir, en disposa à son tour en faveur de son cousin issu de germain, le baron de Mandat, neveu du fameux commandant des gardes nationales de la Seine, tué, devant l'hôtel-de-ville, le 10 août 1792, lorsqu'il se disposait à défendre les Tuileries (2).

Le magnifique château de Grancey est aujourd'hui possédé par le comte de Mandat-Grancey, fils du dernier légataire, auquel nous devons la plupart de ces détails.

---

(1) *Gazette de France* du 25 novembre 1758.

(2) Le baron de Mandat, légataire du marquis, était en effet petit-fils de Mlle Cherouvrier, tante du testateur.

1635-1679.

François-Bénédict ROUXEL DE MÉDAVY,

Premier marquis de Grancey, premier chef d'escadre des armées navales, lieutenant général des armées du roi.

Si l'on peut citer avec honneur les noms des maréchaux de Médavy-Grancey après ceux des Turenne, des Luxembourg, des Villars et des Catinat, le marquis de Grancey, dans une sphère plus modeste peut-être, ne mérite pas moins d'occuper un rang distingué, à côté, quoique au-dessous, des Jean Bart, des Tourville et des Duquesne, ses illustres compagnons d'armes.

L'impétueuse valeur du marquis, son esprit judicieux et caustique, ses piquantes appréciations des engagements auxquels il prit part, ont appelé sur lui l'attention d'un historien de la marine française, qui s'est plu à invoquer son témoignage et à rendre hommage à son mérite (1).

Si le marquis de Grancey ne parvint point à de plus hautes destinées, il faut surtout s'en prendre à

(1) Eugène Sue, *Histoire de la marine française.*

la mort prématurée dont il contracta le germe par son dévouement.

François-Bénédict Rouxel de Médavy, cinquième fils de Jacques de Grancey, maréchal de France, et de Catherine de Monchy d'Hocquincourt, sa première femme, fut baptisé le 1er avril 1635. Ayant successivement perdu ses trois frères, Georges, François et Jacques de Rouxel, morts fort jeunes, il devint le second fils du maréchal, et comme tel prit le titre de marquis de Grancey, suivant un usage qui ne semble pas particulier à cette famille.

D'abord destiné à l'Église par son oncle François de Médavy, mort archevêque de Rouen, il étudia comme abbé de Grancey au collége d'Autun; mais bientôt, entraîné par son penchant pour la carrière des armes, il abandonna l'Église, et, dès l'année 1659, âgé de vingt-trois ans seulement, il fut, par commission en date du 15 mars, nommé colonel du régiment de Grancey, sur la démission de son frère aîné, le comte Pierre II de Grancey.

Par une singulière anomalie, qui n'est pourtant point sans exemple, le marquis de Grancey, étant entré sur les vaisseaux du roi, n'en conserva pas moins son régiment (1), à la tête duquel il se distingua en Hongrie au combat de Raab, et qu'il mena avec lui à la seconde expédition de Candie, sous le maréchal de Navailles.

Nous parlerons plus loin de la première expédition de Candie, qui eut un si triste dénouement, et qui coûta la vie au comte de Marey, cousin germain du marquis. La seconde, celle de 1669, n'eut pas un résultat plus heureux.

(1) Il ne s'en démit qu'en 1675.

Notre flotte, réunie à Toulon, se composait de vingt vaisseaux, treize galères et trois galiotes. Elle était commandée par l'amiral duc de Beaufort, le célèbre roi des halles de la Fronde ; le général des galères était le comte de Vivonne, frère de Mme de Montespan. On devait rallier en route la petite flotte de Rome et de Naples, sous les ordres du bailli de Rospigliosi, neveu de Sa Sainteté Clément IX, auquel était déféré le commandement en chef.

Le *Lys*, vaisseau de 40 canons avec 230 hommes d'équipage, avait pour capitaine le marquis de Grancey, dont la réputation de bravoure était déjà bien établie.

Après la jonction des flottes combinées, le bailli se fit nommer les officiers français par le général des galères. Tourville, capitaine du *Croisant*, dont le mérite commençait à percer, ne fut point oublié dans cette nomenclature. Lorsque arriva le tour du marquis de Grancey : « Oh ! celui-là, dit Vivonne, n'est point un muguet, mais il est aussi brave et déterminé que pas un, et plus spirituel, plus moqueur et plus salé que les plus malicieux des beaux esprits de la Cour ; en un mot, c'est le marquis de Grancey. — Est-ce donc de la famille du maréchal de Grancey que j'ai eu l'honneur de saluer à Rome ? — Oui, monsieur le bailli. — Il a, dans ce cas, un grand nom à soutenir (1). »

Arrivé sous les murs de Candie, le capitaine de vaisseau redevint colonel du régiment de Grancey, à la tête duquel il appuya la sortie de nos troupes. L'engagement eut lieu près de ce fort de la Sablonnière, sur lequel le comte de Marey avait trouvé l'année précédente une

---

(1) Eugène Sue, *Histoire de la marine française.*

mort héroïque. L'issue du combat fut lamentable : Beaufort succomba glorieusement sans pouvoir conjurer la défaite de ses troupes (1).

Trois ans après, au mois de juin 1672, le roi très-chrétien, par l'entremise de Madame Henriette, était parvenu à entraîner le roi d'Angleterre dans la guerre contre les Provinces-Unies des Pays-Bas.

Trente vaisseaux, cinq frégates et huit brûlots, sous le commandement du vice-amiral d'Estrées, appareillaient du port de Brest, pour rallier la flotte anglaise dans le voisinage de l'île de Wight. Le duc d'York, frère du roi d'Angleterre, devait avoir le commandement des forces navales combinées. Duquesne montait *le Terrible*, sous le pavillon de contre-amiral.

Quant au marquis de Grancey, on lui avait confié le commandement de *l'Illustre*, de 70 canons et 430 hommes d'équipage, le plus beau de notre escadre.

Le 7 juin, au matin, Ruyter parut à l'improviste en vue des forces alliées, avec 86 vaisseaux de guerre, 30 brûlots et force galiotes.

Surpris par cette attaque inopinée, le duc d'York ne put mettre en ligne de bataille qu'une vingtaine de ses vaisseaux. La lutte s'engagea bientôt acharnée entre la flotte anglaise et la flotte hollandaise, et telle fut la valeur déployée de part et d'autre que l'issue en demeura incertaine.

Pendant ce temps-là, l'escadre de Zélande, sous les ordres de Bankert, s'attaquait à nos vaisseaux, conduits par d'Estrées. Mais, pour une cause inconnue qui prêta

---

(1) C'est sans doute dans cette expédition que Grancey s'empara d'un bâton de pacha de l'armée ottomane, ainsi que le rapporte Lautour-Montfort.

chez nos alliés aux plus tristes commentaires, notre escadre gouvernant vers le sud, ne prit point une part sérieuse au combat. Grancey frémissait d'impatience d'accoster l'ennemi, mais il lui fallut se résigner à lâcher de loin quelques bordées qui ne pouvaient être bien meurtrières.

Le lendemain matin, l'action recommença avec la même vivacité, mais sans plus de résultat; elle ne fut définitivement arrêtée que par la retraite des forces hollandaises vers les côtes de Flandre, laissant aux armées combinées l'apparence d'une victoire au moins douteuse.

A quoi attribuer l'espèce d'inaction de notre flotte dans ce conflit où elle prit une part si restreinte? D'Estrées en donna pour cause le vent contraire qui l'éloignait du théâtre de l'action. On y crut voir chez nos voisins d'Outre-Mer le parti pris de demeurer étrangers à la lutte, et l'irritation fut grande parmi le peuple anglais.

Peut-être, il faut bien l'avouer, certaines parties des instructions données par le roi à d'Estrées, prêtaient-elles à ces fâcheux commentaires. Louis XIV, dont les armées de terre supportaient tout le poids de la guerre avec la Hollande, ne pouvait-il se croire dispensé d'agir sur mer? D'ailleurs la diversion opérée par notre escadre, en occupant une partie des forces de Ruyter, n'avait-elle point paralysé ses efforts au profit de nos alliés?

Quoi qu'il en soit, le marquis de Grancey, sous le coup d'un dépit qu'il ne parvenait point à dissimuler, écrivit à Colbert la lettre suivante, qui semble donner raison aux griefs articulés contre d'Estrées :

« Monseigneur,

« Je laisse à beaucoup d'autres qui ont l'esprit mieux tourné que moy à la relation, à vous faire la description d'un grand combat. Pour moy je m'attendois bien d'entrer en dance, quoyque le dernier de la ligne et de parvenir à la plus forte meslée, lorsque contre l'attente de tous les gens du mestier, M. le vice-amiral, au lieu de suivre M. le duc d'Hiorc qui couroit au Nord, mist à l'autre bort pour venir escarmoucher contre l'escadre de Flessingue qui avait reviré probablement pour nous amuser. L'on escarmoucha d'assez loin pour que j'aie regret à 1,800 coups de canon que je tirey pour faire comme les autres ; nous fismes cantité de petites bordées, tout ainsi comme si nous eussions esté de l'escadre de Flessingue, revirant avec eux. Bien des gens croient que si nous eussions couru un bon bort, que nous les eussions mis plus proche de nous. Mais pour moy, Monseigneur, je suis de ces gens qui ont foy pour les généraux et leur capacité, dès qu'il est escrit et siné *Louis*, et ce que les autres attriburoient à une grande faute dans le mestier, j'aime mieux l'attribuer à quelqu'ordre segret, ou à quelque délicatesse du mestier qui passe ma capacité et douze ans d'expérience que j'ay à la marine. C'est de la bonté que vous m'avez promis, Monseigneur, que j'espère qu'elle ne me sera pas inutile. J'espère par vostre moien aller un peu plus viste que je n'ay esté. Si ce pauvre Desardans, qui n'a qu'une jambe à cloche-pied, alloit passer devant moi ; sans passer plus outre, je m'assiérois là, quitterois mon épée, prendrois une plume, et j'écrirois sous un de vos commis jusques à la consommation des siècles, pour ne vous être pas inutile, ayant fait vœu d'être toute ma vie,

« Vostre, etc.,

« Le marquis de Grancey. »

A travers les demi-réticences du marquis, on voit clairement percer de malicieuses insinuations, et ce témoignage devient d'un grand prix pour la solution d'un point historique demeuré assez obscur.

Il peut être curieux de rapprocher de cette relation celle de la gazette de l'époque : nous la reproduisons d'autant plus volontiers, en ce qui concerne le marquis de Grancey, qu'elle est toute à sa louange :

« Lescadre du pavillon bleu, et toute la division du marquis de Grancey ayant jugé que Ruyter leur gagnerait aussi le vent, si elles ne reviraient promptement, mirent à l'autre bord aussitôt pour se les conserver. Elles y réussirent et le marquis de Grancey, avec sa division, soutenu du comte d'Ossery, contre-amiral de l'escadre bleue et de la division, combattit et pressa si fort l'escadre de Zélande, qui courait toujours son même bord, qu'il l'a fit plier. Mais il s'en fallut peu qu'en cette action il ne fût coupé par Ruyter, avec lequel il revint aux mains de fort près, ayant reviré pour se venir joindre à l'escadre des Français..... L'amiral (Tromp) ayant pu rallier Ruyter, le marquis de Grancey et sa division revinrent au combat contre la division du lieutenant amiral hollandais (Ruyter), ce qui permit au commandeur de Valbelles de se rallier au chef d'escadre français qui revira (1). »

Dans ce combat, où il dut voir le feu de plus près qu'il ne le veut bien dire, Grancey avait été blessé, toujours d'après la *Gazette*. Nous venons de voir qu'il n'en parle même point.

Un an après, jour pour jour, les mêmes antagonistes en revenaient aux mains sur les côtes de Hollande. Notre marquis n'eut garde de ne point se signaler encore. L'escadre de Zélande, nous dit la *Gazette*, ploya sous ses efforts. Cette fois Ruyter en personne eut à lutter contre la valeur de Grancey (2).

De cette époque date la promotion de M. de Grancey au grade de chef d'escadre.

Trois ans plus tard, le théâtre de la guerre contre les Hollandais était transporté dans la mer des Antilles, où ils avaient d'importantes possessions.

Par une combinaison qui semblerait aujourd'hui singulière, mais dont on retrouve plus d'une trace à l'époque qui nous occupe, le comte d'Estrées devait armer à ses frais quatre vaisseaux de 50 canons, et quatre frégates de 30, sous le commandement d'officiers de la marine royale. Le marquis de Grancey était son premier chef d'escadre. Dès le mois de mars de cette année, les Hollandais prenant l'offensive s'étaient facilement emparés de Cayenne dont la faible garnison, commandée par le chevalier de Lezy, n'avait pu tenir tête à l'escadre de l'amiral Binkes.

De là, se dirigeant sur l'île de Tabago, point stratégique important pour ses opérations, auxquelles elle

---

(1) *Gazette* de 1672, p. 580-583.
(2) *Ibid.*, t. V, p. 127, et note manuscrite de la Bibliothèque impériale.

pouvait servir de base, l'amiral hollandais, après en avoir pris possession, la fortifia, y mit une forte garnison et songea à y établir une colonie. Dans ce but, il cingla vers nos possessions de St-Domingue et de Marie-Galande, et après les avoir ravagées, en enleva les nègres et le matériel qu'il dirigea sur sa nouvelle colonie.

Sur ces entrefaites arriva le marquis de Grancey, qui avait devancé le comte d'Estrées. Il montait *l'Apollon*, accompagné d'un seul autre vaisseau; l'escadre de Binkes en comptait cinq; mais, sans se préoccuper de cette infériorité, Grancey se met courageusement à la poursuite des Hollandais et remporte une victoire complète.

A la nouvelle de ce succès, Colbert presse le départ de d'Estrées, dont l'escadre quitte Brest le 6 octobre 1676. Dans les premiers jours de janvier 1677, Cayenne était reprise par nos vaisseaux.

Mais c'était contre Tabago que devaient se réunir tous nos efforts. Une première entreprise sur cette île avait été meurtrière pour les Hollandais, qui y perdirent sept vaisseaux, sans entraîner un résultat bien significatif pour les Français, assez maltraités eux-mêmes.

Le 6 décembre 1677, nos forces navales, renforcées par des troupes embarquées à Brest, revenaient à la charge. Grancey réclamait hautement le périlleux honneur de diriger l'attaque, comme premier officier général; d'Estrées s'y opposa sous je ne sais quel prétexte d'ordre de bataille, qui nécessitait la présence des officiers sur les vaisseaux. Peut-être trouvait-il que le marquis s'était déjà fait une part de gloire assez belle.

Le 12, une bombe lancée de l'escadre vint tomber sur le fort, mit le feu aux poudres et ensevelit sous les décombres l'amiral Binkes avec 16 officiers et 250 soldats. D'Estrées, profitant de la confusion, fait débarquer 450 hommes, et, une heure après, le fort tombait en notre pouvoir aussi bien que les vaisseaux ennemis. Grancey avait pris une large part à l'action, et d'Estrées le signalait dans son rapport parmi ceux qui avaient le plus contribué à ce succès inespéré.

Grancey demeura encore à la mer une partie de l'année suivante. Il rallia d'Estrées au mouillage de la Martinique, et fut sans doute chargé d'y commander pendant que l'amiral faisait sa déplorable expédition contre Curaçao. C'est, en effet, vers cette époque qu'il fonda à la Martinique le couvent des Dominicains, au quartier du mouillage de St-Pierre.

Cette campagne devait être pour lui la dernière. En commandant les troupes de débarquement, il s'était exposé à plus d'un péril : un trop long séjour dans l'eau avait développé chez lui le germe d'une maladie de poitrine qui devait bientôt faire de rapides progrès.

Rentré en France, le marquis de Grancey vint prendre possession du gouvernement des ville et château d'Argentan, dont le maréchal de Grancey, son père, s'était démis l'année précédente en sa faveur, et dont les provisions lui furent délivrées le 24 septembre 1677. Son séjour dans son pays natal devait être de courte durée : un an s'était à peine écoulé depuis son arrivée dans son gouvernement qu'il succombait, le 9 septembre 1679, aux atteintes d'un mal inexorable.

La bonté du roi, digne appréciateur de ses services, lui avait ménagé une suprême consolation. Cinq jours avant sa mort, il recevait en effet les provisions de lieutenant général des armées royales.

La dépouille mortelle du marquis de Grancey fut transférée du château d'Argentan, où il était mort, dans le caveau de Médavy, à côté de ses ancêtres.

Le marquis de Grancey avait plus d'un point de ressemblance avec le maréchal son père.

Élevé à cette dure école qui donna à la France les Jean Bart, les Duquesne, les Tourville, mêlé comme eux aux luttes qui illustrèrent notre marine sous le règne du grand roi, grâce à la forte organisation de Colbert, il partageait quelques-uns des travers de nos plus célèbres marins. Négligé dans sa tenue, rude et inculte dans son langage, il cachait sous ces dehors peu séduisants une âme haute et fière, un esprit vif et pénétrant. Pas plus que le maréchal, il ne semblait propre à jouer le rôle de courtisan ; comme lui aussi, il se permettait des réparties dont la naïve brusquerie tranchait au vif sur le langage apprêté de la cour. Étant un jour dans l'antichambre du roi, auquel il allait rendre compte d'une expédition sur mer, il se trouva avec deux maréchaux qui semblaient regarder d'un œil moqueur son accoutrement de marin, plus imprégné de l'odeur du goudron que des parfums à la mode. Le mot malsonnant de palefrenier ayant frappé son oreille : — « Palefrenier ! soit ! dit le marquis, et tout prêt à vous étriller (1). »

Parfois ses réparties étaient plus fines sans être moins piquantes. Un plaisant ayant remarqué qu'il n'avait point de carreau pour s'agenouiller, lui jeta son manchon ; car les hommes en portaient alors aussi bien que les femmes : — « Monsieur, lui dit-il, vous m'avez jeté le chat aux jambes (2). »

(1) Lautour-Montfort, *Généalogie manuscrite.*
(2) *Menagiana*, t. Ier, p. 195.

Avant de parler du mariage et de la postérité du marquis de Grancey, nous ne pouvons passer sous silence un curieux épisode de sa jeunesse dont notre contrée fut le théâtre, et qui eut alors un assez grand retentissement.

Au mois d'août 1659, pendant que l'évêque de Séez, François de Médavy, son oncle, accompagnait le cardinal Mazarin dans son fameux voyage des Pyrénées, où fut négocié le mariage du roi, le marquis de Grancey, privé de la salutaire direction du prélat, conçut le projet de la folle entreprise dont un contemporain nous a transmis le détail (1).

Parmi les voisins du marquis de Grancey, se trouvait la marquise douairière de Nonant et ses deux filles, dont il nous faut dire quelques mots avant de commencer notre récit.

Érigée en marquisat dans les premières années du XVIIe siècle, l'ancienne baronnie de Nonant, située dans l'élection d'Argentan, au diocèse de Lisieux, appartenait depuis longtemps aux Le Conte, barons, puis marquis de Nonant.

La branche des Le Conte de Nonant s'était éteinte depuis quelques années seulement, en la personne du fils unique de notre marquise de Nonant, François Pomponne Le Conte, marquis de Nonant, baron de Beaumesnil, lieutenant pour le roi au gouvernement des bailliages d'Alençon et d'Évreux, mestre-camp d'un régiment de cavalerie. Ce dernier marquis de Nonant, très-riche héritier, jeune et brillant courtisan, avait épousé, au mois de mai 1651, Mlle de Lyonne,

---

(1) *Journal inédit* de M. de Brossard.

Ayant, sans en rabattre rien,
Sept cent mille livres de bien (1).

Mlle de Lyonne n'était pas seulement recherchée pour sa dot : sa merveilleuse beauté pouvait se passer de cet appât, et le marquis de Nonant avait eu à lutter contre plus d'un rival éconduit. Le comte de Selle, l'un des concurrents malheureux du marquis de Nonant, conçut un si vif ressentiment contre ce dernier, qu'il le provoqua en duel peu de temps après son mariage. Le marquis sortit sain et sauf de ce combat; mais, peu de temps après, il mourait, âgé seulement de vingt ans et sans postérité.

Catherine de Lyonne, sa veuve, épousa en secondes noces François de Rohan, prince de Soubise, lieutenant général des armées du roi, mort en 1712, à l'âge de quatre-vingt-un ans (2).

A la mort du marquis de Nonant, ses deux sœurs héritèrent de sa grande fortune. L'une d'elles, Catherine Le Conte de Nonant, épousa le 2 octobre 1660 Hérard Bouton, comte de Chamilly, et eut en partage le magnifique château de Beaumesnil, que l'on admire encore dans l'arrondissement de Bernay (3).

L'autre sœur de Pomponne Le Conte, devenue propriétaire du domaine de Nonant, l'apporta en mariage au marquis du Plessis-Châtillon, et ce dernier prit à son

(1) Loret, *Muse historique.*
(2) C'était cette belle princesse de Soubise, très-avant dans les bonnes grâces du roi Louis XIV, qui éleva si haut la fortune de sa maison.
(3) Passé successivement, par alliance, des Martel aux Béthune-Charost et aux Montmorency, ce château appartient aujourd'hui au comte Rodolphe de Maistre, fils du célèbre écrivain, qui l'a recueilli dans la succession du duc de Laval-Montmorency, mort il y a peu d'années.

tour le titre de marquis de Nonant, que ses descendants continuèrent à porter (1).

La marquise douairière de Nonant, quoique mère de trois enfants et parvenue à la maturité de l'âge, était elle-même assez recherchée à l'époque du mariage de son fils, car Loret nous apprend que le maréchal de L'Hospital fut sur le point de l'épouser en 1651. Nous savons encore, par l'auteur de la *Muse historique,* la grande figure qu'elle faisait alors tant à la cour qu'en province:

> Et la marquise de Nonant
> Qui se pique de grand ménage,
> Tant à la ville qu'au village.

Rien d'étonnant que le voisinage d'une aussi charmante société ait fréquemment attiré le marquis de Grancey. Le château de Médavy n'était en effet éloigné de Nonant que d'une faible distance.

Une des filles de la marquise, nous ne saurions préciser laquelle, avait surtout été l'objet des soins du jeune marquis. Loin de repousser ses vœux, Mlle de Nonant les avait, paraît-il, encouragés jusqu'à lui promettre de l'épouser; mais il fallait le consentement de sa mère, et celle-ci le refusait absolument. Voici ce qu'imagina notre marquis pour y suppléer.

Il se trouvait alors au château de Médavy avec la

---

(1) Les du Plessis-Châtillon, désormais acquis à notre pays, y contractèrent plusieurs alliances. Nous avons parlé ailleurs de celle des Gautier de Chiffreville, aujourd'hui représentés par les Choiseul-Praslin. De 1728 à 1750, deux marquis de Nonant de cette famille furent gouverneurs d'Argentan. Vers la même époque, Louise du Plessis-Châtillon était abbesse de Vignats.

meilleure partie du régiment de Grancey-infanterie, dont le comte Pierre II, son frère aîné, s'était démis en sa faveur, au mois de mars précédent. Il épia le moment où la mère et la fille allaient faire une visite dans les environs, arrêta leur carrosse, et, croyant sans doute sauvegarder ainsi l'honneur de celle qu'il destinait à être sa femme, il les enleva toutes les deux et les conduisit dans son château de Médavy.

L'alarme s'étant répandue parmi les amis de la famille de Nonant, le siége du château de Médavy fut bientôt entrepris par une petite armée, qui ne comptait pas moins de 200 chevaux. Mais la famille de Grancey était puissante dans le pays, où elle avait beaucoup de partisans, et il ne fut pas difficile au marquis d'appeler à son secours de nombreux défenseurs.

Le marquis de Crèvecœur et le comte de Rabodanges, son fils, eurent bien vite rassemblé une foule de gentilshommes de la contrée, parmi lesquels se trouvaient les deux fils de M. de Brossard, auquel nous devons la plupart de ces détails.

En peu de temps, plus de 2,000 chevaux se trouvèrent réunis à Médavy, et l'on allait en venir aux mains quand le comte de Matignon, arrivé lui-même sur les lieux avec une centaine de chevaux, fut assez heureux pour accommoder l'affaire. Il dut, sans doute, le succès de son intervention aux bonnes relations qui l'unissaient au maréchal de Grancey, père du marquis; car le duc de Longueville, gouverneur de la province, qui avait envoyé le capitaine de ses gardes à Médavy, avait vu son autorité méconnue.

L'arrangement proposé par le comte de Matignon et accepté par le marquis consistait à conduire Mlle de

Nonant à l'abbaye d'Almenesches, située dans le voisinage, et à la confier aux soins de l'abbesse Marie-Louise de Médavy, sœur du marquis. Là elle pourrait recevoir les visites de M. de Grancey, sans blesser la bienséance. Quant à la marquise de Nonant, elle devait retourner chez elle, *après avoir reçu les civilités du marquis pour l'entreprise qu'il avait faite* (1).

Un arrêt du Parlement vint mettre fin à cette espèce de séquestration et rendre la liberté à Mlle de Nonant.

On a vraiment peine à comprendre comment une semblable équipée, loin de soulever la réprobation, trouvait, au contraire, de nombreux et zélés complices. La grande jeunesse du marquis de Grancey serait à nos yeux une excuse bien insuffisante, si le souvenir des intrigues de la Fronde n'eût été encore si récent.

Les aventures de cette sorte n'étaient, en effet, point rares au temps de la Fronde, témoin l'enlèvement odieux de la vertueuse Mme de Miramion par Bussy-Rabutin. Le duc de Longueville passait même pour les favoriser dans son gouvernement de Normandie, et beaucoup affectaient de ne voir dans ces violences qu'une forme de galanterie.

Au mois de novembre de la même année 1659, le marquis de Grancey se trouvait encore, avec une partie de son régiment, au château de Médavy, lorsque se passa, dans les rues d'Argentan, la scène tragique dont nous avons parlé ailleurs, entre Nicolas de Heudey de Pommainville et un autre gentilhomme de la contrée. Averti par M. du Four du Saussay, chez lequel M. de Pommainville avait cherché un asile contre ses lâches

---

(1) *Journal inédit* de M. de Brossard. Odolant Desnos.

agresseurs, le marquis de Grancey accourut à la tête de 30 ou 40 cavaliers et parvint à soustraire M. de Pommainville à la fureur de ses adversaires. Le marquis prit la défense de M. de Pommainville avec d'autant plus d'ardeur que ce dernier avait épousé, vers 1651, Charlotte Le Conte de Nonant, qui devait toucher de très-près à celle dont il recherchait l'alliance, si ce n'était sa propre sœur (1).

Le marquis de Grancey, hâtons-nous de le dire, n'épousa pas Mlle de Nonant, et ce qu'il y a de plus piquant, ce qui montre combien peu de pareilles entreprises atteignaient la considération de leurs auteurs, c'est que le marquis de Rabodanges, qui l'avait si vigoureusement soutenu dans cette triste expédition, lui donna plus tard la main de sa sœur.

Nous avons vu, en parlant du troisième mariage du comte Pierre II de Grancey, frère aîné du marquis, qu'on avait d'abord songé à lui faire épouser en 1672 cette demoiselle de Lavallée-Corné, qui ne parvint jamais à obtenir le rang de comtesse de Grancey, auquel elle semblait avoir droit. Le marquis se trouvant alors en mer, son frère aîné lui fut substitué, comme nous l'avons raconté.

Le 25 janvier de l'année suivante, il épousait noble dame Jeanne-Aimée de Rabodanges, fille de haut et puissant seigneur René, marquis de Rabodanges, et de Madeleine-Claude de Martineau de Thuray.

Nous ne pouvons nous dispenser de parler avec quelques détails de la famille de Rabodanges, à laquelle le marquis venait de s'allier et qui habitait notre contrée.

(1) Voir notre *Histoire de Sévigni*, pages 282 et suiv.

Cette famille, d'origine flamande, conserva la terre de Rabodanges, située aux environs de St-Omer, jusqu'au traité de Cambray, sous François Ier (1).

Le premier des seigneurs de Rabodanges dont il soit fait mention fut Claude de Rabodanges, chambellan du roi François Ier et son conseiller d'état. Claude de Rabodanges suivit le vaillant Lautrec en Italie dans sa dernière expédition contre le royaume de Naples. Rabodanges, capitaine des gardes de Lautrec, fut nommé gouverneur du château de L'Œuf. Son illustre maître ayant succombé dans cette dernière campagne à l'épidémie qui ravageait la ville de Naples, Rabodanges, inconsolable de sa perte, se retira du service et vécut loin de la cour, jusqu'au jour où, dans un âge très-avancé, il vint recevoir à Poissy, du roi François II, le grand cordon de l'ordre de St-Michel. Il obtint en outre le gouvernement de Meulan.

L'origine quasi-royale que Claude de Rabodanges tirait du mariage secret de son père avec la mère d'un roi est racontée ainsi par Brantôme : « La reine Blanche (2) vint à espouser son maistre d'hôtel qui s'appeloit le sieur de Rabodanges, ce que le roi, son fils, pour le commencement, trouva fort estrange, mais pourtant, parce qu'elle estoit sa mère, il excusa et pardonna au sieur de Rabodanges pour l'avoir espousée, en ce que le jour, devant le monde, il la servoit toujours de maistre d'hôtel, pour ne priver sa mère de sa grandeur et majesté..... qu'elle s'en serviroit ou de valet ou de maistre, remettant cela à

---

(1) Chrétien, *Almanach argentenais* pour 1842.

(2) On appelait ainsi les reines douairières, parce qu'elles portaient le deuil en blanc.

leurs discrétions et volontés de l'un et de l'autre ; mais pensez qu'il commandoit, car quelque grande qu'elle soit, elle est toujours subjuguée par le supérieur, selon le droit de la nature et de l'agent en cela. Je tiens ce conte de feu le grand cardinal de Lorraine dernier, lequel le faisoit à Poissy au roy François II, lorsqu'il faisoit 18 chevaliers de l'ordre de St-Michel (1). »

Quelle était la reine qu'épousa secrètement le seigneur de Rabodanges ? Brantôme ne la nomme pas : ce pourrait être Louise de Savoie, mère de François Ier, mais c'est plus vraisemblablement la duchesse d'Orléans, mère de Louis XII, qui en effet, dit le commentateur de Brantôme, avait épousé un de ses *domestiques*, nom sous lequel on désigna longtemps les officiers de la maison des grands.

Claude de Rabodanges épousa Jeanne de Cinerieu, dont il eut Louis de Rabodanges, gouverneur de Meulan après son père, en 1545.

Louis de Rabodanges eut, de Jeanne de Silly, François, comte de Rabodanges, seigneur de Crèvecœur, chevalier des Ordres du roi, l'un des principaux chefs des Calvinistes normands, homme d'une bravoure éprouvée (2).

François de Rabodanges épousa, le 4 août 1568, Anne d'Oilliamson qui lui apporta en mariage la terre de Culey-sur-Orne, située dans les environs de Falaise, non loin de la ville d'Argentan, et connue plus tard sous le nom de Rabodanges.

De ce mariage naquit Louis II de Rabodanges, ca-

---

(1) Brantôme, t. III, éd. de Lahaye, 1740, p. 84.
(2) Chrétien, *Almanach argentenais* pour 1842, p. 197.

pitaine de 50 hommes d'armes et chevalier des Ordres du roi, marié en 1598 à Catherine d'Angennes.

C'est en faveur de leur fils, Louis III de Rabodanges, que fut érigée en marquisat, sous le nom de Rabodanges, la terre de Culey-sur-Orne, apportée à son grand père par Anne d'Oilliamson. Les lettres patentes de cette érection, en date de juillet 1649, furent enregistrées en la cour des comptes de Rouen au mois de mars 1651.

Louis III de Rabodanges avait épousé, en 1633, Marie de Lonchamp, dame de Fumichon, fille de Jean, baron d'Évilly, et de Fumichon, chevalier des Ordres du roi, gouverneur de Lisieux, etc. (1).

De ce mariage naquirent six garçons et six filles :

L'aîné, Guy, marquis de Rabodanges, baron de Fumichon, épousa, au mois d'août 1660, Charlotte L'Escalopier, dont il eut :

Louis-César, marquis de Rabodanges, aide de camp du comte de Montrevel, marié en 1693 à Cécile-Adélaïde de La Ferté-Senneterre, fille du maréchal duc de La Ferté-Senneterre et de Madeleine d'Angennes, dame de La Loupe. Dangeau nous fait connaître la triste fin de cette marquise de Rabodanges, qui prise de la petite vérole dans une maison dont les hôtes effrayés la firent inhumainement sortir, mourut à Paris le 14 janvier 1720.

---

(1) Le baron de Fumichon n'avait que deux filles : l'une, la marquise de Rabodanges, et l'autre qui épousa César d'Oraison, marquis de Livarot. Le beau château de Fumichon, échut au marquis de Rabodanges, qui devint baron de Fumichon, et le château d'Ouillie au marquis de Livarot, qui devint baron d'Ouillie. (M. de Caumont, *Statistique monumentale du Calvados*, arrondissement de Lisieux.)

Leur fils Henri, marquis de Rabodanges, mort le 30 novembre 1751, avait épousé, en 1731, Mlle de Neufville de Cléray, qui lui donna un fils et trois filles (1).

Une de ses sœurs avait épousé Louis-Philippe Thibault de La Carte, marquis de La Ferté, fils de François-Gabriel Thibault, marquis de La Carte, gouverneur de Joinville, capitaine des gardes du duc d'Orléans, et de Françoise-Charlotte de La Ferté-Senneterre (2). Il est probable qu'à la mort du dernier des Rabodanges, les Thibault de La Carte héritèrent de ce domaine; car un des derniers propriétaires de Rabodanges, qui vivait encore il y a peu d'années, appartenait à cette famille.

Mais revenons à la marquise de Grancey, Jeanne-Aimée de Rabodanges, cause de cette digression. René de Rabodanges, son père, devait être un des frères puînés de Guy de Rabodanges, dont nous venons de parler.

Après la mort de son mari, la marquise de Grancey continua d'habiter la ville d'Argentan, dont le gouvernement fut donné à son beau-frère, le comte Pierre II de Grancey.

En 1673, l'année même de son mariage, elle avait été marraine de la grosse cloche de St-Germain d'Argentan avec M. du Four de Bellegarde, conseiller du roi, lieutenant général civil et criminel en la vicomté d'Argentan.

En 1683, quatre ans après la mort du marquis, elle était encore à Argentan, où nous l'avons vue recevoir Henriette de Grancey, sa nièce, qui venait d'épouser

---

(1) *Tablettes historiques et généalogiques*, V^e partie.
(2) *Journal de Verdun* (clef du cabinet des princes).— Voir, en outre, *Mémoires* de Saint-Simon, t. Ier, p. 377.

le marquis de Putanges, et conduire les nouveaux époux dans leur gouvernement de Falaise.

Après neuf années de veuvage, elle épousa, en secondes noces, Nicolas-Auguste de La Baume, marquis de Montrevel, maréchal de France, qui mourut sans enfants, à Paris, le 11 septembre 1716, dans sa 71e année (1). La maréchale de Montrevel mourut elle-même cinq ans après, le 11 février 1722, âgée de 68 ans.

De son mariage avec le marquis de Grancey, elle avait eu quatre enfants: deux filles dont nous allons parler, et deux fils dont l'aîné mourut au berceau, et le second en 1682, à Argentan, âgé de quatre ans seulement. Ce dernier, baptisé au lit de mort, fut porté le 6 mai 1682, lendemain de sa mort, au château de Médavy, pour être inhumé dans la sépulture des Rouxel.

La fille aînée du maquis de Grancey, née en octobre 1674, baptisée quelques jours après à Médavy, fut nommée Marie-Françoise-Élisabeth par son oncle Hardouin de Rouxel, abbé de Grancey, premier aumônier de Monsieur, frère du roi, et par la comtesse de La Ferrière, sa tante.

Le 21 février 1699, Élisabeth de Grancey épousait Gabriel-Étienne Texier, comte d'Hautefeuille, baron de Malicorne, etc., mestre de camp du régiment de la Reine (dragons), devenu plus tard lieutenant général des armées du roi.

Mlle de Grancey apportait à son mari 8,000 livres de rentes; le comte d'Hautefeuille en possédait alors 24,000,

---

(1) « Dînant chez le maréchal duc de Biron, une salière s'en répandit sur lui. Il pâlit, se trouva mal, dit qu'il était mort; il fallut sortir de table et le ramener chez lui..... Quatre jours après, il était mort. » Saint-Simon, *Mémoires*, t. VIII, p. 445-446.

tant de sa maison que de ce que lui donnait son oncle, le commandeur d'Hautefeuille, qui s'engageait en outre à les loger et à les nourrir (1).

La famille Texier d'Hautefeuille tirait son origine de Durand Texier, qui vivait en 1251, et fut le premier dont le nom nous soit parvenu (2).

La seigneurie d'Hautefeuille, située dans l'Auxerrois, avait été érigée en comté, au mois d'août 1689, en faveur du mari de Mlle de Grancey (3).

Ce dernier était fils de Germain-Texier d'Hautefeuille, gentilhomme ordinaire de la chambre du roi et conseiller d'état d'épée, et de Catherine-Marguerite de Courtarvel.

Du mariage d'Élisabeth de Grancey avec le comte d'Hautefeuille naquit Jacques-Étienne-Louis Texier d'Hautefeuille, marié en 1729 à Marie-Catherine Sorel, fille de l'ancien gouverneur et lieutenant général pour le roi en l'île de Saint-Domingue.

Leur fils, Charles-Louis, marquis d'Hautefeuille, brigadier des armées du roi en 1770, épousa en 1749 Charlotte de La Tournelle, et plus tard Léonore de Cauvigny d'Escoville (4).

---

(1) *Mémoires* de Dangeau. Ce commandeur d'Hautefeuille, dont parle Dangeau, était Louis-Étienne Texier, mort en 1703, grand prieur d'Aquitaine, abbé du Mont-Saint-Michel, lieutenant général des armées du roi, premier ambassadeur extraordinaire de Malte en France. (*Tablettes historiques et généalogiques*, V^e partie.)

Saint-Simon prétend que la comtesse d'Hautefeuille fit beaucoup parler d'elle. Son portrait, que nous possédons, ne dément point sa réputation de beauté.

(2) La Chesnaye-Desbois.

(3) *Tablettes historiques et généalogiques*, V^e partie.

(4) La Chesnaye-Desbois.

L'aîné des trois fils nés de ce mariage et le dernier représentant de cette ancienne famille, Charles-Louis-Félicité Texier, comte d'Hautefeuille, naquit le 6 janvier 1670. Il fut successivement colonel d'état-major, chevalier de St-Louis, commandeur de la Légion-d'Honneur, gentilhomme de la chambre des rois Louis XVIII et Charles X, membre de la chambre des Députés. Ce dernier comte d'Hautefeuille est mort à Versailles le 21 septembre 1865, âgé de près de 96 ans, chez M. le comte de Delley de Blanc-Mesnil, son neveu.

Il avait été présenté au roi Louis XVI, à Versailles, le 19 février 1787, avec Chateaubriand, comme nous l'apprend l'illustre écrivain dans ses *Mémoires d'Outre-Tombe*. Le comte d'Hautefeuille avait épousé, en 1823, Mlle de Beaurepaire, fille d'un officier vendéen, digne compagne de ce vieux gentilhomme, au caractère si élevé, à l'esprit si cultivé.

« J'ai retrouvé M. le comte d'Hautefeuille, nous dit encore Châteaubriand ; il s'occupe de la traduction de morceaux choisis de Byron. Mme la comtesse d'Hautefeuille est l'auteur plein de talent de l'*Ame exilée*, etc., etc. (1). »

Un fils unique né de ce mariage avait épousé Mlle de Portes, veuve du comte de Bellune, et sœur de la comtesse de Colbert (2). Le comte d'Hautefeuille eut la douleur de voir mourir, quelques années avant lui, cet unique rejeton de sa race (3).

Il semble vraiment que, par une sorte de fatalité,

---

(1) Châteaubriand (*Mémoires d'Outre-Tombe*).
(2) Borel d'Hauterive (*Annuaire de la noblesse* pour 1854).
(3) Notice biographique dans l'*Annuaire de l'Association normande* pour 1866.

tout le noble sang mêlé au sang des Rouxel était voué à la destruction. Les Fervaques, les Monchy, les Castelnau, les Feuquières, les Rabodanges, pour ne parler que des plus connus, ont depuis longtemps cessé d'être représentés parmi nous.

La seconde fille du marquis de Grancey et de Mlle de Rabodanges, Marie-Margueritte de Rouxel, naquit au château de La Forge le 2 février 1676 et fut baptisée dans l'église St-Sulpice à Paris, le 27 mai 1689.

Elle épousa, au mois de février 1705, messire Michel de Fouilleuse, marquis de Flavacourt, capitaine des gardes et lieutenant de roi de la province de Normandie, gouverneur de la ville de Gisors.

Dès le 28 décembre 1704, Dangeau annonçait ce mariage dans son journal : « Flavacourt, à qui le roi a donné l'agrément pour acheter une compagnie aux gardes, n'avait pas l'argent nécessaire pour la payer. Il se marie et épouse Mlle de Grancey, fille du marquis de Grancey, chef d'escadre. Elle a 200,000 livres de bien présentement, et on assure qu'elle en aura autant à l'avenir. »

Moins de deux ans après, le 30 mars 1706, Dangeau parle du triste état de santé du marquis : « Flavacourt, capitaine aux gardes, est tombé dans une maladie qui le réduit dans un si cruel état, que ne pouvant plus servir, on lui a permis de vendre sa compagnie (1). »

(1) Cette maladie ne fut sans doute point mortelle, car Dangeau nous apprend encore, au mois d'octobre 1710 que « Flavacourt, brigadier et colonel de dragons de l'électeur de Cologne, passa pour tué à Aire. »
Au mois de décembre suivant, il revint à la cour, et le roi Louis XIV écrivit à son petit-fils, le roi d'Espagne, pour le faire maréchal de camp. S'il s'agit encore de notre marquis, comme tout porte à le croire, il faut en conclure qu'il servait alors en Espagne.

La terre de Flavacourt, située dans le Vexin, aux environs de Gisors, avait été érigée en marquisat. Elle appartenait depuis longtemps aux Fouilleuse. Philippe de Fouilleuse, seigneur de Flavacourt, bailli de Gisors, fut député de l'ordre de la noblesse pour le bailliage de Gisors, aux états généraux de 1614.

Cette famille avait joué un certain rôle dans les guerres de la Fronde. En 1649, la marquise de Flavacourt, de concert avec la duchesse de Longueville, avait ourdi une trame pour enlever le comte d'Harcourt (cadet La Perle) qui commandait la province de Normandie sous le gouvernement du duc de Longueville. Le comte d'Harcourt en ayant eu avis, s'en plaignit beaucoup, « mais ces dames tournèrent cela tellement en ridicule, que tout le monde l'ayant traité de même, il n'osa plus en rien dire, quoiqu'il ne laissât pas d'en être toujours persuadé (1). »

Mlle de Montpensier ne manquait jamais, dans ses fréquents voyages aux eaux de Forges, de s'arrêter chez les Flavacourt, soit dans leur gouvernement de Gisors, soit à leur château de Cerfontaine, situé à deux lieues de cette ville (2).

Loret, dans sa *Muse historique*, parle des brillantes réceptions faites à Gisors à Mlle de Montpensier et à d'autres grands personnages :

> Madame de Flavacourt,
> Qui fut élevée à la cour,
> . . . .
> Sait parfaitement son monde,

(1) *Mémoires* de la duchesse de Nemours, année 1649.
(2) *Mémoires* de Mlle de Montpensier, *passim*.

> Et reçoit en toute saison,
> Les gens fort bien dans sa maison (1).

La duchesse de Nemours faisait elle-même souvent partie de ces réceptions, auxquelles elle se plaisait fort, au dire de son poète Loret (2).

Nous savons encore par le même auteur que

> Monsieur de Flavacourt Fouilleuse,
> Homme de valeur merveilleuse,
> Fut gouverneur du St-Esprit (3).

Un fils né du mariage de Mlle de Grancey avec le marquis de Flavacourt suivit comme son père la carrière des armes. Mais nous manquons de détails sur son compte, aussi bien que sur ses descendants, s'il en eut.

---

(1) Loret, *Muse historique*, lettre 31 du 5 août 1656.
(2) *Ibid.*, lettre 19 du 19 mai 1657.
(3) *Ibid.*, lettre 49 du 13 décembre 1664.

1655-1725.

Le Maréchal de MÉDAVY.
Jacques-Léonor ROUXEL de MÉDAVY-GRANCEY,
Deuxième maréchal du nom, chevalier des Ordres du roi.

Jacques-Léonor Rouxel de Médavy-Grancey, connu sous le mon de comte de Médavy avant d'être maréchal de France, naquit au château de Chalencey, en Bourgogne, le 31 mai 1655, du mariage de Pierre II, comte de Grancey et d'Henriette de La Palu-Bouligneux, sa première femme.

Les cérémonies de son baptême ne furent célébrées que le 2 décembre 1657 par son grand oncle, François de Médavy, archevêque de Rouen, alors évêque de Séez.

Il eut pour parrain le maréchal de Grancey, son grand-père, et pour marraine Mme de Damas.

Le comte de Médavy, l'aîné de la famille, était naturellement destiné à perpétuer cette lignée de généraux, parmi lesquels il occupe un des premiers rangs. Dès l'âge de 18 ans, en 1673, on en fit un cadet des gardes du corps. Le comte Pierre II de Grancey venait seulement de se retirer, en sorte que le nom de Rouxel ne cessa pas de figurer dans les armées, où il avait jeté tant d'éclat.

Le siége de Maëstricht fut le début de Médavy qui, l'année suivante, accompagna le roi à la conquête de la Franche-Comté et se trouva à la sanglante bataille de Senef.

En 1675, le marquis de Grancey, son oncle, alors chef d'escadre, s'étant démis de son régiment, Médavy reçut la commission de colonel du régiment de Grancey, le 6 mars de la même année.

Le 11 août suivant, il commandait ce beau régiment à la journée de Consarbrick, où le maréchal de Créquy subit une défaite. Dès ce moment, le jeune colonel donna la mesure de sa valeur et de son intrépidité. Blessé dans le combat, il tomba au pouvoir de l'ennemi et fut fait prisonnier.

En 1676, il était au second siége de Maëstricht sous le maréchal de Schomberg.

L'année suivante, il assistait au siége et à la prise de Saint-Guillain; en 1678, à la bataille de Saint-Denis; en 1683, au siége et à la prise de Courtray.

Fait brigadier le 24 août 1688, à la reprise des hostilités, il servit en cette qualité aux siéges de Philipsbourg, Manheim et Frankendal.

En 1689, il assistait à la glorieuse défense de Bonn. L'année d'après, il se signalait d'une manière toute particulière sous le maréchal de Catinat, à la bataille de la Staffarde, et au siége de Suse.

L'encyclopédie du XVIIIe siècle cite du comte de Médavy un acte de bravoure héroïque qui rappelle le trait du maréchal son grand-père, rapporté par le même ouvrage.

« En 1690, dans la guerre que la France déclara au duc de Savoie, le marquis de Grancey (lisez le comte de Médavy) commandant l'aile droite de l'armée de Catinat, trouva un marais bordé de gros bataillons, soutenus de la cavalerie piémontaise, il se mit dans la boue jusqu'au ventre, appuyé sur un de ses gens qui fut tué en lui donnant la main. Lorsqu'il fut au delà du marais, il cria aux soldats : « Je vais bien voir si je suis aimé. » A ces mots, chacun le suivit et passa malgré l'incommodité de l'eau et du feu des ennemis qui se retirèrent en désordre. Il n'y eut pas un seul bataillon oisif et qui ne renversât ce qui lui était opposé (1). »

Telle était la confiance qu'inspirait le comte de Médavy, qu'il reçut, le 1ᵉʳ octobre 1692, le gouvernement des ville et citadelle de Dunkerque, cette clef de la France retirée aux Anglais par l'habileté de Louis XIV (2).

Fait maréchal de camp, le 30 mars 1693, Médavy abandonna son régiment. Il assistait en cette qualité à la bataille de La Marsaille, où il reçut un coup de fusil au travers du corps.

Le comte de Médavy fut un des premiers chevaliers de l'ordre royal et militaire de St-Louis, institué en cette même année 1693 par le roi Louis XIV (3).

Nous le retrouvons, en 1696, au siége de Valence, et l'année suivante au siége d'Ath.

En 1704, il suivit le duc de Bourgone en Allemagne,

(1) *Essai de morale relative au Militaire*, 1 vol. in-12, 1772, cité par l'*Encyclopédie du XVIIIᵉ siècle*.

(2) Le gouvernement de Dunkerque, nous dit Dangeau, était indépendant et valait 24,000 livres de revenu. Le gouvernement de la citadelle valait en outre 6,000 livres. 180,000 livres furent payées au marquis d'Estrades, précédent gouverneur.

(3) Masseville, *Histoire de Normandie*.

fut fait lieutenant général le 29 janvier 1702, et prit, la même année, une part importante à la bataille de Luzzara.

En 1703, Médavy commandait en chef un corps d'armée dans le Trentain ; le 29 juillet, il s'engageait au milieu des montagnes, dans un défilé où deux hommes pouvaient à peine marcher de front, forçant 500 hommes retranchés sur les hauteurs, et, trois jours après, il s'emparait de Riva, avec son château ; Arco, Nago et Torbolé tombaient en même temps en son pouvoir.

Il était en 1704 aux siéges et prises de Verceil, Yvrée, Vérue, et à la bataille de Cassano (1).

Pendant cette campagne et la suivante, le comte de Médavy seconda puissamment le duc de Vendôme contre son redoutable antagoniste, le prince Eugène de Savoie.

L'importante victoire de Calcinato, remportée par Vendôme le 19 avril 1706, fut pour Médavy une nouvelle occasion de se signaler. Le commandement de l'aile droite de l'armée lui avait été confié, et il s'attira les plus grands éloges du général en chef, dans son rapport au roi.

Cependant le duc de Vendôme venait d'être appelé par le roi au commandement de l'armée de Flandres, compromise par l'impéritie de Villeroy.

Le prince de Vaudemont, qu'il fallait ménager, fut un instant désigné pour le remplacer ; mais, par un sentiment chevaleresque qui ne lui fait pas moins d'honneur qu'à son rival, « il avoit mandé au roi que

---

(1) Pinard, *Chronologie historique militaire*, nous apprend que Médavy reçut cette même année le gouvernement d'Argentan, après la mort de son père.

Médavy étant le plus ancien lieutenant général des troupes de France, le commandement tomboit si naturellement en bonnes mains, qu'il croiroit ne pas bien servir les deux rois de lui ôter ce commandement là (1).»

Médavy, qui venait de donner de nouvelles preuves de son mérite, fut donc mis à la tête de l'une des deux armées d'Italie. L'autre n'était malheureusement pas confiée à des mains aussi sûres. La Feuillade et Marsin ne tardèrent pas à le prouver à la funeste bataille de Turin, qui eut un dénouement si déplorable, malgré la valeur qu'y déploya le duc d'Orléans, depuis régent de France.

Il devait être donné à Médavy de réparer ce désastre par une éclatante revanche. Le prince de Hesse-Cassel, ce beau-frère de Charles XII, qui lui succéda sur le trône de Suède, assiégeait, avec 12,000 hommes, Castiglione, delle Stivere, pour s'ouvrir un passage dans le Milanais. Médavy, feignant de fuir un engagement, simule un mouvement de retraite vers Mantoue ; il renforce son armée à même les garnisons de cette ville, de Guastalla, et des autres places voisines, et se voit bientôt à la tête de 25 bataillons et 35 escadrons ; il fond alors à l'improviste sur le prince de Hesse, qui, déjà maître de la ville, s'attaquait au château. Ce dernier s'avance au devant de lui dans la plaine, entre Castiglione et Guidizzolo ; un combat acharné s'engage, avec des chances longtemps incertaines, mais Médavy ayant fait mettre l'épée à la main à toute son infanterie, l'ennemi ne put soutenir ce choc, et la cavalerie ennemie, voyant plier l'infanterie, prit elle-même la fuite, laissant sur le champ

---

(1) *Journal* de Dangeau, du 25 janvier 1706.

de bataille 4,000 tués ou prisonniers, toute l'artillerie et beaucoup d'étendards et de drapeaux.

Un siècle plus tard, le général Bonaparte rendait le nom de Castiglione doublement glorieux pour nos armes.

Les mémoires militaires du marquis de Feuquières, si bon juge en pareille matière, nous fournissent une appréciation judicieuse de la victoire de Castiglione :

« La bataille de Castiglione, gagnée par le comte de Médavy sur le Landgrave de Hesse, le 9 septembre 1706, deux jours après la levée du siége de Turin, est de la première espèce des grandes actions, puisque les deux armées se sont chargées par tout leur front, quoiqu'elles n'aient pas entré en action par tout ce front.

. . . .

« L'infanterie de la gauche de l'ennemi entra d'abord sans peine dans notre droite, où M. de Médavy avoit été obligé de mettre l'infanterie espagnole. Ce vuide fit même un peu prospérer la cavalerie de la gauche de l'ennemi, qui fit perdre le terrain à la cavalerie de notre droite. Mais la seconde ligne ayant marché en avant tout entière, et M. de Médavy ayant fait sortir des bataillons de la seconde ligne pour remplir le vuide que le désordre de l'infanterie espagnole y avoit fait, ce premier désordre se rétablit avec d'autant plus de facilité que toute notre gauche de cavalerie et d'infanterie, ayant emporté la droite de l'ennemi, et nos brigades d'infanterie de la gauche s'étant reployées sur le centre de l'ennemi et ayant chargé cette infanterie en flanc, le désordre fut général sur tout le front de la première ligne des ennemis. Le champ de bataille fut entièrement abandonné avec le canon ; et ce qui voulut se sauver ne put le faire qu'en désordre et à la faveur des monticules, qui, dérobant les fuyards à la vue, leur donnèrent le moyen de repasser le Mincio, au pied de Ponti-Castelli.

« Si l'on avait combattu aussi heureusement à Turin, le roi d'Espagne seroit encore maître de toute l'Italie, et M. de Savoie auroit perdu tous ses états (1). »

L'abbé de Grancey, premier aumônier du duc d'Orléans, et oncle du comte de Médavy, venait d'être tué sous les murs de Turin; ce fut le marquis de Grancey, frère puîné du comte, qui fut chargé par ce dernier de porter à Versailles la nouvelle de la victoire de Castiglione.

En homme prudent et réservé, le marquis fit tout d'abord une relation modérée des avantages remportés par son frère. Cette modestie fut d'autant plus goûtée, que bientôt parvinrent au roi des détails plus circonstanciés et tout à l'avantage de nos armes.

Le monarque témoigna immédiatement sa haute satisfaction aux deux frères, en nommant le comte de Médavy chevalier de l'ordre du St-Esprit, et le marquis de Grancey maréchal de camp de ses armées (2).

Médavy pouvait justement attendre une récompense plus grande du service qu'il venait de rendre à la France. Le cordon de l'ordre, quelque précieuse que fût cette faveur, ne parut point alors la seule à laquelle il pouvait prétendre :

> Médavy se plaint d'avoir eu le cordon
>   Pour le bâton ;
> Que ne fait-il donc comme les autres font :

---

(1) *Mémoires* du marquis de Feuquières, édit. de 1750, t. IV, p. 30 à 33.
(2) *Journal* de Dangeau, 16 et 20 septembre 1706; *Mémoires* de Saint-Simon et *Gazette de France*, année 1706.

> Perdre les batailles,
> Faire rien qui vaille,
> Tout du pis qu'il pourra,
> Sans doute il l'aura (1).

Dès le 15 septembre 1706, deux jours seulement après la bataille de Castiglione, Médavy va trouver à Milan le prince de Vaudemont pour conférer avec lui sur la marche à suivre dans ces circonstances critiques.

Deux plans de campagne furent proposés par Médavy, nous dit Saint-Simon, mais ajoute-t-il, ils ne furent malheureusement pas suivis.

« Médavy, dit à son tour l'auteur du siècle de Louis XIV, ne remporta qu'une victoire inutile, quoique complète. » La défaite de Turin pesait toujours sur notre armée, qui fut contrainte, faute de vivres, à se replier sur le Dauphiné.

Cette retraite eut lieu au mois d'avril 1707 ; Médavy se rendit auprès du roi qui lui fit l'accueil le plus flatteur. L'opinion publique, devançant de plusieurs années la faveur royale, désignait toujours le comte pour le bâton de maréchal (2). Le roi crut l'avoir assez payé avec le cordon du St-Esprit, auquel il joignit, dès le 10 mai, le gouvernement de la province du Nivernais, appartenant au célèbre neveu de Mazarin, le duc de Nevers.

Le roi était à Marly à l'arrivée de Médavy :

« Il vint, dit Saint-Simon, saluer le roi dans ses jardins, dont il fut très-bien reçu, après quoi il le

---

(1) Chanson de 1706, sur l'air *Des Matelots*.
(2) *Journal de Verdun*, juillet 1707, p. 403.

suivit chez Mme de Maintenon, où il demeura une heure avec lui à lui rendre compte d'un pays et d'un retour qu'il devoit entendre avec une grande peine. »

« Le roi, ajoute Dangeau, lui a donné ordre de se tenir prêt à partir le 23 de ce mois ; il commandera une armée en chef. Il assure qu'il a ramené 20,000 hommes des meilleures troupes du monde. Il a une chambre ici (à Marly), et le roi lui a permis d'aller à Paris tant qu'il voudrait pour ses affaires, afin que rien ne retarde son départ (1). »

Quelques jours après, le roi ayant appris que le gouvernement du Nivernais avait moins de valeur qu'il ne l'avait supposé, y joignit spontanément une pension de 12,000 livres. « Toutes ces grâces, dit Saint-Simon, contre l'ordinaire, ne furent enviées de personne, et chacun y applaudit avec grande raison. »

Médavy partit donc un mois après pour aller commander en Savoie et en Dauphiné, d'abord sous le maréchal de Tessé, puis bientôt en premier, avec le traitement de général d'armée. Il avait sous ses ordres deux lieutenants généraux et deux maréchaux de camp, dont l'un n'était autre que son propre frère, le marquis de Grancey.

Sur ces entrefaites, le duc de Savoie et le prince Eugène marchaient sur Toulon, pour en former le siége et se ménager par cette importante position une communication avec les Cévennes, à peine pacifiées. Heureusement l'armée du Dauphiné put arriver à temps pour fortifier la garnison, battre l'armée ennemie et la forcer à une prompte retraite. Médavy fut encore le

(1) *Journal* de Dangeau, du 10 mai 1707.

héros de cette rapide et brillante campagne, s'il faut en croire les couplets qu'elle inspira, tant en langue française qu'en dialecte provençal :

> Hesse Cassel dit : C'est tout de bon
> Que l'on nous fait la guerre,
> Un maréchal, avec Dillon,
> Est joint à Saint-Patère ;
> Il faut abandonner Toulon,
> La faridondaine, la faridondon,
> Pour prendre au filet Médavy,
> Biribi,
> A la façon de Barbarie,
> Mon amy.

> Per lou héros de Castilloun (Castiglione)
> Marquen nouestro reconnaissanço,
> Quan arribet emé Mounguoun
> La joyo fouguet en Provenço.
> Digné de sa grando naissanço
> Venié per Creissé soun renoum,
> Si ders ennemis la prudenço
> Lairé pas laissat à Seilloum (1).

De 1708 à 1713, Médavy se trouva à toutes les affaires

---

(1) Chansons du temps. *Seilloum* était le camp de Médavy. Voici un autre couplet satyrique sur le siége de Toulon :

> Feras-tu des sottises,
> Savoyard, tous les jours ?
> Toutes tes entreprises
> Se tournent à rebours ;
> . . . .
> Tu ne prendras Toulon,
> Don, don,
> Que lorsque l'on verra, là, là,
> Commander La Feuillade.

du Dauphiné, sur les frontières de la Savoie et du Piémont. Après la paix il commanda en chef en Dauphiné et en Provence, où ses soins vigilants parvinrent à arrêter la peste et à en affranchir le Dauphiné, comme le reste de la France.

Au mois de janvier 1711, le comte de Médavy qui était chevalier de l'Ordre depuis 1706, fut mandé à Paris, de Grenoble où il commandait, pour recevoir des mains du roi l'investiture de sa dignité. Il n'en portait pas moins les insignes depuis la bataille de Castiglione (1).

En 1713, Médavy recéda son gouvernement du Nivernais au duc de Nevers, qui le possédait avant lui, et qui lui en donna 50,000 écus.

A la mort du roi, sa faveur ne fit que s'accroître. En 1718, faisant revivre la prétention d'un brevet de retenue qu'avait le maréchal de Grancey, son grand père, sur le gouvernement de Thionville, il recevait pour cette cause 250,000 livres en billets d'état. On lui promettait en même temps le commandement en chef des troupes d'Italie (2).

Il n'en obtint pas moins le gouvernement de Thionville le 30 août 1719 (3), et des ville et principauté de Sedan, en 1720.

Enfin, en 1722, le roi lui donna gracieusement six des quarante pièces de canon qu'il avait prises à Castiglione, avec permission de les placer à son château

---

(1) Pinard, *Chronologie historique militaire*. Au nombre des chevaliers reçus était le prince de Conti.

(2) *Journal* de Dangeau, des 13 juin 1716 et 23 janvier 1718.

(3) Pinard, *loco citato*.

de Grancey, nonobstant toutes ordonnances contraires, auxquelles il fut dérogé en sa faveur.

Cette même année il assistait, comme chevalier du St-Esprit, au sacre du jeune roi Louis XV, avec les comtes de Matignon et de Goesbriant. Saint-Simon, si féroce sur l'étiquette, était tout scandalisé de voir figurer ces trois chevaliers au même rang que le maréchal duc de Tallard (1).

A plusieurs reprises il avait été question de lui pour le bâton de maréchal. On voulut également faire revivre en lui le titre de duc de Grancey, obtenu par son aïeul, le maréchal de Fervaques, peu de temps avant sa mort. C'est encore les chansons du temps qui nous font connaître ce projet, auquel il ne fut pas donné suite. On retrouve il est vrai dans ces couplets la malignité qui caractérise si souvent ces productions éminemment françaises :

> Que Médavy soit élevé
> A la plus haute dignité,
> Que le régent le fasse en somme,
> Maréchal ou duc, c'est tout un :
> On pourra dire : c'est un homme,
> Quand il aura le sens commun.

Les ducs de Montmorency et de Grammont, dont il s'agissait aussi de faire des maréchaux, n'étaient pas plus épargnés dans cette chanson.

Ce n'est qu'en 1724 que lui fut enfin conférée cette suprême dignité, pour laquelle l'opinion publique l'avait depuis longtemps désigné. Les provisions de maréchal

---

(1) *Mémoires* de Saint-Simon, t. XIII, p. 5.

lui furent accordées le 22 février de cette année (1).

Rien ne semblait manquer à la fortune du maréchal de Médavy : comblé d'honneurs, de gouvernements, de pensions et de gratifications, il joignait à tous ces avantages des revenus énormes.

Le comte de Grancey, son père, s'était démis en sa faveur de la baronnie de Médavy, se réservant seulement 12,000 livres de pension ; son grand-oncle, l'archevêque de Rouen, après lui avoir donné la terre et le comté de Grancey, lui légua tous ses biens en mourant ; le marquis de Grancey, son oncle, lui avait abandonné les terres du château d'Almenesches, de Painthièvre, de la Quatorzaine et du fief commun, qu'il unit à la baronnie de Médavy, ainsi que les fiefs et terres de Boissey, Marigny et Bois-Maheut.

L'abbé de Grancey, son oncle, premier aumônier de Monsieur, la comtesse de Marey, gouvernante des enfants de Monsieur, et Madame de Grancey, dame d'atours de la reine d'Espagne, ses tantes, lui avaient abandonné tout ce qui pouvait leur revenir de la succession du maréchal son grand-père ; enfin, ses frères, les marquis et comte de Grancey, avaient renoncé en sa faveur à la succession de leur père (2).

Son alliance dans la puissante maison de Colbert, mettait le comble à tous ces avantages. Tout semblait

---

(1) La marquise de Prie, sa cousine, qui, sous le premier ministre, M. le duc de Bourbon, gouvernait alors la France, aida-t-elle à la promotion du maréchal ? En tout cas, ce ne serait pas la plus mauvaise page de son règne de deux ans.

(2) En 1718, il obtint en outre du régent 50,000 livres, sur une ancienne prétention d'un brevet de retenue du maréchal de Grancey, son grand-père, à l'occasion du gouvernement de Thionville qu'avait possédé ce dernier.

donc lui sourire, quand une mort subite vint le surprendre le 6 novembre 1725, à l'âge de 70 ans, tout, sauf ce que lui et les siens désiraient le plus ardemment, la joie si légitime de voir perpétuer son nom. Nous avons raconté, en parlant des enfants de Pierre II, père du maréchal, par quelle suite de déceptions toutes ces espérances s'évanouirent entièrement.

Dès le 12 juin 1685, le comte de Médavy, n'étant encore que colonel au régiment de Grancey, avait épousé très-haute et très-puissante dame Marie-Thérèse Colbert de Maulévrier, à laquelle nous consacrerons un article particulier au chapitre des dames de Grancey à la Cour.

Si, grâce aux rares qualités de la comtesse, sa femme, il put goûter le bonheur domestique pendant les 40 ans qui s'écoulèrent depuis son mariage jusqu'à son décès, il eut la navrante douleur de voir mourir sans postérité les deux seuls enfants que lui donna Marie-Thérèse de Maulévrier.

Le premier de ces enfants, Elisabeth-Victoire Rouxel de Médavy, née à Paris, le 27 mars 1686, eut pour parrain, à St-Eustache, où elle fut baptisée, le marquis de Seignelay cousin germain de sa mère.

Dans son ardente préoccupation de perpétuer parmi sa descendance le nom de Rouxel qui menaçait de s'éteindre, le maréchal de Médavy choisit pour gendre le marquis de Grancey, son propre frère. Ce mariage eut lieu en 1714, d'après Dangeau, quoiqu'on lui assigne ordinairement pour date l'année 1713. La dispense obtenue du pape coûta, toujours d'après Dangeau, 10,000 écus.

Le maréchal avait obtenu un congé d'un mois pour

assister à ce mariage, et la survivance du gouvernement de Dunkerque fut gracieusement accordée, sur sa sollicitation, au marquis de Grancey.

Cette alliance ne porta point d'heureux fruits. La marquise de Grancey mourut à Paris, le 23 février 1716, en couches d'une fille qui ne lui survécut pas.

Une autre fille du comte de Médavy et de Marie-Thérèse Colbert, née à Pont-Saint-Maxence en 1687, était morte avant d'être nommée.

Le maréchal de Médavy, déçu dans toutes ses espérances de postérité, mourut lui-même subitement à Paris le 6 novembre 1725, à 6 heures du soir, âgé de 70 ans 1/2 (1).

Son corps fut exposé le lendemain en son église paroissiale de St-Eustache, avec toute la pompe due à sa position. Il fut inhumé dans l'église des Dames Capucines de la place Vendôme, à côté du maréchal de Grancey, son grand-père.

Lautour-Montfort a tracé ce portrait du maréchal de Médavy :

« Il était de moyenne stature, mais très-bien fait dans sa taille ; il avait de grands yeux, les sourcils fort hauts, le nez aquilin et les lèvres très-vermeilles, ce qui lui donnait une représentation agréable et majestueuse tout à la fois. Il était fort adroit et léger dans les exercices, et particulièrement dans ceux du

(1) Notre impartialité ne nous permet point de passer sous silence un témoignage du relâchement de mœurs du maréchal. Un fils naturel né de lui et de Charlotte-Claude Dandieu, le 28 décembre 1693, fut reçu clerc de la chapelle du duc d'Orléans en 1720, et chapelain de l'ordre de St-Lazare en 1723. Il avait reçu les prénoms d'Éléonor Hugues. (P. Anselme, article Rouxel.)

cheval, où il excellait, témoin ce qu'il fit en présence du roi Louis XIV, étant à la chasse.

« Le maréchal était grand, libéral, doux, affable, et humain envers tout le monde. Ses largesses et sa douceur le faisaient adorer du soldat ; sa politesse et son humanité lui attiraient les acclamations amoureuses des peuples ; son grand art de commander le faisait souhaiter de tous les officiers de l'armée.

« Il était curieux des beaux-arts et se piquait même de les connaître parfaitement..... »

Quelque flatté que puisse paraître le portrait physique du maréchal, il n'est point en désaccord avec la gravure de la bibliothèque Impériale représentant le comte de Médavy en général d'armée, le bâton de commandement à la main, sur un champ de bataille.

Cette belle gravure, qui fut sans doute inspirée par le souvenir de Castiglione, est pour nous bien préférable au portrait de Mauzaisse qui se trouve dans la galerie des maréchaux, au château de Versailles (1). »

Quant aux qualités morales dont Lautour-Monfort se plaît à orner son héros, on a pu se convaincre dans le courant de cette notice qu'elles sont, pour la plupart, amplement justifiées.

A l'appui de la libéralité du maréchal, nous ajouterons, avec son panégyriste, que ses immenses revenus ne lui suffisant point, il fut contraint d'aliéner une partie de ses biens. Aussi Louis XIV disait-t-il, en

---

(1) Nous possédons un portrait du maréchal de Médavy, évidemment antérieur au portrait de Versailles, mais fait après la réception du comte dans l'ordre du St-Esprit, dont il porte les insignes.

parlant de lui, « qu'il connaissait deux seigneurs à la cour qu'il ne pouvait enrichir (1). »

Les Champs-Élysées de Grenoble, exécutés sur ses plans et à ses frais, témoignent assez de son goût pour les arts et de sa générosité.

Mais ce fut surtout son château de Grancey qui porta l'empreinte de sa magnificence. C'est au maréchal de Médavy qu'est en effet due la reconstruction de ce magnifique château, isolé sur un rocher de 200 pieds, et orné, dit Lautour-Monfort, de tout ce que l'architecture moderne a de plus recherché.

Nous avons dit qu'il avait obtenu du roi, pour les y transporter, six des canons pris par lui sur l'ennemi. On y admirait surtout la statue équestre du maréchal, de grandeur naturelle. Cette statue en bronze était due à un habile sculpteur italien, qui avait reproduit avec la plus grande fidélité les traits et l'attitude du comte de Médavy. Elle reposait sur un piédestal en marbre d'Italie, de neuf pieds de hauteur.

Le parc du château de Grancey renfermait une héronnière entretenue avec le plus grand soin ; elle était peuplée d'hôtes si nombreux que, quand les hérons prenaient leur vol, *l'air en était obscurci*. Aussi la héronnière de Grancey n'avait-elle point de rivale, pas même celle de Versailles, malgré les emprunts que le roi avait faits au maréchal.

Nous avons vu, en parlant du comte de Grancey,

---

(1) Nous possédons, dans nos papiers de famille, l'état des biens laissés par le maréchal de Médavy à sa mort. Il en résulte que malgré les aliénations faites antérieurement, le capital de ces biens était encore évalué à 1,300,000 livres, équivalant à près de 4,000,000 de nos jours. Il est vrai que ses dettes ne montaient pas à moins de 800,000 livres.

chef d'escadre, comment le château de Grancey, donné en douaire à la comtesse sa veuve, fut par elle légué à son neveu le marquis de Tourny, et comment ce dernier le transmit à son tour au baron de Mandat, dont le fils, le comte de Mandat-Grancey, le possède aujourd'hui.

Quoiqu'il ait en grande partie conservé son ancienne splendeur, le château de Grancey a perdu, pendant la tourmente révolutionnaire, quelques-uns de ses plus précieux souvenirs. C'est ainsi que la belle statue du maréchal est tombée sous le marteau des démolisseurs. Quant aux canons pris à Castiglione, ils ont également disparu à la même époque, sans qu'on sache ce qu'ils sont devenus.

1666-1728.

François ROUXEL de MÉDAVY,

Deuxième marquis de Grancey, lieutenant général des armées du roi.

François Rouxel de Médavy, marquis de Grancey, qu'il ne faut pas confondre avec le premier marquis de Grancey, son oncle, était fils du comte Pierre II de Grancey, et de Anne du Plessis-Bezançon, sa seconde femme.

Il naquit au château de Grancey, le 30 octobre 1666, et ne fut baptisé que dix ans après, le 18 août 1676, en l'église paroissiale de St-Martin de Courcelles, au diocèse de Rouen, probablement par son grand-oncle, François de Médavy, archevêque de Rouen, nommé à ce siége quelques années auparavant.

Son parrain fut le prédécesseur de son grand-oncle dans l'archevêché de Rouen, le célèbre Harlay de Chanvalon, alors archevêque de Paris ; sa marraine, la comtesse de Hally de La Ferrière, Marie Rouxel de Médavy, fille du premier comte de Marey.

D'après un usage qui n'était point particulier à sa famille, François de Grancey, dont les deux aînés avaient pris le parti des armes, fut d'abord destiné à l'Église. Confié aux soins de l'archevêque de Rouen, son grand-oncle, il reçut la tonsure des mains de ce prélat le 22 décembre 1679, à l'âge de 13 ans. Chez lui, comme chez ses devanciers, l'instinct guerrier ne put être refoulé, et son second frère étant venu à mourir dans un âge peu avancé, il fut reçu mousquetaire à l'âge de 20 ans.

Quatre ans plus tard, en 1690, il servait sous le Dauphin en Allemagne. L'année suivante, il assistait au siége de Mons. Le 14 octobre de cette même année, ayant obtenu une compagnie d'infanterie au régiment de Grancey, commandé par son frère aîné, le comte de Médavy, depuis maréchal de France, il alla rejoindre l'armée de Piémont et se trouva aux siége et prise du château de Montmélian. Il assista dans les Vallées à toutes les affaires contre les Vaudois.

L'année suivante, l'armée se tint sur la défensive; mais le 1er avril 1693, le comte de Médavy ayant été fait maréchal de camp, le marquis de Grancey fut nommé colonel de son régiment, à la tête duquel il prit part au combat de la Marsaille, où fut blessé le comte de Médavy, et où Catinat se couvrit de gloire.

Pendant les trois campagnes qui suivirent, le marquis continua à servir en Italie.

Le 29 janvier 1696, il reçut le collier de l'ordre du Mont-Carmel et de St-Lazare.

En 1696, la paix fut faite avec le duc de Savoie, mais la guerre continua avec les Impériaux et les Espagnols.

Le marquis de Grancey se trouva au siége de Valence.

L'année suivante, il rejoignit l'armée de Flandres, servit sous le maréchal de Boufflers, et assista au siége d'Ath.

La paix conclue à cette époque fut de nouveau rompue en 1701. Grancey fit alors partie de l'armée d'Allemagne.

Repassé en Italie en 1702 avec le duc de Vendôme, il combattit intrépidement sous ce général le 15 août, à la bataille de Luzzara, livrée sous les yeux du roi d'Espagne, petit-fils de Louis XIV. La brigade de Grancey avait reçu l'ordre de se retrancher dans un petit bois, au bord du Pô. Là elle eut à soutenir le feu meurtrier de l'ennemi ; le régiment de Grancey pliait sous le choc, lorsque son colonel qui venait d'avoir la main fracassée d'un coup de mousquet, ayant à peine pris le temps de se faire panser, reparaît à sa tête et ranime l'ardeur des soldats ébranlés, par sa vigueur et sa fermeté (1).

Quatre mois après la bataille de Luzzara, le marquis de Grancey était fait brigadier d'infanterie. Il servit en cette qualité dans l'armée du comte de Médavy, son frère, et concourut sous ce général à la prise des retranchements Impériaux dans les vallées de Leder et de Nota, aux prises de Riva, Nago, Arco et Torbolé.

En 1704, Grancey était aux prises d'Ivrée et de Verceil. Au siége de Verue, il fit un nouvel acte d'intrépidité rapporté ainsi par la *Gazette* :

« Le marquis de Grancey, brigadier, attaqua l'angle de gauche de la parallèle, défendu par un ouvrage en forme d'ouvrage à corne, détaché du fort avec lequel il communiquait par une espèce de chemin couvert, fortifié d'un double rang de palissades. Le marquis de Grancey ayant trouvé peu de résistance à l'angle de la droite, fit entrer dans l'ouvrage à corne un sergent avec

(1) *Histoire militaire* de M. de Quincey, t. III, p. 676.

dix hommes, soutenus par une compagnie de grenadiers, qui en chassèrent les ennemis, après en avoir tué une partie ; mais un moment après ils firent jouer deux fougades qui n'enlevèrent qu'un soldat, et ensuite une mine considérable qui ne blessa personne ; néanmoins les ennemis, croyant qu'elle aurait mis les troupes en désordre, s'avancèrent pour reprendre l'ouvrage l'épée à la main ; mais le marquis de Grancey accourut avec d'autres troupes, les repoussa, et étant demeuré maître de ce poste, il fit faire un logement à la gorge. »

La place ne se rendit pourtant qu'au mois d'avril de l'année suivante (1705). Le marquis avait reçu plusieurs blessures pendant ce siége long et meurtrier ; il dut revenir en France pour prendre les eaux de Baréges. Le roi, nous dit Dangeau, lui accorda à cette occasion une pension de 1,000 écus.

Ses blessures à peine guéries, il se hâta de retourner à son poste et arriva à temps pour prendre part, le 16 août 1705, au combat de Cassano, où il remplit les fonctions d'aide-major de l'infanterie, et paya tellement de sa personne que Vendôme, dans son rapport au roi, le signalait comme un des quatre qui s'étaient le plus distingués (1).

Le 17 avril 1706, il était avec le comte de Médavy, son frère, à l'affaire de Calcinato.

Nous avons vu, à l'article du maréchal de Médavy, quelle part le marquis de Grancey prit à l'importante victoire de Castiglione, remportée par son frère, et comme il fut chargé par ce dernier d'en apporter la nouvelle à Versailles.

(1) *Journal* de Dangeau des 8 mai et 23 août 1705.

Fait maréchal de camp en récompense de sa belle conduite à Castiglione, le 21 septembre 1706, il se démit de son régiment en faveur du marquis de la Chesnelaye, frère du duc de Gesvres, qui lui en donna 66,000 francs.

Envoyé le 20 avril 1707 à l'armée du Dauphiné, sous le comte de Médavy, il se trouva avec ce dernier à la défense de Toulon, et partagea sa popularité à la suite de cette heureuse campagne.

Pendant les cinq années suivantes, il continua à servir en Savoie et Dauphiné dans les armées du maréchal de Villars et du maréchal de Berwik.

En 1713, il fit la campagne du Rhin et se trouva aux siéges de Landau et de Fribourg.

En 1714, le roi lui accorda les provisions du gouvernement des ville, citadelle et pays de Dunkerque, sur la démission du comte de Médavy.

Le 8 mars 1718, il fut fait lieutenant général des armées du roi.

Enfin le 6 octobre 1725, après la mort du maréchal, son frère, il obtint le gouvernement des ville et château d'Argentan, que sa famille possédait depuis plus d'un siècle et demi.

Le marquis de Grancey avait dans le duc d'Orléans un ami dévoué non moins qu'un puissant protecteur. Lautour-Montfort va jusqu'à dire qu'il fut un des plus intimes confidents du régent; s'il se tait prudemment sur la nature de cette liaison, Saint-Simon a pris soin de nous la faire connaître : c'était un de ces *roués* si tristement célèbres dont il nous a retracé la vie :

« La chère exquise s'apprêtait dans des endroits faits exprès, de plain-pied, dont tous les ustensiles étaient d'argent ; eux-mêmes mettaient souvent la main à l'œuvre avec les cuisiniers. C'était en ces séances où chacun était repassé, les ministres et les familiers tout au moins comme les autres, avec une liberté qui était licence effrénée. Les galanteries passées et présentes de la cour et de la ville sans ménagement, les vieux contes, les disputes, les plaisanteries, les ridicules, rien ni personne n'était épargné. M. le duc d'Orléans y tenait son coin comme les autres, mais il est vrai que très-rarement tous ces propos lui faisaient-ils la moindre impression. On buvait d'autant, on s'échauffait, on disait des ordures à gorge déployée, et des impiétés à qui mieux mieux, et quand on avait bien fait du bruit et qu'on était bien ivre, on s'allait coucher, et on recommençait le lendemain. Du moment que l'heure venait de l'arrivée des soupeurs, tout était tellement barricadé au dehors que, quelqu'affaire qu'il eût pu survenir, il était inutile de tâcher de percer jusqu'au régent. Je ne dis pas seulement des affaires inopinées des particuliers, mais de celles qui auraient le plus dangereusement intéressé l'État ou sa personne, et cette clôture durait jusqu'au lendemain matin (1). »

Les *roués* n'étaient pas bien nombreux, dix ou douze tout au plus. C'étaient le duc de Broglie, frère aîné du maréchal, le duc de Brancas, le duc de Biron, Nocé, fils de Fontenai sous-gouverneur du régent, Canillac, membre du conseil de régence, et enfin le marquis de Grancey. Le nom de ce dernier ne figure point dans tous les mémoires contemporains, mais Saint-Simon le désigne en toutes lettres dans un autre

(1) *Mémoires* de Saint-Simon, t. VIII, p. 348.

passage : « Je me rendis sur les quatre heures au palais royal ; un moment après La Vrillière y vint qui me soulagea de la compagnie de Grancey et de Broglie, deux des *roués* que j'avois trouvés dans le grand cabinet, au frais, familièrement, sans perruques (1). »

Les héros de ces saturnales n'avaient pas même l'excuse de la jeunesse. Le régent approchait de la cinquantaine, et Grancey l'avait dépassée.

On peut bien croire que, dans une telle passe, le marquis n'était point oublié dans la distribution des faveurs ; aussi fut-il comblé de pensions et de gratifications. Son mérite, il est vrai, ne l'en rendait point indigne, mais nous voudrions pour sa mémoire qu'il ne s'y fût point mêlé d'autres causes.

Nous avons vu qu'en 1713 le marquis de Grancey, alors âgé de 47 ans et maréchal de camp, avait épousé Élisabeth-Victoire Rouxel de Médavy, sa nièce, fille du comte de Médavy, depuis maréchal de France.

Malgré la défaveur qui s'attache avec raison à ces sortes d'alliances, on s'explique facilement le choix du maréchal, menacé de voir périr son nom. D'ailleurs la disproportion de l'âge n'était pas très-considérable entre l'oncle et la nièce, puisque celle-ci n'avait que 20 ans de moins que le marquis. Il ne faut pas oublier non plus que ce dernier n'était pas né du même mariage que son frère aîné, ce qui atténuait d'autant l'inconvénient de la consanguinité.

Malheureusement cette alliance demeura infructueuse, puisque la marquise mourut à Paris, le 23 janvier 1716,

---

(1) *Mémoires* de Saint-Simon, t. X, p. 302.

en couches du seul enfant né de ce mariage et qui ne lui survécut point.

A la mort du maréchal de Médavy, le marquis de Grancey devint chef de nom et d'armes de sa maison. La baronnie de Médavy tomba par suite en sa possession, aussi bien que les fiefs et seigneuries des Essards, du château d'Almenesches, de Painthièvre, du Balu, de Boissey, Marey, Messez, Blanche-Lande, Marigny, Boismaheult, Almenesches, la quatorzaine, le fief commun, tous réunis en 1723 à la baronnie de Médavy, ancien patrimoine de cette maison. Il joignit à ces importantes possessions le comté de Grancey, érigé en duché en faveur du maréchal de Fervaques, son trisaïeul; les baronnies de Marey et de Sélongey, situées en Champagne et en Bourgogne, avec toutes les seigneuries en dépendant; la terre de la Mothe-Peley; le domaine d'Essey et le territoire de la Boyère, par échange du roi.

Onze ans s'étaient écoulés depuis son veuvage, lorsqu'en 1727, à l'âge de 64 ans, le marquis de Grancey, toujours préoccupé du désir de perpétuer son nom, et sans doute sollicité par le comte de Grancey, son jeune frère, dont le mariage avec Mlle de Tourny était demeuré stérile, prit la résolution de contracter une nouvelle alliance.

Si cette alliance fût devenue féconde, le sang qu'elle aurait ajouté à celui des Rouxel lui eût apporté un nouveau lustre, puisque c'était le sang des Sully et des d'Harcourt.

La nouvelle marquise de Grancey, Marie-Cazimire-Thérèse-Genneviève-Emmanuelle de Béthune, était fille de Louis-Marie-Victoire, comte de Béthune, brigadier des armées du roi, et d'Henriette d'Harcourt-Beuvron.

Arrêtons-nous quelques instants sur l'origine de ce comte de Béthune, neveu du roi de Pologne, l'héroïque Jean Sobieski, qui sauva la chrétienté en remportant la victoire de Vienne contre les Turcs, en 1683.

Le marquis de La Grange d'Arquien, capitaine des cent suisses, mort cardinal en 1707, avait eu de Louise de La Châtre, fille de Claude de La Châtre maréchal de France, et de Jeanne de Chabot, un fils et cinq filles dont deux se firent religieuses.

La seconde de ces filles, Marie-Cazimire de La Grange d'Arquien, épousa en premières noces Jacob Radziwil, prince de Zamoski, Palatin de Sandomir. La jeune princesse étant bientôt demeurée veuve sans enfants, hérita des grands biens du prince, et tel était son mérite personnel, joint à sa haute position, qu'elle ne tarda pas à attirer les regards de Jean Sobieski, dont elle devint la femme en 1665 (1).

Cependant la fille aînée du marquis d'Arquien, Louise-Marie de La Grange d'Arquien, qui était demeurée en France, épousa à son tour, en 1669, son parent, François, marquis de Béthune, fils d'Hippolyte de Béthune, comte de Selles et d'Anne-Marie de Beauvilliers de St-Aignan.

A l'avènement au trône de son beau-frère Jean Sobieski, en 1674, le marquis de Béthune fut envoyé par la cour de France pour complimenter le nouveau roi de Pologne. Fait chevalier du St-Esprit au mois

---

(1) Leur petite fille épousa, en 1718, à Rome, le roi Jacques d'Angleterre, comme on disait alors, plus connu sous le nom de chevalier de St-Georges, et devint mère de l'infortuné Charles-Édouard, surnommé le Prétendant (Saint-Simon, t. II, p. 31, 171, 377 et suiv.).

de décembre 1675, le marquis, dont le crédit justement acquis dans les deux cours ne se démentit jamais, repartit avec sa femme pour Varsovie, où il demeura ambassadeur extraordinaire du roi de France, et où il procura les plus grands établissements à sa famille.

Après avoir marié en 1678 Mlle d'Arquien, sa belle-sœur, au grand chancelier de Pologne, le comte de Wicillopolski, il fit épouser, en 1690, l'aînée de ses propres filles au prince Ratziwil, neveu du roi de Pologne, grand maréchal de Lithuanie, et la seconde, en 1693, au comte Jablonouski, grand enseigne de Pologne, palatin de Wolhynie, puis de Russie, frère de la comtesse Bnin Opalinska, mère du roi Stanislas et grand'mère de la reine de France, Marie Leczinska.

Outre ces deux filles, le marquis de Béthune avait eu de Louise-Marie d'Arquien deux fils qui revinrent se fixer à la cour de France, après avoir refusé le cardinalat en Pologne. L'aîné fut tué sans alliance à la bataille d'Hochstædt. Le second, Louis-Marie-Victoire, comte de Béthune, épousa en 1708, Henriette d'Harcourt, dont il eut la marquise de Grancey.

Henriette d'Harcourt, sœur du maréchal duc d'Harcourt, était fille de François d'Harcourt, marquis de Beuvron, chevalier des Ordres du roi, lieutenant général au gouvernement de Normandie, et d'Angélique Fabert, fille du maréchal de ce nom (1).

Les Béthune-Selles, dont était le comte de Béthune, descendaient de François de Béthune, baron de Rosny, auteur commun des branches de Béthune-Sully, de

---

(1) Après la mort d'Henriette d'Harcourt, le comte de Béthune épousa, en secondes noces, l'année 1745, la fille du duc de Tresmes.

Béthune-Selles, de Béthune-Charost et de Béthune-d'Orval.

Le contrat de mariage du marquis de Grancey avec M{?lle} de Béthune fut passé à Paris le 28 avril 1727, devant M{?e} Doyen, notaire, en présence et de l'agrément du roi Louis XV, de la reine, des princes et princesses du sang.

Les parents de la nouvelle marquise y figurèrent en grand apparat. C'étaient : Maximilien-Henry de Béthune, duc de Sully, pair de France, chevalier des Ordres du roi, prince d'Henrichmont, etc.; Louis-Abraham d'Harcourt, marquis de Beuvron, abbé commendataire de la riche abbaye de Signy, au diocèse de Reims; Louise-Marie de la Grange d'Arquien, marquise de Béthune, sœur de la reine de Pologne, dame d'atours de la reine de France; très-puissante dame Angélique Fabert, fille du maréchal Fabert, veuve de François d'Harcourt, marquis de Beuvron; Claude de Brûlart de Genlis, veuve de Henri d'Harcourt, duc, pair et maréchal de France; et plusieurs autres seigneurs de la cour.

Les cérémonies religieuses du mariage furent célébrées à Paris le 5 mai 1727, dans la chapelle particulière de la marquise de Béthune, grand'mère de M{?me} de Grancey.

A tous les avantages de la naissance, la nouvelle marquise de Grancey joignait les grâces de la plus séduisante physionomie. Il suffit pour s'en convaincre de jeter les yeux sur les deux gravures de la bibliothèque Impériale, recueil de Bonnard, représentant la charmante jeune femme, la première dans un très-riche costume de cour, la seconde avec les attributs de Cérès, ornée d'une écharpe de fleurs.

Le marquis de Grancey était lui-même, dans sa jeunesse, un cavalier accompli.

A défaut d'autres témoignages, nous n'en voudrions pour preuve que le portrait en notre possession. On pourrait seulement reprocher à cette gracieuse physionomie une délicatesse un peu trop efféminée.—Voyez donc le jeune marquis de Grancey, comme il est beau! disait-on à la marquise de L'Hospital (1). Mais la jeune femme avait des préventions singulières contre certaines armoiries et certains noms patronymiques. N'avait-elle pas refusé d'épouser le comte de Choiseul, gouverneur du Dauphiné et ambassadeur à Vienne, parce que, disait-elle, il avait un écusson à fond d'azur? — Fi! donc, répondait-elle, le marquis a des armes affreuses, des armes à fond bleu, c'est tout dire, avec un tas de petites pièces, comme un anobli de l'hôtel de ville. Et puis il a nom Rouxel, c'est horrible à penser; comment peut-on s'appeler Rouxel (2)? — Autant de mots, autant d'erreurs, pour le dire en passant. Les armes du marquis étaient à fond d'argent, et, au lieu de ce *tas de petites pièces*, il portait 3 coqs de gueules.

Quant au nom de Rouxel, il n'était à coup sûr pas plus singulier que beaucoup d'autres portés par d'illustres familles, tels que les Chabot, les Pot, les Bouton, les Fouquet, les Talon, les Coiffier, les Brûlart, etc.

---

(1) Elisabeth de Boullogne, fille du contrôleur.
(2) *Souvenirs de la marquise de Créqui*, compilation apocryphe et assez peu estimée, t. IV, p. 23.

Si donc nous rapportons ici cette boutade plus ou moins apocryphe, c'est uniquement parce qu'elle vient à l'appui de ce que nous disons de la beauté du marquis.

Un peu plus d'un an après son mariage avec Mlle de Béthune, le marquis de Grancey mourut à l'âge de 64 ans et 9 mois, le 29 juillet 1728, sans avoir eu la consolation de voir sa nouvelle alliance féconde.

Nous avons vu comment le comte de Grancey, chef d'escadre, son jeune frère, mourut lui-même trois semaines après le marquis, sans avoir eu le temps de recueillir son opulente succession.

Avec ce dernier s'éteignit l'illustre maison dont la fécondité longtemps soutenue s'était si vite épuisée dans ses derniers rejetons.

Marie-Cazimire de Béthune, veuve du marquis de Grancey, jeune, belle et riche comme elle l'était, fut bientôt recherchée par les plus grands partis. Elle finit par épouser le maréchal duc de Belle-Isle, petit-fils de l'infortuné Fouquet, qui devint ministre de la guerre sous Louis XV et membre de l'Académie française.

Les deux marquises de Grancey, la tante et la nièce, offrirent donc ce singulier rapprochement que l'une et l'autre firent cesser leur veuvage en épousant un maréchal de France. Nous avons vu, en effet, Jeanne-Aimée de Rabodanges, veuve du premier marquis de Grancey, épouser en secondes noces le maréchal de Montrevel.

Le marquis de Grancey séjourna souvent dans notre contrée. C'est lui qui fit reconstruire avec une grande magnificence le beau château de Médavy. Ce qui reste encore de ce château peut nous donner une idée de ce qu'il était alors.

Le marquis de Grancey avait pris, comme aîné, une part importante dans la succession du maréchal; ses biens personnels s'étaient en outre accrus de la succession de sa tante, la comtesse de Marey, dont il était légataire universel. Le capital de sa fortune représentait une somme qui ne serait guère inférieure à 3 millions, au cours d'à présent. Mais cette fortune était grevée des dettes assez considérables du maréchal de Médavy, auxquelles venaient s'ajouter les propres dettes du marquis.

Il est vrai qu'il joignait à ses revenus l'appoint important de ses pensions et de ses traitements, sans parler de la dot de sa femme (1).

---

(1) Nous possédons le détail des revenus et des charges du marquis, dans nos papiers de famille.

LES DAMES DE GRANCEY A LA COUR.

1568-1633.

Charlotte DE FERVAQUES,

Baronne de Médavy, comtesse de Grancey.

« La veuve, laquelle a des enfants qui ont besoin de son adresse et conduite, et principalement en ce qui concerne leur âme et l'établissement de leur vie, ne peut ni doit en façon quelconque les abandonner, car l'apôtre saint Paul dit clairement qu'elles sont obligées à ce soin là pour rendre la pareille à leurs pères et mères, et d'autant encore que si quelqu'un n'a soin des siens, et principalement de ceux de sa famille, il est pire qu'un infidèle ; mais si les enfants sont en état de n'avoir pas besoin d'être conduits, la veuve alors doit ramasser toutes ses affections et cogitations pour les appliquer plus purement à son avancement en l'amour de Dieu (1). »

Il semble vraiment que les conseils du saint Évêque de Genève aient été écrits à l'adresse de la baronne de Médavy, sa contemporaine.

A l'époque de la mort du baron, il n'était bruit que

---

(1) Saint François de Sales, *Introduction à la vie dévote.*

du livre de l'illustre prélat, et plus d'une veuve, dont les vertus nous ont été retracées, y trouva la règle de sa conduite (1).

Seconde fille du maréchal de Fervaques et de cette intrépide Renée de Marçonnay qui défendit si virilement son château de Grancey en 1592, Charlotte de Hautemer vint au monde vers l'année 1565.

Le sang des Grancey, des Châteauvillain, des Montrevel, des d'Annebault et de Saint-Bernard, qui coulait dans ses veines, en avait fait un composé de grâce, de noblesse et de pieté, qui devait porter les plus heureux fruits.

Sa sœur aînée, la marquise de Prie, allait devenir la souche d'une illustre descendance, en mariant l'une de ses filles au maréchal de la Mothe-Houdancourt.

Sa jeune sœur, la baronne de La Ferté-Imbault, devait être mère du maréchal de ce nom.

A Charlotte de Hautemer n'étaient pas réservées de moindres destinées. Lorsqu'elle épousa, en 1588, le baron de Médavy, celui-ci, âgé seulement de vingt-six ans, était déjà maréchal de camp. Si « l'époux et l'épouse étaient accomplis dans leur sexe, » ils n'étaient pas moins favorisés du côté de la naissance et de la fortune.

Aîné d'une famille déjà signalée dans les armes et dont l'illustration devait encore grandir, Pierre de Médavy possédait, avec la baronnie dont il portait le nom, de nombreuses et importantes seigneuries.

Charlotte de Hautemer lui apportait en dot l'antique comté de Grancey, avec son cortège de fiefs et de baronnies.

(1) Voir, entre autres, la nouvelle édition des *Vies de huit vénérables veuves, etc.*, publiée par M. Charles d'Héricault.

Tout semblait donc sourire à la jeune femme, lorsqu'une première et pénible épreuve vint troubler sa sérénité.

Le roi Henri III succombait, le 1ᵉʳ août 1589, sous le poignard de Jacques Clément. Il fallait prendre parti pour ou contre le Béarnais. Le maréchal de Fervaques, qui lui avait déjà donné tant de preuves de dévouement, ne pouvait l'abandonner dans cet instant critique.

Mᵐᵉ de Médavy, tout en partageant, en encourageant peut-être les répulsions du baron, son époux, contre un roi huguenot, eut la douleur de voir dans des camps opposés son père et son mari.

La bataille d'Ivry, où Médavy fut fait prisonnier, fut le premier acte de ce drame lamentable.

Après la prise de Verneuil, qui valut au baron le gouvernement de cette ville, Charlotte de Fervaques vint s'y établir auprès de lui. Pendant les vingt-sept ans que dura le gouvernement de Pierre de Médavy, la baronne sut, par ses vertus et sa charité, se concilier, à Verneuil, des sympathies qui l'accompagnèrent jusqu'au terme de sa vie, et plus d'une fois, peut-être, les habitants durent à sa douce influence auprès du gouverneur d'être préservés de la sévérité inflexible qu'on lui a souvent reprochée.

La noblesse du pays, qui était nombreuse à cette époque, et les grandes familles de la contrée rendaient surtout hommage à ses vertus. On vit tour à tour au château de Verneuil l'amiral de Villars, lié à la fortune de Médavy, le maréchal de Fervaques, père de la baronne, le marquis et la marquise du Neufbourg, la comtesse de Tillières, le célèbre cardinal Du Perron, l'évêque de Séez Claude de Morenne, le baron de Prie, beau-frère de Mᵐᵉ de Médavy, la marquise de

La Londe, sa fille bien aimée, le maréchal de Brissac, les marquises d'O et de Saint-Rhémi, la baronne de La Loupe, une d'Angennes, et les Évêques d'Évreux.

Le château de Médavy n'était point non plus négligé. Il formait entre les châteaux de Carrouges, de Lignou, d'O, de La Mothe-Fouqué, et quelques autres situés dans le voisinage, comme un point de ralliement pour l'aristocratie de la contrée. Au mois de février 1594, Médavy était le rendez-vous d'une société d'élite, réunie quelques jours auparavant chez la comtesse de Sanzay, au château de La Mothe-Fouqué, alors si hospitalier. On y voyait Mme d'Harcourt, sa jeune sœur, Mme de Sacey-Tillon, M. de Saint-Malo, M. de Thiboust, et Mlles de Montagu (1).

Le comte et la comtesse de Grancey, cette dernière surtout, semblent avoir joué le rôle de Mécène auprès de plus d'un écrivain de leur temps.

La Normandie, durant les règnes de Henri IV et de Louis XIII, prit une glorieuse part au mouvement qui marqua la rénovation des lettres en France.

Sans parler de Malherbe, le plus illustre de tous, que d'autres à citer après lui, à commencer par son neveu, Éléonor de Sarcilly! Les Vauquelin de La Fresnaye et des Yveteaux, notre Évêque Jean Bertaut, dont le nom devait encore être rehaussé par sa charmante nièce Mme de Motteville, Colomby, le cardinal Du Perron, Scudéry, Bois-Robert, Saint-Amand, Brébeuf, Benserade, Mézeray, Saint-Évremond, et bien d'autres encore portèrent assez haut le nom Normand.

---

(1) *Journal* de la comtesse de Sanzay, publié par le comte de La Ferrière, p. 59.

La plupart de ces écrivains appartenaient à la Basse-Normandie, et devaient chercher des protecteurs dans les familles puissantes de la contrée. Le patronage des Grancey ne leur fit point défaut.

On avait vu, en 1599, le cardinal Du Perron, alors tout puissant auprès du monarque, dont il avait préparé la conversion, venir au château de Verneuil nommer un des enfants du gouverneur, au nom de son royal maître, qui avait voulu en être le parrain.

L'évêque de Séez, Jean Bertaut, qui doit sa célébrité bien plus à ses vers qu'à ses fonctions de 1er aumônier de la Reine-Mère, venait baptiser, au château de Médavy, la plus chérie des filles de la comtesse.

C'était l'abbé de Thiron, frère du poëte Philippe Desportes, qui avait négocié l'accommodement du baron de Médavy, en lui ménageant une entrevue, au château de Condé, avec le grand Sully.

A côté, quoique au-dessous de ces écrivains, notre contrée fournit un contingent de poëtes moins connus, mais dont le nom est parvenu jusqu'à nous.

L'aventureux Mauchrestien, plus connu sous le nom de Vatteville, était de Falaise; Pierre Troterel, écuyer, sieur d'Aves, était né dans les environs, ainsi qu'il se plaît à nous le faire savoir lui-même :

> Il faut, lecteur que je te die,
> Que je demeure en Normandie ;
> Le lieu de ma nativité
> Est près Falaise, du côté
> Où le soleil commence à luire,
> A l'opposite du zéphire.

Chrétien-des-Croix était d'Argentan même. Ses *pas-*

torales eurent un certain succès à la cour, dont l'accès lui fut peut-être ménagé par les seigneurs de Médavy, gouverneurs d'Argentan (1).

Pour Pierre Troterel, nous n'en sommes point réduits aux conjectures. Des liens de reconnaissance le rattachaient au baron et à la baronne de Médavy, auxquels il dédia trois de ses œuvres, qui n'ont point échappé à l'oubli.

La baronne de Médavy eut dans la personne d'Éléonor de Sarcilly un protégé qui devait lui faire plus d'honneur. Le jeune normand n'avait encore que 16 ans, lorsqu'il fut présenté à la cour par la comtesse, en 1627.

Éléonor de Sarcilly, plus connu sous le nom de Chandeville, descendait sans doute de ce Philippe de Sarcilly, beau-frère de Fleury Rouxel, un des ancêtres du baron de Médavy. Il était né le 24 mars 1611 à Brucourt, terre située aux environs de Caen et appartenant à son père. Sa mère était la propre sœur du poëte Malherbe. Il fit ses études de réthorique sous Antoine Halley, professeur royal de l'Université de Caen. « Il était, nous dit Huet, dans ses *Origines de Caen*, parent de M. de Grancey, et il n'avait que 16 ans lorsque Mme de Grancey, mère du dernier archevêque de Rouen, le mena à Paris et le produisit dans le grand monde. Son esprit y fut goûté. Il avait un rare talent pour la poésie française. On a imprimé

---

(1) C'est lui qui adressait au soleil ce vers souvent cité :

Souverain roi des célestes chandelles.

Voir sur ces poëtes de second ordre, l'*Annuaire normand* pour 1869, où M. Gustave Le Vavasseur leur a consacré quelques pages intéressantes.

un petit recueil de ses vers, où l'on remarque un génie heureux, noble, élégant, délicat. La plupart sont vers d'amour, dont quelques-uns pour Mme de Rambures et pour Isabelle de Bourgueville, fille d'honneur de Henriette, reine d'Angleterre, arrière-petite-fille de M. de Bras, qui fut sa première inclination. Il s'attacha au cardinal de La Valette. L'usage de la cour, l'étude et la maturité de l'âge faisaient espérer de lui quelque chose de grand; mais une mort avancée le ravit à la France, à l'âge de 22 ans, en 1633. Il mourut à Paris, d'une fièvre continue, et fut enterré à St-Germain-l'Auxerrois. Il supprima ses vers, en mourant, et aucuns n'en seraient échappés, sans M. de Scudéry, qui prit soin de les ramasser, et de publier ce qui nous en reste (1). »

Chandeville avait été introduit de très-bonne heure à l'hôtel de Rambouillet par son oncle, le grand Malherbe qui, comme on le sait, avait un culte pour la maîtresse de la maison.

Mlle de Scudéry lui a consacré un chapitre, dans son fameux roman *du Grand Cyrus*, où elle lui donne le nom de *Phérécide*. « Il fit des vers si beaux, si touchants, si passionnés, qu'il était aisé de voir qu'il n'avait pas l'âme indifférente ; et ceux du Grand-Therpandre (Malherbe), son oncle, qui eut tant de réputation, n'étaient pas plus beaux que les siens. » Mlle de Scudéry ne manque pas d'ajouter, en parlant de Chandeville, « qu'il avait la plus belle tête du monde (2). »

---

(1) Huet, *Origines de Caen*, cité par M. Cousin, dans son beau livre de la *Société française au XVIIe siècle*, t. II, p. 82.

(2) *Le Grand Cyrus*, par Mlle de Scudéry, livre Ier, p. 536.

Mais c'est surtout dans la direction qu'elle sut imprimer à sa nombreuse descendance qu'il faut admirer Charlotte de Hautemer.

Dix-sept enfants étaient nés de son mariage, la plupart dans cette ville de Verneuil que tant de pieux souvenirs rendaient chère à Mme de Médavy, et qui devait conserver la dépouille mortelle de quelques-uns d'entre eux.

Après avoir donné le jour à trois filles, elle eut la douleur de voir succomber successivement, en bas âge, quatre fils, qu'elle n'enfanta que pour Dieu. La naissance de trois autres fils, qui devaient lui survivre et porter haut leur nom, vint la consoler de ces deuils répétés. Enfin sept autres filles allaient encore lui naître.

Dans les dernières années de sa vie, la comtesse de Grancey aurait pu rassembler sous son toit quarante enfants et petits enfants.

Elle devait être fille, mère, grand'mère, bisaïeule et tante de six maréchaux de France, et d'un nombre à peu près égal de lieutenants généraux.

Un de ses fils devint archevêque de Rouen. La crosse abbatiale fut portée par son petit-fils, le célèbre abbé de Grancey, que nous ferons connaître, cinq de ses filles, douze de ses petites-filles et plusieurs de ses arrières petites-filles. Quelle sage direction ne dut-elle point leur imprimer, pour les rendre dignes de ces éminentes positions!

La plupart de ses enfants étaient encore en bas âge, lorsqu'à la mort du baron de Médavy la garde noble lui en fut confiée, le 8 janvier 1618.

Son premier soin fut d'honorer la mémoire de son noble époux par un monument digne de sa renommée.

C'est par ses mains que fut élevé dans l'église de Médavy le magnifique mausolée de marbre noir et blanc dont nous avons parlé.

L'année de son veuvage s'écoula au milieu de ces pieuses sollicitudes, dans son château de Médavy, auprès de l'abbaye d'Almenesches, où sa fille Louise inaugurait avec tant de zèle la réforme due à son initiative.

Dans les premiers mois de l'année suivante, nous retrouvons la comtesse à Paris, où son fils aîné débutait dans la carrière des armes. Est-ce au crédit de sa mère que le futur maréchal dut, précisément à cette époque, sa nomination au gouvernement d'Argentan, quoiqu'il n'eût encore que 16 ans? Il est permis de le croire.

De Paris, la comtesse s'achemina vers la Bourgogne, où l'appelaient des intérêts considérables. Il s'agissait en effet de prendre possession du château de Grancey, qui lui était échu en partage dans la succession du maréchal de Fervaques.

La noblesse de la province accourut en foule à l'antique château de Grancey, où la châtelaine s'était fait accompagner par sa jeune et charmante fille, Guyonne de Médavy, qui allait puiser auprès du tombeau de saint Bernard la résolution de se vouer à Dieu.

De retour en Normandie, la comtesse de Grancey partagea son temps entre l'éducation de ses enfants, l'administration de leur patrimoine et le séjour des abbayes de Vignats et d'Almenesches, dont ses filles étaient abbesses.

Ce fut alors qu'elle dut faire à Dieu un nouveau sacrifice, en lui consacrant encore sa chère fille Guyonne, dont la résolution était inébranlable, et qui prononça ses vœux à Vignats, le 10 mars 1624.

Cependant le temps était venu où la pieuse veuve, débarrassée du soin de ses enfants, allait enfin pouvoir « ramasser toutes ses affections et cogitations pour les appliquer plus purement à son avancement en l'amour de Dieu. »

Durant son long séjour à Verneuil, elle avait fait vœu de fonder dans cette ville une abbaye de bénédictines.

Dès le mois de février 1623, elle avait fait à ce sujet les premières démarches auprès des magistrats de Verneuil, qui avaient accueilli sa demande à l'unanimité. La comtesse ne réclamait que l'autorisation d'établir son monastère sur la paroisse de St-Nicolas; les échevins ajoutèrent à cette concession celle d'un prieuré et d'une léproserie situés sur la même paroisse (1).

Quatre ans devaient encore s'écouler avant la réalisation d'un projet qui allait exiger tous les soins de la comtesse; enfin, en 1627, secondée par l'évêque d'Évreux, François de Péricard, elle put installer son petit troupeau dans un hospice provisoire préparé à la hâte.

Les débuts du monastère étaient bien modestes : 600 livres de rentes à prendre sur la baronnie de Selongey, en Bourgogne, dix cellules garnies d'un chétif mobilier, trois chambres, un réfectoire, une cuisine et deux parloirs grillés, tel était le noyau de la future abbaye.

La comtesse, liée par la reconnaissance avec une religieuse d'Almenesches, Renée des Guets de La Potinière, qui avait élevé deux de ses filles, s'apprêtait à lui confier

---

(1) Il paraît que cette dernière concession fut retirée en 1630, par l'influence et la crainte de la maison de Vendôme (Archives de l'abbaye de Verneuil).

la direction de la communauté, mais elle dut bientôt renoncer à ce projet, à la sollicitation du prélat lui-même, qui voulut mettre à ce poste Guyonne-Scholastique de Médavy, dont le mérite se laissait déjà deviner.

Nous verrons, en parlant de cette éminente abbesse, quels devaient bientôt être les progrès de la nouvelle maison entre ses habiles mains.

En 1634, la communauté avait assez grandi pour être érigée en abbaye, par lettres-patentes du roi Louis XIII, données à Saint-Germain-en-Laye, le 30 juin.

L'année suivante, la fondatrice eut la consolation de voir admettre au nombre des religieuses de Verneuil sa petite-fille, Charlotte de Bigars de La Londe. Dans le but d'adoucir les regrets de la marquise de La Londe, qui avait d'autres projets pour sa fille, et qui d'ailleurs redoutait pour sa constitution délicate les austérités du cloître, la nouvelle religieuse fut admise en qualité de seconde fondatrice. La riche dotation qu'elle reçut de sa mère et de la comtesse ne s'élevait pas à moins de 9,000 liv. et justifiait bien ce titre.

Lorsque le jour de la Toussaint Charlotte de La Londe prit l'habit de son ordre, François de Médavy, son oncle, depuis lors archevêque de Rouen, fut chargé de prononcer le discours, en présence de la comtesse sa mère, de l'évêque d'Évreux, officiant, et d'une illustre assistance. De magnifiques présents furent encore offerts à cette occasion par la fondatrice à l'église de l'abbaye.

Cependant, courbée sous le faix des labeurs plus encore que sous le poids des ans, Charlotte de Fervaques allait bientôt recevoir le prix de ses œuvres. Une courte maladie se déclara le 27 février 1633. Comprenant dès le premier moment la gravité de son mal, elle ne songea qu'à se préparer à la mort. Un dernier témoignage d'affection envers ses chères filles fut pour elle le fruit d'une inspiration suprême. Elle voulut revêtir l'habit des Bénédictines, pour se présenter devant Dieu, sous les livrées du saint fondateur et sous son puissant patronage.

A la nouvelle du danger, le prélat était accouru d'Évreux à Verneuil, le troisième jour de sa maladie. Elle reçut de sa main les quatre sacrements de Pénitence, de Confirmation, d'Eucharistie et d'Extrême-Onction.

Ses parents entouraient son lit de mort, les religieuses s'y relevaient, de pieux ecclésiastiques l'assistaient de leurs prières, les médecins lui prodiguaient les secours de leur art; tous étaient touchés jusqu'aux larmes de sa foi et de sa résignation. Elle recommandait l'abbaye à la protection de ses fils, et ajoutait de nouvelles libéralités à ses nombreuses donations. Enfin, le 12 mars 1633, joignant les mains, et les yeux élevés vers le ciel, elle rendit son âme à Dieu (1).

La comtesse de Grancey avait voulu donner un dernier gage d'affection à ses filles de Verneuil, en leur léguant sa dépouille mortelle. L'évêque d'Évreux vint présider à ses obsèques, le lendemain de sa mort, entouré de tout le clergé de la ville.

Le corps de la fondatrice fut d'abord déposé dans une chapelle de l'église abbatiale, où il demeura pendant un an. Au bout de ce temps, il fut transféré dans une crypte pratiquée sous le chœur. Le prélat,

(1) Archives de l'abbaye de Verneuil.

cette fois encore, assista, au milieu de tout le clergé de la ville et des environs, à cette cérémonie, dont la pompe surpassa la première. La fondatrice avait, il est vrai, au moment de sa mort, exprimé le vœu d'être inhumée avec la plus grande simplicité; cent pauvres habillés aux frais de sa succession devaient, d'après ses dernières volontés, former son seul cortége. Mais ses trois fils se firent un point d'honneur de violenter cette humilité. Leur présence avait attiré à Verneuil un grand concours de noblesse, de magistrats et de gens de toute condition. Le convoi funèbre parti de la Madeleine, sous la conduite de l'évêque, se rendit à l'église abbatiale, où les cent pauvres, nouvellement habillés, et portant des cierges allumés, trouvèrent des places réservées autour du catafalque.

Le lendemain, après un service solennel, où quatre-vingts prêtres offrirent le saint sacrifice pour le repos de l'âme de la défunte, l'évêque d'Évreux monta en chaire et prononça une éloquente oraison funèbre (1).

De récents travaux, dus à la sollicitude de l'abbesse actuelle, ont permis de retrouver les restes vénérés de la fondatrice, sous les déblais de la crypte encombrée. Une inscription commune à la comtesse et aux deux premières abbesses, sa fille et sa petite-fille, doit, en perpétuant le souvenir de cette restauration, arracher leurs noms à l'oubli.

---

(1) Archives de l'abbaye de Verneuil. Cette oraison funèbre n'est point parvenue jusqu'à nous comme celle de Guyonne de Médavy.

162. — 1694.

Charlotte de MORNAY de VILLARCEAUX,

Maréchale de Grancey, gouvernante des enfants de Monsieur.

La cour de Philippe d'Orléans, comme celle du roi, son frère, ne brilla pas seulement par son faste et son opulence : elle offrit encore un singulier assemblage de grandeur et de dissolution. Il ne faudrait pourtant pas prendre trop à la lettre les écrits qui nous en ont retracé le tableau. La galanterie, qui caractérise cette époque, n'était souvent qu'une forme, imprudente peut-être, mais obligée, de la politesse de nos pères. A ce prix seulement, on était ce qu'on appelait, dans une langue depuis longtemps oubliée, « *un honnête homme* », c'est-à-dire un homme poli, civilisé, bien appris, un galant homme en un mot. Tenons-nous donc en garde contre de tristes exagérations.

D'ailleurs, il ne faut point l'oublier, la crudité du langage, la liberté même des relations de société, ne sont pas toujours un indice certain du relâchement des mœurs, surtout quand l'honnêteté privée a pour sauvegarde des croyances fortement enracinées. Maint passage des lettres de Mme de Sévigné, pour ne citer qu'un exemple, donnerait au lecteur inexpérimenté une idée bien fausse d'une réputation qui a résisté aux insinuations les plus malveillantes.

Ces réflexions nous sont inspirées beaucoup moins par la maréchale de Grancey que par ses deux filles, dont nous parlerons après nous être occupé d'elle.

Nous avons vu que Charlotte de Villarceaux épousa le comte de Grancey, veuf de Mlle d'Hocquincourt, le 25 juillet 1643.

Quelque élevée que fût la naissance de sa première femme, le maréchal ne dérogeait point en épousant la seconde (1).

Le père de la nouvelle comtesse était Pierre de Mornay, chevalier, seigneur de Villarceaux, colonel du régiment de Navarre, conseiller d'état, qu'une mort prématurée empêcha de parvenir à de plus hautes distinctions. Il mourut, en effet, assassiné, dès l'année 1624, après avoir épousé Anne Olivier de Leuville, fille de Jean de Leuville et de Madeleine de Laubespine.

Pierre de Villarceaux était un brave gentilhomme du Vexin français. Quant à sa femme, Anne de Leuville, s'il faut en croire Tallemant des Réaux, c'était « une grande joueuse qui avait de l'esprit, mais médiocrement de cervelle. » Heureusement pour sa mémoire nous avons dans Loret un juge plus indulgent, et sans doute plus véridique, de son mérite personnel. C'est de cette dame qu'il dit, à propos de la maréchale de Grancey, sa fille :

---

(1) L'ancienne et noble famille de Mornay remontait, d'après le P. Anselme, à Philippe de Mornay, de la province de Berry, l'un des conseillers de Louis le Huttin en 1151.

> L'illustre Villarceaux, sa mère,
> A plusieurs gens d'honneur très-chère,
> Est au lit gisante à présent,
> . . . .
> Dieu pour elle tant on priera
> Que je crois qu'elle guérira (1).

Mme de Villarceaux étant morte quatre mois plus tard, le gazetier normand lui faisait cette oraison funèbre :

> De Villarceaux l'illustre dame,
> O Dieu ! Quand j'y songe, je pâme,
> Par une douce et sainte mort,
> Acheva mercredi son sort.

Et il ne tarit point sur ses lumières, sa charité, sa piété, sa bienfaisance, sa douceur, etc. (2).

L'abbé Lebeuf parle de la famille Olivier de Leuville, dans son *Histoire du diocèse de Paris*.

La seigneurie de Leuville, paroisse du doyenné de Montlhéry, avait été donnée en 1466 par Jean Alard de Court-Alary et Jacqueline de Germigny, sa femme, à Jacques Olivier, natif de Bourneuf, près La Rochelle, procureur au Parlement de Paris, qui épousa Jeanne de Noviant.

Leur fils fut premier président du Parlement en 1517, et leur petit-fils, François Olivier de Leuville, fut chancelier de France en 1545. Ce dernier était le grand-père de la maréchale de Grancey.

---

(1) *Muse historique*, lett. 34 du 30 août 1653.
(2) *Ibid.*, lett. 1re du 3 janvier 1654.

Louis de Leuville, frère de la maréchale, lieutenant général des armées du roi, mort en 1663, fit ériger la terre de Leuville en marquisat (1).

Il avait été nommé, en 1651, député de l'ordre de la noblesse aux états généraux, pour la ville, vicomté et prévôté de Paris (2). Ce marquis de Leuville avait épousé Marie Morand, fille de Thomas Morand, baron du Menil-Garnier, conseiller d'état. C'est à propos de la marquise de Leuville, sa veuve, que Mme de Sévigné disait en 1671 : « Voilà deux bonnes veuves à marier, Mme de Senneterre et Mme de Leuville. L'une est plus riche que l'autre, mais l'autre est plus jolie que l'une (3). »

Un personnage plus connu fut le frère aîné de la maréchale, Louis de Mornay, marquis de Villarceaux, seigneur de Chaussy et d'Omerville, baron de Guérard, du Leuil, des Essards et de Reuilly, successivement capitaine-lieutenant des chevau-légers du Dauphin et du duc d'Orléans, capitaine des gendarmes de ce dernier, et de la meute des chiens du roi, courants pour la chasse du lièvre, aux années 1662, 1663 et 1664.

Mme de Maintenon, grande amie des Mornay, se plaisait à passer les étés dans leur intimité, soit à Villarceaux, soit à Montchevreuil (4).

---

(1) L'abbé Lebeuf, *Histoire du diocèse de Paris*, t. X, p. 204. La grand'-mère du marquis de Leuville et de la maréchale de Grancey était Suzanne de Chabanne-La Palisse.

(2) *Gazette* du 4 septembre 1651.

(3) Lettre du 15 novembre 1671.

(4) Villarceaux, terre et château du Vexin français, dépendait de l'élection de Magny. Montchevreuil, terre du Vexin, avec titre de marquisat et

La galanterie bien connue du marquis de Villarceaux fit soupçonner, dans ses rapports avec la célèbre veuve de Scarron, quelque chose de moins innocent que de simples liaisons d'amitié. Le marquis de La Fare n'hésite pas à dire que « Villarceaux, un des plus galants de son temps, fut fort amoureux d'elle et bien traité. » Mais rien, dans la vie si digne de Mme de Maintenon, n'autorise de semblables imputations. D'ailleurs la véracité de La Fare ne doit être admise qu'avec une extrême réserve.

Quant à Villarceaux, la droiture de ses intentions pourrait être plus légitimement suspectée. Il semble, en effet, avoir pris une large part dans le dévergondage dont son époque nous montre plus d'un exemple, à côté de grandeurs réelles et non surpassées.

Il est question du marquis dans les historiettes de Tallemant des Réaux, qu'il ne faut pas du reste accueillir toujours à la lettre. Ses liaisons avec la trop célèbre Ninon de Lenclos eurent beaucoup de retentissement. Un dernier trait achèvera de le faire connaître. La beauté de Mlle de Grancey, sa nièce, dont nous parlerons bientôt plus longuement, passait, à tort ou à raison, pour avoir attiré l'attention du roi. Villarceaux, qui sollicitait une place pour son fils, voulut faire servir à son ambition l'inclination naissante du monarque, et ne rougit pas de lui proposer ses bons offices, pour le succès d'une odieuse intrigue. Le roi, raconte Mme de Sévigné, se mit à rire et dit : « Villarceaux, nous sommes trop vieux, vous et moi,

---

haute justice, était dans l'élection de Chaumont. (Masseville, *Histoire de Normandie.*)

pour attaquer des demoiselles de quinze ans, et, comme un galant homme, se moqua de lui, et conta ce discours chez les dames. »

On comprend l'indignation qui dut s'emparer de la jeune fille et de sa sœur, la comtesse de Marey, en entendant répéter de pareils propos. Elle fut telle, toujours d'après Mme de Sévigné, « qu'elles ne voulaient plus voir leur oncle, qui de son côté était un peu honteux (1). »

Le fils unique du marquis de Villarceaux, Charles de Mornay, marquis de Villarceaux, avait succédé, du vivant de son père, à toutes les charges de ce dernier. Il fut tué, le 1er juillet 1690, à la bataille de Fleurus, sans laisser de postérité.

Le comte de Bussy-Rabutin écrivait, le 31 juillet, à l'occasion de cette mort, à Mme de Sévigné : « Tout le monde plaint les Villarceaux, père et fils, et sur ce sujet on remarque combien la Providence se joue de la conduite des hommes. Villarceaux, le père, refuse le cordon bleu pour le faire avoir à son fils, et, par cette action, mérite l'estime générale. A la vérité, c'est ce cordon bleu qui a fait tuer son fils. Il le montra pour s'attirer par là des égards et des respects de ceux qui l'avaient pris. Ceux-ci, disputant entre eux à qui aurait un prisonnier de cette conséquence, le tuèrent, ne pouvant s'accorder (2). »

Lorsque Mlle de Villarceaux épousa, en 1643, le comte de Grancey, le futur maréchal de France n'était encore que maréchal de camp. Mais déjà de brillantes

---

(1) Mme de Sévigné, lett. du 23 décembre 1671, à Mme de Grignan.
(2) Recueil des *lettres* de Mme de Sévigné.

campagnes faisaient pressentir son rapide avancement. Quelques mois avant son mariage, il prenait part, sous le grand Condé, à la mémorable victoire de Rocroy. Un an après, il obtenait le gouvernement de Gravelines.

Nommé lieutenant général en 1646, il recevait le bâton de maréchal en janvier 1651.

Deux ans plus tard, il fut désigné pour commander en chef l'armée de Piémont. Nous avons vu avec quel succès il y combattit les Impériaux.

La maréchale, on le pense bien, malgré l'honneur qui lui en revenait, ne vit pas sans peine cette séparation ; Loret du moins nous l'assure :

> Le preux maréchal de Grancey,
> Dès dimanche dernier passé,
> Se mit pareillement en voie,
> Tirant vers la cour de Savoie.
>
> . . . .
>
> Si sa très-aimable moitié,
> Digne d'une extrême amitié,
> Pour son absence aussi soupire,
> Il est superflu de le dire.

Le séjour du maréchal devant se prolonger en Italie, Mme de Grancey n'y pouvant plus tenir, se résolut à l'aller rejoindre, au printemps de l'année suivante.

Loret, toujours si bien disposé pour la maréchale, s'empresse aussitôt d'annoncer cette nouvelle :

> La maréchale de Grancey,
> A son équipage dressé,
> Pour aller bientôt en Savoie,
> Combler son cher époux de joie,

> Qui la réclame nuit et jour,
> Pressé de son ardent amour;
> Car, étant de beauté pourvue,
> Il ne se peut faire autrement
> Qu'il n'en ait grand contentement.
> J'ai toujours été dans mon âme,
> Serviteur de la dite dame (1).
>
> . . . .

La *Gazette* parle à son tour du voyage de la maréchale et de son accueil à la cour de Savoie.

Elle arriva à Turin le 20 mai 1654. Le duc de Savoie, et à son exemple toute la cour, Mme Royale, cette digne fille d'Henri IV, sœur de la reine d'Angleterre et de la reine d'Espagne, s'empressèrent auprès de la maréchale, en laquelle on fêtait la compagne du vainqueur de La Roquette (2).

Loret, aux aguets de tout ce qui touche à sa protectrice, ne manque pas de nous tenir au courant de ses faits et gestes :

> Une dame de grande estime,
> Dont je suis serviteur intime,
> La maréchale de Grancey,
>
> . . . .
>
> D'un petit mâle est accouchée (3).

Nous verrons, à propos de l'abbé de Grancey, seul fils né du mariage de Charlotte de Villarceaux qui lui ait survécu, qu'il s'agissait probablement de lui.

---

(1) Loret, *Muse historique*, lett. 17 du 25 avril 1654.
(2) *Gazette* de 1654, p. 547.
(3) Loret, *Muse historique*, lett. 22 du 5 juin 1655.

Deux autres fils étaient morts au berceau. Nous parlons plus loin de ses filles, dont l'existence fut particulièrement liée à la sienne.

Lorsqu'au mois de décembre 1679 la maréchale de Clérembault revint d'Espagne, où elle avait accompagné, en qualité de gouvernante, la jeune reine, fille de Monsieur et d'Henriette d'Angleterre, sa disgrâce était résolue. Tandis que Mme de Sévigné ne tarissait point sur le compte de Mlle de Grancey, dame d'atours de la princesse, elle n'avait que des épigrammes pour le triste personnage qu'avait fait la gouvernante.

Quand il s'agit de remplacer cette dernière, on jeta les yeux sur la marquise d'Effiat, nièce de la maréchale de Grancey.

« C'était, dit le *Mercure*, une dame d'une très-grande vertu, qui regarda la mort comme un passage à une vie plus heureuse. » Elle était fille de Louis Olivier, marquis de Leuville, frère de Mme de Grancey, et avait épousé Antoine Ruzé, marquis d'Effiat, premier écuyer favori de Monsieur, petit-fils du maréchal d'Effiat, et neveu de l'infortuné Cinq-Mars (1).

La nouvelle gouvernante ne jouit pas longtemps de sa charge. Elle mourut, en effet, au mois de février 1684, jeune encore et fort regrettée.

---

(1) Le marquis d'Effiat conserva jusqu'à sa mort, arrivée en 1719, à l'âge de 81 ans, l'extrême faveur de Monsieur et du régent son fils. Il laissa une fortune prodigieuse, qu'il transmit en mourant au duc de Mazarin, son neveu. La maréchale de Grancey, sa tante par alliance, avait dû hériter des biens comme de la charge de la marquise d'Effiat, morte sans postérité. Saint-Simon et Madame maltraitent fort le marquis d'Effiat, dans lequel ils voyaient un dangereux rival auprès des princes.

« Ces sortes de postes, disait, quelques semaines après, le *Mercure*, ne devant être occupés que par des personnes d'une vertu singulière et d'une grande conduite, le choix que Son Altesse Royale a fait de Mme la maréchale de Grancey fait un éloge de son mérite, auquel je n'ai rien à ajouter (1). »

S'il fallait en croire Mme Palatine, seconde femme de Monsieur, si prévenue contre les Grancey, la maréchale n'aurait été nommée gouvernante de ses enfants que pour éloigner la maréchale de Clérembault, sa favorite. C'est, du moins, ce qu'elle écrivait longtemps après, le 26 avril 1718, dans une de ses interminables lettres. La date de la nomination de Mme de Grancey dément suffisamment cette allégation, puisque quatre ans s'étaient écoulés depuis la disgrâce de Mme de Clérembault. Nous venons, d'ailleurs, de voir qu'il fallait attribuer à une autre cause l'éloignement de cette dernière.

A peine entrée en fonctions, la maréchale de Grancey fut désignée pour accompagner, en qualité de dame d'honneur, la princesse Anne-Marie d'Orléans, fille de Monsieur et de sa première femme, Henriette d'Angleterre, lorsqu'elle fut donnée en mariage au duc de Savoie, Victor-Amédée. Mme de Grancey assista à Turin, le 7 mai 1684, au mariage de la princesse, et reprit, trois jours après, la route de France, comblée des présents de ses augustes hôtes (2).

La faveur constante dont jouit la maréchale à la cour

---

(1) *Mercure* de mars 1684, p. 150.
(2) *Mercure* d'avril 1684, p. 344, et de juin, p. 19 et 23.

de Monsieur rejaillit sur trois de ses enfants, comme nous le verrons dans les pages qui suivent.

Charlotte de Villarceaux survécut au maréchal de Grancey, son mari ; elle mourut quatorze ans après lui, le 6 mai 1694, laissant sa charge à la comtesse de Marey, sa fille, qui en avait la survivance.

1648-1728.

Marie-Louise ROUXEL de MÉDAVY-GRANCEY,

Comtesse de Marey, gouvernante de la duchesse de Lorraine, fille de Monsieur, et des enfants du duc d'Orléans.

Marie-Louise de Médavy-Grancey, fille aînée du premier maréchal de Grancey et de Charlotte de Villarceaux, sa seconde femme, naquit en 1648.

Dès l'âge de 16 ans, le 1er février 1664, elle faisait son entrée à la cour dans le fameux *Ballet des amours déguisés*, où le roi figura en personne, avec la jeune reine, Marie-Thérèse d'Autriche ; la fameuse comtesse de Soissons, Olympe Mancini ; Mlles d'Elbeuf et de Nemours ; les duchesses de Luynes, de Sully, de Créqui et de Foix ; la belle Athénaïs de Mortemart, bientôt après marquise de Montespan, et Mlle de Sévigné, si connue depuis sous le nom de comtesse de Grignan, grâce aux immortelles lettres de sa mère.

Mlle de Grancey faisait partie du groupe d'amours déguisés sous l'habit de nymphes de Flore, qui formait la cinquième entrée du ballet. Ses jeunes et charmantes cousines, Mlle de Castelnau, qui fut cette belle duchesse de Grammont dont nous avons déjà parlé, et Mlle de La Mothe-Houdancourt, devenue duchesse de Ventadour, lui faisaient le plus brillant cortége, avec Mlles d'Aumale et de Brancas.

A son entrée en scène elle récita ces quatre vers, mis dans sa bouche par le poète Benserade :

> Je fais la sourde oreille à quoi que l'on me die,
> Et de ces papillons la jeunesse étourdie
> Vole autour de mes fleurs qu'elle sucerait bien,
> Mais ils ne tiennent rien (1).

Ces fadeurs sentimentales étaient dans le goût du jour, et Mlle de Grancey avait à peine terminé sa courte tirade, que sa cousine de Castelnau reprenait aussitôt :

> Vous voilà de bonne heure entre les belles choses :
> Ainsi croissent les fleurs et viennent tout à coup,
> Et de votre hauteur il n'en est pas beaucoup
> Qui soient plus fraîchement écloses.

Venait ensuite Mlle de La Mothe-Houdancourt :

> Très-difficile en fleurs et d'un goût délicat,
> Celles que vous aimez ont le plus grand éclat,
> Mais qu'elles durent peu ! Quand elles sont passées,
> Il ne reste que des pensées.

Tel fut le succès du *Ballet des amours déguisés* qu'il fut dansé cinq fois depuis.

Loret nous en a laissé une pompeuse description, dans sa *Muse historique*. En bon normand il n'a garde d'oublier, parmi les débutantes,

---

(1) Benserade, *Ballet des amours déguisés.*

> Grancey, belle jeune normande,
> Des plus aimables de la bande,
> Et qui parmi ces qualités
> Est fort noble des deux côtés.

D'une beauté au moins égale à celle de sa sœur cadette, et qui lui valut comme à cette dernière le surnom *d'ange de la cour*, Louise de Grancey fut dès ce moment choisie pour augmenter le brillant essaim des filles d'honneur de la reine.

Un peu plus d'un an après, le 11 novembre 1665, elle épousait son cousin germain, Joseph Rouxel, comte de Marey, fils aîné du comte de Marey, tué au combat de Briare, et de Marie d'Aschey.

Voici en quels termes la *Gazette* rend compte de ce mariage :

« Le soir du 10 novembre 1665, la cérémonie des fiançailles du comte de Maré avec la demoiselle de Grancé, fille du maréchal de ce nom, et fille d'honneur de la reine, se fit par nostre archevesque, en l'appartement de cette princesse, où elle estoit avec le roy, Monsieur et Madame, qui avoient signé au contract. Ensuite de quoy les fiancés se rendirent en l'hostel du dit maréchal, où la collation estoit préparée avec beaucoup de magnificence. Le lendemain la cérémonie des épousailles se fit par le curé de la paroisse, et fut suivie d'un superbe festin (1). »

La jeune comtesse reçut du maréchal de Grancey, son père, une dot de 100,000 livres, à laquelle le roi

---

(1) *Gazette* de 1655, p. 1114.

joignit une somme de 14,000 livres, Mlle de Grancey étant fille d'honneur de la reine (1).

Le comte de Marey, né le 11 mai 1643, était nanti des domaines de Marey et de Foulegrise, en Bourgogne, que son père lui avait légués en 1652, au moment de sa mort. En 1660, après s'être fait émanciper, il prit possession de ces terres et de celles de Clefmont, en Bassigny.

Dès l'âge de 20 ans, il obtint du roi la commission de mestre de camp d'un régiment de cavalerie, qu'il leva à ses dépens. Le maréchal de Grancey, son oncle, pour le former à l'exercice du commandement, mit auprès de lui M. de Balonde, un de ses officiers les plus expérimentés. En 1664, le comte de Marey fut envoyé en Portugal, à la tête de son régiment. Il en revint, à la fin de 1665, pour épouser sa cousine, y retourna l'année suivante, et y demeura jusqu'au mois de février 1667. A cette époque, une querelle s'étant élevée entre lui et un gentilhomme, favori du roi de Portugal, le comte de Marey dut revenir en France. Cette même année, il accompagna le roi à la guerre de Flandres, et fit avec lui cette brillante campagne. Au siége de Lille, Marey se distingua tellement à la prise de la contrescarpe, qu'il mérita d'être cité par la *Gazette* pour son intrépidité (2).

Sur ces entrefaites, Venise, qui, depuis 1645, soutenait à Candie, contre les Turcs, une lutte héroïque, mais trop souvent impuissante, tourna les yeux vers la

---

(1) Dossier des Rouxel de Médavy-Grancey aux manuscrits de la Bibliothèque Impériale.

(2) *Gazette* de 1667, p. 885, 31 août (extraordinaire).

France pour implorer un secours de plus en plus urgent.

Lié par des traités avec la Turquie, le roi ne pouvait secourir directement les Vénitiens ; mais il avait à cœur de prévenir la chute de Candie, ce boulevard de la chrétienté dans la Méditerranée. On prit donc la voie détournée des enrôlements volontaires, et tout ce que la noblesse française comptait de jeunes gens impatients de signaler leur valeur s'enrôla sous la bannière du Saint-Siége.

On vit partir à ce signal les d'Aubusson de La Feuillade, les Beauvau, les Langeron, les Créqui, les Fénelon, les Chamilly, les Larochejacquelein, les Xaintrailles, les du Châtelet, les Chavigny, les Sévigné, etc.

La Feuillade commandait en chef l'expédition de 1668 ; il avait pour lieutenants le duc de Caderousse, le duc de Château-Thierry et le comte de Saint-Paul.

L'expédition, partie de Toulon, le 25 septembre 1668, sur trois navires fournis par le roi, arriva à Candie au commencement de novembre et ne fut pas heureuse. La troupe de La Feuillade était composée de jeunes gens pleins d'ardeur, mais indisciplinés et sans aucune expérience de la guerre. Mal secondée par la garnison Vénitienne, après avoir fait des prodiges de valeur, elle fut contrainte de se rembarquer pour Toulon, où elle arriva le 6 mars 1669.

L'année suivante, 6,000 hommes, au nombre desquels était le marquis de Grancey, cousin du comte de Marey, à la tête de son régiment, envoyés par Louis XIV sous le commandement du duc de Navailles, ne furent pas plus heureux, et la ville de Candie, malgré d'inutiles efforts, devint la proie des Turcs.

Parmi ceux qui périrent dans les combats de la première expédition se trouvait le comte de Marey, sergent-major des troupes auxiliaires, qui se fit tuer sur le fort de La Sablonnière (1).

Après trois années d'une union, si souvent troublée par les exigences de la guerre, la comtesse de Marey se trouva donc veuve.

On conçoit à quels dangers allait être exposée cette jeune femme de vingt ans, ornée de toutes les séductions de la grâce et de la beauté.

Comme Mlle de Grancey, sa jeune sœur, elle fut bientôt mêlée à la cour brillante de Monsieur, où la maréchale, sa mère, remplissait une charge importante. Comme elle aussi, elle fut de toutes les fêtes royales, et le nom des deux sœurs est presque toujours associé dans les pompeuses relations qui nous restent de ces fêtes.

Ajoutons que, comme sa sœur, elle fut elle-même en butte aux attentions d'un prince du sang royal.

Quoique Saint-Simon, si dur pour sa sœur cadette, ne parle point de cette faiblesse, il ne nous est guère possible d'en douter, car il nous en reste plus d'un témoignage.

Dès les premières années de son veuvage, la comtesse de Marey avait attiré les regards du duc d'Enghien.

Henri-Jules de Bourbon, duc d'Enghien, fils unique du Grand Condé, connu, pendant l'existence de son père, sous le nom de M. le Duc, n'avait point hérité de la beauté de plusieurs de sa race. Petit de taille, d'une apparence assez chétive, il rachetait par son esprit et sa

(1) Eugène Sue, *Histoire de la marine française.*

magnificence une laideur qui allait presque jusqu'à la difformité.

Saint-Simon a esquissé cette physionomie avec la hardiesse de pinceau et la crudité de tons qui donnent tant de relief à ses peintures.

« C'étoit, dit-il, un composé des plus rares qui se soit guère rencontré. Personne n'a eu plus d'esprit, ni rarement tant de savoir en presque tous les genres et pour la plupart à fond, avec un goût exquis et universel. Jamais encore une valeur plus franche et plus naturelle, ni une plus grande envie de plaire ; et quand il vouloit plaire, jamais tant de discernement, de grâces, de gentillesse, de politesse, de noblesse, tant d'art caché coulant de source. Personne aussi n'a jamais porté si loin l'invention, l'exécution, l'industrie, les agréments ni la magnificence des fêtes, dont il savoit surprendre et enchanter, et dans toutes les espèces imaginables. »

D'après un procédé familier au célèbre auteur, il ajoute, il est vrai, à ce brillant portrait, des ombres qui le font presque grimacer jusqu'à la caricature. Saint-Simon n'avait connu le prince que dans les dernières années de sa vie, alors que, retiré de la cour, il se livrait, à Chantilly, aux excentricités et aux emportements que lui prête le noble écrivain, et qui semblent friser la folie.

A l'époque où il s'éprit de la comtesse de Marey, le jeune prince, dans toute la fougue des passions, mettait à leur service les brillantes ressources d'un esprit ingénieux et entreprenant. Un de ses plus puissants moyens de séduction était dans l'éclat de ces fêtes que sa grande fortune lui permettait de donner, et que nul mieux que lui ne savait organiser. Tantôt, c'était un souper à

St-Maur offert aux deux charmantes sœurs ; tantôt, l'hôtel même de Grancey était le théâtre de ces magnificences.

Mme de Sévigné, toujours aux aguets des intrigues de cour, ne manquait pas de les mander à sa fille.

« M. le duc donna samedi une chasse *aux Anges*, et un souper à St-Maur, des plus beaux poissons de la mer. Ils revinrent à une petite maison, près de l'hôtel de Condé, où, après minuit sonné plus scrupuleusement que nous ne faisions en Bretagne, on servit le plus grand *médianoche* du monde, en viandes très-exquises. Cette petite licence n'a pas été bien reçue et a fait admirer la charmante bonté de la maréchale de Grancey. Il y avait là la comtesse de Soissons, Mmes de Coëtquen et de Bordeaux, plusieurs hommes, et le chevalier de Lorraine, des haut-bois, des musettes et des violons..... Toutes ces dames sont brunes : nous trouvons qu'il fallait bien du jaune pour les parer (1). »

L'année suivante, le prince était à Dijon, où l'appelaient les affaires de son gouvernement de Bourgogne. Mme de Marey, qui, nous l'avons vu, avait de grands biens en Bourgogne, y fut appelée pour suivre un procès auprès du Parlement. La présence du prince était en outre pour elle une recommandation toute puissante ; mais le beau champ ouvert aux malveillants commentaires !

« Pour Mme de Marey, elle quitta Paris par pure sagesse, quand on commença toutes les collations de cet été, et s'en vint en Bourgogne : on la reçut à

---

(1) Mme de Sévigné, lettre du 7 avril 1672.

Dijon, *au bruit du canon*. La vérité est qu'elle avait un procès à Dijon qu'elle voulait faire juger ; mais cette rencontre est toujours plaisante. *La comtesse* (1) est bonne là-dessus : il y a quinze jours qu'elle est à Époisses ; elle vient de Guerchi (2). »

Le maréchal de Grancey, ébloui par ce faste royal, partageait lui-même l'aveugle complaisance de la maréchale. La malignité publique n'épargnait pas la crédulité avec laquelle il prenait le change sur des assiduités aussi compromettantes (3). Vers la même époque Mlle de Grancey, la jeune et brillante sœur de Mme de Marey, recevait de Monsieur, frère du roi, les mêmes soins que la comtesse du duc d'Enghien. Le vieux maréchal put croire un instant à une fortune inespérée, grâce aux brillantes alliances qu'il osait entrevoir. Aussi s'efforçait-il de lutter de magnificence avec les deux princes, et tel était, disait-on, le pied sur lequel était montée sa maison, qu'il ne lui manquait que des officiers par quartier. (4).

C'est sans doute à ce luxe effréné que veut faire allusion Mme de Sévigné dans ce passage d'une de ses lettres : « La comtesse m'a dit des choses admirables de l'hôtel

---

(1) On appelait ainsi, sans autre désignation, Olympe Mancini, femme d'Eugène de Savoie-Carignan, comte de Soissons. Nous venons de voir qu'elle était des fêtes données à Mmes de Grancey par le duc d'Enghien.

(2) Lettre du 16 octobre 1673.

(3)   Laissez faire vos filles,
       Illustre mère de Grancey,
       Pouvaient-elles dans leur saison
       Vous procurer des gendres
       De meilleure maison ?

(4) Pamphlet du temps.

de Grancey ; le plan de cette maison est une chose curieuse (1). »

Il n'était bruit alors que du cercle de Mme de Marey à l'hôtel de Grancey. Fort épris de Mlle de Grancey, jeune sœur de la comtesse, Monsieur s'y rendait souvent lui-même. Le duc d'Enghien était l'âme de ces réunions, où se rencontraient la spirituelle marquise d'Huxelles; la comtesse de Fiesque, une d'Harcourt, grande amie de Mme de Marey; cette belle de Fouilloux, devenue marquise d'Halluye par son mariage avec Paul d'Escoubleau de Sourdis, marquis d'Halluye ; Mlle de Gourdon, dame d'atours de Madame; la marquise de Belin ; le chevalier de Beuvron, capitaine des gardes de Monsieur ; le comte de Guitaut, si antipathique au duc d'Enghien, devant lequel il fut contraint de se retirer ; le chevalier de Lorraine, déjà sans doute épris des charmes de Mlle de Grancey, et quelques autres seigneurs.

Tel était l'éclat de ce cercle, qui se réunissait chaque soir, qu'il ressemblait à une petite cour, mais on peut bien croire qu'il n'échappait point à la médisance ; aussi les couplets satiriques pleuvaient-ils dru sur les habituées de l'hôtel de Grancey :

> Le vieux crédit de la Bordeaux
> Chez la Maré tombe en défaut
> Et n'est plus du conseil d'en haut ;
> Huxelles l'empressée
> Fait dans cette assemblée
> Jouer tous ses ressors (2).

. . . .

(1) Lettre du 27 octobre 1673. Nous croyons qu'il s'agit ici de la comtesse de Fiesque, que l'on nommait aussi parfois la comtesse.

(2) Chansons du temps.

Ces fêtes eurent tant de retentissement qu'elles fournirent à Thomas Corneille le sujet de sa comédie de l'*Inconnu* (1).

Représenté pour la première fois en 1675, l'*Inconnu* eut un succès prodigieux. Le célèbre de Visé, l'auteur du *Mercure galant*, auquel collaborait Thomas Corneille, avait travaillé à cette pièce, du genre dit héroïque. Reprise en 1679 et en 1703, elle fut représentée en 1724, au palais des Tuileries, avec un ballet dans lequel dansèrent le roi Louis XV et les jeunes seigneurs de sa cour (2).

Mme de Marey put ainsi voir se perpétuer le souvenir de ses triomphes, à un âge où elle en sentait le néant et l'amertume.

Il est assez facile de deviner, dans la comédie de Corneille, les noms mal dissimulés sous le voile du pseudonyme.

La scène se passe au château de la comtesse.

Les principaux personnages sont le marquis, le chevalier, la comtesse, et Olympe, son amie.

La comtesse, veuve depuis deux ans, est entourée d'adorateurs qu'elle accueille en apparence avec le même empressement, se gardant bien de les effaroucher par une préférence significative. Le plus ardent comme le plus constant de ces soupirants est le marquis, dont l'amour s'est déclaré aussitôt après le veuvage de la comtesse :

> Tout ce qui peut charmer se trouve en la comtesse,
> Mais, soit par défiance ou par délicatesse,

---

(1) Pamphlet du temps.
(2) *Biographie universelle*, Paris 1843.

> Le secret de son cœur se ménage si bien,
> Qu'avec elle un amant n'est jamais sûr de rien ;
> Elle veut être aimée, attire, écoute, engage,
> Mais le plus avancé n'a pas grand avantage.
> La presser, c'est se rendre indigne de sa foi,
> Et vingt fois, tu le sais, elle a dit devant moi
> Qu'on aurait vers son cœur moins de chemin à faire
> Plus, sans rien exiger, on ferait pour lui plaire.
> D'abord qu'elle fut veuve, un tendre et pur amour,
> M'engagea sans réserve à lui faire ma cour,
> Aucun autre avant moi n'avait brûlé pour elle,
> Et par toute l'ardeur qui peut suivre un beau zèle
> Je n'ai pu mériter qu'en faveur de mes feux
> Elle ait daigné jamais refuser d'autres vœux.
>
> (Acte Ier, scène II).

Olympe gourmande son amie sur son indifférence ; elle a peine à comprendre que les soins du marquis ne soient pas mieux accueillis. Elle donnerait volontiers à entendre qu'à la place de la comtesse elle serait moins cruelle ; mais elle est elle-même poursuivie par les vœux du chevalier, ami du marquis.

Olympe à la comtesse :

> Et comment accorder ce grand nombre d'amans ?

La comtesse, qui est un peu de l'école de Célimène, répond à son amie :

> Chacun cherche à me plaire, et ne promettant rien,
> Je fais amas de cœurs sans engager le mien.
> Comme à fuir le chagrin tous mes soins aboutissent,
> Il n'est pas jusqu'aux sots qui ne me divertissent
> Et dont le ridicule à pousser des soupirs
> Ne me soit quelquefois un sujet de plaisir.
> Quoique veuve, je suis peut-être encore d'un âge
> A suivre l'humeur gaie, où mon penchant m'engage.
> J'en veux jouir, jamais je n'aurai meilleur temps,

Ma personne a de quoi ne pas déplaire : on m'aime,
Et tant que je voudrai me garder à moi-même,
Ne point prendre de maître, en prenant un époux,
Mon sort égalera le destin le plus doux.
(Acte Ier, scène v).

Cependant, les fêtes et les surprises se succèdent au château, sans qu'on en puisse découvrir le mystérieux ordonnateur. La comtesse, enivrée de tant de merveilles, et dont la curiosité féminine est vivement surexcitée, ne néglige rien pour en découvrir l'auteur. Le secret de l'*Inconnu*, qui, on l'a déjà deviné, n'était autre que le marquis, vient à être dévoilé. Vaincue par un dévouement si magnifique et si persistant, la comtesse ne peut en refuser le prix et change son titre de comtesse en celui de marquise (1).

S'il fallait en croire un phamphlet du temps, la jalousie du duc d'Enghien n'aurait pas été moins violente que la passion à laquelle elle mit un terme. D'après cette source, un peu suspecte, le prince aurait cru voir un rival dans le comte de Tallard et se serait livré, chez Mme de Marey, à un de ces accès de colère dont Saint-Simon l'accuse d'avoir donné plus d'un exemple. Mme de Sévigné fait-elle allusion à cette scène de rupture, quand elle écrit à sa fille..... « Mais je vous supplie, que toutes les jalousies du monde se taisent devant celle de l'homme (M. le duc) qui est acteur dans cette scène : c'est de la quintessence de jalousie, c'est la jalousie même ; j'admire qu'il en soit resté dans le

---

(1) Ne peut-on point voir dans Olympe et le chevalier une allusion à l'inclination du chevalier de Lorraine pour Mlle de Grancey, sœur de la comtesse de Marey ?

monde, après le partage qui lui en est échu (1). »

Nous n'avons pas été peu surpris de trouver, dans le dossier conservé aux manuscrits de la Bibliothèque Impériale sur la famille de Rouxel, dossier auquel nous avons fait plus d'un emprunt, la note suivante concernant la comtesse de Marey..... « qui, veuve, fut maîtresse du prince de Condé, dont elle eut une fille appelée Julie, demoiselle de Châteaubriant, mariée au comte de Lassay. »

Le P. Anselme donne, en effet, parmi la descendance du duc d'Enghien, depuis prince de Condé, une fille naturelle, Julie de Bourbon, demoiselle de Châteaubriant ; mais, loin de la faire naître de la comtesse de Marey, il dit au contraire que la mère de Mlle de Châteaubriant fut Françoise de Montalais, veuve de Jean de Beuil, comte de Marans, grand échanson de France.

Cette fille naturelle, née en 1668, conséquemment avant le veuvage de Mme de Marey, fut élevée à l'abbaye de Maubuisson sous le nom de Mlle Guenany, et légitimée par lettres du roi, données à Namur en juin 1692. Elle épousa, le 5 mars 1696, Armand de Lesparre de Madaillan, marquis de Lassay, lieutenant général pour le roi dans la province de Bresse, Bugey, etc., chevalier des Ordres du roi, dont elle fut la troisième femme, et mourut à Paris le 10 mars 1710, à 43 ans. Son corps fut transféré à Lassay et inhumé dans l'église du prieuré de cette ville.

Nous avons, en effet, retrouvé, sur les registres de l'état civil de Lassay, l'acte d'inhumation de la mar-

(1) Lettre du 27 octobre 1673, déjà citée.

quise, morte folle, au dire de Saint-Simon, comme sa fille, la marquise d'O, mère du duc de Villars-Brancas (1).

Il faut donc considérer comme tout-à-fait controuvée la note du dossier de la Bibliothèque Impériale. Puissions-nous douter également des relations de Mme de Marey avec le duc d'Enghien!

Heureusement pour sa mémoire, nous avons sur la comtesse, au moins dans la dernière moitié de sa vie, un témoignage très-précieux, celui même de Saint-Simon, si prompt au dénigrement et si avare d'éloges.

La maréchale de Grancey, sa mère, gouvernante de Charlotte-Élisabeth d'Orléans, duchesse de Lorraine, avait obtenu pour Mme de Marey la survivance de ces fonctions, qu'elle exerça même du vivant de la maréchale. Elle eut, en outre, à la mort de cette dernière, en 1694, la charge de dame d'honneur de Mademoiselle (2).

Lorsqu'en 1698 Élisabeth d'Orléans épousa le duc de Lorraine, elle fut conduite dans ses nouveaux états par Mme de Marey, qui fit la route avec elle dans le premier carrosse (3). L'année suivante, ce fut encore elle qui fut chargée de ramener la duchesse en Lorraine, à son retour d'un voyage en France.

La constante amitié dont l'honora cette vertueuse prin-

---

(1) La mère de la marquise de Lassay jouissait-elle, elle-même, de son bon sens, lorsque, entre autres extravagances, « elle venait, nous dit Mme de Sévigné, trouver le bonhomme d'Andilly, le croyant le druide Adamas, à qui toutes les bergères du Lignon allaient compter leurs histoires et leurs infortunes et en recevaient une grande consolation? » Aussi, lorsque plus tard elle montra tant de dévotion : « Si Dieu fixe cette bonne tête-là, s'écriait Mme de Sévigné, c'est un des grands miracles que j'aie jamais vus. »

(2) *Journal* du marquis de Dangeau.

(3) *Ibid.*

cesse fait le plus grand honneur à Mme de Marey. Vingt ans plus tard, en effet, en 1718, la duchesse de Lorraine étant venue à la cour avec le prince, son époux, comblait encore de prévenances sa gouvernante bien-aimée. Elle la faisait asseoir à côté d'elle, dans le fond de son carrosse, pour aller voir sa nièce, l'abbesse de Chelles, fille du régent (1).

Sans être précisément jolie, Élisabeth-Charlotte d'Orléans, duchesse de Lorraine, avait de l'éclat et de la grâce ; elle n'avait que 12 ans que déjà l'on citait à la cour ses réparties. On admirait surtout sa modestie, dans un âge où s'éveille l'amour-propre, et ses goûts studieux, au milieu des plaisirs dont elle était entourée. Devenue duchesse de Lorraine, ses vertus et ses bienfaits lui gagnèrent bientôt tous les cœurs. Aussi, à la mort du duc, en 1729, tous les suffrages l'appelèrent à la régence.

En 1737, la Lorraine ayant été cédée à Stanislas, roi de Pologne, pour être réunie après sa mort à la couronne de France, la principauté de Commercy fut réservée à la duchesse douairière, avec un revenu de 600,000 livres. Elle quitta Lunéville, emportant les regrets des habitants, qui ne pouvaient retenir leurs larmes.

La princesse honora sa retraite par la pratique de toutes les vertus. Sa conduite était exemplaire, sa piété douce, sa bonté active autant qu'ingénieuse. Elle mourut le 23 décembre 1744, et fut inhumée à Nancy (2).

Toutes les princesses confiées aux soins de la comtesse de Marey ne lui firent pas autant d'honneur.

(1) *Journal* de Dangeau.
(2) Voir le *Château d'Eu*, par M. Vatout.

Elle avait, en effet, été nommée gouvernante des enfants du duc de Chartres, depuis duc d'Orléans et régent de France.

L'aînée de ces enfants, la trop célèbre duchesse de Berry, née en 1695, a laissé une telle réputation, qu'il suffit de prononcer son nom pour inspirer le dégoût.

Hâtons-nous de le dire : Mme de Marey reconnut de bonne heure les mauvais penchants de la triste princesse, si gâtée par son père, et qui ne fut que trop accessible au dangereux contact de cette nature corrompue. Que peut d'ailleurs une gouvernante dans de telles conditions ? Si encore la mère des princesses avait facilité sa tâche. Mais, de ce côté, il n'y avait à attendre aucun secours : « Tous ces princes, garçons et filles, ont été fort mal élevés, dit la princesse Palatine, en parlant de ses petits-enfants. On les a toujours laissé faire toutes leurs volontés ; Mme d'Orléans ne s'est jamais occupée un seul instant de ses enfants..... De toute ma vie je n'ai vu fils de princes, ou même fils de nobles, élevés aussi mal que le sont ces enfants. C'était pourtant la même gouvernante que celle qui a été auprès de ma fille, qui, grâce à Dieu, n'a pas été élevée de la sorte. Je lui ai demandé une fois pourquoi elle ne donnait pas à mes petits-enfants l'éducation qu'elle avait donnée à ma fille ; elle m'a répondu : « Madame lorsque j'avais des plaintes à vous adresser, « vous m'avez soutenue, mais lorsque je me suis adressée « à Mme d'Orléans, elle n'a fait qu'en rire ; voyant « cela j'ai laissé aller les choses à sa guise. » (*Lettre du 9 décembre* 1717.)

Aussi, lorsqu'à l'époque du mariage de la duchesse

de Berry, on voulut lui donner Mme de Marey pour dame d'atours, cette dernière résista obstinément à toutes les instances qui furent tentées auprès d'elle pour l'y déterminer (1).

Mais laissons parler Saint-Simon :

« Mme de Maré avait été gouvernante des enfants de Monsieur, en survivance de Mme de Grancey, sa mère, puis en chef après elle, et l'était demeurée de ceux de M. le duc d'Orléans avec beaucoup de considération. Le roi et Mme de Maintenon comptaient qu'elle serait dame d'atours de Mme la duchesse de Berry, qu'elle avait élevée et à qui elle paraissait fort attachée, et Mademoiselle à elle. Madame, et M. le duc et Mme la duchesse d'Orléans le voulaient. Jamais on ne l'y put résoudre, quelque pressantes et longues que fussent les instances que tous, jusqu'à Mme de Maintenon, lui en firent. Il faut savoir que la maréchale de Grancey était sœur de Villarceaux, chez qui Mme de Maintenon avait tant passé d'étés, et puis à Montchevreuil avec lui, et qui toute sa vie en conserva un souvenir si cher, comme je l'ai dit ailleurs. Ce ne fut qu'aux refus opiniâtres et réitérés de Mme de Maré qu'on nomma une dame d'atours. Elle prétexta son âge, sa santé, son repos, sa liberté. Elle se retira donc avec les regrets de tout le monde, les nôtres surtout. Elle était ma parente, et de tout temps intimement mon amie, et elle avait beaucoup d'amis considérables, et

---

(1) La trop fameuse duchesse avait pourtant parfois des velléités de repentir : « Je suis contente de ma petite-fille, la duchesse de Berry, écrit la princesse Palatine,... elle a du jugement et manifeste un retour vers la religion et du dégoût pour le vice. J'espère que Dieu aura pitié d'elle et qu'il lui fera la grâce d'une conversion sincère. » (*L. du 31 mars 1718*).

plus de sens et de conduite encore que d'esprit. Elle eut des présents, 2,000 écus de pension du roi, un logement au Luxembourg, et conserva le sien au Palais-Royal, ses établissements de St-Cloud, et les 12,000 livres d'appointements de M. le duc d'Orléans, avec le titre de gouvernante de ses filles, dont elle ne s'embarrassa plus des fonctions.

« Nous ne fûmes pas longtemps sans découvrir la cause de son opiniâtre résistance à demeurer auprès de Mme la duchesse de Berry. Plus cette princesse se laissa connaître, et elle ne s'en contraignit guère, plus nous trouvâmes que Mme de Marey avait raison, plus nous admirâmes par quel miracle de soins et de prudence rien n'avait percé, plus nous sentîmes à quel point on agit en aveugle dans ce qu'on désire avec le plus de passion, et dont le succès cause plus de peines, de travaux et de joie ; plus nous gémîmes du malheur d'avoir réussi dans une affaire que, bien loin d'avoir entreprise et choisie au point que je le fis, j'aurais traversée avec encore plus d'activité, quand même Mlle de Bourbon en eût dû profiter et l'ignorer, si j'avais su le demi-quart, que dis-je ! la millième partie de ce dont nous fûmes malheureusement témoins (1). »

Saint-Simon est d'autant moins suspect, en racontant ainsi la retraite de Mme de Marey, que lui-même avait accepté pour la duchesse de Saint-Simon la place de dame d'honneur de la duchesse de Berry, au mariage de laquelle il avait, en outre, beaucoup contribué.

---

(1) *Mémoires* de Saint-Simon, tome V, page 294, édition Chéruel. A plusieurs reprises, Saint-Simon revient sur sa parenté avec Mme de Marey et sur son amitié pour elle. — Voir également pages 105 et 259 du même et tome II, page 55.

D'ailleurs, nous l'avons vu traiter bien durement d'autres membres de la famille de Grancey.

Les fonctions de dame d'atours de la nouvelle duchesse furent données, au refus de Mme de Marey, à la duchesse de La Vieuville, mère de Mme de Parabère, qui devait s'acquérir, sous la Régence, une célébrité de si mauvais aloi.

Le marquis de Dangeau entrevoyait-il déjà les désordres futurs de la duchesse de Berry, lorsqu'il écrivait dans son journal, à la date du 11 juin 1710, au moment même de la retraite de Mme de Marey : « On la loue fort du sage parti qu'elle prend, et elle sera bien traitée. » A quoi Saint-Simon ajoutait depuis, sur le registre même du marquis..... elle était vieille (elle avait alors, en effet, 62 ans), avait beaucoup d'amis, un grand usage du monde..... Elle mourut très-âgée et eut *toujours* de la considération. »

N'y a-t-il point dans tous ces éloges, dans cette considération dont elle fut *toujours* entourée, de quoi faire un peu douter de ses égarements de jeunesse.

Ne peut-on au moins tenir pour certain que ces erreurs ne furent point de longue durée, et que depuis longtemps la régularité de ses mœurs avait fait place au relâchement de ses premières années.

Saint-Simon nous a fait connaître, dans un autre passage de ses *Mémoires*, ce qu'il appelle les établissements de St-Cloud de Mme de Marey :

« C'était une *ménagerie*, comme on disait alors, la plus jolie du monde, joignant la grille de l'avenue près le village, qui avait son jardin particulier, charmant, le long de l'avenue. »

La comtesse prêtait volontiers à Mademoiselle et aux

princes, ses parents, cette gracieuse résidence, où ils semblaient tout particulièrement se plaire, et où ils mangeaient quelquefois. Ce fut dans cette charmante retraite que Saint-Simon trouva le prince et la princesse à table le jour de l'Ascension (29 mai 1690), lorsqu'il fut mandé par eux pour l'entretenir au sujet du mariage de la duchesse de Berry, auquel il prit une si grande part.

Il raconte avec complaisance les entretiens qu'il eut à ce sujet, non-seulement avec les princes et les princesses, mais encore avec Mme de Marey « sa parente et son amie de tout temps (1). » Il fit avec la comtesse quelques tours de parterre, et reçut sans doute de la gouvernante de la duchesse ces confidences intimes sur les mœurs de son élève, dont il ne tardera point à nous dévoiler le secret.

S'il en fut ainsi, comment Saint-Simon persista-t-il à prêter son concours à ce triste mariage ?

Quoi qu'il en soit, la comtesse conserva tous les dehors de l'affection pour la princesse, qu'elle accompagna chez le roi à Marly, lors de la présentation officielle qui suivit la déclaration publique du mariage (2). Mais ce fut le dernier acte de ses anciennes fonctions, car elle avait hâte de répudier sa part de responsabilité dans les scandales qui devaient bientôt éclater, et qu'elle ne prévoyait que trop (3).

---

(1) *Mémoires* de Saint-Simon, t. V, p. 257. Saint-Simon était parent de la comtesse, par sa mère, Mlle de l'Aubespine. La maréchale de Grancey était, en effet, arrière-petite-fille du célèbre de l'Aubespine, secrétaire d'État.

(2) *Ibid.*, p. 274.

(3) Nous possédons un beau portrait de la duchesse de Berry enfant, vraisemblablement donné à sa gouvernante par la trop fameuse princesse.

Il nous tarde de parler d'une autre élève de Mme de Marey, la célèbre abbesse de Chelles.

Louise-Élisabeth d'Orléans, Mlle de Chartres, fille du régent, naquit le 13 août 1697. D'un enjouement peut-être un peu capricieux, gracieuse et belle, elle possédait, en outre, tous les talents que l'on recherchait à la cour.

Rien ne pouvait donc faire prévoir sa pieuse détermination, lorsqu'un soir elle se jeta aux pieds de la duchesse d'Orléans, sa mère, pour lui demander d'aller faire ses dévotions à Chelles. Mais déjà sa détermination était prise. Aussi, quel ne dut pas être le douloureux étonnement de ses augustes parents, lorsqu'ils apprirent qu'à peine arrivée dans cette abbaye, la princesse avait renvoyé son carrosse, en déclarant qu'elle ne sortirait plus de sa retraite. Toutes les instances furent vaines pour la faire renoncer à ce pieux dessein. Quelques-uns de ses goûts mondains suivirent pourtant la nouvelle abbesse jusque dans la solitude du cloître. Mais, tout en tirant parfois au blanc et faisant des feux d'artifice, elle écrivait un livre de piété et signait ses lettres : « Épouse de J.-C. »

Vers 1734, elle se démit de son abbaye et se retira à la Madeleine-Tresnel, où Racine, le fils, lui adressa ces vers :

Plaisirs, beauté, jeunesse, bonheur, gloire, puissance,
Ambitieux espoir que permet la naissance,
Tout aux pieds de l'agneau fut par elle immolé ;
Elle s'immole encore dans sa retraite même.
Assise au premier rang, son cœur en est troublé.
De ce rang descendue, au seul objet qu'elle aime
En silence attachée, elle embrasse sa croix,

> Victime par l'amour devant Dieu consumée,
> Vierge qui jour et nuit tient la lampe allumée,
> En attendant l'époux dont elle avait fait choix.
> Dans notre siècle impie, éclatantes merveilles !
> Les princes sont changés en humbles pénitents,
> Et voilà par quels coups, Dieu puissant, tu réveilles,
> Même en ces derniers jours, la foi des premiers temps.

L'abbesse de Chelles mourut dans cette nouvelle retraite, le 9 février 1743, dans sa 45ᵉ année. Le Père Rainard composa l'épitaphe suivante pour son tombeau :

> Ci-gît qui, renonçant à la grandeur suprême,
> Et portant jusqu'au ciel ses vœux et son amour,
> Préféra pour son Dieu le voile au diadème ;
> Qui sacrifiant tour à tour,
> Et dignités du cloître et pompes de la cour,
> Au fond de ce désert qu'habite l'innocence
> N'eut un esprit que pour la vérité,
> Un cœur que pour la charité,
> Un corps que pour la pénitence.

Le fils unique du régent, Louis, duc de Chartres, puis duc d'Orléans, fut ce vertueux prince dont la reine put dire en apprenant sa mort : « C'est un bienheureux qui laissera après lui beaucoup de malheureux ! »

La duchesse de Modène (Mˡˡᵉ de Valois), troisième fille du régent, sans partager les vices de son aînée, ne rappela point les vertus de l'abbesse de Chelles.

Quant aux trois autres enfants du duc d'Orléans, Mˡˡᵉ de Montpensier (reine d'Espagne), Mˡˡᵉ de Beaujolais, morte à la fleur de l'âge, et Mˡˡᵉ de Chartres, princesse de Conti, elles étaient nées après la retraite de Mᵐᵉ de Marey.

Marie-Louise de Médavy-Grancey, comtesse de Marey, mourut à Paris le 8 mai 1728, à l'âge de 80 ans.

Elle fut inhumée dans l'église des Dames-Capucines de la place Vendôme, où reposaient déjà le maréchal de Grancey, son père, et le maréchal de Médavy, son neveu, auquel elle avait survécu, comme à tous ceux de son nom, à l'exception du marquis de Grancey, son neveu, qu'elle institua son légataire universel. Encore celui-ci mourait-il deux mois seulement après la comtesse, comme nous l'avons vu dans la notice que nous lui avons consacrée.

Un portrait, qu'on dit être de Mme de Marey, le plus ravissant à coup sûr de notre galerie, représente la comtesse sous les traits d'une blonde jeune femme, assise au clavecin, dans une attitude pleine de charme.

Nous avons également le portrait du comte de Marey, son mari, tué sous les murs de Candie.

1653-1711.

Louise-Élisabeth de MÉDAVY-GRANCEY,
dite Mme de GRANCEY,

Dame d'atours de la reine d'Espagne.

Pour esquisser cette physionomie, une des plus séduisantes, sinon une des plus pures de notre galerie, les documents ne nous font point défaut.

Mêlée, par ses charges et par sa naissance, à ce monde brillant, qui jeta un si vif éclat vers le milieu du XVIIe siècle, Mlle de Grancey ne fut étrangère ni à ses grandeurs ni à ses faiblesses.

Les lettres de Mme de Sévigné, cet écho prolongé d'une époque sans suite et sans précédent, les pamphlets et les chansons du temps, miroir souvent infidèle, mais toujours curieux d'une société à jamais évanouie, les mémoires contemporains, si fertiles et si attrayants, répètent à l'envi ce nom, en lui assurant une célébrité dangereuse.

Efforçons-nous de discerner ce qu'il y eut de fondé dans ces louanges comme dans ces critiques.

Louise-Élisabeth de Grancey, cinquième fille du maréchal et de Charlotte de Mornay, sa seconde femme, naquit en 1653, un an seulement avant le mariage de son frère aîné, le comte Pierre II de Grancey.

Comme sa sœur, la comtesse de Marey, dès l'âge de 16 ans, elle débutait à la cour dans le *Ballet royal de Flore*, représenté en 1669. Benserade, qui avait donné à son aînée le rôle de nymphe de Flore, dans le *Ballet des Amours déguisés*, représenté en 1664, fit paraître la jeune Élisabeth, dans la troisième entrée du *Ballet de Flore*, sous le gracieux costume de nymphe des bois, des prés et des eaux, où elle avait pour compagnes Mlle de La Vallière, Mlle de La Mothe et Mlle de Coëtlogon, périlleux voisinage pour une beauté moins accomplie que la sienne; mais, dès cette époque, la brune jeune fille était parée de toutes les grâces qui lui valurent, comme à sa sœur, le surnom d'*ange de la cour*. Aussi put-elle écouter, avec une modeste assurance, ces vers louangeurs écrits à son adresse par le poète de la cour :

> Pour vous, jeune Grancé, naguère *petit ange*,
>   A quoi bon me mettre en frais,
> Si vous manquez de louange
>   Amour manquera de traits.

Faut-il s'étonner si, douées de ces brillantes qualités, les deux sœurs furent souvent en butte aux dangereux hommages des courtisans, parmi lesquels figurèrent les plus hauts personnages. On ne s'attend donc pas à ce que leur souvenir soit demeuré pur des imputations qui n'épargnèrent point les plus sages. De leur temps, les Sévigné, les Maintenon et tant d'autres, n'ont-elles pas payé un large tribut à la médisance, sans que la postérité ait ratifié tous les jugements de leurs contemporains.

Nous avons vu, en parlant du marquis de Villarceaux, son oncle, quelles odieuses intrigues auraient tenté de faire asseoir Mlle de Grancey sur les marches du trône, au même titre que la faible La Vallière, où l'altière Montespan. Ce n'est pas la seule trace du goût qu'aurait eu Louis XIV pour la plus jeune des deux sœurs ; les pamphlets et les chansons du temps en parlent à plusieurs reprises :

> Le roy, se voulant divertir,
> La Grancey a voulu choisir.

La trop fameuse comtesse de Soissons, Olympe Mancini, mère du célèbre prince Eugène de Savoie, était accusée de favoriser cette intrigue, dans le but de supplanter la favorite en titre :

> La Soissons n'a pu ménager
> *Le petit ange*, ni changer,
> Son cœur pour un autre berger ;
> C'est d'une autre manière,
> Qu'elle sert notre potentat,
> En conservant son frère,
> Tranquille dans l'État (1).

---

(1) Chansons du temps. — La Beaumelle (*Mémoires* de Mme de Maintenon) parle aussi de ce caprice passager du roi pour Mlle de Grancey, à laquelle il donne pour rivales ses trois belles cousines, les duchesses d'Aumont, de La Ferté et de Ventadour. T. II, p. 486.

On sait d'ailleurs que déjà la comtesse de Soissons (Olympe Mancini) avait tenté de faire supplanter auprès du roi Mlle de La Vallière par Mlle de La Mothe-Houdancourt.

On voit dans ce dernier trait une allusion au penchant de Monsieur pour Mlle de Grancey.

C'est, en effet, le frère unique du roi qui passa pour le plus assidu auprès du *petit ange*. Cette inclination était si peu équivoque, qu'après la mort de Mme Henriette d'Angleterre, on parla un instant de Mlle de Grancey pour succéder à l'infortunée princesse. Le maréchal de Grancey, homme simple et peu façonné au manége des cours, parut lui-même partager ces espérances.

Mme de Sévigné faisait probablement allusion à ces bruits, propagés par les pamphlets du temps, lorsqu'à la date du 16 août 1671, elle écrivait à sa fille, à propos du second mariage de Monsieur avec la princesse Palatine :

« Vous comprenez bien la joie de Monsieur d'avoir à se remarier en cérémonie ! Quelle joie encore d'avoir une femme qui n'entende point le français ! On dit qu'elle est belle. Du reste elle n'est pas plus riche que Mlle de G..... On dit que quand le mariage fut déclaré, *les anges* disparurent pour huit jours, ne pouvant soutenir les premiers jours de cette nouvelle. Hélas ! Si cette Madame pouvait nous bien représenter celle que nous avons perdue ! »

Quelques mois plus tard, Mme de Sévigné écrivait encore à sa fille :

« Je fus hier à St-Germain... Monsieur me tira près d'une fenêtre pour me parler de vous faire ses compliments et de vous dire la joie qu'il avait de votre joli accouchement. Il appuya sur cela d'une telle sorte qu'il ne tint qu'à moi d'entendre qu'il voulait s'attacher à votre service, étant las, comme on dit, d'adorer *l'ange*. »

La passion de Monsieur pour Mlle de Grancey fut-elle payée d'un coupable retour ? Saint-Simon semble en douter, mais c'est pour charger la mémoire de sa parente d'une inclination moins innocente, et qu'on lui a plus généralement prêtée.

Il s'agit ici du brillant chevalier de Lorraine, dont la vie fut si mêlée à celle de Monsieur, et sur lequel il eut tant d'influence.

Mais avant d'aller plus loin, parlons un instant de la petite cour où nous allons pénétrer.

Le frère unique du roi Louis XIV, Philippe, duc d'Orléans, chef de la branche cadette des Bourbons, naquit en 1640. Les heureuses dispositions qu'il manifesta dans son enfance faisaient espérer un prince digne de son nom ; mais, s'il faut en croire des témoignages contemporains, la crainte de le voir briller aux dépens de son aîné fit négliger son éducation, qui se ressentit toujours de l'espèce d'abandon où il fut laissé à dessein.

Mlle de Montpensier nous a tracé de ce prince, à l'âge de 18 ans, un portrait qui donne la meilleure idée de l'ensemble de sa personne. Elle va jusqu'à dire que c'était la plus belle tête du monde. « Son visage, ajoute-t-elle, est long et de belle forme, son nez aquilin, comme celui d'Henri IV, et assurément Monsieur ne lui ressemble pas moins en ses inclinations qu'en cela ; car il est aussi galant qu'il était..... Son regard est fier et gracieux..... Enfin rien n'est si beau, si agréable ni si bien fait que ce grand prince. »

Le portrait moral n'est guère moins séduisant : « il a l'âme bonne ; il est libéral par discernement et charitable par piété..... Il est magnifique et aime toutes sortes de plaisirs..... (1). »

Tel était, à 18 ans, aux yeux de son indulgente cousine, le prince auquel on songea un instant à l'unir, malgré la grande disproportion de leurs âges.

Nous avons dans la seconde femme de Monsieur, la princesse Palatine, un juge moins favorable des qualités du duc d'Orléans, parvenu à la maturité de l'âge.

« Monsieur, dit-elle, aimait la parure, avait beaucoup de soin de son teint, aimait les ouvrages de femmes, et toutes les cérémonies.... Il voyait dans les femmes d'aimables compagnes et était toujours dans leur société..... Les deux frères se chérissaient cordialement.... Ils se raillaient l'un et l'autre avec toute la délicatesse possible, sans se fâcher jamais.

« Dans le fond, Monsieur était un très-bon prince et, s'il avait eu un peu plus de force pour résister aux impressions malfaisantes, aux suggestions malignes de ses favoris, il aurait été le meilleur des princes de la terre..... Quand il faisait quelque chose à l'instigation de ses favoris, il s'éloignait de la justice naturelle.....

« A l'armée les soldats disaient de Monsieur : il craint plus que le soleil ne le hâle, qu'il ne craint la poudre et les coups de mousquet. »

Ces goûts efféminés de Monsieur sont confirmés par

---

(1) Le marquis de La Fare cité un bel exemple de la charité de Monsieur. En 1693, une disette, qui allait presque à la famine, avait amené la plus grande misère. Monsieur, établi lieutenant général du royaume en l'absence du roi, parcourut la Normandie et la Bretagne, en répandant partout d'abondantes aumônes. Le chevalier de Lorraine, les marquis d'Effiat et de La Fare, qui l'accompagnaient dans son carrosse, avaient chacun un sac de 1,000 francs, dont il ne restait rien à la fin de la journée.

le témoignage de Mme de La Fayette : « Ses inclinations, dit-elle, étaient aussi conformes aux occupations des femmes, que celles du roi en étaient éloignées. Il est beau, bien fait, mais d'une beauté et d'une taille plus convenables à une princesse qu'à un prince. Aussi avait-il plus songé à faire admirer sa beauté de tout le monde qu'à s'en servir pour se faire aimer des femmes, quoiqu'il fût continuellement avec elles. Son amour-propre semblait ne le rendre capable que d'attachement pour lui-même. »

Saint-Simon, plus sévère, ne méconnaît pourtant pas les brillantes qualités de ce prince, « à la mort duquel la cour perdit gros. » « C'était lui, ajoute-t-il, qui y jetait les amusements, l'âme, les plaisirs, et quand il la quittait, tout y semblait sans vie et sans action..... Il donnait chez lui entière liberté, sans que le respect et le plus grand air de la cour en souffrît aucune diminution. Il avait appris et bien retenu de la reine, sa mère, l'art de la tenir ; aussi la voulait-il pleine et y réussissait-il. Par ce maintien la foule était toujours au Palais-Royal et à St-Cloud..... Du reste, Monsieur, qui avec beaucoup de valeur avait gagné la bataille de Cassel, et qui en avait toujours montré une fort naturelle en tous les siéges où il s'était trouvé, n'avait d'ailleurs que les mauvaises qualités des femmes. »

Saint-Simon n'atténue point, on peut le croire, l'odieux de ces mauvaises qualités. D'après lui, et ce témoignage n'est point isolé, la faiblesse du prince pour ses favoris aurait prêté aux plus tristes commentaires, et sa cour aurait été assez dissolue.

La première femme de Monsieur fut cette charmante

Henriette d'Angleterre, immortalisée par la sublime oraison funèbre de Bossuet.

« La princesse d'Angleterre, dit Mme de Motteville, était assez grande. Sa beauté n'était pas des plus parfaites ; mais toute sa personne, quoiqu'elle ne fût pas bien faite, était néanmoins, par ses manières et ses agréments, tout-à-fait aimable..... Et comme il y avait en elle de quoi se faire aimer, on pouvait croire qu'elle y devait aisément réussir et qu'elle ne serait point fâchée de plaire. »

La malheureuse princesse ne tarda guère à ressentir le danger de ce désir de plaire. Entourée d'hommages, dont le jeune roi donna lui-même le signal, elle eut l'imprudence, s'il faut en croire les mémoires contemporains, d'accueillir avec trop de complaisance les assiduités compromettantes du brillant comte de Guiche. Cette légèreté n'alla sans doute pas jusqu'au déshonneur, mais elle parut assez pour éveiller les justes susceptibilités de Monsieur et la sévérité du roi, qui exila le comte de Guiche. Faut-il croire, avec la seconde Madame, que le roi lui-même avait tenté d'exciter ainsi la jalousie de son frère, pour le détourner de ces brillantes réunions qui le rendaient trop populaire? L'exil du comte de Guiche semble démentir cette insinuation (1).

Quoi qu'il en soit, un coup funeste était porté à l'affection mutuelle des jeunes époux, et peut-être ne doit-on point chercher ailleurs la cause des désordres

---

(1) Les attentions du comte de Guiche pour Mlle de Grancey, firent de celle-ci, pendant un moment, la rivale redoutée de la princesse. (*Vie d'Henriette de France*, par Mme de La Fayette.)

qui ne tardèrent pas à paraître dans la vie privée de Monsieur, et du triste empire de ses favoris.

Un voyage entièrement politique, entrepris en Angleterre par Madame, à l'instigation du roi, ne fit qu'envenimer la mésintelligence, en augmentant le mécontentement de Monsieur, qu'on n'avait point mis dans le secret.

Aussi quand, bientôt après le retour de la princesse retentit comme un éclat de tonnerre cette étonnante nouvelle : « *Madame se meurt, Madame est morte !* » la rumeur publique formula-t-elle les plus graves accusations.

Nous parlerons bientôt, avec plus de détails, de cette mort si extraordinaire, en nous occupant du personnage auquel elle fut le plus généralement imputée; disons seulement que la mémoire du prince en est depuis longtemps lavée, si tant est qu'on puisse assigner une cause criminelle à cette fin mystérieuse.

Un peu plus d'un an après la mort d'Henriette d'Angleterre, le 16 septembre 1671, Monsieur épousait en secondes noces, Elisabeth-Charlotte de Bavière, fille de l'électeur palatin, Georges-Louis.

Pour cette figure si originale, les peintures ne nous font point défaut, à commencer par celle que la princesse a cru devoir tracer d'elle-même :

« Il faut que je sois cruellement laide, je n'ai jamais eu aucun trait passable, mes yeux sont petits, j'ai le nez court et gros, les lèvres longues et plates....... j'ai de grandes joues pendantes, une figure longue, et je suis très-petite de stature; ma taille et mes jambes sont grosses; somme totale, je dois être un vilain petit laideron. »

Saint-Simon disait en parlant d'elle : « Madame tenait beaucoup plus de l'homme que de la femme ; elle était forte, courageuse, allemande au dernier point, franche, droite, bonne, bienfaisante, noble et grande en toutes ses manières ; petite au dernier point sur tout ce qui regardait ce qui lui était dû ; elle était sauvage, toujours enfermée à écrire, dure, rude, *se prenant aisément d'aversion ;* nulle complaisance, nul tour dans l'esprit ; la figure et le rustre d'un suisse ; capable avec cela d'une amitié tendre et inviolable. »

Ajoutons avec un écrivain moderne, dont nous avons plusieurs fois cité les judicieuses appréciations : « La duchesse d'Orléans se distinguait à la cour par une originalité que personne n'était tenté d'imiter ; elle vivait dans un isolement complet....., d'une laideur repoussante, elle déplaisait à tout le monde par sa fierté maussade ; étrangère à cette cour brillante où elle était obligée de vivre, elle fut toujours allemande en France....... Tout le temps qu'elle ne passait pas avec le roi, à la chasse ou au spectacle, elle l'employait à écrire à ses nobles parents d'Allemagne, des longues lettres dont les fragments ont servi à former ces singuliers mémoires, où la cour de France, à l'exception du roi, est déchirée, injuriée impitoyablement. »

On voit déjà le cas que faisait le savant écrivain de la volumineuse correspondance de Madame.

Il dit ailleurs qu'elle « accueillait sans discernement les bruits les plus vulgaires et les plus désavantageux sur les personnes qui se trouvaient à la cour. » Il faut, ajoute-t-il, « lire ses lettres avec défiance, et pour les personnes qui manquent de critique, *c'est une mauvaise source pour l'histoire* (1). »

Plusieurs éditions anciennes et récentes ont répandu ces lettres à profusion, et l'on ne cesse pas de puiser à *cette mauvaise source* plus d'un jugement erroné sur le siècle de Louis XIV. Mais voici qui devient plus grave : l'auteur que nous venons de citer, si bien renseigné sur Mme de Sévigné, si compétent pour tout ce qui touche à son entourage, si bienveillant pour l'illustre marquise, ne craint pas d'altérer le crédit de son héroïne, en dénonçant la connexité de ses lettres avec celles de Madame. « Ces lettres, dit-il, où les anecdotes les plus scandaleuses, *souvent même les plus fausses*, sont racontées avec un cynisme révoltant, ces lettres étaient traduites par la princesse de Tarente, parente de Madame, à Mme de Sévigné, *qui y puisait les éléments de sa correspondance* (2). »

Peut-être aurons-nous l'occasion de faire ressortir une autre coïncidence non moins significative ; nous voulons parler de la similitude des jugements de Madame avec ceux de Saint-Simon, le familier de la maison d'Orléans.

Ces réflexions ne sont pas inutiles pour bien faire connaître le personnage dont il nous reste à parler, et qui, après le prince et les deux princesses, joua le principal rôle à la cour de Monsieur.

Parmi les descendants de la branche de Lorraine, établie en France, sous le roi François Ier, plusieurs brillèrent au premier rang des capitaines et des hauts dignitaires de leur siècle.

---

(1) Walcknaër, *Mémoires sur Mme de Sévigné*, V^e partie, p. 455, note.
(2) *Ibid.*, p. 294.

Celui qui nous occupe, Philippe de Lorraine, si connu sous le nom de chevalier de Lorraine, n'était pas lui-même dépourvu du génie de sa race.

Petit-fils du duc d'Elbeuf, le chevalier de Lorraine était le second fils de ce célèbre comte d'Harcourt, grand écuyer de France, qui, sous le surnom de *Cadet la Perle,* s'est fait un nom parmi les généraux de son temps. L'un des plus charmants hommes de cette brillante cour, d'après les portraits qui nous restent de lui, le chevalier n'exerçait pas une moindre séduction par les agréments de son esprit que par les grâces de sa personne (1).

D'une valeur éprouvée, il avait pris part aux grandes guerres du commencement du règne, et fini par conquérir le grade de lieutenant général, avec le cordon de l'ordre du St-Esprit. L'inclination si prononcée de Monsieur pour le chevalier de Lorraine n'avait sans doute pas peu contribué à son élévation, mais son mérite ne pouvait être mis en doute.

Le titre de prince étranger rehaussait beaucoup en lui le prestige dont il était entouré, et ce n'était pas sans quelque hauteur qu'il en remplissait le personnage.

A toutes ces brillantes qualités, il joignait, au dire de Saint-Simon, un remarquable talent pour l'intrigue. « Il prit, dit ce dernier, la chose en Guisard qui ne rougit de rien pourvu qu'il arrive, et mena Monsieur le bâton haut toute sa vie, fut comblé d'argent et de bénéfices, fit pour sa maison ce qu'il voulut, demeura toujours publiquement le maître chez Monsieur,

---

(1) « C'était, dit le marquis de La Fare, le jeune homme de la cour le plus beau, le plus aimable et le plus spirituel. »

et comme il avait, avec la hauteur des Guise, leur art et leur esprit, il sut se mettre entre le roi et Monsieur et se faire ménager, pour ne pas dire craindre, de l'un et de l'autre, et jouir d'une considération, d'une distinction et d'un crédit presque aussi marqués de la part du roi que de celle de Monsieur (1). »

On conçoit facilement qu'un tel personnage se soit amplement associé au relâchement de mœurs qui caractérise cette époque, et dont la cour de Monsieur prit sa large part. Aussi trouvons-nous plus d'une fois le nom du chevalier de Lorraine mêlé aux aventures galantes dont le souvenir nous a été trop fidèlement transmis.

Si la bienveillance du roi pour le chevalier reçut une atteinte passagère de ces débordements, la faveur constante de Monsieur n'en fut pas un instant altérée. Telle fut l'étendue de cette faveur qu'elle donna prise aux plus tristes commentaires.

Saint-Simon n'a garde de ménager le chevalier : son seul titre de Lorrain le désignait aux traits de l'orgueilleux duc, jaloux de la suprématie des princes étrangers. D'ailleurs Saint-Simon, si acharné dans ses haines comme dans ses rancunes, pouvait-il oublier que le père du chevalier, le célèbre comte d'Harcourt, avait obtenu la charge de grand écuyer de France, briguée par Claude de Saint-Simon, ce qui amena un duel entre le grand écuyer et son compétiteur évincé. Il ne

---

(1) « C'était, dit encore Saint-Simon, l'homme de France qui avait été le mieux fait, avec un fort beau visage, et qui, jusqu'à la fin de sa vie, avait conservé le plus grand air et le plus audacieux. » — Saint-Simon, *Additions au Journal de Dangeau*, du 8 décembre 1702.

faut donc accueillir qu'avec une certaine réserve les imputations du fils de ce dernier.

Voyons tout d'abord ce que l'on doit penser de la plus grave de ces accusations.

L'intimité qui régnait entre les deux princes n'était pas de nature à resserrer les liens d'affection entre Monsieur et sa première femme. Aussi le chevalier passait-il pour être peu sympathique à la princesse, dont il contre-balançait l'influence.

A la suite d'une débauche où, avec le comte de Marsan, son jeune frère, il avait compromis le comte de Vermandois, le chevalier fut envoyé, en 1669, par ordre du roi, et peut-être sur les instances de Madame, d'abord au château de Pierre-Encise, à Lyon, puis au château d'If, d'où il sortit bientôt pour aller à Rome. L'opinion publique ne manqua pas d'attribuer cette disgrâce à l'influence de Madame ; mais le roi avait contre le chevalier un grief qu'il oubliait d'ordinaire assez difficilement, et qui seul eût suffi pour motiver son exil.

C'était déjà beaucoup d'avoir blessé le roi dans la personne de son fils : il ne fallait pas le pousser à bout par des propos offensants. Voici cependant ce qui s'était passé : l'abbaye de St-Benoist-sur-Loire étant venue à vaquer par le décès de l'évêque de Langres, Monsieur, dans l'apanage duquel se trouvait cette abbaye, et qui saisissait toutes les occasions d'enrichir son favori, voulut la lui donner. Le roi s'y étant opposé, le chevalier, piqué au vif, exhala son dépit en termes peu respectueux. Louis XIV ne pardonnait guère ces sortes d'offenses, et l'exil du favori fut immédiatement décidé. Vainement Monsieur, désolé de cette rigueur, se retira-t-il à Villers-Cotterets, le roi tint ferme, et le chevalier demeura éloigné.

La mort de Madame, qui suivit de si près cette disgrâce, ne pouvait manquer d'y être rattachée par l'opinion publique, si hostile au prince exilé, et qui attribuait surtout son éloignement à la princesse.

Mlle de Grancey, qui passait pour avoir attiré l'attention de Monsieur, et pour laquelle l'attachement du chevalier n'était peut-être déjà plus un mystère, fut, elle-même, un instant en butte à d'horribles soupçons, comme il semble résulter d'une lettre de Mme de Sévigné, en date du 26 juin 1676 : « On mande à Mme de Fiennes, que la Brinvilliers mettait bien du monde en jeu, et notamment le chevalier de Beuvron, Mmes de Clérembault et de Grancey, pour avoir empoisonné Madame, pas davantage! » Il est vrai que cinq jours après, elle se hâtait de démentir cette triste nouvelle : « Au reste, je reprends les sottes nouvelles que Mme de Fiennes m'avait dites à Montargis : On n'a point du tout parlé de Mmes de Clérembault et de Grancey, ni du chevalier de Beuvron, rien n'est plus faux. »

Disons de suite qu'on ne retrouve nulle part la moindre trace de soupçons, qui auraient été la plus cruelle expiation des faiblesses prêtées à Mlle de Grancey.

La mémoire du chevalier de Lorraine ne s'en est pas aussi complètement lavée. Madame Palatine, qui, dès avant son arrivée en France, avait été fortement prévenue contre les favoris de Monsieur, et notamment contre le chevalier de Lorraine, n'hésite pas à lui imputer la mort d'Henriette d'Angleterre. Saint-Simon, évidemment inspiré des mêmes sentiments, va jusqu'à donner les détails de l'envoi du poison par le chevalier et de la complicité qu'il aurait trouvée dans l'entourage de Madame. S'il fallait l'en croire, personne alors n'aurait douté de l'empoisonnement.

Il y a dans cette dernière assertion une inexactitude flagrante, et qui dénote une grande partialité.

Presque tous les témoignages contemporains démontrent, au contraire, que Madame fut victime d'une imprudence.

Sa constitution, naturellement délicate, en était venue à un tel degré de délabrement, qu'au dire de Valot, médecin du roi, depuis deux ou trois ans *elle ne vivait plus que par miracle.*

L'estomac, soumis à l'autopsie, ne présentait aucune lésion, d'après le rapport des médecins.

Mlle de Montpensier qualifie de sots bruits les rumeurs d'empoisonnement; elle attribue la mort de Madame au choléra-morbus.

Le journal d'Olivier d'Ormesson considère la mauvaise constitution de la princesse comme l'unique cause de sa mort.

Guy Patin lui-même, si libre dans ses jugements, si peu favorable aux médecins en titre de la cour, croit à une espèce de phthisie sèche, ou dessèchement du poumon, et rejette comme mensongers les bruits d'empoisonnement.

Mme de La Fayette, cette amie intime de Madame, dont elle a écrit la vie, assigne à sa mort une cause toute naturelle.

Enfin, l'immortel auteur de l'oraison funèbre de Madame, Bossuet, qui l'assista à ses derniers moments, raconte que Monsieur ayant achevé la bouteille où aurait été contenu le poison, *Madame dit qu'elle avait cru d'abord être empoisonnée, par méprise.*

Il y a loin de ces témoignages si précis, si concordants, si considérables, aux allégations de Madame et de Saint-Simon.

Comment d'ailleurs expliquer la faveur constante dont jouit le chevalier de Lorraine, tant auprès de Monsieur qu'auprès du roi, faveur qui ne se démentit même pas lorsque l'âge de ces augustes personnages leur eut fait faire un salutaire retour sur les égarements de leur jeunesse?

La farouche Palatine se réconcilia elle-même, sur la demande de Monsieur, avec le chevalier de Lorraine et ce qu'elle appelait *sa cabale*; maintes et maintes fois elle suivit ses chasses, avec le roi et le dauphin, qui appréciaient beaucoup les chiens du prince.

La belle maison de Frémont, appartenant au chevalier, se trouvait sur le chemin de Fontainebleau, et le dauphin y reçut souvent l'hospitalité. Le roi lui-même, en se rendant à Fontainebleau, s'arrêtait volontiers à Frémont, où il dîna plusieurs fois.

Tant de marques d'estime et d'amitié pouvaient-elles s'adresser à l'assassin d'Henriette d'Angleterre?

Ce que Mme Palatine appelait *la cabale* se composait des familiers de Monsieur, notamment du chevalier de Lorraine, de Mlle de Gourdon, de Mlle de Grancey, du marquis d'Effiat, son cousin, etc. A l'en croire, c'était une conspiration permanente organisée contre elle, dans le but de la perdre dans l'esprit de Monsieur.

Quant à la duchesse de Ventadour, dame d'honneur de la Palatine, quoique cousine de Mlle de Grancey, elle jouissait de toutes les bonnes grâces de sa maîtresse, sans que ce privilége paraisse être dû à la grande régularité de sa vie.

Veut-on se faire une idée des griefs de la princesse contre *ceux de la cabale,* comme elle s'obstine à les nommer? Voici une piquante anecdote, puisée dans une de ces interminables lettres qu'elle-même appelle plaisamment *un volume.*

Le soir du mardi gras de l'année 1681, il y avait bal masqué à la Cour. Mlle de Grancey, âgée de vingt-sept ans, était alors dans tout l'épanouissement de son opulente beauté (1).

La belle danseuse recevait, selon sa coutume, les hommages des courtisans, d'autant plus empressés auprès d'elle que sa faveur était à son comble. Elle revenait, en effet, de ce voyage d'Espagne qui fut pour elle un triomphe, et dont nous parlerons bientôt.

Quels ne durent pas être sa surprise et son dépit, lorsque ce concert de louanges fut troublé par une note discordante : un cavalier mal appris venait, avec brutalité, lui reprocher de danser encore à son âge !

Or, cette même année, elle avait figuré, sous les traits d'une nymphe de Diane, dans le ballet royal, *le triomphe de l'amour,* dansé au palais de St-Germain, où le poète Benserade avait mis ces quatre vers à son adresse :

> Vous avez tous les traits d'une beauté divine,
> De beaux yeux, le poil noir, un teint vif et charmant,
> Une taille surtout si légère et si fine,
> Que l'on ne vous saurait attraper aisément.

---

(1) La *Gazette,* en rendant compte des fêtes données à St-Germain par la cour à l'occasion du carnaval, s'exprimait ainsi sur Mlle de Grancey: « Je

L'insulte était donc aussi gratuite que grossière.

Le lendemain, *Madame*, qui, étant en deuil du prince Électeur, n'avait pu assister au bal de la veille, se trouvait au jeu de la reine. Autour de la table se tenait debout un groupe de courtisans. Un coup douteux se présente : Madame se retourne, pour avoir son avis, vers un officier des gardes du corps, le chevalier de Sinsanet, ou Simsen, qu'elle sait être habile joueur. Mlle de Grancey, reconnaissant en lui son insulteur de la veille, s'approche de Madame et lui demande si elle connaît cet homme.— Comment ne le connaîtrais-je pas, répond Madame, je le vois tous les jours à la chasse à côté de moi ?—Alors il est de vos amis ?—Pourquoi cette question ?—C'est que cet homme m'a fait un affront ; et elle raconte la scène de la veille, ajoutant que, pour en agir ainsi, le chevalier devait avoir eu le dessein de plaire à quelqu'un.

Ce petit incident fit quelque bruit. Mlle de Grancey, toujours persuadée que l'officier des gardes ne l'avait insultée que pour faire sa cour à Madame, s'en tenait volontiers à cette interprétation, qui finit par prévaloir ; son amour-propre de femme y trouvait d'ailleurs trop bien son compte pour en chercher une autre.

Le chevalier de Sinsanet, malgré ce que ce rôle devait avoir de ridicule, passa donc bientôt pour le soupirant de Madame, et les propos malins n'épargnèrent point la malheureuse princesse. L'écho de ces bruits ne tarda guère à parvenir jusqu'aux oreilles de Madame, qui en rit d'abord comme les autres, n'y attachant aucune importance sérieuse. Cependant les propos suivaient tou-

ne vous dis point que Mme de Grancey parut beaucoup dans cette assemblée. On sait qu'elle n'a pas besoin d'ornements pour se faire remarquer. » (*Gazette* de 1684, p. 296.)

jours leur train, car l'année suivante le roi crut devoir en parler à Madame, de retour d'un voyage en Allemagne, l'assurant d'ailleurs que sa bonne réputation la mettait à l'abri de semblables soupçons.

Quoique le langage du roi n'eût probablement pas excédé les bornes de la plaisanterie, Madame jugea néanmoins prudent de cesser de parler à l'officier des gardes; mais, ajoute-t-elle, dans son interminable lettre, « la mélancolie s'empara de moi »; à tel point que Monsieur, ayant remarqué sa préoccupation, lui en demanda la cause. Madame l'ayant mis au courant de tout ce qui s'était passé depuis l'anecdote du bal, Monsieur, fort peu disposé à la jalousie, et d'ailleurs fort rassuré sur la fidélité de sa femme, la tranquillisa de son mieux.

Cette affaire paraissait donc oubliée, quand un officier vint avertir Madame que la prétendue cabale glosait toujours sur le chevalier de Sinsanet, y ajoutant je ne sais quels malicieux propos de nature à porter atteinte à la réputation de la princesse. Bientôt celle-ci crut apercevoir une certaine froideur chez Monsieur, et en fut tellement alarmée qu'elle résolut d'en reparler au roi. Cette fois le roi, importuné de cette insistance, ne put dissimuler son mécontentement, que partagea bientôt Monsieur, fatigué de ces commérages. Madame fit alors demander au prince une explication que celui-ci refusa, et le roi en fut réduit à prier Madame de ne plus se préoccuper de ces bruits ridicules.

Loin de suivre ce conseil, la princesse, excitée par les rapports plus ou moins sincères et plus ou moins désintéressés qu'elle recevait de ses familiers, redoubla de tristesse et parla même de se retirer auprès de l'abbesse de Maubuisson, sa parente. Le roi eut besoin d'user de son autorité pour la dissuader d'un parti si extravagant, l'assurant d'ailleurs que Monsieur n'avait rien tant à cœur que de vivre en bonne intelligence avec elle. Il obtint du chevalier de Lorraine, du marquis d'Effiat et de Mlle de Grancey qu'ils feraient assurer Madame de leur entier dévouement, et la prieraient de leur rendre ses bonnes grâces.

On se demande, en lisant dans les lettres de Madame les inépuisables détails de cette burlesque aventure, si Monsieur et le roi prirent jamais au sérieux les alarmes réelles ou affectées de la princesse, ou si celle-ci ne fut point le jouet d'une mystification, bien plutôt que la victime d'un complot.

Quoi qu'il en soit, Mlle de Grancey ne tomba jamais en disgrâce auprès de Monsieur : La Palatine elle-même l'avait prise en amitié, à son arrivée en France, malgré ses préventions contre elle (1).

Dès 1671, Madame de Sévigné écrivait : « Il a vaqué chez Monsieur une charge de 20,000 écus ; Monsieur l'a donnée à l'*Ange,* au grand déplaisir de toute la maison. »

Deux ans après, quoiqu'elle n'eût encore que vingt ans, il était déjà question de faire Mlle de Grancey dame d'atours de la Palatine, à la place de Mlle de Gourdon, à laquelle il fallait donner 50,000 écus pour sa charge. Mais le maréchal ne voulait donner une pareille somme que pour doter sa fille : « Il veut que Monsieur fasse tout, ajoute Mme de Sévigné ; Mme de Monaco mène cette affaire. Mlle de Grancey est très-bien chez Monsieur et chez Madame, *dont elle est également aimée;* on est seulement

---

(1) On peut relever dans les lettres de Madame plus d'un trait malin contre Mlle de Grancey, et que la passion, la jalousie peut-être, a singulièrement envenimés.

un peu fâché de lui voir faire quelquefois à cette Madame les mêmes petites mines et les mêmes petits discours qu'elle faisait à l'autre. »

Belle, riche, spirituelle et protégée comme elle l'était, on peut bien penser que les prétendants ne manquaient point à la main de Mlle de Grancey. Il paraît que le duc de Nevers se mit un instant sur les rangs ; c'était ce fameux neveu de Mazarin qui prit une large part dans l'opulente succession du tout puissant ministre, ce poète grand seigneur qui luttait d'épigrammes avec Racine et Boileau. Après avoir longtemps hésité entre les plus brillants partis de la cour qui briguaient à l'envi l'alliance du cardinal, le duc de Nevers finit par épouser la nièce de Mme de Montespan, cette belle Diane de Thianges, l'héritière de la grâce comme de l'esprit des Mortemart, et poète aussi à ses heures :

« Ma fille me prie de vous mander le mariage de M. de Nevers, ce M. de Nevers, si difficile à ferrer, qui glisse des mains alors qu'on y pense le moins : il épouse, devinez qui ? Ce n'est point Mlle d'Houdancourt, ni Mlle de Grancey ; c'est Mlle de Thianges, jeune, jolie, modeste, élevée à l'Abbaye-au-Bois (1). »

Le brillant comte de Guiche, fils aîné du maréchal duc de Grammont, dont les assiduités auprès de Mme Henriette d'Angleterre faillirent compromettre cette infortunée princesse, avait été lui-même fort épris de Mlle de Grancey, qu'il sacrifia à sa puissante rivale (2).

Du reste, Mlle de Grancey était de toutes les fêtes royales. Lors de la pompeuse réception faite au roi par

---

(1) Mme de Sévigné, lettre du 10 décembre 1670.
(2) *Mémoires* de Mme de La Fayette, année 1670.

Monsieur au château de St-Cloud le 10 octobre 1677, pour l'inauguration de la galerie d'Apollon, les deux sœurs se firent remarquer au dîner splendide par lequel s'ouvrit cette fête. Un poète du temps nous a laissé la description de ce repas, où il nomme avec complaisance les dames qui se trouvaient à la table du roi :

> Des beaux yeux de Grammont (1), cette aimable princesse,
> Amour tirait des traits qu'il décochait sans cesse ;
> Ils portaient tous les coups, et ceux de *la Marey*,
> Comme ceux de sa sœur, *la charmante Grancey*,
> Rendaient innocemment, par les moindres œillades,
> Les cœurs les plus gaillards incontinent malades.

La fête dura cinq jours, pendant lesquels il y eut trois bals, où figurèrent encore les deux sœurs :

> *Les belles de Grancey*, Beauvais et des Adrets,
> En dansant justement, doublèrent leurs attraits (2).

Le *Mercure* de 1679 nous montre Mmes de Grancey assistant, tantôt à l'hôtel de Strasbourg, avec le dauphin et la dauphine, à la mascarade donnée par M. de Strasbourg, tantôt à la magnifique réception faite à Monsieur et à Madame par M. de Boisfranc, surintendant des finances, à sa belle maison de St-Ouen.

Au mois de mai de la même année, des fêtes qui durèrent huit jours furent données à St-Cloud pour l'ambassadeur d'Espagne, qui venait demander la main

---

(1) La duchesse de Grammont était cette belle Charlotte de Castelnau, cousine germaine de Mlle de Grancey, dont nous avons eu l'occasion de parler, à propos du maréchal de Castelnau, son père.

(2) Voir *Le Château de St-Cloud*, par Vatout.

de Marie-Louise d'Orléans, destinée au roi, son maître. Mlle de Grancey, à laquelle allait être confié l'honneur d'accompagner la jeune princesse dans son nouveau royaume, ne fut pas oubliée à ces fêtes. Elle fut fort remarquée au bal qui les termina, et où figurait également la comtesse de Marey (1).

C'est ici l'occasion de parler de cette mission, dont Mlle de Grancey s'acquitta d'une façon si distinguée, et qui, à elle seule, suffirait à atténuer les allégations de Saint-Simon et de Madame.

Depuis le commencement du siècle, un échange mutuel de princesses françaises et d'infantes espagnoles avait été le gage invariable et souvent illusoire du besoin d'alliance entre les deux couronnes. C'est ainsi qu'en 1615 Élisabeth de France était devenue l'épouse de l'infant, depuis Philippe IV, en même temps que l'infante Anne d'Autriche était donnée à Louis XIII.

Quarante-cinq ans plus tard, en 1660, le fameux traité des Pyrénées était couronné par le mariage de Marie-Thérèse avec le jeune roi Louis XIV.

A la paix de Nimègue, en 1679, le roi de France n'avait pas de filles à donner au roi d'Espagne. La princesse la plus proche du trône était Marie-Louise d'Orléans, fille aînée de Monsieur et d'Henriette d'Angleterre, sa première femme. Ce fut sur elle que tomba le choix du roi.

---

(1) On n'en finirait point s'il fallait relater, d'après la *Gazette* ou le *Mercure*, toutes les fêtes où brillèrent les deux charmantes sœurs. Au mariage du prince de Conti avec Mlle de Blois, en janvier 1680, Mlle de Grancey était au nombre des 47 dames qui assistèrent au repas royal, où il y eut 3 services de 160 plats chacun. Les deux sœurs étaient, le 9 mai suivant, du magnifique bal donné à St-Cloud par Monsieur au Dauphin, et du souper qui le suivit. Le roi les admit à sa table, à côté des plus grandes dames.

Si ses goûts avaient été consultés, jamais la jeune princesse n'aurait quitté la cour de France, où l'attachaient de secrètes aspirations. Ne s'était-elle pas flattée, ou peut-être ne l'avait-on pas bercée de l'espoir d'épouser le dauphin, auquel elle avait, dans son illusion, voué une tendresse qui ne fut point payée de retour ? Aussi, quand, au départ, le roi lui dit pour la consoler : « Mais je ne saurais faire mieux pour ma fille ! » « Ah ! sire, lui répondit-elle, vous pouviez faire mieux pour votre nièce ! »

On sait le reste. La nouvelle reine fut accueillie avec transports par le roi d'Espagne, fort épris de ses charmes. Son ascendant sur son royal époux fut plus d'une fois employé au profit de la France, mais ne tarda point par cela même à lui attirer la haine des impériaux, jaloux de cette influence rivale. Dix ans s'étaient à peine écoulés depuis son arrivée à la cour d'Espagne, que la malheureuse reine mourait subitement, emportée par une maladie dont les causes sont demeurées mystérieuses, mais qui fut assez généralement attribuée au poison.

Nous n'avons point à éclaircir ce point d'histoire. Bornons-nous à faire connaître le rôle joué auprès de la reine d'Espagne par Mlle de Grancey, qui fut chargée de l'accompagner en qualité de dame d'atours, et qui, à dater de ce moment, par le privilége de sa charge, allait s'appeler *Mme de Grancey*.

Le contrat de mariage avait été signé le 9 juillet, et, à partir de ce moment, Mademoiselle fut traitée en reine d'Espagne. Ces grandeurs anticipées ne parvinrent point à la consoler, et ce fut tout éplorée qu'elle prit congé de la cour, le 20 septembre suivant.

Tant qu'elle fut en France, la jeune reine fut servie et gardée par la maison du roi.

« Le prince d'Harcourt fut nommé ambassadeur extraordinaire pour l'accompagner, avec la princesse, sa femme. Mlle de Grancey prit le nom de dame, avec la qualité de dame d'atours, et la maréchale de Clérembault, qui avait été sa gouvernante, lui servit de première dame d'honneur (1). »

Le voyage jusqu'à la frontière se fit à petites journées : la malheureuse princesse semblait retarder à plaisir l'instant où son pied ne foulerait plus la terre de France. Si la maréchale et la princesse d'Harcourt étaient pour elle d'assez tristes compagnes, l'enjouement et les prévenances de sa dame d'atours égayaient la monotonie de la route. Celle-ci s'ingéniait à multiplier les distractions autour de la pauvre exilée. Tantôt les carrosses étaient abandonnés pour chevaucher à la fraîcheur du jour ; tantôt une halte, adroitement ménagée, offrait à la princesse l'occasion d'inviter à sa table les notabilités du lieu. Parfois même, si les convives étaient assez nombreux, un bal improvisé suivait le repas. Le jeu n'était point banni de ces réunions fortuites. Traversait-on un domaine peuplé de gibier, on se laissait aller pendant quelques heures au plaisir de la chasse.

Mais hélas! cette liberté toute française allait bientôt faire place à la rigide étiquette de l'Espagne. Le 1er novembre, la jeune reine trouvait, à la frontière, la maison espagnole qu'on lui avait destinée, et deux jours après elle était remise dans l'île fameuse des Conférences, au marquis de Astorga, son mayor-domo-mayor (grand maître de sa maison espagnole). « Dans un moment elle se trouva au milieu de personnes inconnues et dont elle

---

(1) *Mémoires de la cour d'Espagne*, par le marquis de Villars.

n'entendait pas la langue, dont le service et le respect même l'embarrassoient, et dont les manières pleines de contrainte et de gesne luy ostoient tout ce qui avait fait toujours la douceur de sa vie. L'antipathie naturelle des deux nations et l'extrême opposition qu'elles ont en tout, augmentoient encore ses désagrémens, par mille circonstances particulières. Les Espagnols, devenus les maîtres de sa personne, voulurent, dès le premier jour, l'assujettir aux moindres formalités de l'esclavage des femmes d'Espagne (1). »

Il lui restait encore le gracieux costume de la cour de France. Elle avait, dit Mme de Villars, « la plus belle robe du monde et une quantité surprenante de pierreries, » pour recevoir son royal fiancé. Dès le lendemain, il fallut s'habiller à l'espagnole, ce qui ne manqua pas de l'embellir aux yeux du roi. Elle voulut au moins que sa charmante dame d'atours changeât de costume en même temps qu'elle. Quand Mme de Grancey eut revêtu l'habillement donné par la reine, et tressé à la mode d'Espagne les longues boucles de ses cheveux noirs, sa piquante beauté attira tous les regards.

Ces futilités ne lui faisaient point oublier le côté sérieux de sa mission. La pauvre princesse dépaysée n'avait de recours que dans son assistance et ses conseils, pour jouer un personnage aussi nouveau.

Ce fut un concert d'applaudissements sur le tact et l'intelligence que déploya Mme de Grancey dans ce pas délicat. Mme de Sévigné, d'abord prévenue contre elle, n'en était plus à écrire aux Guitaud : « Vous savez le voyage d'Espagne et la plaisante charge qu'on donne à

---

(1) *Lettres* de la marquise de Villars.

Mlle de Grancey. » « La reine, mandait-elle à sa fille, le 6 décembre suivant, a été très-bien conseillée et s'est fort bien conduite dans tout cela ; devinez par quels conseils ? par ceux de Mme de Grancey, car la maréchale était immobile, ayant joint une dose de la gravité d'Espagne avec sa philosophie stoïcienne. C'est donc Mme de Grancey qui a fait le plus raisonnable personnage, aussi a-t-elle reçu de grandes louanges et de grands présents. »

De son côté, la marquise de Villars, si bien informée par notre ambassadeur, son mari, qui assistait à la réception de la princesse, écrivait de Madrid à Mme de Coulanges : « Mme de Grancey a très-bien fait, et s'est fort bien servi de son temps de faveur auprès de la reine pour ne lui donner que de très-bons conseils (1). »

Ce qui rendait plus décisive l'influence de la dame d'atours, c'est la sympathie qu'elle sut tout d'abord se concilier auprès du roi et des grands qui l'accompagnaient. Quand elle chevauchait aux côtés de la reine, sous son galant costume espagnol, la Française disparaissait aux yeux de son jaloux entourage. « Es cierto, era harto hermosa criatura desembuelta y ayrosa, y montaba a cavallo con gran valor (2). »

Aussi voulait-on l'emmener jusqu'à Madrid, où ses instructions lui permettaient de se rendre. Mais plus sage, et prévoyant l'envie que ne manquerait point de

(1) Lettre du 30 novembre 1679. Elle y revient en terminant : « Ne trouvez-vous pas que Mme de Grancey a fait un agréable voyage : tout le monde dans cette cour est fort content d'elle. »

(2) Relacion de la Jornada que se hizo el dia (26) del mes de setiembre ano 1679..... (*Manuscrit* de la Bibliothèque de Madrid.)

provoquer une faveur trop prolongée, elle ne voulut point dépasser Burgos, d'où elle repartit le 23 novembre, avec le prince et la princesse d'Harcourt.

Il est facile de croire qu'elle reçut plus d'un témoignage de la satisfaction de ses hôtes royaux. « Le roi d'Espagne lui donne une pension de 6,000 francs, qu'elle prendra sur Bruxelles ; elle a un don de 10,000 écus sur un avis que Los Balbazès lui donna, et pour 10,000 écus de pierreries. Elle mande que l'âme de Mme de Fiennes est passée en elle et qu'elle s'y accoutumera si bien qu'elle s'ennuiera en France, si on ne la traite comme en Espagne (1). »

Si le voyage d'Espagne grandit la renommée de Mme de Grancey, bien différent en fut le résultat à l'égard de la maréchale de Clérembault. A son retour de Madrid, elle reçut l'ordre de demeurer à Poitiers. « Toutes les dames s'en retournent, dit Mme de Sévigné ; on épargne une partie du chemin à la maréchale, en la priant *absolument* de demeurer à Poitiers, où elle avait été prise. Voilà un aussi furieux dégoût qu'on en puisse concevoir. Elle a grand besoin de son mépris envers le genre humain pour soutenir cette disgrâce (2). »

Mme de Sévigné ne traitait guère mieux la princesse

---

(1) Mme de Sévigné, lettre du 6 décembre 1679. L'avarice de Mme de Fiennes était proverbiale ; elle en faisait elle-même parade avec cynisme : « Que les laquais sont heureux, disait-elle avec regret, ils reçoivent des étrennes. » Chassée de la cour en 1658, elle sut y revenir, à l'aide d'intrigues qui lui donnèrent de l'empire sur Monsieur. C'est elle qui avait propagé ces odieux bruits sur Mlle de Grancey, à l'occasion de la mort de Madame, et dont Mme de Sévigné rougissait de s'être fait un moment l'écho. Elle redoutait alors, sans doute, l'influence naissante de sa rivale auprès de Monsieur.

(2) Mme de Sévigné, lettre déjà citée.

d'Harcourt, l'autre compagne de voyage de la princesse :
« Quel plaisir, écrivait-elle à sa fille, prenez-vous à dire du mal de votre esprit, de votre style, à vous comparer à la princesse d'Harcourt? Où pêchez-vous cette fausse et offensante humilité? »

Quant à Mlle de Grancey, la célèbre marquise revient à plaisir sur ses succès :

« Ne vous ai-je pas mandé les prospérités de Mme de Grancey, et comme elle revient accablée de présents? Elle eût embrasé l'Espagne si, comme on le disait, elle y eût passé l'hiver. »

N'était-ce point la venger, du même coup, des propos impertinents rapportés par Madame sur sa beauté vieillie? Combien d'ailleurs ne devait point être sensible à cet outrage celle qui conserva si longtemps des prétentions à la jeunesse, et qui s'efforça toujours

De réparer des ans l'irréparable outrage.

Saint-Simon est implacable à l'endroit de cette coquetterie surannée : « C'était, dit-il, en annonçant sa mort, une vieille médaille plâtrée, qui avait été belle et galante, et qui ne pouvait se résoudre à ne l'être plus (1). »

Plus sage et plus prudente s'était montrée la comtesse de Marey, sa sœur, en renonçant de bonne heure à ce monde qui l'avait tant adulée!

Du reste, à part ce travers que Saint-Simon n'est pas le seul à lui reprocher, Mlle de Grancey avait depuis longtemps répudié les erreurs de sa jeunesse.

La pieuse influence de la reine, secondée par la fa-

(1) Saint-Simon, Additions au Journal de Dangeau.

veur naissante de Mme de Maintenon, avait fini par exercer sur les mœurs du roi et de son entourage une réforme complète. Ce n'étaient plus seulement les marquises de Dangeau et de Montchevreuil, ces constantes amies de Mme de Maintenon; les duchesses de Chevreuse, de Beauvilliers et de Mortemart, les trois saintes filles du grand Colbert; la princesse d'Harcourt, objet des lutineries du duc de Bourgogne et des sarcasmes de Saint-Simon, qui donnaient l'exemple de la plus fervente piété : la comtesse de Grammont, la duchesse du Lude, la princesse de Soubise, la marquise de Thianges, et jusqu'à Mme de Montespan, remplissaient les églises, au point, écrivait Mme de Maintenon, « que les simples dimanches étaient devenus comme autrefois les jours de Pâques (1). »

Mme de Grancey, que la médisance n'avait guère plus épargnée, avait elle-même suivi cette impulsion.

Ces revirements inattendus furent, on le croira facilement, accueillis par quelques railleries, et la sincérité en fut parfois suspectée. Saint-Simon nous a laissé le récit d'une piquante anecdote dont nous lui laissons la responsabilité, mais tout-à-fait de nature à confirmer ces doutes (2).

« Il y avait une prière publique tous les soirs dans la chapelle de Versailles à la fin de la journée, qui était suivie d'un salut avec bénédiction du St-Sacrement tous les dimanches et les jeudis. L'hiver, le salut était à six heures ; l'été à cinq, pour pouvoir s'aller promener après. Le roi n'y manquait point les dimanches et très-

---

(1) Lettre de Mme de Maintenon à M. d'Aubigné (1683).

(2) Fénelon, lui-même, ne disait-il pas à Mme de Maintenon : « Mille gens se feraient dévots pour vous plaire. » (*Vie de Fénelon,* par le cardinal de Bausset, t. Ier, p. 200.)

rarement les jeudis en hiver. A la fin de la prière, un garçon bleu en attente dans la tribune courait avertir le roi, qui arrivait toujours un moment avant le salut ; mais, qu'il dût venir ou non, jamais le salut ne l'attendait. Les officiers des gardes du corps postaient les gardes d'avance dans la tribune, d'où le roi l'entendait toujours. Les dames étaient soigneuses d'y garnir les travées des tribunes, et, l'hiver, de s'y faire remarquer par de petites bougies qu'elles avaient pour lire dans leurs livres, et qui donnaient à plein sur leur visage. La régularité était un mérite, et chacune, vieille et souvent jeune, tâchait de se l'acquérir auprès du roi et de Mme de Maintenon. Brissac (major des gardes du corps), fatigué d'y voir des femmes qui n'avaient pas le bruit de se soucier beaucoup d'entendre le salut, donna le mot un jour aux officiers qui postaient ; et, pendant la prière, il arrive dans la travée du roi, frappe dessus de son bâton, et se met à crier d'un ton d'autorité : *Gardes du roi, retirez-vous ; le roi ne vient point au salut.* A cet ordre tout obéit, les gardes s'en vont, et Brissac se colle derrière un pilier. Grand murmure dans les travées qui étaient pleines ; et un moment après chaque femme souffle sa bougie, et s'en va tant et si bien qu'il n'y demeura en tout que Mme de Dangeau, la duchesse de Guiche et deux autres assez du commun.

« C'était dans l'ancienne chapelle. Les officiers, qui étaient avertis, avaient arrêté les gardes dans l'escalier de Bloin et dans les paliers où ils étaient bien cachés, et quand Brissac eut donné tout loisir aux dames de s'éloigner et de ne pouvoir entendre le retour des gardes, il les fit reposter. Tout cela fut ménagé si juste que le roi arriva un moment après et que le salut commença. Le roi, qui faisait toujours des yeux le tour des tribunes et qui les trouvait toujours pleines et pressées, fût dans la plus grande surprise du monde de n'y trouver en tout et pour tout que Mme de Dangeau, la duchesse de Guiche et ces deux autres femmes. Il en parla dès en sortant de sa travée, avec un grand étonnement. Brissac, qui marchait toujours près de lui, se mit à rire, et lui conta le tour qu'il avait fait à ces bonnes dévotes de cour, dont il s'était lassé de voir le roi la dupe. Le roi en rit beaucoup, et encore plus le courtisan. On sut *à peu près* qui étaient celles qui avaient soufflé leurs bougies et pris leur parti sur ce que le roi ne viendrait point, et il y en eut de furieuses qui voulaient dévisager Brissac, qui ne le méritait pas mal par tous les propos qu'il tint sur elles (1). »

Les chansons du temps nous ont dévoilé les noms de quelques-unes des victimes de ce malin stratagème. A tort ou à raison, nous y voyons figurer Mlle de Grancey, avec un redoublement d'épigrammes sur sa jeunesse artificielle :

> Sortant de sa toilette,
> La Grancey arriva ;
> Sa beauté était faite
> Tout de neuf ce jour-là.
> Mais malgré le secret
> Qu'elle met en pratique,
> Un curieux, dit-on,
>   don, don,
> La prit pour une antique (2).

Si Mme de Grancey n'était point insensible à l'appât

(1) *Mémoires* de Saint-Simon, t. IV, p. 410, et t. VI, p. 371.
(2) Chanson de 1697. Mlle de Grancey avait alors 44 ans.

des richesses, comme elle le dit plaisamment à propos de son voyage d'Espagne, on peut assurer qu'elle en fut comblée toute sa vie. Mᵐᵉ Palatine prétend qu'il ne se vendait aucune charge dans la maison de Monsieur qu'on n'en payât un pot de vin à Mᵐᵉ de Grancey et au chevalier de Lorraine, ces deux constants favoris du prince. C'est ainsi que, lorsqu'en 1685 M. de Béchamel fut nommé surintendant de Monsieur, les 50,000 écus qu'il donna pour cette charge furent distribués dans la maison de Monsieur et dans celle de Madame. La part qui revint à Mᵐᵉ de Grancey ne fut pas moindre de 40,000 livres (1).

Mˡˡᵉ de Villarceaux, sa tante, étant morte à Paris le 24 octobre 1694, sa succession fut partagée entre Mᵐᵉ de Marey, Mᵐᵉ de Grancey et l'abbé de Grancey, leur frère, tous trois légataires de Mˡˡᵉ de Villarceaux. Chacun d'eux en eut 50,000 livres (2).

Outre son logement du palais royal et son appartement de Versailles, Mᵐᵉ de Grancey avait, au bout du parc de St-Cloud, une charmante petite maison.

Elle occupait encore son appartement de Versailles au mois de mai 1704, lorsqu'on en eut besoin, à l'occasion des couches de la duchesse de Bourgogne (3).

Quant à la maison de St-Cloud, elle la conserva toujours, aussi bien que son logement du palais royal.

C'est dans ce dernier logement que mourut Mˡˡᵉ de Grancey, le soir du 26 novembre 1711, âgée de 58 ans seulement (4).

---

(1) *Journal* de Dangeau, du 23 novembre 1685.
(2) *Ibid.*, 24 obtobre 1694.
(3) *Ibid.*, 9 mai 1704.
(4) *Ibid.*, 26 novembre 1711.

Elle laissa tous ses biens à son neveu, le comte de Médavy, depuis maréchal de France.

Sa petite maison du parc de St-Cloud fut donnée, après elle, à la duchesse Sforzza, cette *belle, sage et spirituelle amie* de la duchesse d'Orléans, dont elle était en outre la cousine germaine (1).

Son logement du palais royal fut occupé par la duchesse de Brancas, dame d'honneur de Madame, et si fort considérée à la cour par sa douceur et sa vertu (2).

Parmi nos portraits des Grancey, il en est un qui ne porte aucun nom, mais sur lequel nous serions tenté d'inscrire celui de Mme de Grancey.

Le costume est bien de l'époque; des boucles de cheveux noirs ondulent sur le front et sur les épaules; le teint est d'une blancheur mate, et l'attitude un peu cherchée; tout cela ne dément point l'idée que nous nous faisons de l'original.

---

(1) *Journal* de Dangeau et *Mémoires* de Saint-Simon, t. VII, p. 356. Les deux duchesses étaient nées des deux sœurs, Mmes de Thianges et de Montespan.

(2) *Ibid.* et *Mémoires* de Saint-Simon, t. II, p. 456.

1669-1737.

La Maréchale de MÉDAVY.

Marie-Thérèse Colbert de Maulevrier, comtesse, puis maréchale de Médavy, naquit vers l'année 1669. Le grand Colbert, son oncle, était alors dans la plénitude de la puissance et du génie. L'éclat de sa renommée rejaillissait jusque sur les membres de sa famille, qu'il entourait d'une ardente sollicitude.

Le père de la maréchale, Édouard-François Colbert, comte de Maulevrier, lieutenant général des armées du roi, chevalier de l'ordre du St-Esprit, n'était pas le moins chéri des frères du grand ministre; mais si la faveur eut quelque part à son rapide avancement, il serait injuste de méconnaître que son mérite personnel ne l'en rendait point indigne. Nous en avons pour garant un témoignage qui ne saurait être suspect, celui de Saint-Simon, si peu bienveillant pour les noms d'illustration récente.

« Le comte de Maulevrier, dit-il, avait une grande réputation à la guerre, et il la méritait ! Elle lui avait valu l'*ordre*, malgré M. de Louvois, un gros gouvernement, et force commandements en chef. »

Avec de pareils services, Maulevrier pouvait justement

prétendre à de plus hautes destinées. Aussi lorsque, le 27 mars 1693, le roi donna le bâton au comte de Choiseul, au duc de Villeroy, au marquis de Joyeuse, à Tourville, au duc de Noailles, au marquis de Boufflers et à Catinat, le malheureux comte, laissé de côté, ne put résister à ce coup : « Le roi, ajoute Saint-Simon, le crut assez récompensé et le laissa. Ce pauvre homme en conçut une si violente douleur, qu'il ne survécut pas deux mois à la promotion de ces sept cadets. Croissy, son frère, ministre et secrétaire d'État, en fut outré, mais il n'osa le trop paraître (1). »

Il est vrai que le collier de l'ordre était, pour un nom d'aussi fraîche date, une faveur d'un très-grand prix, et qui avait fait jeter les hauts cris aux grands seigneurs, humiliés dans leur orgueil (2).

Tant qu'il avait vécu, Colbert avait pris soin de la fortune de son frère. Il ne tint point au puissant ministre que Maulevrier fît un mariage des plus éblouissants.

Marie-Sidonie de Lenoncourt, si connue depuis sous le nom de marquise de Courcelles, tenait par son père et par sa mère aux plus anciennes maisons de France. D'une beauté éclatante, d'une séduction irrésistible, elle joignait à tous ces avantages la possession d'une immense fortune.

Marie de Lenoncourt, sa tante, abbesse de St-Loup d'Orléans, à laquelle on l'avait confiée, était assaillie de

---

(1) Saint-Simon, *Mémoires*, t. Ier, p. 26.

(2) Le comte de Maulevrier est le seul des Colbert qui ait été chevalier du St-Esprit. Ceux de son nom qui figurent dans le *Catalogue* publié en 1760, étaient seulement *pourvus d'une charge de l'ordre*. Le grade de lieutenant général et le mérite éprouvé du comte lui avaient sans doute valu cet insigne privilège.

demandes et ne savait auquel répondre. Colbert obtint facilement du roi son agrément pour faire épouser la riche et belle héritière au comte de Maulevrier, son frère. Mais l'abbesse ne voulait point s'en séparer et refusait de la laisser venir à la cour. La complaisance royale alla jusqu'à faire enlever de force Mlle de Lenoncourt, par des femmes escortées de douze gardes et d'un exempt. Sidonie, plus flattée qu'irritée d'avoir attiré l'attention du monarque, lui fut présentée en habit de pensionnaire, et telle fut la bonne impression produite par cette première entrevue, que le roi lui permit de demeurer auprès de la reine ou d'une princesse de la cour. La jeune fille choisit la maison de la princesse de Carignan, Marie de Bourbon, mère du comte de Soissons. Elle pouvait certes faire un meilleur choix, car l'intimité de la comtesse de Soissons n'était pas sans danger.

Cependant le comte de Maulevrier était à l'armée d'Espagne. Son absence permit à Louvois, toujours jaloux de la fortune des Colbert, d'ourdir, avec l'aide des deux princesses, une habile trame pour déjouer les projets de son rival. Dans ce but, il jeta les yeux sur son neveu, Charles de Champlais, marquis de Courcelles, perdu de dettes et de débauche, et d'une naissance bien inférieure à celle de la jeune fille.

A l'aide de manœuvres aussi adroites que perfides, on parvint facilement à dégoûter Mlle de Lenoncourt de l'alliance des Colbert ; et bientôt son mariage avec le marquis de Courcelles fut célébré en grande pompe à l'hôtel de Soissons.

La marquise de Courcelles avait à peine 16 ans et, dès le début de son mariage, elle manifesta pour son mari la plus violente répulsion. Des désordres effrénés dont elle nous a elle-même retracé les détails, des aventures romanesques dont sa vie tout entière n'est qu'une longue série, furent la conséquence de cette union mal assortie, et durent promptement consoler le comte de Maulevrier de son heureux échec.

On trouve le détail de ces aventures dans la vie de la marquise de Courcelles écrite par elle-même (1). Qu'il nous suffise d'ajouter que, devenue veuve, la trop célèbre marquise épousa, vers 1680, Jacques de Gautier, seigneur du Tilleul, capitaine de dragons, d'une famille appartenant à notre contrée, les Gautier de Chiffreville, sur lesquels nous avons donné ailleurs quelques détails généalogiques et historiques (2).

Le mariage que contracta quelque temps après le comte de Maulevrier, s'il n'offrait pas d'aussi brillants avantages, lui présentait des garanties de bonheur beaucoup plus solides.

Marie-Madeleine Bautru, qui devint comtesse de Maulevrier, était fille de Guillaume Bautru, comte de Serrant, conseiller ordinaire du roi en ses conseils, chancelier, garde des sceaux et chef du conseil de Monsieur, frère unique du roi, et de Marie Bertrand de La Basinière (3).

Bertrand de La Basinière, trésorier de l'épargne, et

---

(1) Voir aussi M. Walckenaër sur Mme de Sévigné. Un auteur contemporain, connu par des productions nombreuses et variées, M. Eugène de Mirecourt, a cru trouver dans la vie de la marquise de Courcelles la matière d'un roman en quatre volumes, qui n'est assurément point la meilleure de ses œuvres.

(2) Voir notre *Histoire de Sévigné*.

(3) Voir le *Dictionnaire* de Bayle.

prévôt grand maître des cérémonies de l'ordre du St-Esprit, était, nous dit Saint-Simon, « un riche, délicieux et fastueux financier qui jouait grand jeu, qui était souvent de celui de la reine et qui la quittait familièrement à moitié partie, et la faisait attendre pour achever qu'il eût fait sa collation dans l'antichambre, et dont il régalait les dames. Il était si bon homme et si obligeant qu'on lui passait toutes ces impertinences..... (1). »

La Basinière avait épousé la belle Mlle de Chémerault, parée, nous dit Mlle de Montpensier, de tous les agréments de l'esprit. C'est cette fille d'honneur de la reine Anne d'Autriche, qui seconda auprès de sa maîtresse la politique ombrageuse de Richelieu, et à laquelle M. Cousin a consacré quelques pages dans son étude sur Mme de Hautefort.

Quant aux Bautru, ils jouissaient, à l'époque qui nous occupe, d'une grande renommée et d'une immense fortune. Ils devaient, en bonne partie, l'une et l'autre au grand-père de Mme de Maulevrier, ce Guillaume Bautru dont les bons mots figurent dans tous les *anas* du temps.

Petit-fils d'un premier lieutenant de la prévôté d'Angers, et fils d'un conseiller, grand rapporteur de France, Guillaume Bautru, comte de Serrant, dut sa fortune au cardinal de Richelieu qui prisait fort ce bel esprit, et qui en fit un des premiers membres de l'Académie française, l'année même de sa fondation, en 1635. Ménage et Costar n'ont pas peu contribué à la réputation de Bautru, en propageant ses réparties. Par une

---

(1) *Mémoires* de Saint-Simon, t. VI, p. 244.

singulière coïncidence, *les quatre diseurs de bons mots* de l'époque, ainsi que les appelait Ménage, le prince de Guéménée, Bautru, le comte du Lude et le marquis de Jersey, se trouvaient être Angevins (1).

Il y avait dans Bautru quelque chose de plus qu'un bel esprit : son dévouement et sa pénétration furent plus d'une fois employés par Richelieu et Mazarin, dont il était le favori, et qui lui confièrent diverses missions en Flandre, en Savoie et en Angleterre. Nommé introducteur des ambassadeurs à la cour de France, son crédit ne l'abandonna jamais. Aussi, lorsqu'en 1665 Bautru mourut âgé de 77 ans, Loret put-il dire de lui :

> M. Bautru, ce bel esprit,
> Vers la fin de l'autre semaine,
> D'entrer au tombeau prit la peine,
> Fort regretté des courtisans,
> Pour ses apopthegmes plaisans.
> . . . .
> Mais de ce génie excellent
> Ce n'était point le seul talent
> . . . .
> Et chacun demeure d'accord
> . . . .
> Que pour les qualités de l'âme
> On voit peu de gens aujourd'hui
> Que l'on pût comparer à lui (2).

Nicolas Bautru, comte de Nogent, son frère, n'était guère moins plaisant que Guillaume. C'est lui qui disait à la reine : « N'est-ce pas, Madame, qu'il est bien bizarre

(1) *Menagiana*, t. Ier, p. 205.
(2) Loret, *Muse historique*, lettre 11 du 14 mars 1665.

que, nés le même jour, Mme de Guéménée et moi, elle soit si blanche et moi si noir. »

Le comte de Nogent sut lui-même se créer une grande position, à en juger par la figure que firent ses enfants. Armand, l'aîné, fut ce Nogent tué, en 1672, au passage du Rhin, et immortalisé par les vers de Boileau :

> La Salle, Beringhen, Nogent, d'Ambre, Cavoye
> Fendent les flots, tremblant sous un si noble poids.

Il avait épousé la sœur du fameux duc de Lauzun, qui, dit Saint-Simon, « n'avait ni moins d'esprit, ni guère moins d'intrigue que son frère. » Cette sœur dévouée prit un tel soin des biens de Lauzun, pendant sa longue captivité, qu'il en sortit extrêmement riche. Aussi son immense fortune passa-t-elle, après lui, à sa nièce, Mme de Biron, fille du comte de Nogent et de Mlle de Lauzun (1).

Marie Bautru, sœur aînée d'Armand, fut marquise de Rambures, et donna le jour au dernier représentant mâle de cette ancienne famille.

Charlotte Bautru, sa sœur cadette, après avoir épousé Nicolas d'Argouges, marquis de Rânes, colonel général des dragons de France, tué en juillet 1678, à l'armée d'Allemagne, devint princesse de Montauban, par son mariage avec Jean-Baptiste-Armand de Rohan, fils du duc de Montbazon (2).

Guillaume Bautru, comte de Serrant, fils aîné de

---

(1) Saint-Simon, t. XIII, p. 74 et 84. Le marquis de Vaubrun, autre fils de Guillaume Bautru, fut tué lieutenant général, au combat d'Altenheim, en 1675, quelques jours après Turenne.

(2) Grand *Dictionnaire* de Bayle, au mot Bautru.

l'académicien, avec lequel il ne faut pas le confondre, et père de Mme de Maulevrier, ne fut pas le moins bien partagé de la famille, au moins quant à la fortune. Riche par lui-même de plus d'un million, il reçut, en épousant Mlle de La Basinière, la dot énorme de 1,400,000 livres. Il habitait l'hôtel bâti par son père, dans le voisinage du palais Mazarin, et qui devait bientôt passer aux mains du grand Colbert. Le ministre, alors tout-puissant, ayant paru désirer cet hôtel, Bautru, quoiqu'il y tînt beaucoup, se garda bien de faire la sourde oreille. Il fit aussitôt dresser un acte de vente qu'il envoya signer à Colbert, en ayant soin de laisser en blanc la fixation du prix. Piqué de courtoisie, Colbert remplit le blanc du contrat, en portant 220,000 livres à l'endroit demeuré libre. C'était grandement la valeur de l'hôtel, qui devint depuis lors si célèbre, sous le nom de l'illustre acquéreur (1).

Le comte de Serrant mourut en 1711, dans sa belle maison de Serrant, en Anjou, où il s'était depuis longtemps retiré. Il était, dit Saint-Simon, extrêmement vieux et extrêmement riche (2).

La comtesse de Maulevrier, sa fille aînée, mère de la maréchale de Médavy, était morte au mois de mars 1700. « C'était, dit le *Mercure*, une dame d'une très-grande vertu »; et ce témoignage est confirmé par Saint-Simon dans ses Mémoires.

Confiée à de telles mains, il ne faut point s'étonner si la maréchale de Médavy sut elle-même se concilier l'estime de ses contemporains.

---

(1) *Mémoires* de M. de Bordeaux, t. IV, p. 356, 357.
(2) Saint-Simon, t. VI, p. 165.

Le comte de Maulevrier, frère aîné de la maréchale de Médavy, trop tôt privé des conseils de son père, s'est acquis une sorte de célébrité par sa folle passion pour la duchesse de Bourgogne, que ses assiduités n'auraient point manqué de compromettre, si la princesse alarmée n'y avait bientôt coupé court. Saint-Simon nous a raconté en détail cette intrigue, dont la mort assez mystérieuse du comte de Maulevrier fut le triste dénouement (1).

Quand Mlle de Maulevrier eut atteint l'âge de seize ans, elle fut présentée à la cour, où son succès ne pouvait être douteux ; car « c'était, d'après le *Mercure*, une personne très-bien faite, de fort bonne taille et de beaucoup d'esprit. » Saint-Simon dit dédaigneusement, à propos de cette présentation, « qu'il était fort nouveau de voir danser à la cour une personne aussi nouvelle. »

Saint-Simon était d'autant plus mal venu à traiter si durement les familles d'illustration récente, que lui-même, fils d'un parvenu, devait bientôt épouser la petite-fille d'un commis enrichi du grand Colbert (2). Plus d'une fois, du reste, sa morgue aristocratique fut mise à une rude épreuve. La princesse palatine, seconde femme de Monsieur, frère du roi, raconte dans une de ses lettres qu'un jour Saint-Simon s'étant mis à la table du roi, *devant* le duc des Deux-Ponts, elle dit tout haut : « D'où vient que le duc de Saint-Simon presse tant le prince des Deux-Ponts? a-t-il envie de le prier de prendre un de ses fils pour page ? — Tout le monde se mit si

---

(1) Le comte de Maulevrier avait épousé Mlle de Tessé, fille du maréchal de ce nom.

(2) Mlle de Lorges, fille du maréchal de Lorges et de Mlle Frémont, dont le père était garde du trésor sous Colbert.

fort à rire, ajoute la maligne princesse, qu'il fallut qu'il s'en allât. »

On est presque heureux de voir ainsi rabaisser l'orgueil indomptable de celui dont on a pu dire « qu'il ne voyait en France que la noblesse, dans la noblesse que la pairie, dans la pairie que lui. »

N'en déplaise à Saint-Simon, Mlle de Maulevrier ne pouvait manquer, faite comme elle l'était, d'être fort recherchée (1). N'était-ce point du reste à cette époque, parmi les grandes familles de France, à qui s'allierait aux Colbert ?

Le marquis de Seignelay, veuf de Mlle d'Alègre, avait épousé Thérèse de Matignon, qui, veuve à son tour du célèbre marquis, devint la seconde femme du beau comte de Marsan, de la maison souveraine de Lorraine.

Le comte de Matignon était, dit Ségrais, allié de si près au roi qu'il n'eût pu épouser sans dispense une fille de France (2).

Les trois sœurs du marquis de Seignelay étaient devenues les duchesses de Beauvilliers, de Chevreuse et de Mortemart. Saint-Simon, lui-même, n'a pas assez d'éloges pour ces trois vertueuses duchesses, cousines-germaines de la comtesse de Médavy, et sœurs de l'archevêque de Rouen.

Il est vrai que, lorsque les trois duchesses prirent

---

(1) Le portrait que nous possédons de la maréchale de Médavy ne dément point les appréciations du *Mercure*.

(2) *Ségraisiana*. La marquise de Seignelay avait été sur le point d'épouser le duc de Luxembourg, qui fit manquer le mariage lorsque les habits étaient déjà achetés. (Saint-Simon, t. I, p. 187.)

Le marquis de Blainville, autre fils du grand Colbert, parvenu au grade de lieutenant général, avait épousé Mlle de Rochechouart.

possession du tabouret, la malignité publique n'épargna pas leur famille :

> Les Colbert n'en sont pas plus vaines,
> Quoiqu'en la chambre de la reine,
> On ait fait asseoir leur fessier;
> Car, en duchesses débonnaires,
> A leur cousin le tapissier,
> Elles donnent leurs dais à faire (1).

Les plus grands seigneurs, les princes du sang eux-mêmes, ne dédaignaient point de se faire les Tyrtées de ces couplets d'antichambre.

Le grand Colbert pouvait à coup sûr se passer d'aïeux; nous voudrions pour sa mémoire qu'il se fût épargné le ridicule d'en créer de fantastiques. Son père était Nicolas Colbert, successivement conseiller au présidial de Rheims, puis payeur de l'hôtel-de-ville de Paris. Sa mère était Marie Pussort, fille du conseiller de ce nom. Nicolas Colbert était lui-même fils d'un riche marchand de Rheims, appartenant à la bourgeoisie de cette ville.

Ces détails, on peut le croire, n'étaient pas moins connus de son temps que de nos jours ; aussi les quolibets pleuvaient-ils sur les aïeux écossais, improvisés par Colbert. Dès 1671, on chantait déjà :

> Colbert avait un grand-père
> Qui n'était pas si puissant,
> Ni si riche que son père.

Ce fut bien pis, lorsqu'en 1689 le comte de Maulevrier

---

(1) Recueil de chansons du temps.

reçut le collier des Ordres du roi, cette arche sainte de la haute aristocratie :

> Colbert tira de l'Écosse
> Ses preuves de chevalier
> Car les livres de négoce
> Ne donnent pas le collier.

M. Géruzez raconte de la manière suivante la puérile supercherie dont usa Colbert, pour accréditer ses prétentions aristocratiques.

« Ayant voulu faire un de ses fils grand-bailli de Malte, voici comment il s'y prit pour avoir les quatre quartiers de noblesse qu'on lui demandait. Il fit fabriquer une épitaphe pour un de ses ancêtres prétendus, né dans le XIIIe siècle, et nommé Richard Colbertly, écossais. Il s'agissait de la placer dans l'église des Cordeliers, où était la sépulture de plusieurs de ses aïeux. On promit au P. Valery, alors gardien, un évêché qu'il n'eut pas, et l'épitaphe fut mise la nuit dans cette église, où on la voyait encore avant la Révolution (1). »

Ces artifices généalogiques n'étaient point sans exemple, à une époque où la naissance était prisée si haut ; à

---

(1) Voir sur le même sujet Saint-Simon, t. IV, p. 51, et les *Mémoires* de Choisy, collection Michaud, t. VI, p. 576. Le grand Colbert lui-même ne faisait-il point bon marché de sa noblesse, en écrivant, dans ses instructions à son fils, cette phrase significative, raturée depuis par le marquis : « Il doit bien faire réflexion sur ce que sa naissance l'aurait fait être, si Dieu n'avait pas béni mon travail, et si ce travail n'avait pas été extrême. »

A propos d'une publication d'Eugène Sue (*Hist. de la marine française*), où se trouve reproduite cette instruction de Colbert à son fils, les descendants du grand ministre ont produit une note pour contester l'origine plébéienne de leur illustre ancêtre. — Voir l'*Histoire de Colbert*, par M. P. Clément, peine la tradition s'en est-elle perdue sous notre régime démocratique ; mais alors, sans doute, l'opinion publique était plus difficile à égarer que de nos jours.

Les mêmes doutes avaient accueilli les prétentions aristocratiques de Mazarin, sans refroidir l'ardeur des prétendants à la main de ses nièces. C'est que sous Mazarin, comme sous Colbert, la protection d'un puissant ministre pouvait mener à tout. Les cinquante millions, amassés par Mazarin, étaient un autre appât, déjà fort goûté de son temps. Le grand Colbert n'en laissait que douze, mais le roi n'avait pas cru trop payer, en l'enrichissant, la prospérité dont il dotait la France, et les derniers moments du grand homme ne furent pas, comme ceux de Mazarin, empoisonnés par un tardif remords, que la munificence royale parvint à peine à calmer (1).

En mariant la duchesse de Chevreuse, le 2 février 1667, Colbert lui avait donné 400,000 francs. La dot de Mlle de Maulevrier ne fut guère inférieure. Le marquis de Dangeau ne manque pas de nous dire qu'elle reçut 100,000 écus en mariage, et qu'elle avait beaucoup de bien à espérer.

Les partis devaient se présenter en foule, en présence de si grands avantages. Le comte de Médavy n'eut point de peine à se faire agréer. Aîné d'une famille depuis longtemps illustre, il s'était déjà signalé par des actions d'éclat, à la tête de son régiment de Grancey, et un avenir brillant lui semblait réservé. Le comte Pierre II, son père, retiré dans son gouver-

---

(1) On sait qu'en mourant, Mazarin crut devoir offrir sa fortune au roi, qui la refusa généreusement.

nement d'Argentan, lui avait abandonné la baronnie de Médavy et le château de Grancey. Le vieux maréchal était mort depuis quelques années seulement. L'archevêque de Rouen, son grand oncle, lui avait voué une affection toute particulière. Le vénérable prélat, que nous avons déjà vu si préoccupé de l'établissement des siens, dut songer le premier à Mlle de Maulevrier, cousine germaine de son coadjuteur et successeur, Jacques-Nicolas de Colbert.

La demande du comte de Médavy reçut le meilleur accueil de toute la famille Colbert.

Le jeune prélat voulut lui-même marier sa cousine. La cérémonie eut lieu à l'église St-Eustache, dans la nuit du lundi au mardi 12 juin 1685, en présence d'une nombreuse et brillante assistance (1).

Le contrat de mariage avait été passé devant Me Mathurin Lamy, notaire à Versailles, en présence, de l'autorité et de l'agrément du roi, de monseigneur le dauphin, et autres princes et princesses et seigneurs de la cour.

« Le lendemain du mariage, nous dit le *Mercure de France*, les mariés allèrent à Sceaux, après dîner, accompagnés de tous les parents des deux familles, à la réserve de Mme Colbert, qui crut que cette réjouissance ne s'accordait pas avec la douleur de son veuvage. M. le marquis de Seignelay, qui les attendait, leur donna un souper très-magnifique. Cette compagnie était de près de cinquante personnes. »

Cette brillante réception n'était pourtant que le prélude des fêtes splendides données, vingt jours après, par le marquis de Seignelay à ce même château de Sceaux,

---

(1) Était-il déjà d'usage de se marier la nuit?

et que le roi, avec une partie de la cour, honora de sa présence. Le *Mercure* ne consacre pas moins de cinquante-trois pages à la description de ces fêtes, dont la magnificence fut rarement surpassée.

Le roi fut reçu par le marquis, à la descente de son carrosse. La comtesse de Médavy, accompagnée des duchesses de Ventadour et de La Ferté, ses cousines, alla recevoir la dauphine et Madame. Au souper, elle fut de la table du roi, avec Mme de Grancey, sa tante, dame d'atours de la reine d'Espagne, tandis que la comtesse de Marey, son autre tante, était de la table du dauphin.

Racine avait composé pour cette fête l'idyle sur la paix :

Un plein repos favorise vos vœux.

Lully l'avait mise en musique; elle fut chantée dans l'orangerie de Sceaux, aux applaudissements de l'auguste assistance.

Il ne fut bruit, à la cour et à la ville, que de la merveilleuse fête de Sceaux; Mme de Sévigné écrivait, le 22 juillet 1685, à sa fille : « Mme de la Fayette m'a envoyé une relation de la fête de Sceaux, qui nous a fort divertis... je ne crois pas qu'on puisse aller plus loin. »

La brillante réception de Vaux, qui fut si fatale à Fouquet, n'était, disait-on, *qu'une fête de village auprès de celle-là.*

Le marquis de Seignelay, fils du grand Colbert, avait succédé à son père, en 1683, deux ans avant le mariage de sa cousine germaine, la comtesse de Médavy. Seignelay n'avait que trente-six ans quand il fut nommé ministre; aussi se récriait-on à la cour contre son extrême jeunesse. « Que dites-vous de M. de Seignelay, ministre à trente-six ans? » écrivait Mme de Sévigné.

C'est à l'occasion de cette nomination que Mme Cornuel, connue par ses bons mots, disait que ce qu'elle avait vu de plus curieux à Versailles, c'était *l'amour au tombeau et les ministres au berceau.*

Seignelay prouva bientôt que, cette fois encore, le roi avait eu la main heureuse : c'est de lui que St-Simon, *ce détracteur chagrin et systématique* de toutes les gloires du XVIIe siècle, disait, vaincu par l'évidence : « M. de Seignelay avait toutes les parties d'un grand ministre d'État et désespérait M. de Louvois, qu'il mettait souvent à ne pas avoir mot à répondre devant le roi. »

« La France, dit à son tour le marquis de Forbin, a eu peu de ministres aussi actifs, aussi laborieux, aussi vigilants que lui. »

Formé à la grande école de son père, il en avait reçu ce sublime enseignement, qu'on ne saurait trop méditer : « La principale et seule partie d'un honnête homme est de faire toujours bien son devoir à l'égard de Dieu, d'autant qu'il est impossible qu'il s'acquitte de tous les autres, s'il manque à ce premier. »

Le marquis de Seignelay, comblé par son père et par lui des faveurs royales, était un très-grand seigneur; rien n'égalait le faste qu'il déployait dans ces occasions; son luxe lui avait même attiré plus d'une épigramme :

Seignelay, de velours habillé, etc...

Aussi lorsqu'à trente-neuf ans le marquis de Seignelay, *qui portait la même ardeur dans les affaires que dans les plaisirs,* mourut, à bout de forces, et atteint d'un épuisement prématuré, Mme de Sévigné écrivait-elle, dans une lettre du 13 novembre 1690 : « Il nous semble que c'est la splendeur qui est morte (1). »

L'abbé Lebeuf, dans son *Histoire du diocèse de Paris*, nous a donné une pompeuse description du château de Sceaux, de son parc, rival de Versailles, et des fêtes royales dont il fut plus d'une fois le théâtre. La première visite du roi à Sceaux avait eu lieu en 1677, et le marquis de Seignelay, pour en perpétuer le souvenir chez les habitants, les rassembla, et leur fit payer la taille de l'année, dont il supporta la moitié.

Le bonheur, qui semblait assuré à une union aussi bien assortie, fut cruellement troublé par la perte successive des deux seuls enfants de la maréchale, qui survécut pendant douze ans à son mari.

A la mort de ce dernier, le roi accorda à sa veuve une pension de 10,000 livres, quoiqu'elle jouît d'un douaire considérable.

Nous n'avons pu retrouver aucune trace de la présence de la maréchale dans notre contrée, mais nous savons qu'elle se montrait pleine de bienveillance pour la famille de son mari (2).

La maréchale de Médavy mourut à Paris, le 1er juin 1737, âgée de 68 ans.

---

(1) L'archevêque de Rouen, frère du marquis de Seignelay, Jacques-Nicolas de Colbert, qui succéda à François de Médavy, n'était pas lui-même étranger aux goûts de son frère. Ne voulait-il pas transformer le magnifique château de Gaillon, résidence des archevêques de Rouen, lorsqu'il en fut détourné par Fénelon ? — *Vie de Fénelon*, par le cardinal de Bausset.

(2) C'est ainsi qu'en 1736, un an seulement avant sa mort, la maréchale de Médavy assistait au mariage de son petit neveu, Isaac de Mannoury, seigneur d'Aubry, etc., notre bisaïeul maternel, avec Françoise de Mannoury, sa cousine germaine.

LES MÉDAVY-GRANCEY DANS L'ÉGLISE.

1535-1581.

Denis ROUXEL,

Évêque-comte de Lisieux, ambassadeur en Écosse.

A côté de cette longue série de capitaines, que nous offre la maison de Médavy, à peine trouvons-nous quatre ou cinq de ses membres voués à l'état ecclésiastique. Encore ces derniers avaient-ils, pour la plupart, débuté par la carrière des armes, vers laquelle cette vaillante race se sentait entraînée par un penchant irrésistible.

Le premier d'entre eux qui ait été revêtu de la dignité épiscopale, fut Denis Rouxel, neuvième fils de Jacques Rouxel, premier du nom, seigneur de Médavy, etc., et de Françoise de Pierrefitte.

Denis Rouxel dut naître à Médavy en 1535. Dernier des fils du seigneur de Médavy, dont les aînés portaient l'épée, le jeune Rouxel fut d'abord destiné à l'Église, et, dès le 13 avril 1554, il recevait des lettres de tonsure; mais, bientôt, subjugué par sa passion pour les armes, il entrait dans les armées du roi Charles IX, où il ne tarda pas à s'acquérir une grande réputation de valeur.

En 1567, il s'était assez fait connaître, pour être nommé

ambassadeur du roi très-chrétien, auprès de l'infortunée Marie Stuart. Le 15 juillet 1568, il était nommé gentilhomme ordinaire de la chambre du roi.

L'année suivante, il recevait une commission de capitaine de deux cents hommes d'armes.

Notre pays fut plus d'une fois le théâtre des exploits de Denis Rouxel.

Au mois de septembre 1568, Gabriel de Lorges, comte de Montgommery, à la tête des huguenots dont il était le chef redoutable, se dirigea sur la ville d'Argentan, et tenta de s'en emparer. Étant parvenu à se rendre maître du faubourg Saint-Martin, ses soldats y mirent le feu, brûlèrent et pillèrent la belle église Saint-Martin, qui porte encore l'empreinte de ces odieuses dévastations, et se livrèrent à toutes sortes de violences, renouvelant les actes de vandalisme commis, six ans auparavant, par l'amiral de Châtillon (1). Mais cette fois ils trouvèrent à qui parler. Denis Rouxel, secondé par son frère Jacques II, et quelques gentilshommes de la contrée, fit une vigoureuse sortie, et repoussa les calvinistes; qui laissèrent une partie des leurs sur le terrain (2).

Le zèle et la bravoure, déployés dans cette circonstance contre les religionnaires par Jacques de Médavy et son frère, ne l'empêchèrent point de les protéger, quatre ans plus tard, contre les massacres de la Saint-Barthélemy, dans cette même ville d'Argentan dont il avait été nommé

---

(1) Les calvinistes, dit l'auteur du manuscrit possédé par M. Malécange, pillèrent les églises, et se livrèrent à toutes sortes d'excès, *jusqu'à couper les oreilles des prêtres, qu'ils portaient à leurs chapeaux au lieu de plumaches*.

(2) Manuscrit Lautour-Montfort, p. 52, cité par l'abbé Laurent, dans son intéressante histoire de l'abbaye de Sainte-Claire d'Argentan, p. 34.

gouverneur, le 4 septembre 1571, par le duc François d'Alençon, frère du roi.

Lorsqu'en 1574, Matignon vint mettre le siége devant Domfront, où s'était réfugié Montgommery, la défense désespérée de cet intrépide capitaine donna beaucoup de peine à prendre la ville, mais après quelques jours de siége, Montgommery, tombé au pouvoir des assiégeants, fut conduit à Paris, où il fut condamné à mort et exécuté, le 2 juin 1674 (1).

Denis Rouxel avait fait des prodiges de valeur au siége de Domfront. Couvert de blessures et ayant eu le genou cassé d'un coup de mousquet, il fut contraint de quitter le service.

Denis Rouxel avait un puissant protecteur en la personne du frère du roi, François duc d'Alençon, dont Jacques de Médavy, frère ainé de Denis, était le chambellan ordinaire. Le duc d'Alençon fit nommer son protégé au siége de Lisieux.

Les titulaires de ce siége important étaient en même temps comtes de Lisieux, et, à ce titre, ils avaient dans leurs attributions la police, la finance et la guerre. Ils y joignaient la juridiction immédiate et exclusive dans le chef-lieu du Comté (2).

Sous le rapport des revenus, l'évêché de Lisieux était un des meilleurs de la Normandie. On connaît le dicton

---

(1) Il fut fait, de part et d'autre, des actions de bravoure héroïque à ce siége meurtrier, dont parle Agrippa d'Aubigné dans ses *Mémoires*, et où se signala l'élite de la noblesse Normande, à la tête de laquelle étaient les Matignon, les Fervaques, les Rouxel, etc. Le seigneur de Bons, blessé mortellement au crâne, se traîna jusqu'à sa tente pour écrire avec son sang, avant de mourir, une lettre d'adieu à sa fiancée, Mlle de Rabodanges.

(2) Louis Dubois, *Histoire de Lisieux*, t. Ier, p. 9.

populaire, « sac, blé », qui classait dans l'ordre de leur valeur les six évêchés Normands. Séez, Avranches et Coutances, désignés par les trois initiales S. A. C. (sac), étaient, en effet, inférieurs en produits aux évêchés de Bayeux, Lisieux et Évreux, symbolisés par les trois lettres B. L. E. (blé).

Quoique Denis Rouxel figure dans le *Gallia Christiana* comme vingt-sixième évêque de Lisieux, il ne prit cependant point possession de ce siége. Ses blessures lui eussent-elles permis d'ailleurs d'en exercer les nombreuses et délicates fonctions ?

Est-ce à titre de dédommagement que lui fut donnée, deux ans après, en 1580, l'abbaye de Cormeilles au même diocèse ? Toujours est-il qu'il ne jouit pas longtemps de cette abbaye, car le 6 août 1584, il terminait, à un âge peu avancé, une vie abrégée sans doute par ses longues fatigues et ses cruelles blessures.

L'existence mondaine de Denis Rouxel, avant son entrée dans l'Église, s'était, paraît-il, ressentie du milieu relâché où il avait vécu, dans les camps et à la cour. Aussi laissa-t-il deux filles naturelles auxquelles, du reste, il sut imprimer dans ses dernières années une sage direction, et qui portèrent dignement le nom qu'elles devaient aux coupables faiblesses de leur père. L'une d'elles, Marguerite Rouxel, fit profession de religieuse à l'abbaye royale d'Almenesches, le 11 juin 1582, et fut plus tard prieure du couvent de Vignats, avant son érection en abbaye. L'autre, Judith Rouxel, que nous retrouverons sous notre plume en parlant des abbesses de la maison de Médavy, administra avec la plus grande distinction les importantes abbayes d'Almenesches et de Gomerfontaine, pendant la minorité de ses nièces.

Judith Rouxel se retira, en 1617, au prieuré de Gerberoy, où elle résida pendant près de dix-sept ans, et dont elle fut supérieure. Elle y mourut, le 29 mai 1633, et fut inhumée dans l'abbaye de Gomerfontaine, proche le bénitier, au rang des abbesses.

1577-1617.

FRANÇOIS DE MÉDAVY, Ier DU NOM,

Évêque-comte de Lisieux.

François Rouxel de Médavy, troisième fils de Jacques II de Médavy, gouverneur d'Argentan, chambellan du duc d'Alençon, frère du roi, premier baron de Médavy, et de Perronne Fouques de Manetot, naquit à Médavy, le 23 juin 1577 ; il eut pour parrain le maréchal de Fervaques, devenu plus tard beau-père de son frère, et pour marraine Mlle de Matignon, assistée du seigneur d'O.

François de Médavy est peut-être le seul de cette nombreuse lignée qui soit demeuré tout-à-fait étranger à la carrière des armes.

Dès son enfance, il avait été destiné à l'Église, et sa vocation ne semble point avoir été un moment indécise.

L'abbaye de Cormeilles étant devenue vacante, en 1581, à la mort de l'évêque de Lisieux, Denis Rouxel, son oncle, le jeune François, quoiqu'il n'eût encore que quinze ans, fut pourvu de cette riche abbaye par le pape Clément VIII, en 1592.

L'abbaye de Cormeilles, de l'ordre des bénédictins, avait été fondée, vers 1060, par Guillaume Fitz-Osbern sénéchal de Normandie, sur la paroisse St-Pierre du bourg de Cormeilles, au diocèse de Lisieux.

La baronnie de Cormeilles, composée de la seigneurie et du patronage de quatre paroisses, appartenait aux religieux, qui en avaient la haute justice.

Le revenu de cette abbaye était évalué, en 1789, à 12,000 livres.

François de Médavy en était le vingt-septième abbé. De même qu'il avait succédé à son oncle, Denis Rouxel, évêque de Lisieux, il eut lui-même pour successeur son neveu François de Médavy, archevêque de Rouen, auquel devait succéder Charles de Pas de Feuquières, d'une famille alliée aux Rouxel.

L'année suivante, en 1593, François Rouxel joignit à l'abbaye de Cormeilles celle de St-André en Gouffern, au diocèse de Séez, dont le revenu était évalué à 24,000 livres.

Fondée en 1130 par Guillaume III Talvas, fils de Robert de Bellême, qui y mit des religieux de l'ordre de Cîteaux, elle comptait des noms illustres dans la liste de ses abbés. François de Rouxel eut également pour successeur dans cette belle abbaye son neveu, François II de Médavy, archevêque de Rouen. Après ce dernier, elle fut donnée, en 1691, à Maurice Colbert de Villacerf (1).

Les dignités de François Rouxel ne se bornèrent pas à ces deux abbayes.

Anne d'Escars, évêque de Lisieux, qui avait été promu au cardinalat à l'insu du roi Henri IV, encourut la dis-

---

(1) Ce fut à l'abbaye de Saint-André qu'alla loger le roi Charles VII, en 1450, lorsqu'il vint mettre le siége devant la ville de Falaise, située dans les environs.

grâce royale, et le maréchal de Fervaques, gouverneur de Lisieux, fut chargé par le roi de confisquer ses biens.

Le maréchal de Fervaques, parrain de François de Médavy, était en outre devenu beau-père de Pierre de Médavy, son frère aîné. Il fit nommer son filleul au siége de Lisieux, devenu vacant par la démission du cardinal d'Escars. Les bulles de cette nomination furent données à Rome, le 12 mars 1598; mais le nouvel évêque ne prit possession de son siége que le 25 mars 1600.

Ce fut sous l'épiscopat de François Rouxel que fut fondé à Lisieux, par le maréchal de Fervaques, le couvent des capucins de cette ville.

Le nouvel évêque de Lisieux, qui était chanoine de Paris, reçut bientôt un autre témoignage de confiance. Il fut fait conseiller du roi en ses conseils ecclésiastiques.

Son pays natal ne lui donna pas une moindre preuve d'estime lorsqu'en 1614, il fut nommé par le vicomte d'Argentan député aux États généraux qui allaient s'assembler au couvent des Augustins de Paris.

François Rouxel appartient donc essentiellement à notre contrée. Enfant du pays, il voulut y reposer. Sa mort étant survenue à Rouen en 1617, son corps fut rapporté à Médavy, pour y être inhumé dans le caveau de ses ancêtres.

Il laissait sa succession au baron de Médavy, son frère aîné, qui mourut lui-même à Rouen quelques mois plus tard.

1604-1691.

François ROUXEL DE MÉDAVY, IIe DU NOM,

Archevêque de Rouen, l'un des trois conseillers d'État ecclésiastiques.

François Rouxel de Médavy, fils de Pierre Ier, comte de Grancey, et de Charlotte de Fervaques, naquit le 8 août 1604, probablement au château de la Mothe, non loin de Médavy, où il fut baptisé. Il eut pour parrain son oncle, François Rouxel de Médavy, évêque-comte de Lisieux, et pour marraine Charlotte Rouxel de Médavy, sa sœur, alors dame d'honneur de la reine, et qui fut plus tard mère du maréchal de Castelnau.

L'évêque de Lisieux, qui était aussi abbé de Cormeilles, étant venu à mourir en 1617, son filleul lui succéda dans cette riche abbaye, quoiqu'il fût à peine âgé de treize ans.

En 1630, il joignit à ce bénéfice l'importante abbaye de St-André de Gouffern ; et trois ans après, le 20 mai 1633, il était fait sous-diacre. Le jeune abbé n'avait donc encore que les ordres mineurs lorsque, le jour de la Toussaint de l'année 1632, il vint, sur la prière de sa sœur, Guyonne-Scholastique de Médavy, abbesse de St-Nicolas de Verneuil, prononcer un discours dans l'église de cette abbaye, en présence de l'évêque d'Evreux et d'une auguste assemblée, à l'occasion de plusieurs prises d'habit. Il est vrai qu'une des nouvelles religieuses était sa nièce, Mlle Charlotte de La Londe, fille de sa sœur aînée, la marquise de La Londe.

Suivant les mémoires de sa famille, François de Médavy, avant de recevoir les ordres, avait été, en dépit de ses abbayes, capitaine de cavalerie. Il paraît même que son frère aîné, qui fut depuis maréchal de France, lui avait laissé le commandement de Montbelliard, auquel le roi l'avait nommé en 1636. François de Rouxel aurait remplacé son frère dans ce commandement, de 1637 à 1638. Quelques historiens le présentent en outre comme ayant reçu du roi plusieurs autres commandements, et ayant été chargé de diverses négociations.

Il existe à la Bibliothèque Impériale, cabinet des Estampes, une fort belle gravure in-folio, faite en 1677, par Antoine Masson, sur un portrait d'après nature du même artiste, représentant François Rouxel, alors archevêque de Rouen, en costume de prélat (1).

A voir cette figure mâle, ces traits énergiques et accentués, relevés par une moustache et une royale à la Richelieu, on s'explique facilement la double vocation qui semble avoir sollicité le prélat, avant d'entrer définitivement dans les ordres.

De son côté, Maurey d'Orville, auquel nous empruntons quelques-uns des détails de cette notice, trace ainsi, dans son *Histoire de Séez*, le portrait de François de Rouxel, qui occupa quelque temps ce siége épiscopal :

---

(1) Un exemplaire de cette gravure, conservé aux archives de l'abbaye de Verneuil, a été mis obligeamment à notre disposition par madame l'abbesse, ce qui nous a permis de la faire reproduire avec une complète fidélité.

« Il était d'une haute taille ; ses yeux petits, mais pleins de feu, annonçaient un esprit vif, subtil, infatigable. »

Les heureuses aptitudes de François de Médavy furent de bonne heure utilisées par la cour.

Il n'était encore qu'abbé de Cormeilles et de St-André, lorsqu'en 1639, François de Médavy fut chargé d'une importante mission auprès du parlement de Normandie.

A l'occasion de nouveaux édits fiscaux, une sédition avait éclaté à Rouen, au mois d'août de cette année. La populace ameutée s'était ruée sur la maison de Le Tellier de Tourneville, receveur des gabelles, et après un véritable siége, l'avait livrée au pillage. La cour, vivement irritée, voulut punir les coupables avec la plus grande rigueur. Une première fois l'abbé de Saint-André fut envoyé en qualité de commissaire, avec une lettre de créance pour le parlement, et vint dire aux chambres assemblées, que « Sa Majesté estoit satisfaicte du debvoir qu'avoit rendu le parlement pour apaiser la sédition. Sa Majesté imputoit aux ennemis d'avoir suggéré ces dangereux mouvements et envoyé des agents souffler le feu de la révolte ; il se louoit de la conduite du parlement et de celle des bourgeois. » « Le roy scait bien, dit l'abbé de Médavy à l'hôtel-de-ville, que la sédition n'a esté excitée que par deux ou trois coquins de la lie de la populace, et que les bons subjectz n'y ont point adhéré ; mais vous debvez compte au roy de l'autorité qu'il vous a déposée pour maintenir les peuples en son obéissance. »

Cependant le parlement, intimidé à la fois par la cour et par les séditieux, ne procédait contre ceux-ci qu'avec une certaine mollesse. Le jeune abbé est envoyé de nouveau, et cette fois son langage respire le mécontentement et la menace : « Les séditions, dit-il, ont eu lieu soubz la couverture que les peuples vouloient donner qu'il y avoit un mauvais gouvernement, ce qui n'estoit pas. » Le parlement exprime la crainte de voir entrer une garnison par la basse porte du palais. « Le roy n'a coustume d'entrer que par les grandes portes », répond fièrement le commissaire royal (1).

Nommé à l'évêché de Séez en 1651, François de Médavy fut sacré dans l'église des jésuites de Pontoise, le 21 mai 1652; et, huit jours après, le 29 du même mois, il prêtait serment entre les mains du jeune roi Louis XIV, en présence de Monsieur, au château de St-Germain-en-Laye (2).

Au commencement de cette même année 1651, son frère aîné, Jacques de Grancey, avait été nommé maréchal de France, et son élévation n'avait sans doute pas peu contribué à celle de François de Médavy, dont le mérite ne pouvait d'ailleurs être contesté.

Les chansonniers de la Fronde n'épargnèrent pourtant point le nouveau prélat. Son plus grand tort à leurs yeux était d'avoir été choisi en dehors de leurs rangs :

> Trois fois le bonhomme Grancey
> A manqué net un évêché,
> A la fin Normand il sera.

Cette sorte d'épigramme était d'autant moins fondée, que l'évêché de Séez, situé dans son pays natal, devait avoir un grand attrait pour François de Médavy.

(1) Floquet, *Histoire du Parlement de Normandie*, t. IV, p. 623, 633 et suiv.
(2) *Gazette* de 1652, p. 443.

Maurey d'Orville se trompe sans doute en nous montrant le nouvel évêque faisant son entrée dans sa ville épiscopale le 27 mai 1652. Cette dernière date ne saurait se concilier avec celle assignée par la *Gazette* pour la prestation du serment à St-Germain.

Quoi qu'il en soit, il fut fait une magnifique réception à l'évêque, dans la personne duquel on fêtait l'enfant du pays aussi bien que le prélat éminent. Une nombreuse noblesse et la bourgeoisie en armes sortirent de la ville pour se porter au-devant de lui.

A son arrivée dans son diocèse, il y trouva les esprits fort agités. Un sermon prêché, le 1er novembre 1650, sur la prédestination des saints, avait donné naissance à cette émotion, que ses premiers efforts parvinrent à calmer.

Le 16 septembre 1653, il tint un synode où il publia des statuts à peu près semblables à ceux de son prédécesseur. Il fit, en outre, un mandement pour promulguer la bulle d'Innocent X contre le livre de Jansénius.

François de Médavy était né administrateur : un sens droit et un jugement sain, soutenus par une fermeté de caractère peut-être un peu trop inflexible, l'avaient désigné au choix du roi qui venait, par un règlement du 3 mai 1657, d'adjoindre à son conseil d'État trois conseillers ecclésiastiques. L'évêque de Séez fut choisi par la cour pour être le second de ces trois conseillers. Ce fut en cette qualité qu'il assista, en 1659, aux mémorables conférences de l'île des Faisans, où le cardinal Mazarin négocia si habilement la glorieuse paix des Pyrénées (1).

On conçoit facilement qu'avec une supériorité si marquée, François de Médavy fût tenu en haute estime

(1) Masseville, *Histoire de Normandie*, année 1659.

dans sa famille et qu'il y exerçât une grande influence. Aussi nous est-il présenté comme « le chef et l'âme de sa maison. »

Les affaires d'État n'absorbaient pas tous les loisirs de l'évêque de Séez, qui ne négligeait pas les intérêts de son diocèse. Dès 1653, ayant obtenu du roi des lettres-patentes pour l'établissement du séminaire de Séez, dont Pierre Pavy, curé de Macey, avait jeté les fondements en 1650, il avait pu voir l'achèvement de cet édifice et de son église.

Le 7 avril 1658, nous trouvons notre évêque à Argentan, présidant à la translation des reliques vénérées de saint Mansuet. Après la cérémonie, pendant laquelle il prononça un éloquent panégyrique, il présida le synode des curés et des doyens. Les chroniques de l'époque nous ont laissé une pompeuse description de cette cérémonie, qui ne dura pas moins de huit jours, et à laquelle assistèrent Mgr d'Ardach, évêque irlandais, 140 religieux en chapes, et plus de 600 prêtres tenant chacun un cierge à la main.

Telle avait été la magnificence de ces fêtes, qu'il fut décidé que la relation en serait envoyée à la *Gazette de France*, et transcrite sur les registres de la fabrique (1).

Le 3 juillet suivant, la ville d'Argentan occupait encore le prélat, qui réglementa par ordonnance les paroisses de St-Germain et de St-Martin, dans le but de mettre fin aux longues dissidences qui les divisèrent si souvent.

François de Médavy se trouvait alors au château de Fleuré. Cette belle résidence des évêques de Séez, située

(1) Au mois d'avril 1674, François de Médavy devait encore assister, avec les évêques de Séez et de Bayeux, à une neuvaine célébrée en l'honneur du saint martyr, si vénéré à Argentan.

à une lieue et demie d'Argentan, avait été fondée, dans les premières années du XVIe siècle, par un de ses prédécesseurs, Jacques de Silly, dont la famille était alliée à celle des Rouxel. Mgr du Plessis-d'Argentré la fit reconstruire peu de temps avant la Révolution; il n'en reste plus que les communs.

En 1660, M. de Médavy obtint des lettres-patentes du roi, autorisant l'établissement d'un séminaire pour la philosophie dans la ville de Falaise, qui faisait alors partie de son diocèse.

Ce fut sous son épiscopat que fut démoli, en 1664, le temple des calvinistes à Alençon.

Vers la même époque, il fit remplacer la pyramide qui se trouvait sur le chœur de la cathédrale par un dôme, auquel on substitua plus tard le petit obélisque que l'on y voit aujourd'hui.

L'hôpital de Séez lui doit encore la fondation de son infirmerie; les religieuses de cet hôpital voulurent en perpétuer la mémoire par une inscription du 25 mars 1682.

Les évêques de Séez possédaient, depuis 1252, un ancien castel, nommé le manoir de Thouenne, et situé dans *les communes* de Louvet. Les prédécesseurs de M. de Médavy l'avaient laissé tomber en ruines, probablement depuis la construction du château de Fleuré par Jacques de Silly. Le prélat fit réparer ces anciennes constructions et y établit une faisanderie (1).

L'administration de François de Médavy ne fut pas exempte de tribulations. Ses démêlés avec le théologal Lenoir eurent un grand retentissement, non-seulement

(1) Odolant Desnos, t. Ier, p. 18 et 19.

dans le diocèse, mais encore à Paris, où l'affaire fut bientôt portée et demeura longtemps pendante.

Jean Lenoir, homme d'un grand savoir, mais d'un caractère indocile et entreprenant, avait été nommé théologal de Séez par M. de Médavy, dès la première année de son épiscopat.

L'évêque et son théologal vécurent assez longtemps en bonne intelligence ; mais en 1660 le prélat ayant été retenu plus longtemps hors de son diocèse, à l'occasion du voyage qu'il fit avec Mazarin à St-Jean-de-Luz, pour la négociation du mariage du roi, Jean Lenoir, qui, selon sa coutume, prêchait alors à Argentan, affranchi de la tutelle de son évêque, s'était livré dans ses sermons à quelques développements entachés de jansénisme.

L'effervescence populaire suscitée par cette prédication menaçait d'être fatale à Jean Lenoir, lorsque M. de Médavy, de retour de son importante mission, fut informé des désordres occasionnés par le théologal.

Séduit par les apparences que ce dernier eut soin de présenter à son avantage, l'évêque prit d'abord sa défense et fit supprimer une inscription dont se plaignait Jean Lenoir (1) ; mais bientôt, mieux informé, il surveilla de près la doctrine du prédicateur, et ses soupçons ne firent que s'aggraver.

Odolant Desnos a cru pouvoir assigner un motif plus personnel à l'hostilité de M. de Médavy ; mais cette opinion ne saurait prévaloir, en présence de la condamnation qui vint, plus tard, donner gain de cause au prélat.

D'après l'historien d'Alençon, l'évêque de Séez aurait

(1) Une statue de la Sainte-Vierge, placée sur le portail principal de Saint-Germain, portait cette inscription : « *Flagellum Jansenistarum, ora pro nobis.* »

voulu se venger sur son théologal de l'attitude hostile que ce dernier avait prise, pendant l'absence du prélat, au sujet d'une aventure dont nous avons parlé, et qui eut beaucoup de retentissement, l'enlèvement par le marquis de Grancey, neveu de l'évêque, de Mlle Le Conte de Nonant, fille de la marquise de Nonant.

A son retour de St-Jean-de-Luz, François de Médavy aurait d'abord dissimulé son ressentiment; mais une nouvelle incartade du théologal le fit bientôt éclater.

Le prélat s'étant rendu à Séez pour les fêtes de Noël, avait permis à des bateleurs d'élever un théâtre sur la place publique, à condition qu'il ne s'y passerait rien contre la décence. Jean Lenoir, exaspéré, ne craignit point de s'élever, en chaire, contre ce qu'il appelait un scandale.

L'évêque, poussé à bout, obtint une lettre de cachet, le 23 mars 1663, qui enjoignait au théologal de se retirer à Fougères, comme suspect de jansénisme. Cette rigueur fut bientôt adoucie par la permission d'aller à La Flèche, chez son oncle.

Jean Lenoir fit l'année suivante une soumission apparente, en signant le formulaire, mais en même temps il demandait au prélat des explications sur son mandement et sur le catéchisme de la mission. Quelques écrits furent échangés de part et d'autre à ce sujet, et n'amenèrent point la conciliation; car, en 1665, le théologal adressait à l'archevêque de Rouen une longue lettre sur l'hérésie contenue dans le mandement de l'évêque de Séez, et, le 15 décembre de la même année, il allait jusqu'à le dénoncer formellement comme hérétique à son métropolitain.

Alors François de Médavy accuse Jean Lenoir devant

les évêques de la province, rassemblés à Paris, et, le 15 février 1666, les évêques déclarent le mandement et le catéchisme exempts d'hérésie.

L'assemblée du clergé s'émut de cette querelle, et fit faire des remontrances à l'évêque d'Angers, qui laissait prêcher Jean Lenoir à La Flèche, où il était relégué. Une nouvelle lettre de cachet lui enjoignit de se retirer à Vannes.

Comme Lenoir ne cessait point de remuer, et ne se faisait pas faute de violer son exil à Vannes, il fallut bientôt le faire arrêter. Retenu d'abord à l'archevêché de Paris, il fut livré à l'officialité de Rouen, avec Nicolas Bordin, chanoine de Séez, son ami, qui avait sans doute épousé sa querelle.

Ces tristes démêlés durèrent jusqu'en 1671, sans que l'intervention de la cour de France, du grand Colbert, et du pape lui-même, fût parvenue à les faire cesser.

A cette époque, François de Médavy ayant été nommé à l'archevêché de Rouen, Lenoir, toujours acharné contre lui, s'opposa à sa prise de possession; mais il ne fut pas difficile au nouvel archevêque d'obtenir un bref de Rome, pour qu'il fût passé outre à son installation.

Lenoir ne se tenait pas encore pour battu. Ne pouvant plus rien contre M. de Médavy, dont l'élévation mettait le comble à sa fureur, il s'en prit à son successeur sur le siége épiscopal de Séez, contre lequel il batailla longtemps encore, sous prétexte d'hérésie.

Enfin, en 1682, il poussa la démence jusqu'à afficher, à la porte de la cathédrale de Paris, un acte d'opposition à la nomination de l'archevêque de Paris, que l'assemblée du clergé venait de désigner pour la présider. Il accusait encore ce prélat d'hérésie, sous le prétexte qu'il avait pris le parti de M. de Médavy, son successeur sur le siége de Rouen.

Arrêté par Desgrais, et conduit à la Bastille, le 24 avril 1684, Jean Lenoir fut enfin condamné aux galères à perpétuité, et à faire amende honorable devant Notre-Dame de Paris. Cette dure condamnation fut bientôt commuée en une prison perpétuelle, qu'il fit à St-Malo, à Brest et à Nantes.

Il mourut en cette dernière ville, le 24 avril 1692, ayant perdu la mémoire.

On est vraiment tenté de croire que, depuis longtemps, cet esprit aigri côtoyait la folie.

A son avènement au siége de Séez, M. de Médavy avait eu des difficultés avec les héritiers de M. de Pontcarré, son prédécesseur ; et, par sentence rendue à Falaise, le 27 novembre 1651, il lui fut alloué une somme de 20,000 francs, à laquelle furent évaluées des réparations qui restaient à faire, tant à la cathédrale qu'aux palais de Séez et de Fleuré.

A leur tour, les héritiers de François de Médavy, le maréchal de Médavy et le marquis de Grancey, ses petits-neveux, durent plaider avec ses successeurs, Mgrs de Forcoal et Savary, qui se plaignaient que la cathédrale était en si mauvais état, *qu'il pleuvait sur le célébrant.* Un arrêt du grand-conseil, en date du 9 septembre 1704, mit fin à ces longues contestations (1).

Nommé à l'évêché d'Autun en 1664, et au siége de

---

(1) Les procès de cette nature n'étaient point aussi rares qu'on pourrait le supposer. Après la mort de l'illustre évêque de Meaux, son chapitre intenta à l'abbé Bossuet, son neveu, une action en indemnité, fondée sur ce que le prélat avait usé les ornements épiscopaux, en officiant personnellement aux principales fêtes (Vie de Bossuet, par M. de Bausset).

Langres en 1670, François de Médavy n'accepta ni l'un ni l'autre. Ce dernier évêché avait pourtant pour lui l'avantage de le rapprocher du château de Grancey, appartenant à sa famille, et situé dans ce diocèse; c'était en outre le troisième, par rang de préséance, des six duchés-pairies ecclésiastiques (1).

Le roi l'ayant nommé en 1671 à l'archevêché de Rouen, il en prit possession, par procuration, au mois de décembre de la même année, et, en personne, le 18 janvier 1672.

A peine entré en fonctions, le nouvel archevêque s'appliqua à réformer les abus qui s'étaient introduits dans son diocèse (2). Ses aumônes lui attirèrent la bénédiction de ses diocésains. Les pauvres honteux eurent surtout à se louer de sa générosité.

C'est à cet archevêque que l'on dut l'établissement des religieuses bénédictines du St-Sacrement, en 1680. L'année suivante, il fondait le petit séminaire de Rouen, et constituait définitivement l'hôpital général de cette ville. On lui doit encore la fondation des sœurs de la Providence de Fécamp, en 1682, et du collège de Pont-de-l'Arche, en 1688.

---

(1) Le siége d'Autun valait 22,000 livres de revenu, celui de Langres 52,000 livres, tandis que celui de Séez ne rapportait que 46,000 livres. Il est vrai que l'archevêché de Rouen valait jusqu'à 100,000 livres, et possédait en outre le magnifique château de Gaillon, fondé par le cardinal d'Amboise.

Quant aux abbayes de Cormeilles et de St-André, nous avons déjà vu qu'elles valaient : la première, 12,000 livres, et la seconde, 24,000 livres, dont un tiers seulement pour l'abbé, un tiers pour les religieux, et un dernier tiers pour les charges et réparations. Ces évaluations sont pour l'année 1789.

(2) François de Médavy succédait au fameux Harlay de Chanvalon, promu à l'archevêché de Paris. D'après l'abbé de Choisy, il aurait été un instant question de nommer au siége de Rouen les cardinaux de Coislin et de Bouillon, successivement grands aumôniers de France.

Sa sollicitude n'avait cependant point cessé de s'étendre sur ses anciens administrés. La faveur dont il jouissait auprès du roi, non moins que ses importantes fonctions de conseiller d'État, rendaient son crédit tout puissant à la cour. Son influence fut plus d'une fois employée par les habitants de son ancien diocèse. La ville de Séez, notamment, avait eu recours à lui lorsqu'elle avait cru l'existence de son Hôtel-Dieu menacée par les projets du P. Dunod, pour la fondation d'un hôpital général. Ses habitants écrivirent à l'archevêque de Rouen, qui avait toujours protégé l'Hôtel-Dieu, dont il était un des fondateurs. M. de Médavy accueillit d'abord leurs plaintes avec bienveillance ; mais bientôt, mieux renseigné sur les intentions du roi par le duc de Montausier, gouverneur de la province, il amena les opposants à renoncer à toute résistance, et contribua à la réalisation des projets royaux.

Dès l'année 1680, François Rouxel, affaibli par l'âge et les infirmités, sollicita et obtint du roi la nomination d'un coadjuteur. L'abbé de Colbert, frère du marquis de Seignelay et fils du grand Colbert, ayant été nommé à ces fonctions, sous le titre d'archevêque de Carthage, fut sacré le dimanche 4 août de la même année, dans l'église de la Sorbonne, par l'archevêque de Rouen, assisté des évêques de Bayeux et de Lisieux. Trente-neuf archevêques et évêques assistaient à cette belle cérémonie, dont l'éclat fut encore rehaussé par la présence d'un grand nombre de hauts personnages (1).

---

(1) *Mercure* du mois d'août 1680. Ce grand nombre de prélats faisait dire à Mme de Sévigné « qu'il n'y en avait guère davantage au concile de Nicée. » Lettre du 10 août 1680.

François de Médavy fut ainsi dispensé de prendre part à l'Assemblée de 1682 ; mais le diocèse de Rouen y fut représenté par son coadjuteur, un des trente-quatre prélats signataires de la trop fameuse *Déclaration*. Ce dernier dut y apporter d'autant plus de zèle que, s'il faut en croire des témoignages peu suspects, le grand Colbert, son oncle, en avait été le principal promoteur. Bossuet, qui la couvrit de sa grande renommée, en faisait, du reste, assez bon marché, lorsqu'il s'écriait plus tard : « *Abeat Declaratio quo libuerit.* »

Peu d'années après, le 12 juin 1685, l'union qui existait entre l'archevêque et son coadjuteur fut encore resserrée par le mariage du comte de Médavy, petit-neveu de François de Rouxel, avec Mlle de Colbert-Maulevrier, cousine-germaine du coadjuteur, qui devait devenir archevêque de Rouen après la mort du prélat.

Quand son fardeau fut ainsi allégé, M. de Médavy résida plus rarement dans son diocèse. Il finit même par aller habiter, en Champagne, le château de Grancey, appartenant à son neveu, Pierre II de Grancey, mais que celui-ci venait de céder à son fils aîné, le comte de Médavy, devenu depuis maréchal de France.

Une portion du magnifique domaine de Grancey appartenait au prélat, qui l'avait achetée du maréchal de Grancey, son frère, lorsque ce dernier fut obligé de la vendre pour payer ses dettes. Le prix de cette vente n'était pas inférieur à 213,000 francs.

C'est là que François de Médavy passa les deux dernières années de sa longue carrière. Enfin, étant tombé malade à Mâcon, il y mourut le 29 janvier 1694, à l'âge de quatre-vingt-six ans et cinq mois. Il fut inhumé dans le caveau de ses ancêtres au château de Grancey ;

mais son cœur fut, dit-on, apporté à Médavy, dans cette antique demeure des Rouxel, non loin de sa première ville épiscopale.

François de Médavy, dont l'administration était aussi sage qu'éclairée, et qui, indépendamment de son patrimoine privé, avait joui si longtemps des riches revenus de ses deux abbayes et de ses deux diocèses, devait laisser un héritage considérable. Il légua tous ses biens au comte de Médavy, son petit-neveu, l'aîné de sa famille, qu'il affectionnait particulièrement, et qui devait faire revivre la haute dignité du maréchal de Grancey, son grand-père.

L'archevêque avait été pour toute sa famille un constant et généreux protecteur. Une de ses parentes éloignées, la comtesse de Grasse, Angélique Rouxel de Rouville, avait été mise par ses soins, dès l'âge de dix ans, au couvent de St-Mandé, où il payait sa pension, et dont fut quelque temps abbesse Marie-Françoise de Médavy, sa nièce, morte un an après lui.

Les archives de l'abbaye de Verneuil nous apprennent en outre que le prélat fut toujours un zélé protecteur pour cette abbaye, à laquelle il ne donna pas moins de de 7,000 livres, de 1645 à 1663.

1655-1706.

HARDOUIN ROUXEL DE MÉDAVY, DIT L'ABBÉ DE GRANCEY.

Premier aumônier de Monsieur, et du duc d'Orléans, son fils.

Des cinq fils donnés au maréchal de Grancey par Charlotte de Villarceaux, sa seconde femme, un seul vécut âge d'homme, et fut appelé à d'assez hautes destinées. Ce fut Hardouin Rouxel de Médavy, si connu sous le nom d'abbé de Grancey.

Les généalogistes de la famille ne nous ont transmis ni le lieu, ni la date de sa naissance ; mais nous avons tout lieu de croire qu'il naquit à Paris, au mois de mai 1655. Nous lisons, en effet, dans la *Muse historique* de Loret, à la date du 16 juin de cette année :

> « Une dame de grande estime,
> Dont je suis serviteur intime,
> La maréchale de Grancey,
> Après quelque péril passé,
> D'un petit mâle est accouchée,
> Dont la belle n'est pas fâchée,
> Ni non plus Monsieur son époux (1). »

(1) Loret, *Muse historique*, l. XXII, du 5 juin 1655.

La maréchale avait déjà perdu deux fils au berceau; elle ignorait encore quelle fécondité lui était réservée : cette naissance devait en effet la combler de joie.

Mais si Hardouin était le seul fils de Charlotte de Villarceaux, il n'en avait pas moins deux frères aînés, issus du premier mariage du maréchal.

Ces deux frères suivaient la carrière des armes, où ils s'étaient acquis une brillante renommée. Hardouin fut donc destiné à l'Église, selon un usage presque universel dans les grandes familles, et dont il n'est pas nécessaire de montrer les dangers.

S'il ne possédait pas à un moindre degré que la plupart des siens l'aptitude militaire, le jeune Hardouin y joignait, à coup sûr, de grandes dispositions pour l'étude du droit canon ; aussi ne tarda-t-il point à conquérir le double diplôme de docteur en Sorbonne et docteur de la sapience à Rome.

François de Médavy, son oncle, qui passa, en 1671, de l'évêché de Séez à l'archevêché de Rouen, le fit bientôt grand-archidiacre de sa cathédrale, dignité qu'il échangea, le 30 octobre 1686, pour le doyenné de ce chapitre (1).

L'archevêque de Rouen tenait sans doute en grande estime le mérite et la science de son neveu ; car ce fut ce dernier qui fut désigné pour représenter la province à l'assemblée du clergé, réunie à St-Germain-en-Laye, le 4 juin 1685, comme nous le lisons dans le *Mercure* de cette année.

L'abbé de Grancey avait un protecteur bien puissant dans le duc d'Orléans, frère unique du roi, à la maison

---

(1) *Gallia christiana.*

duquel étaient attachées la maréchale sa mère, la comtesse de Marey et Mlle de Grancey, ses sœurs.

Au mois de mai 1688, M. de Tressan, évêque du Mans, qui avait remplacé l'archevêque d'Aix (1) comme premier aumônier de Monsieur, se démit de cette charge en faveur de l'abbé de Grancey (2).

Deux ans après, Monsieur, qui avait dans son apanage l'abbaye de Beaugency, au diocèse d'Orléans, la fit avoir à son premier aumônier.

Au mois de février de l'année suivante, François de Médavy, archevêque de Rouen, étant venu à mourir, il fut question de donner à son neveu les deux abbayes de Cormeilles et de St-André, devenues vacantes par la mort du prélat; mais le roi évitait alors de perpétuer les bénéfices dans les mêmes familles, et ceux-ci étaient possédés depuis plus d'un siècle par les Médavy. On chercha donc une combinaison pour parer à cet inconvénient, tout en sauvegardant les intérêts de l'abbé de Grancey.

L'abbaye de Notre-Dame-de-Relec, au diocèse de Léon, était à peu près de même valeur que celle de Cormeilles; elle appartenait alors à l'abbé de Pas de Feuquières; elle fut donnée à M. de Grancey, et Feuquières eut l'abbaye de Cormeilles.

Colbert de Villacerf eut l'abbaye de St-André; mais, quelques temps après, au mois d'août 1691, Hardouin

---

(1) Daniel de Cosnac, auteur de curieux mémoires. Il avait reçu 25,000 écus de sa charge.

(2) *Journal* de Dangeau, du 6 mai 1688. Les premières aumôneries des princes du sang étaient généralement occupées par des prélats. Ce fut le neveu de l'évêque du Mans, M. de Tressan, mort archevêque de Rouen, qui succéda à l'abbé de Grancey, et fut le dernier aumônier du Régent.

était nommé à l'abbaye de Prully, au diocèse de Tours.

Là ne se bornèrent point encore les faveurs de l'abbé de Grancey : une quatrième abbaye, celle de St-Benoît-sur-Loire, et c'était la plus importante, lui fut donnée le 31 décembre 1702, sur la demande de Monsieur, qui ne se lassait point d'enrichir son protégé.

Le continuateur du *Gallia christiana*, exagérant à plaisir ces bénéfices cumulés, va jusqu'à dire que l'abbé de Grancey était en quelque sorte comblé d'innombrables abbayes : « *Quasi innumeris dives abbatiis.* »

Il est certain que l'abbé de Grancey était largement doté. Indépendamment de la première aumônerie de Monsieur, dont les émoluments devaient être considérables, le revenu de ses quatre abbayes n'était guère inférieur à 60,000 livres, sur lesquelles il prélevait une large part.

En 1694, il avait hérité, avec ses deux sœurs, de Mlle de Villarceaux, sa tante ; l'archevêque de Rouen lui-même, quoiqu'il eût fait le maréchal de Médavy son légataire universel, n'avait sans doute pas oublié le doyen de son chapitre, auquel il devait ce beau portrait d'Antoine Masson, dont nous avons eu l'occasion de parler.

L'abbé de Grancey était-il digne à tous égards de ces grands avantages? Son entourage pourrait en faire douter. Aumônier de Monsieur : cela se conçoit ; mais l'aumônerie du régent! cela ressemble fort à une sinécure. Au moins doit-on croire qu'il ne fallait pas apporter une grande rigidité dans l'exercice de fonctions aussi délicates. On s'explique donc jusqu'à un certain point l'opinion de Saint-Simon, quand il nous dit que l'abbé de Grancey « était un médiocre prêtre. » Il est vrai, ajoute-t-il aussitôt, « qu'il était fort brave et fort bon homme (1). »

La bravoure militaire ! voilà du moins une vertu de sa race qui ne saurait lui être contestée, et qui ne dépare point assurément le premier aumônier d'un prince. A cette époque, où la vie des grands était partagée entre les armées et la Cour, il fallait bien quelque courage pour les accompagner dans leurs expéditions périlleuses. On verra si l'abbé de Grancey en était dépourvu.

En 1692, il avait suivi l'armée au siège meurtrier de Namur, où le roi commandait en personne.

Des pluies continuelles, non moins peut-être que le feu soutenu des assiégés, avaient porté la maladie et la mort dans les rangs de nos troupes. L'abbé de Grancey se multipliait pour animer les combattants, en leur communiquant sa propre ardeur ; quand il fallait consoler un mourant, lui porter les secours de la religion, aucun danger n'arrêtait son zèle. Le roi, qui fut témoin de ce dévouement, en conçut une telle estime pour le premier aumônier de son frère, qu'il lui donna publiquement une marque de considération de la plus haute valeur, en l'admettant à sa table. Saint-Simon, en rapportant ce fait, affirme que « c'est l'unique abbé qui ait eu cet honneur. Tout le clergé, dit-il, en fut toujours exclu, excepté les cardinaux et les évêques-pairs, ou les ecclésiastiques ayant

---

(1) Saint-Simon, t. III, p. 324. La Palatine parle de l'abbé de Grancey en termes moins favorables. Sans prendre à la lettre ses médisances, souvent suspectes, surtout à l'endroit des Grancey, on peut supposer que si l'abbé ne devint point évêque, comme tous les premiers aumôniers des princes, il faut plutôt l'attribuer à sa vie privée qu'à toute autre cause. C'est en effet vers cette époque que Louis XIV, à la sollicitation de Bossuet, redoubla de sévérité dans le choix des évêques.

rang de prince étranger. » Ni le cardinal de Coislin, évêque d'Orléans, premier aumônier du roi, avant de recevoir le chapeau, ni l'archevêque de Rheims, son maître de chapelle, n'avaient, en aucune occasion, été admis à la table du roi (1).

Deux ans après, au mois de juillet 1694, l'abbé de Grancey était allé prendre les eaux de Forges. La flotte ennemie paraît inopinément en vue de Dieppe. Le chevalier de Lorraine et M. de Bragelonne, qui se trouvaient également à Forges, accourent en toute hâte dans les murs de la ville; l'abbé de Grancey les suit. A leur arrivée à Dieppe, plus de douze cents maisons avaient déjà cruellement souffert du feu de l'ennemi; un débarquement était imminent, lorsque le chevalier, à la tête de cinquante gentilshommes résolus, s'avance au-delà du retranchement, et l'attitude de ces braves sauve la ville de nouveaux désastres.

Le roi fut si satisfait de cet acte d'intrépidité, qu'il écrivit au chevalier de Lorraine pour l'en féliciter (2).

L'abbé de Grancey avait pour son maître la plus tendre affection, et ses regrets l'accompagnèrent bien au-delà de la tombe. Il est permis de supposer que ses exhortations contribuèrent à donner au prince les sentiments qui animèrent ses derniers jours, et à le préparer au suprême passage qui le surprit si inopinément, quoiqu'il parût en avoir le secret pressentiment. — « Vous êtes bien triste, lui disait à St-Cloud le chevalier de Lorraine, quelque temps avant sa mort. — Oui, répondit le prince : je regarde ces beaux salons, ces beaux jardins, et je

---

(1) Saint-Simon, t. VIII, p. 182.
(2) *Journal* de Dangeau, du 22 juillet 1694.

songe que je dois bientôt les quitter. » Quelquefois il restait après tout le monde dans la chapelle, plongé dans de longues extases. Enfin, le mercredi 8 juin 1701, Monsieur étant venu dîner avec le roi à Marly : — « Vous êtes bien rêveur, lui dit Mme de Maintenon. — Oui : le jubilé m'a fait faire de sérieuses réflexions. » Le soir même de ce jour, il était pris à St-Cloud de cette attaque d'apoplexie qui l'enleva dans la nuit.

Nous empruntons à une relation du temps quelques détails sur les obsèques du prince, où son premier aumônier joua le principal rôle.

« Le corps de Son Altesse Royale fut mis dans un cercueil et placé dans une chapelle ardente... Il y avait aussi deux chapelles dans la même chambre, où l'on disait continuellement des messes... Le 13 juin, M. l'abbé de Grancey, premier aumônier de feu Monsieur, présenta à Monseigneur (le dauphin) l'aspersoir, et ensuite à Mgrs les ducs de Bourgogne et de Berry, puis à M. le Duc, et à M. le prince de Conti, à M. le duc du Maine, à M. le comte de Toulouse et à M. le duc de Vendôme ; après quoi les Feuillants, qui gardaient le corps, chantèrent un *De profundis*, pendant lequel les ducs qui étaient présents allèrent jeter l'eau bénite, l'aspersoir leur ayant été présenté par l'un des hérauts d'armes. M. l'abbé de Grancey se trouva mal en disant l'oraison, et eut peine à la finir...

« Le 14, sur le soir, le cœur de Monsieur fut transporté du château de St-Cloud au Val-de-Grâce ; tous les officiers de feu Son Altesse Royale, de quartier, étaient en longs manteaux sur des chevaux caparaçonnés de deuil ; les pages, à cheval, portaient des flambeaux ; plusieurs carrosses drapés, dont les chevaux étaient caparaçonnés de deuil, précédaient et suivaient celui où était le cœur. Ce carrosse était à huit chevaux, avec des housses croisées de moire d'argent ; il était environné de grand nombre de valets de pied, et de pages portant des flambeaux.

« M. l'abbé de Grancey, premier aumônier de feu Monsieur, était dans le fond, et tenait le cœur de ce prince. M. le duc de Bourbon, nommé par le roi pour la conduite du cœur, était à côté de cet abbé ; M. le duc de La Trémoille, proche parent de Madame, était aussi de cette cérémonie ; les gardes-du-corps de Monsieur, avec des crêpes à leurs chapeaux et des écharpes de crêpe, suivaient à cheval, portant chacun un flambeau. Le cœur fut présenté à la porte de l'abbaye, par le même abbé de Grancey, à la supérieure, qui répondit à son compliment par un discours qui ne fut pas moins touchant que celui de cet abbé. On passa ensuite dans le chœur de ces religieuses, qui était tendu de drap noir, avec des lès garnis d'écussons aux armes de feu Monsieur.

« Le cœur fut mis en dépôt sous un dais, et remis à la supérieure par M. l'abbé de Grancey (1). »

Si la vie de l'abbé de Grancey fut marquée au coin de l'honneur, on peut dire que sa mort fut le digne couronnement de sa vie.

Lorsqu'au mois de septembre 1706 le duc d'Orléans, subissant la malencontreuse tutelle de Marsin et de La Feuillade, fut enveloppé dans leur défaite sous les murs de Turin, l'abbé de Grancey était, comme toujours, à ses côtés au plus fort de la mêlée. Cette fois, la mort qu'il semblait braver ne l'épargna point : blessé

---

(1) Relation citée par M. Vatout, dans les *Résidences Royales*.

mortellement à deux pas du prince, il succomba le lendemain à Pignerol, au couvent des Jésuites, où il reçut la sépulture.

Telle était l'opinion qu'on avait généralement de son courage, qu'en apprenant sa mort, le comte de Roucy s'écria assez plaisamment : « Ce pauvre abbé ! il mourrait de joie s'il pouvait savoir qu'il a été tué (1). »

Belle oraison funèbre, sous une forme aussi concise que piquante (2) !

Quoique l'abbé de Grancey, par la nature de ses attributions, fût en quelque sorte étranger à notre contrée, il y séjourna pourtant à plusieurs reprises, attiré tantôt à Médavy ou à Argentan par son frère aîné, le comte Pierre II de Grancey, gouverneur de cette ville, tantôt à Almenesches, auprès de l'abbesse, sa sœur, Marie-Marguerite de Médavy.

C'est ainsi que nous avons retrouvé son nom sur les registres de cette paroisse, où il nomma deux enfants, les 22 août 1693 et 31 juillet 1695, avec sa petite-nièce, Mlle d'Oilliamson, devenue depuis Mme de Mannoury. Ce fut par les soins de l'abbé de Grancey, comme nous le verrons bientôt, que fut transférée à Almenesches la communauté d'Argentan, en 1705.

A la mort de l'abbé de Grancey, Dubois, dont le triste ascendant commençait à se faire sentir sur le futur régent, fut sur le point d'obtenir la riche abbaye de

---

(1) Saint-Simon, t. III, p. 521.

(2) Le mot du comte de Roucy pourrait être considéré comme une naïveté digne de M. de La Palice, en le rapprochant de plusieurs autres que lu prête Saint-Simon qui ne l'aimait point. C'est lui qui conseillait à la marquise de Richelieu de mettre du fumier sous ses fenêtres, pour se préserver du bruit des cloches (Saint-Simon, t. VIII, p. 595).

Saint-Benoît-sur-Loire. Sa cupidité seule y fut un obstacle. Le duc d'Orléans voulait lui imposer une petite pension ; Dubois marchandait ; le prince impatienté lui dit aigrement : « L'abbé, je ne veux pas te récompenser, tu ne l'auras pas, et pour te prouver combien tu as tort, j'y mets trois pensions de 600 fr. chacune pour ma chapelle, et une de mille écus pour l'abbé Philibert, précepteur de ma fille de Berry (1). »

L'abbaye de Saint-Benoît pouvait pourtant bien supporter cette légère charge, puisqu'elle valait, d'après Dangeau, 25,000 livres de revenu.

Nous possédons un assez bon portrait de l'abbé de Grancey. Ce portrait doit dater de plusieurs années avant sa mort, car l'abbé y est représenté sous les traits de la jeunesse, plutôt que de l'âge mûr, où il parvint.

Le calme et la douceur de cette physionomie ne trahissent point le secret de son ardent courage.

Nous en avons désormais fini avec la vie des prélats, comme avec le tumulte des camps et les intrigues de cour.

Il nous faut maintenant pénétrer dans la solitude du cloître, où nous attend le spectacle d'humbles vertus, dignes d'un historien moins profane.

Quatre abbayes importantes ont été, tour à tour, et parfois simultanément, dirigées par des dames de Médavy. Nous allons rechercher, dans chacun de ces monastères, la trace de leur passage, en commençant par l'antique abbaye d'Almenesches, qui appartient plus particulièrement à notre contrée.

(1) *Histoire de M. le cardinal Dubois,* premier ministre, manuscrit de la bibliothèque de l'Arsenal, p. 65 et 66.

ABBAYE D'ALMENESCHES ET DE N.-D. D'ARGENTAN.

§ 1ᵉʳ — 1593-1652.

Louise de MÉDAVY.

A une demi-lieue du château de Médavy, non loin de la ville de Séez, s'élevait la riche abbaye d'Almenesches, fondée au XIᵉ siècle par saint Evroult, et dont sainte Opportune, sœur de saint Godegrand, évêque de Séez, passe assez généralement pour avoir été la première abbesse.

Après avoir donné pendant plusieurs siècles l'exemple des vertus monastiques, l'abbaye d'Almenesches était tombée dans un déplorable relâchement.

Nous avons parlé ailleurs de Jacqueline Heudé, cette abbesse mondaine qui résista si opiniâtrement, en 1517, aux projets de réforme édictés par l'évêque de Séez, de concert avec le pape Léon X.

Un siècle ne s'était point écoulé que les troubles religieux et politiques avaient introduit de nouveaux abus dans la vie religieuse ; et lorsqu'en 1597 Louise de Médavy, encore enfant, fut nommée à cette abbaye, une nouvelle réforme était devenue nécessaire.

Louise de Médavy, quatrième fille du comte Pierre Ier de Grancey et de Charlotte de Fervaques, naquit le 5 juillet 1593, probablement au château de Verneuil, dont son père était gouverneur.

Dès sa plus tendre enfance, Louise avait été mise par sa mère auprès de Madame Marie des Guets de Belleville, abbesse d'Almenesches. Deux ans s'étaient à peine écoulés depuis son entrée au monastère, que l'abbesse étant venue à mourir, le 23 juillet 1596, Louise de Médavy, quoiqu'elle n'eût encore que quatre ans, fut désignée pour lui succéder. Il est vrai qu'en mourant Marie des Guets l'avait confiée aux soins d'une pieuse religieuse, sa parente, Mme Renée des Guets de La Potinière. Jamais confiance ne fut mieux justifiée. A peine la jeune fille était-elle parvenue à l'âge de neuf ans, qu'on la jugeait mûre pour prononcer ses vœux, et, trois ans après, elle prenait résolûment la direction de son abbaye.

Comme si ce fardeau ne suffisait point à ses jeunes épaules, elle recevait presque en même temps, en 1607, la direction du prieuré de Vignats. Cependant elle se montra, dès le début, à la hauteur de ses doubles fonctions. On le croira facilement, lorsqu'on saura que la jeune abbesse avait été secondée pendant sa minorité par cette Judith de Médavy, dont nous avons parlé à l'article de Denis Rouxel, évêque de Lisieux. Judith donna de telles preuves de mérite et de capacité, en dirigeant la jeune abbessse, qu'elle fut envoyée, en 1604, à l'abbaye de Gomer-Fontaine, pour remplir le même office auprès de Madeleine de Médavy, sœur de Louise.

Telle était l'abbesse à laquelle allait incomber la tâche si difficile de réformer sa maison.

Dès 1602, elle s'était mise à l'œuvre, sous les auspices et avec le concours de Mgr Le Camus, évêque de Séez.

Le mal était tellement enraciné que Louise de Médavy eut longtemps à lutter contre la résistance des religieuses, soutenues par leur famille, et même, semble-t-il, par les propres parents de l'abbesse. Aucun obstacle ne put entraver ses généreux projets. Donnant elle-même l'exemple de l'humilité, de la piété et de la mortification, ses vertus parvinrent enfin à vaincre l'esprit d'opposition qui animait ses filles, et le mercredi des Cendres 1620, elle remportait un triomphe décisif en rétablissant la clôture. Deux ans après, tout était rentré dans l'ordre. Pour couper le mal dans sa racine, elle avait songé à faire venir de Poitiers quatre religieuses d'une piété éprouvée, parmi lesquelles se trouvait Catherine de Gontaut-Biron. Deux ans de séjour de ces saintes filles dans l'abbaye d'Almenesches avaient suffi pour en renouveler l'esprit. Louise de Médavy les reconduisit elle-même à Poitiers, pour étudier la règle de leur maison.

A son retour, voulant imprimer à son œuvre un cachet de durée, elle résolut de fonder une pépinière de jeunes novices, façonnées de bonne heure à l'observance.

Les habitants d'Argentan désiraient depuis longtemps établir dans leurs murs une communauté de bénédictines. Les réformes si habilement opérées par l'abbesse d'Almenesches n'avaient fait qu'accroître leur désir.

L'ancienne église de N. D. de la Place, cet antique sanctuaire témoin de maintes guérisons merveilleuses, avait eu beaucoup à souffrir de l'invasion anglaise, au

XVᵉ siècle, et n'avait été qu'imparfaitement rétablie depuis lors, les guerres de religion étant venues apporter un nouveau retard à sa restauration. Dans les premières années du XVIIᵉ siècle, ce n'était plus qu'une simple chapelle dépendant de l'église Saint-Martin, sa voisine. C'est sur cette chapelle qu'on jeta les yeux pour en faire l'église du nouveau monastère.

Le 12 février 1623, Louise de Médavy présentait au Conseil de ville une requête pour en obtenir la concession. Dix jours après, le Conseil de ville, assemblé sous la présidence de Guillaume Brossard, écuyer, sieur de La Féraudière, lieutenant civil et criminel, « recevait en bonne part la requête de ladite dame, et se portait très-volontiers à seconder ses bonnes et saintes intentions », à condition toutefois de souffrir les sépultures et la célébration des services et messes de fondation, le tout sous le bon plaisir de l'évêque de Séez.

Le 23 juin suivant, l'ordonnance épiscopale était rendue dans les termes suivants :

« Nous inclinant volontiers à la piété et dévotion de la dame d'Almenesches, lui avons permis et permettons établir et faire construire ledit monastère de religieuses de l'ordre de Saint-Benoît, pour tenir nom et qualité de prieuré, dépendant d'Almenesches, sous le gouvernement de ladite abbesse, avec pouvoir de nomination et destitution de la prieure d'ycelui prieuré, et d'y recevoir telles religieuses qu'il lui conviendra... »

Mᵐᵉ de Médavy s'empresse alors d'acquérir de Jean du Four, sieur de Trémont, contrôleur au grenier à sel d'Argentan, les maisons et jardins qu'il possédait près de l'église Notre-Dame, les fait enclore, et vient s'y établir, au mois de décembre, avec neuf religieuses et plusieurs postulantes.

Une contestation ne tarda point à s'élever entre les habitants et l'abbesse, à l'occasion du droit de sépulture dont on vient de parler. Pour pratiquer dans son nouveau monastère la clôture qui régnait à Almenesches, Louise de Médavy avait dû faire établir une grille qui divisait l'église par moitié. Les habitants prétendaient exercer leur droit dans l'église entière. Des lettres-patentes du roi, en date du mois de novembre 1630, vinrent donner gain de cause à l'abbaye.

L'infatigable abbesse trouvait encore le moyen de fonder, cette même année 1630, le prieuré de la ville d'Exmes. Elle conduisait dans cette antique cité, si déchue de son ancienne importance, deux de ses religieuses d'Almenesches, Mme Louise du Buat et Mme Catherine du Bouillonnay, destinées à diriger la communauté. Elles s'établirent d'abord dans une maison proche l'église, en attendant la construction du monastère dans un des faubourgs de la petite ville. Cet emplacement avait été choisi à cause de la proximité d'une église en ruines, autrefois église paroissiale.

Le 5 décembre 1638, Mme de Médavy eut la douleur de perdre la comtesse de Grancey, sa belle-sœur, première femme du maréchal de Grancey. C'est à la pieuse abbesse qu'il fut donné d'assister la comtesse à ses derniers moments, dans son monastère d'Argentan, où elle était tombée malade.

Dès 1617, Louise de Médavy s'était démis de son prieuré de Vignats, en faveur d'Anne de Grancey, sa sœur.

En 1649, sa santé altérée par les labeurs et les mortifications, la força de chercher une aide. Elle avait envoyé auprès de Guyonne-Scholastique, la digne abbesse de Verneuil, pour la seconder dans son administration, leur jeune sœur, Françoise de Médavy, qui promettait de marcher sur leurs traces ; elle songea à la rappeler auprès d'elle, pour lui confier le prieuré d'Argentan. Le 1er mai 1649, Françoise de Médavy quittait à regret l'abbaye de Verneuil, le jour même où sa nièce Marie-Bernarde, qui devait plus tard en devenir abbesse, venait d'y prendre l'habit. Mais la nouvelle prieure ne vit point le terme de son voyage, car, 18 jours après, elle mourait en chemin, de la mort la plus édifiante.

Louise de Médavy jeta alors les yeux sur sa nièce, Marie-Louise, fille du maréchal de Grancey, qui plus tard lui succéda, et qui, à partir de ce moment, commença son apprentissage sous sa vénérable tante.

Au mois de juillet 1651, la santé de l'abbesse allant toujours en déclinant, on parvint enfin à la déterminer à se rendre aux eaux. L'abbaye de Verneuil, qui se trouvait sur son chemin, lui servit tout naturellement d'étape. Elle y séjourna deux jours, pour l'édification de toute la maison, s'édifiant elle-même au contact des vertus de sa sœur et de ses religieuses.

Mais les jours de l'abbesse étaient remplis, et, le 4 septembre de l'année suivante, elle mourait à son noviciat d'Argentan, dans la soixantième année de son âge.

Elle eut, à sa dernière heure, la consolation d'être assistée par deux de ses proches. François de Médavy, son frère, nommé récemment à l'évêché de Séez, lui apporta le saint viatique. Guyonne-Scholastique, sa sœur, accourue auprès d'elle, lui prodigua les soins les plus dévoués, l'aida, par ses consolations et ses prières, à franchir le suprême passage, et ne quitta la communauté éplorée qu'après avoir présidé aux obsèques de la sainte abbesse.

La double sollicitude de Louise de Médavy pour ses deux maisons la suivit en quelque sorte jusqu'au delà du tombeau : son corps fut transporté à l'abbaye d'Almenesches, mais le prieuré d'Argentan fut dépositaire de son cœur.

Son tombeau, dans l'église du prieuré d'Argentan, fut placé au haut, vers la grille, et recouvert d'une magnifique pierre de 18 pieds de long sur 18 pieds de large, empruntée à l'église St-Germain.

Les panégyristes ne devaient pas manquer à une vie si remplie et si sainte.

Un enfant du pays, Jacques Yver des Rivières, avait, dès 1632, retracé l'historique de la fondation du prieuré d'Argentan par Louise de Médavy, à laquelle il avait dédié son livre (1).

Un dernier et plus précieux hommage devait être rendu à sa mémoire par Jacqueline Bouette de Blémur, qui lui a consacré une notice assez étendue, dans son *Histoire des illustres de l'Ordre de St-Benoît*.

§ 2. — 1625-1674.

Marie-Louise de MÉDAVY.

L'œuvre de Louise de Médavy ne périt point avec

(1) Voici le titre de cet ouvrage que nous ne sommes pas parvenu à nous procurer : « *Antiquités d'Argentan, des anciennes familles nobles, des fiefs, de l'ancienne vicomté, etc.* », un vol. in-fol.

elle. Nous avons vu qu'elle avait, dans les dernières années de sa vie, associé sa nièce à ses travaux. Ce fut cette nièce qui lui succéda.

Marie-Louise de Médavy, fille aînée du maréchal de Grancey et de Catherine de Monchy d'Hocquincourt, sa première femme, était née en 1625.

La jeune abbesse alla se faire bénir à Paris, au mois de décembre 1656, accompagnée de sa sœur, l'abbesse de Vignats. Elle sut profiter de ce voyage pour s'arrêter à Verneuil auprès de sa tante Guyonne-Scholastique, abbesse de St-Nicolas, dont l'exemple et les conseils lui devaient être si profitables.

Marchant sur les traces de Louise de Médavy, elle partagea sa sollicitude entre les deux maisons d'Argentan et d'Almenesches. Grâce à ses soins, le nouveau monastère d'Argentan vit terminer les constructions entreprises par la précédente abbesse. Une infirmerie y fut ajoutée, et les autres parties de l'édifice considérablement augmentées.

C'est aussi à Marie-Louise que l'on doit la reconstruction d'une partie de l'église d'Almenesches, probablement cette portion du chœur qui porte le cachet de l'époque où elle vivait, et qui fait un si triste contraste avec la nef, reconstruite de 1534 à 1550 par l'abbesse Loyse de Silly, grâce aux libéralités de la reine de Navarre, Marguerite, duchesse d'Alençon.

Peut-être pourrait-on reprocher à notre abbesse un peu trop de magnificence dans ses embellissements. Le chœur de l'église d'Argentan n'avait pas moins de cinquante stalles, dont quinze hautes et dix basses. Au bout, entre deux portes vitrées, s'élevait un trône superbe, qui faisait le siége abbatial; deux anges tenaient au-dessus, d'une main une couronne, de l'autre une écharpe qui formait le fond. Le prie-dieu sur le devant était soutenu, en dehors, par un aigle posé sur l'écusson N. D.

C'est encore cette abbesse qui, le 20 juillet 1673, offrait à Mgr de Forcoal, nouvel évêque de Séez, à son entrée dans la ville d'Argentan, « un dîner si somptueux, que le prélat crut lui devoir faire une très-civile et un peu sévère correction de l'excès de son superbe festin (1). »

Marie-Louise de Médavy mourut à Almenesches, le 22 octobre 1674, « *très-pénétrée du mespris des dignités et de la vanité des grandeurs du siècle, aussi bien que du grand bonheur d'avoir satisfait aux obligations de sa profession* », comme l'indique sa pierre tumulaire, placée dans la nef d'Almenesches, non loin du tombeau de sainte Opportune.

Nicolas Gosset, docteur en Sorbonne, chevecier-curé de Ste-Opportune à Paris, ayant eu l'inspiration d'écrire, en 1654, la vie de Ste-Opportune, patronne de sa paroisse, en offrit la dédicace à Marie-Louise de Médavy (2).

§ 3. — 1649-1727.

Marie-Madeleine de Médavy.

Marie-Madeleine de Médavy, qui succéda à sa sœur, était fille du maréchal de Grancey et de Charlotte de

---

(1) Manuscrit de Thomas Prouverre.

(2) L'ouvrage publié par l'abbé Gosset n'était autre que l'histoire de la sainte, écrite au IXe siècle, par S. Adelin, évêque de Séez, conservée dans le cartulaire de la collégiale de Ste-Opportune, et recueillie plus tard par les Bollandistes.

Villarceaux, sa seconde femme. Née le 6 juin 1649, elle avait eu pour marraine Mme de Villarceaux, sa tante, abbesse de Gif, au diocèse de Paris. Mais telle était, dès cette époque, la réputation de sainteté dont jouissait Guyonne-Scholastique de Médavy, abbesse de Verneuil, que la maréchale s'empressa de lui confier sa jeune fille encore au berceau, au lieu de la mettre auprès de sa marraine.

Le 1er mai 1664, Marie-Madeleine recevait à Verneuil l'habit des bénédictines, des mains de l'évêque d'Ardach, suffragant de l'évêque de Séez.

Le maréchal et la maréchale de Grancey voulurent assister à cette cérémonie, entourée de beaucoup d'éclat (1). Trois mille écus et cinq cents livres de pension furent la dot de la nouvelle religieuse. L'église de l'abbaye eut en outre part aux générosités du maréchal, qui l'enrichit d'une magnifique croix d'argent et d'un ornement complet, également en argent, aux armes de sa maison.

Marie-Madeleine semble avoir elle-même marché sur les traces de Louise de Médavy. Elle ajouta de nouvelles constructions à celles des deux précédentes abbesses, tant à l'abbaye d'Almenesches qu'au prieuré d'Argentan. Les trois beaux autels de l'église d'Almenesches, dont un auteur contemporain a dit qu'ils réconcilieraient un antiquaire avec les autels du siècle de Louis XIV, furent, avec d'autres travaux, l'œuvre de Madeleine de Médavy. Le prieuré d'Argentan n'était point négligé, et son

(1) L'empressement était si grand, et la foule si compacte, que l'assistance fit irruption dans l'intérieur de l'abbaye, au mépris de la clôture. Mgr de Maupas fut obligé plus tard de rassurer les personnes qui s'étaient permis cette infraction, et que l'on avait menacées d'excommunication.

église était dotée d'un rétable ; mais l'abbesse voyait avec regret les revenus de l'abbaye diminués par ce double entretien, et songeait déjà sans doute à sacrifier l'une des deux maisons.

Aux injures du temps s'étaient joints, pour l'abbaye d'Almenesches, les ravages de l'incendie : les séjours de l'abbesse devenaient de plus en plus rares au prieuré d'Argentan, qui ne lui servait bientôt plus que de pied-à-terre ; il fallut donc y renoncer. Hardouin de Rouxel, cet abbé de Grancey, premier aumônier du régent, dont nous avons esquissé la vie, joignit ses instances à celles de sa sœur pour obtenir de Mgr Louis d'Aquin, évêque de Séez, la translation de la communauté entière à Almenesches. C'était en 1705 ; l'abbesse devait encore vivre vingt-deux ans, et ce ne fut que le 8 janvier 1727 qu'elle mourut à Almenesches. Elle avait soixante-dix-huit ans, et gouvernait les deux maisons depuis cinquante-trois ans.

Nous ne quitterons point le prieuré d'Argentan sans dire qu'il devait bientôt supplanter à son tour l'abbaye d'Almenesches. Les habitants se résignaient sans doute avec peine à la suppression de cette communauté. Aussi quand les PP. jésuites voulurent s'y installer, après la translation, pour y fonder un collége, leur demande fut-elle repoussée. Quelque temps après, la nouvelle abbesse, Hélène-Marthe de Chambray, ayant sollicité le rétablissement du prieuré, une lettre de cachet du 4 mai 1731 vint lui interdire d'y entretenir des novices. Mais, le 19 septembre 1736, une autre lettre de cachet, bien différente de la première, vint transférer à Argentan l'abbaye d'Almenesches, qui se trouva supprimée, et dont les matériaux furent apportés à Argentan.

Le roi donna dix milles livres pour aider à compléter les bâtiments de la nouvelle communauté.

Ainsi finit la célèbre abbaye d'Almenesches, après une existence d'environ sept cents ans. Elle est représentée de nos jours par la communauté des dames bénédictines de St-Jacques, à Argentan.

ABBAYE DE VIGNATS.

1600-1655.

Anne de MÉDAVY.

Dans le voisinage de l'abbaye de St-André-de-Gouffern, non loin de la ville de Falaise, au diocèse de Séez, se trouvait le prieuré de Vignats, de l'ordre de St-Benoît, fondé en 1130 par Guillaume Talvas, érigé en abbaye en 1625, à la demande d'une dame de Médavy.

Nous avons dit, en parlant de Denis de Médavy, seigneur du Crocq, que ce vaillant capitaine, avant d'entrer dans les ordres, avait eu deux filles naturelles qui embrassèrent la vie religieuse; nous venons de voir avec quelle sagesse l'une d'elles, Judith de Médavy, avait su guider les premiers pas de l'abbesse d'Almenesches.

La faveur dont jouissait Denis auprès de François, duc d'Alençon, lui fit obtenir pour l'autre, Marguerite de Médavy, le prieuré de Vignats, devenu vacant par la mort de Charlotte de Falaise, arrivée dans les premiers mois de 1582. Quoique nommée dès le 11 juin de cette même année, Marguerite de Médavy ne prit possession de son prieuré que le 6 juin 1583. Combien de temps et de quelle façon Marguerite exerça-t-elle sa charge ? nous ne saurions trop le dire : le *Gallia christiana* garde un silence prudent sur cette prieure, ou plutôt il en dit assez, dans son laconisme, pour ne nous point faire regretter de plus amples détails ; on y lit en effet, à son article : « *Cum autem nec religiose nec honeste viveret, a toparchis de Medavy in nemore prope Vinacium rapta, et in domo quadam eorum inclusa, ibidem obiit.* »

Cette disgrâce dût avoir lieu vers l'année 1607, car on se souvient que ce fut à cette époque que Louise de Médavy joignit à l'abbaye d'Almenesches le prieuré de Vignats.

Le contraste entre les deux régimes devait être complet. De Marguerite à Louise il y avait en effet toute la distance du relâchement à la stricte observance.

Celle de ses sœurs qui, dix ans après, fut appelée par Louise de Médavy à lui succéder dans la direction du prieuré de Vignats, n'était point indigne de cette tâche.

Anne de Médavy, fille du comte de Grancey, gouverneur de Verneuil, et de Charlotte de Fervaques, était née en cette ville, le 9 novembre 1600. Elle n'avait donc que dix-sept ans lorsqu'elle succéda à sa sœur, mais elle prouva bientôt que, formée à l'école de son aînée, elle saurait se montrer son émule.

Anne de Médavy partagea avec Louise l'honneur d'avoir initié à la vie religieuse leur jeune sœur Guyonne-Scholastique, qui devait encore les surpasser en sainteté. Sa sollicitude pour l'abbesse de Verneuil, qui aimait à l'appeler sa mère, la suivit dans les principales phases de sa vie monastique. Elle la visita à plusieurs reprises, et reçut elle-même ses visites : nous la verrons assister à son installation, et échanger avec elle de précieuses reliques.

Sept ans après sa prise de possession, les vertus d'Anne de Médavy l'ayant fait juger digne d'obtenir le rang d'abbesse, son prieuré fut érigé en abbaye.

Elle établit dans sa nouvelle abbaye les règles si sagement introduites à Almenesches par Louise de Médavy, et sut former de si pieuses religieuses, qu'on lui en demandait de tous côtés, pour l'édification des autres communautés.

Les intérêts temporels de l'abbaye n'étaient pas non plus négligés : le nombre des filles de l'abbesse, qui allait toujours croissant, nécessita l'extension des constructions. Elle put, en outre, les doter d'une église.

Anne de Médavy mourut le 24 janvier 1655, âgée de cinquante-cinq ans (1).

A cette abbesse succéda sa nièce, Marie-Françoise, que nous retrouverons en parlant du prieuré de La Saussaye, près Paris.

Les premières années de son administration ne paraissent point avoir été exemptes de tribulations. Pour se consoler et raffermir sa santé gravement atteinte, Marie-Françoise vint, à la fin de 1664, passer huit mois auprès de sa tante, l'abbesse de Verneuil, où se trouvait en même temps sa cousine germaine, Mlle de Marey, chanoinesse de Remiremont.

Nous la verrons mourir en 1692, à l'abbaye de Malnoue.

(1) Nous avons le portrait de la digne abbesse de Vignats.

ABBAYE DE GOMER-FONTAINE.

§ 1ᵉʳ — 1597-1638.

Madeleine de MÉDAVY.

Fondée par Hugo de Calvimont, vers 1207, l'abbaye de Gomer-Fontaine, au diocèse de Rouen, était située entre Trie et Gisors, dans la charmante plaine arrosée par la Troanne.

Son église fut consacrée par l'archevêque Odon Rigault, en 1266.

Les guerres de religion, non moins que l'incurie des dernières abbesses, avaient réduit l'abbaye au plus pitoyable état, lorsqu'en 1604 l'abbesse Jeanne du Bouillonnay résigna ses fonctions entre les mains de Madeleine de Médavy, âgée de sept ans, ou plutôt entre celles de sa parente, cette Judith de Médavy dont nous avons déjà parlé.

Judith, qui venait de donner à Almenesches la mesure de sa capacité, était depuis deux ans à Gomer-Fontaine, où elle allait jouer, auprès de la jeune Madeleine, le même rôle qu'elle avait si bien rempli auprès de sa sœur Louise. En de telles mains, la physionomie du monastère ne devait pas tarder à changer. Elle commença par faire restituer à l'abbaye les biens dont on l'avait dépouillée, rétablit l'ordre dans l'administration de ses revenus, et se procura de cette façon les ressources nécessaires pour restaurer le monastère.

Lorsque Madeleine eut atteint l'âge de dix-sept ans, Judith put ainsi remettre en ses mains, un peu inexpérimentées, un gouvernement devenu plus facile.

L'humble fille voulut alors se retirer dans un prieuré dont elle ne tarda point à être nommée supérieure, et où elle termina ses jours.

L'abbaye de Gomer-Fontaine, qui n'avait pas oublié ses services, réclama sa dépouille mortelle. Judith fut inhumée au rang des abbesses, et figura comme telle dans les archives de la maison, copiées par le *Gallia christiana*.

Élevée à cette école et à celle des trois abbesses d'Almenesches, de Vignats et de Verneuil, Madeleine de Médavy se montra leur digne sœur, et son auguste mère, la comtesse de Grancey, put se glorifier en Dieu d'avoir donné le jour à cette pieuse lignée. Dans ses habiles mains, la plus stricte observance régna parmi les religieuses de Gomer-Fontaine, dont elle parvint à doubler les ressources.

Elle aussi, pourtant, eut sa part des traverses réservées à ces temps troublés.

Au mois d'août 1636, l'armée des Impériaux avait fait de tels progrès en Picardie, que l'alarme se répandit dans tout le voisinage. Quand les Espagnols vinrent mettre le siége devant Corbie, l'alerte gagna jusqu'à la capitale. Dans les fréquentes invasions dont ces malheureuses contrées furent presque toujours le théâtre, les couvents étaient trop souvent envahis, ou mis à contribution. Les religieuses de Gomer-Fontaine, qui se trouvaient sur la frontière du pays Vexin et de la Picardie, cherchèrent, comme beaucoup d'autres, leur salut dans la fuite.

L'abbesse avait à choisir entre les monastères de Verneuil, d'Almenesches, de Vignats et d'Argentan, dans chacun desquels elle devait retrouver une sœur. Elle se décida pour Argentan, dont était gouverneur le comte de Grancey, son frère. Après un court séjour à l'abbaye de St-Nicolas, elle se rendit en cette ville, à la tête de cinquante religieuses.

Quelques jours après, les quatre abbesses étaient réunies à Verneuil, pour assister à l'installation de Guyonne-Scholastique, première abbesse de St-Nicolas.

De retour à son monastère, l'abbesse de Gomer-Fontaine songea à se prémunir contre le retour de pareilles invasions. Persuadée que le voisinage de la cour faisait de Paris la plus sûre résidence, elle y fit construire un hospice dans le faubourg St-Germain.

Lorsque l'abbesse de Verneuil vint, en 1656, implorer le secours de la reine, elle choisit cet hospice pour y descendre, de préférence à l'hôtel de Grancey.

Madeleine de Médavy mourut à Gomer-Fontaine le 12 septembre 1638. Elle fut inhumée dans le haut de l'église abbatiale, où se lisait cette épitaphe :

« Ci-gist très-dévote et très-religieuse sœur Madeleine de Médavy, qui, dès l'âge de cinq ans, a été consacrée à Dieu, et puis abbesse de céans, où elle a restably entièrement ce monastère et remis une étroite réforme, et a régné vingt-cinq ans. Elle décéda le 12ᵉ septembre 1638. »

Madeleine de Médavy, cinquième fille du comte Pierre Iᵉʳ

de Grancey, et de Charlotte de Fervaques, était née au château d'Argentan, le 5 juillet 1597, et n'avait conséquemment que quarante-un ans.

Dans les dernières années de sa vie, elle avait pris pour coadjutrice sa sœur Marguerite, née le 27 juillet 1612, qui lui succéda.

§ 2. — 1612-1705.

Marguerite de Médavy.

A peine installée dans sa nouvelle dignité, Marguerite eut la bonne fortune de recevoir la visite de Guyonne-Scholastique, à son retour d'Ivry-la-Chaussée, où elle venait de fonder un monastère. Elle put ainsi s'édifier au contact des vertus de la sainte abbesse, et mettre à profit ses sages exhortations.

Pendant le cours de sa longue administration, qui ne dura pas moins de cinquante-sept ans, elle entreprit la construction d'un dortoir contenant cinquante-cinq cellules, d'un réfectoire, d'un chapitre, d'une infirmerie et de quelques autres édifices.

Marguerite de Médavy mourut en 1705, dans sa centième année, au dire du *Gallia christiana*, ce qui ne s'accorde point complètement avec la date de sa naissance, que nous avons donnée d'après Lautour-Montfort.

Le frère des deux abbesses, François de Médavy, archevêque de Rouen, dut largement contribuer, par ses conseils et son expérience, à la prospérité de l'abbaye, située dans son diocèse, et où il faisait de fréquentes visites.

Le grand âge de Marguerite, joint à ses infirmités, lui avait, paraît-il, fait négliger depuis quelques années le gouvernement de son abbaye. A la faveur de cette négligence, un certain relâchement s'était introduit dans la maison, et les intérêts temporels n'étaient pas moins en souffrance.

Mme de Maintenon concourut beaucoup à faire cesser cet état de choses, lorsqu'une de ses anciennes élèves de St-Cyr, Mme de La Vieuxville, succéda à Marguerite de Grancey.

La célèbre marquise songea même un instant à faire de Gomer-Fontaine une succursale de St-Cyr. Sa puissante protection couvrit jusqu'à sa mort cette abbaye qu'elle affectionnait particulièrement; et lorsqu'en 1710, après la rupture du duc d'Orléans avec Mme d'Argenton, cette dernière voulut prendre pour asile l'abbaye de Gomer-Fontaine, Mme de Maintenon s'opposa de tout son pouvoir à ce qu'il fût donné suite à ce projet, épargnant ainsi aux bonnes religieuses une hospitalité compromettante.

ABBAYES DE LA SAUSSAYE, DE SAINT-MANDÉ ET DE MALNOUE.

1672-1692.

Marie-Françoise de Médavy, d'abord abbesse de Vignats.

A peu de distance de Paris, sur le bord du grand chemin de Villejuif à Fontainebleau, se trouvait la léproserie de La Saussaye, dont la fondation remontait à une haute antiquité, et que les rois de France s'étaient plu à enrichir de revenus importants. Là devaient être recueillies et soignées les lépreuses, *surtout celles de la maison royale* (1).

Depuis longtemps déjà la léproserie avait fait place à un riche prieuré, lorsque, le 26 décembre 1672, Marie-Françoise de Médavy, que nous avons quittée abbesse de Vignats, en fut pourvue par le roi Louis XIV. Les

---

(1) Louis le Jeune, par une charte de 1161, accordait à cette léproserie la dîme des vins passant par Paris pour l'alimentation des celliers royaux (*Gallia christiana*).

prieures de La Saussaye étaient en effet nommées par le roi, et affranchies de la juridiction de l'archevêque de Paris, comme de celle de son archidiacre, pour leur prise de possession (1).

Quelques difficultés s'élevèrent-elles entre l'abbesse et l'archevêque au sujet de son installation? On peut le supposer; car ce fut seulement le 27 juin de l'année suivante qu'il y fut procédé par D. de La Vrillière, chanoine de la métropole.

Quoi qu'il en soit, trois ans ne s'étaient pas écoulés depuis l'intronisation de l'abbesse, qu'une sorte de transaction intervenait entre celle-ci et l'archevêque de Harlay. Aux termes de cette transaction, la communauté était transférée, sur la demande de Mme de Médavy, à St-Mandé, près Paris, *comme dans un lieu plus commode et plus sûr* (2).

Pour prix de cette concession, la maison devait rentrer sous la juridiction épiscopale.

Si l'abbesse avait compté sur un séjour paisible à St-Mandé, ses prévisions ne tardèrent pas à être déjouées. Ce n'était pourtant pas la splendeur qui manquait aux nouveaux édifices claustraux. Le marquis de Dangeau nous apprend, en effet, que la communauté de La Saussaye avait été transférée dans le château de l'infortuné Fouquet. C'était là que le célèbre surintendant des finances, préludant par sa magnificence même à son insigne disgrâce, donnait à Louis XIV et à sa cour ces somptueux repas et ces fêtes splendides qui éveillèrent contre lui les premiers soupçons. La troupe de Molière,

---

(1) L'abbé Lebeuf, *Histoire du diocèse de Paris*, t. X, p. 55.
(2) *Ibid.*, t. V, p. 40.

dont la vogue était alors si brillante, partageait ses représentations entre le Louvre, Fontainebleau, Vaux et St-Mandé (1).

L'audacieux financier, dans les dernières années de Mazarin, prévoyant déjà sa disgrâce, avait tracé un plan de défense, pour le cas où il serait inopinément arrêté. Il ne s'agissait de rien moins que d'une résistance à main armée, en vue de laquelle il avait fortifié Belle-Isle.

La mort de Mazarin apporta une trêve à ses transes, mais n'arrêta point les soupçons qui avaient gagné jusqu'au roi. Comment Fouquet fut-il assez imprévoyant pour laisser, derrière un miroir de St-Mandé, le brouillon de ses projets de défense? Toujours est-il que la découverte de ce plan forma plus tard la base de l'accusation dirigée contre lui.

Désormais le château de St-Mandé n'allait plus retentir de l'éclat des fêtes princières du surintendant, et, pendant quelques années au moins, la solitude et la paix du cloître succédèrent à tout ce bruit. Mais cette paix devait bientôt être troublée, grâce à l'admission auprès de l'abbesse d'une hôtesse inattendue.

Marguerite-Louise d'Orléans, fille de Gaston de France, et de sa seconde femme, Marguerite de Lorraine, avait épousé, en 1661, Cosme de Médicis, grand-duc de Toscane. A peine arrivée à Florence, où elle reçut l'accueil le plus enthousiaste, cette princesse, douée de plus de beauté que de jugement, songeait déjà à retourner en France (2). Elle fit tant et si bien pour arriver à ses fins, qu'elle en obtint enfin la permission du grand-duc,

---

(1) Loret, *Muse historique*, l. du 30 octobre 1660, cité par Walckenaër.
(2) Lettres de la princesse palatine.

heureux de s'en débarrasser à si bon compte. Mais le prince mettait des conditions à son départ, et Louis XIV, qui savait à quoi s'en tenir, se fit un point d'honneur de les faire exécuter.

La grande-duchesse devait recevoir une pension dont le roi fixerait le montant ; il lui était interdit de paraître à la cour, à moins de graves motifs ; un couvent, hors Paris, lui était assigné comme résidence ; elle ne pouvait pas même passer une seule nuit à Paris.

Il paraît que la fantasque princesse se lassa promptement du séjour de Picpus, qu'elle habita d'abord. Elle obtint alors la permission de se réfugier à Montmartre, mais cette nouvelle résidence ne fut pas plus de son goût, et bientôt la discorde s'étant mise entre elle et l'abbesse, elle sollicita un nouveau changement. Cédant une fois encore à son caprice, le roi l'autorisa à se retirer à St-Mandé, auprès de notre abbesse, Marie-Françoise de Grancey.

C'était là une triste recrue pour la communauté. Quatre mois ne s'étaient point écoulés depuis son arrivée, que l'intraitable princesse entrait en lutte ouverte avec l'abbesse.

Le roi, fatigué de ces incessants démêlés, et ne voulant sans doute point consentir à un nouveau changement de résidence, prit le parti de retirer l'abbesse. Desgrais fut chargé d'aller prendre Mme de Grancey à St-Mandé et de la conduire à l'abbaye de Malnoue, située à quatre lieues, est, de Paris.

Le roi, ajoute Dangeau qui nous a transmis ces détails, lui donna trois commissaires, qui furent M. l'archevêque de Paris, M. d'Aguesseau et M. de Harlay.

Ces tristes démêlés firent une si douloureuse impression sur Mme de Médavy, qu'elle fut prise, en arrivant à Malnoue, d'une maladie qui l'enleva au bout d'un mois, à la fin de l'année 1692.

Quant à la grande-duchesse, elle continua, pendant quelques années, à mener une vie errante et assez obscure. Nous avons raconté ailleurs son voyage à Notre-Dame de la Délivrande, près Caen, avec la duchesse de Guise, sa sœur, en 1678, et le séjour des deux princesses à Argentan.

Le roi s'étant un peu relâché de sa sévérité envers elle, grâce aux instances de Monsieur, elle put faire quelques apparitions à St-Cloud.

Après la mort du roi, elle obtint enfin du régent la permission de loger à Paris. Elle y loua une modeste maison, place Royale, et lorsqu'elle mourut, le 17 septembre 1721, âgée de soixante-dix-sept ans, les dernières années de sa vie, passées dans la dévotion et les bonnes œuvres, avaient fait oublier ses excentricités.

ABBAYE DE SAINT-NICOLAS DE VERNEUIL.

§ 1. — 1608-1670.

Guyonne-Scholastique de MÉDAVY.

Voici le dernier portrait de notre galerie. Ce n'est point sans dessein que nous lui avons réservé cette place : nous pourrons ainsi, sans interrompre une marche parvenue à son terme, contempler quelques instants de plus cette douce figure, à laquelle sied si bien le demi-jour du cloître. Elle y perdra sans doute quelque éclat, mais si l'œil n'est point ébloui par une vive lumière, le regard pourra s'arrêter plus calme sur des traits illuminés par la foi.

La ville de Verneuil, aujourd'hui simple chef-lieu de canton, devait sans doute à sa situation, sur les confins du Perche et de la Normandie, son importance stratégique et commerciale.

A l'aspect de ses belles églises, de ses nombreuses rues, de ses maisons monumentales, l'étranger qui la visite avec tant d'intérêt, soupçonne aisément sa grandeur passée. Si le château des gouverneurs a depuis longtemps disparu sous le marteau des démolisseurs, la célèbre tour grise a vaillamment lutté contre les injures du temps.

Des promenades, qui étreignent la vieille cité dans leur verdoyante ceinture, se voient encore les nombreux vestiges de ses anciennes fortifications.

La partie méridionale, surtout, présente un état de conservation dont l'œil est frappé. C'est que derrière ces murailles, à peine ébréchées, s'abrite le modeste enclos des filles de St-Benoît, qui ont eu la rare fortune de conserver intact, jusqu'à nos jours, ce lambeau de leur patrimoine.

C'est là, en effet, qu'en 1627 Charlotte de Fervaques, baronne de Médavy et comtesse de Grancey, jeta les fondements de l'abbaye dont sa sainte fille fut la première abbesse, non loin du château où le baron de Médavy, son époux, avait si longtemps exercé les fonctions de gouverneur.

L'aspect extérieur des bâtiments claustraux n'offre rien de monumental, mais, si l'on pénètre à l'intérieur, on y retrouve encore les traces d'un passé qui ne fut point sans grandeur.

La chambre, dite de l'Évêque, a conservé ses lambris et son plafond à caissons, d'une bonne ordonnance, dans le goût de l'époque. Sous les retouches qui déshonorent les peintures dont ils sont ornés, on devine aisément la trace d'un pinceau plus habile.

Au centre du plafond se voient les armes des Rouxel de Médavy-Grancey, probablement celles du premier maréchal de ce nom, car elles ont pour accompagnement les armoiries de ses deux femmes, Catherine de Monchy-d'Hocquincourt, et Charlotte de Mornay-Villarceaux.

Deux cartouches portant les chiffres de la famille font pendant aux armes des Monchy et des Mornay.

L'écusson des Grancey est surmonté d'une couronne de marquis, supportée par deux génies, dont l'austérité du lieu ferait facilement des anges. Un autre génie tient le bâton de maréchal et le collier du Saint-Esprit.

La chambre contiguë, qui sert de parloir, est dans le même style, quoique les grisailles qui décorent les panneaux paraissent avoir eu moins de valeur.

Un écrivain dont nous avons plus d'une fois cité les intéressants travaux, sur une époque avec laquelle il s'était en quelque sorte identifié, M. Victor Cousin, dans ses fréquents voyages à Verneuil, se plaisait à visiter ces lieux, remplis de vivants souvenirs. Son illusion devait être complète, lorsque paraissait à la grille, sous l'habit traditionnel de son ordre, la pieuse abbesse qui continue si dignement l'œuvre de ses devancières. Qui sait si les entretiens dans lesquels il semblait se complaire n'ont point jeté dans l'âme du philosophe les premiers germes d'un heureux retour à la foi de ses pères?

Nous avons raconté, en parlant de Charlotte de Fervaques, comment la veuve du comte de Grancey parvint, en exécution de son vœu, à jeter les fondements du monastère dont sa fille devait être la première abbesse.

Occupons-nous maintenant de retracer la vie de cette dernière. Notre tâche sera singulièrement facilitée par les archives de l'abbaye, mises à notre disposition avec tant d'obligeance.

La sixième fille du comte Pierre Ier de Grancey et de Charlotte de Hautemer, Guyonne de Médavy, naquit le 3 février 1608, et fut baptisée le 15 octobre de l'année suivante, dans la chapelle du château de Médavy, par l'évêque de Séez, Jean Bertaut (1). Elle eut pour marraine la maréchale de Fervaques, cette Anne d'Alègre, comtesse de Laval, qui avait épousé en secondes noces le maréchal de Fervaques, grand-père de Guyonne.

A tous les avantages de la naissance et de la fortune, Mlle de Médavy joignait les dons les plus brillants de la nature; d'une taille élégante et d'une beauté parfaite, elle captivait tous les cœurs par les charmes de son esprit et l'enjouement de son humeur.

François Rouxel de Médavy, évêque-comte de Lisieux, son oncle, l'avait instituée sa seule héritière. C'était donc un brillant parti, et sa famille songeait à lui assurer une alliance digne d'elle. Aussi, lorsqu'après la mort de son père elle fut amenée à la cour par la comtesse de Grancey, se trouva-t-elle entourée d'hommages et de séductions. Pour obéir aux ordres de sa mère, elle prit part aux réunions où l'appelait sa naissance, et s'y montra parée des habits somptueux qu'elle songeait déjà secrètement à échanger contre la bure.

Confiée, dès l'enfance, aux mains de sa sœur, Louise de Médavy, abbesse d'Almenesches, dont nous avons raconté la vie édifiante, elle était demeurée tout imprégnée du parfum de ses vertus, et, dès ce moment, avait commencé en elle le travail mystérieux de sa vocation.

---

(1) Jean Bertaut, oncle de Madame de Motteville, est le poète auquel on doit ces vers charmants :

> Félicité passée,
> Qui ne peux revenir,
> Tourment de ma pensée,
> Que n'ai-je, en te perdant, perdu le souvenir!

Le voyage qu'elle fit avec sa mère au château de Grancey fut comme l'étincelle qui alluma dans son cœur ce feu sacré.

Nous avons vu que la comtesse allait en Bourgogne prendre possession de son immense domaine. Tout le pays vint l'y visiter; la jeune fille partagea, sans en être enivrée, les honneurs qu'y reçut sa mère; l'enjouement et les grâces qu'elle déploya, au milieu des dames réunies au château de Grancey, n'étaient point de nature à faire pressentir sa prochaine détermination.

Quand la charmante enfant avait pu, sans blesser la bienséance, se soustraire aux empressements de la compagnie qui remplissait le château, sa première pensée avait été pour Dieu.

Il y avait dans le voisinage une petite chapelle déserte, où saint Bernard avait prié, et qui lui servait de retraite. La jeune imagination de Guyonne avait été vivement impressionnée par le récit des œuvres du saint, qu'une tradition respectable donnait pour allié à sa famille. Sous le charme de cette impression, elle va prier dans le sanctuaire vénéré, et s'abîme dans une méditation profonde. Elle en sort armée d'une résolution inébranlable, et, dès ce moment, ses vœux sont prononcés devant Dieu.

Cependant elle se garde d'en faire part à sa mère: elle ne prévoit que trop les déchirements qui suivront une pareille confidence, et s'en remet à Dieu pour le choix d'un moment opportun; mais à partir de ce jour son cœur tressaillait de joie au chant du psalmiste: *lœtatus sum in his quæ dicta sunt mihi, in domum domini ibimus.*

Peu de temps après, Mme de Grancey est rappelée

en Normandie. Sa fille qui ne la quittait plus, et dont elle était devenue l'unique compagne, se réjouit d'une circonstance qui la rapproche de ses sœurs d'Almenesches et de Vignats. Guyonne avait alors quinze ans. L'accueil qu'elle reçut à Médavy de sa famille et de la noblesse d'alentour, ne fut pas moins empressé qu'en Bourgogne. C'était à qui briguerait l'honneur de son alliance. Pour couper court à toutes ces recherches, la jeune fille se décida à confier enfin son secret à la comtesse. On devine facilement avec quelle douleur fut reçue cette communication imprévue.

Mais Charlotte de Hautemer était avant tout une mère chrétienne. Après avoir soumis à une sage épreuve la détermination de sa fille, elle trouva le courage de faire à Dieu ce nouveau sacrifice, et se rendit à une vocation aussi manifeste.

Cependant rien ne fut épargné de la part de son entourage pour détourner Mlle de Médavy d'une résolution qui, d'ordinaire, trouve tant d'adversaires, même au sein des familles chrétiennes.

L'abbaye de Vignats, où devait se rendre Guyonne, auprès de l'abbesse Anne, sa sœur, avait pour maîtresse des novices une religieuse d'une grande vertu, mais qui passait pour remplir ses fonctions avec une rigueur inflexible, ayant adopté la réforme de Montivilliers. On voulut en faire un épouvantail à la jeune postulante, comme si son âme eût été accessible à de pareilles craintes.

De plus en plus affermie dans son dessein, elle épiait depuis quelque temps l'occasion de l'exécuter avec ménagement, lorsqu'une courte absence de sa mère vint la lui fournir. Elle se rend aussitôt auprès de l'abbesse de Vignats, la conjure de la recevoir et parvient sans peine à l'y déterminer. La terrible maîtresse lui fait échanger ses habits mondains contre les vêtements grossiers d'une servante qui se trouvait au tour ; la novice se soumet avec empressement à cette première épreuve, et n'aspire qu'au moment de revêtir les livrées de sa nouvelle vie.

On était au 8 novembre 1622. Bientôt la comtesse, tendrement sollicitée par l'ardente néophyte, lui accorda un nouveau consentement, et le 10 février 1623, Guyonne recevait, avec la plus grande dévotion, l'habit de son ordre, des mains de l'abbesse, sa sœur, et ajoutait à son nom de baptême le surnom de Scholastique.

La joie de la nouvelle religieuse n'était pourtant point sans mélange ; le cœur lui saignait en songeant aux regrets cuisants de sa mère, dont elle était tendrement aimée. La maladie vint bientôt témoigner de ce chagrin intérieur, dernier, mais légitime tribut payé aux affections les plus pures de ce monde.

A peine une année s'était-elle écoulée depuis son entrée au monastère, qu'elle prononçait solennellement les vœux que son cœur avait depuis longtemps formés. Le comte de Grancey, son frère aîné, qui fut depuis maréchal de France, vint confirmer la pension de 900 livres qu'on la contraignit de conserver sur son importante fortune, et à laquelle furent ajoutées 1,200 livres pour son trousseau.

L'abbesse de Vignats, nous l'avons vu, avait entrepris la tâche difficile de restaurer et de compléter les édifices claustraux ; elle n'avait pas moins à cœur la réforme de la règle, dont sa sœur d'Almenesches lui avait donné l'exemple. Guyonne-Scholastique ne s'épargna point pour seconder les entreprises de l'abbesse. Elle se livra donc, dès ses premières années, à ces habitudes laborieuses et à cette stricte observance, qui sont le meilleur apprentissage du commandement.

Cependant la comtesse de Grancey posait à Verneuil les premières assises de la maison qui devait devenir l'abbaye de St-Nicolas.

Elle songeait à mettre à la tête de la communauté naissante la vénérable mère Renée des Guets de La Potinière, qui avait si bien dirigé les premiers pas de ses filles Louise, Anne et Guyonne dans la vie religieuse, lorsque, instruit de ce projet, François de Péricard, évêque d'Évreux, qui secondait avec tant de zèle les desseins de la fondatrice, remontra à cette dernière combien un autre choix serait préférable. Déjà les vertus de Guyonne avaient transpiré au dehors, et faisaient pressentir en elle une digne émule de ses sœurs, Louise et Anne. D'ailleurs, ajoutait le prélat, il ne fallait pas dédaigner la dot de Guyonne, au début d'une fondation à peine ébauchée. Pour vaincre les scrupules et la répugnance de la comtesse à se prêter à la substitution proposée, l'évêque se chargea d'obtenir le double assentiment de Renée des Guets et de Guyonne de Médavy. De ces deux entreprises, la dernière n'était pas la moins difficile. Comment en effet décider cette humble servante du seigneur à faire violence à sa modestie pour accepter une dignité dont son âge et son inexpérience lui faisaient redouter le fardeau ?

Un ecclésiastique fut chargé par son évêque de cette double mission. Il se rendit d'abord à l'abbaye d'Almenesches, auprès de Renée des Guets, qui se prêta avec joie aux désirs du prélat, et consentit à venir à

Verneuil auprès de la jeune supérieure pour l'assister de ses conseils. Il n'y avait plus alors qu'à faire appel à l'obéissance de la jeune religieuse, en lui montrant un ordre de sa mère et de son évêque.

Le 18 avril 1627, deux carrosses sortaient de l'abbaye de Vignats.

Dans le premier prenaient place, avec l'abbesse de Vignats, quatre de ses religieuses, Mesdames Jacqueline de St-Pierre, Françoise de St-Jean, Madeleine de Jumilly et Gabrielle de Brucourt.

Guyonne de Médavy occupait le second, avec sa future prieure, Renée des Guets, Mesdames Marguerite de Pierrepont, Gertrude du Loir, Séraphine de Cintray et Anne Baude, sœur converse. Ces cinq dernières devaient former le noyau de la communauté.

On passa trois jours au prieuré d'Argentan, auprès de l'abbesse Louise de Médavy, qui voulut accompagner ses deux sœurs à Almenesches, où elles allèrent coucher le 22. Le lendemain, ce fut M. de Cintray, père de Madame Séraphine, qui leur donna l'hospitalité.

A peine arrivée à Verneuil, la pieuse colonie se rendit auprès de son évêque, qui se trouvait au château de Condé, et qui la bénit de tout son cœur, en lui promettant appui et protection.

Dès le lendemain, 25 avril, le zélé prélat s'empressait de venir présider à son installation, dans l'hospice provisoire préparé par la comtesse de Grancey, après avoir prononcé dans l'église de la Madeleine un discours qui émut la nombreuse et brillante assistance.

Voilà donc Guyonne-Scholastique supérieure à 19 ans du prieuré de Verneuil. Elle n'avait encore, il est vrai, que cinq religieuses à diriger, mais son petit troupeau allait bientôt grandir, et, dès ce jour, l'avenir de la maison était assuré.

Secondée par la sollicitude paternelle du prélat, qui se plaisait à l'appeler sa très-chère fille, elle n'épargna rien pour diriger ses enfants spirituels dans les voies tracées par leur saint fondateur.

La clôture la plus rigoureuse fut observée dès le début; la supérieure se chargea du soin des novices ; pour les encourager, elle recommença avec elles les pénibles épreuves du noviciat ; la nuit elle arrivait la première à l'office ; sa belle voix donnait le signal des chants pieux ; elle secondait ses compagnes jusque dans l'accomplissement des travaux les plus humbles, partageait leurs innocentes récréations, et, par son enjouement, contribuait à les égayer.

Ses vêtements étaient des plus modestes ; sa couche, une paillasse recouverte de serge ; sa cellule, la plus petite du dortoir. De secrètes mortifications complétaient cette vie austère, qui lui valut bientôt une réputation de sainteté.

Aussi les novices affluaient-elles à la communauté. La maison devint bientôt insuffisante ; il lui manquait surtout une chapelle. Attentif à ces progrès, toujours prêt à les favoriser, l'évêque d'Évreux, profitant de la mort du curé de Dame-Marie, lui donne pour successeur le curé de St-Nicolas de Verneuil, dont il réunit la paroisse à celle de Notre-Dame.

Le 9 juillet 1627, Scholastique de Médavy était solennellement mise en possession de l'église, des cloches et du presbytère de St-Nicolas, par le prélat qui posait en même temps la première pierre du monastère, dans le voisinage de l'église.

Le clergé et les magistrats de la ville assistaient à cette cérémonie, au milieu d'un immense concours de peuple.

Au mois de juin 1630, un nouveau corps-de-logis étant devenu nécessaire, on en entreprit la construction. L'église de St-Nicolas n'était point non plus négligée. On refondit ses cloches avec celles de l'hospice primitif, et le 8 septembre 1630, jour de la Nativité de la Sainte-Vierge, Mgr d'Évreux venait bénir le produit de cette opération (1).

Une heureuse circonstance permit de conduire activement les travaux. La démolition de l'ancien château de Verneuil avait été décrétée par Richelieu, qui n'aimait point les forteresses. Ce château, dont l'existence remontait à plus de cinq siècles, se trouvait dans le voisinage de St-Nicolas. La comtesse de Grancey, qui l'avait si longtemps habité, pendant que son mari en était gouverneur, eut la pensée d'en faire servir les matériaux à la construction de son monastère. Le gouverneur était alors Pierre de Langan, baron de Boisfévrier; la communauté traita avec lui pour la somme de 1,800 livres (2).

Le Jeudi-Saint de l'année 1631, les constructions

---

(1) Les quatre cloches nouvelles furent nommées par le prélat; noble dame Jourdaine de Monchy, cousine du comte de Grancey; M. de Nollent; Mme de Bassompierre, comtesse de Tillières; M. Michel Gaucher, président de l'Élection; Mme de Péricard, femme de M. de Laval-Montigny, cousine germaine de l'évêque; le marquis de Malnoue, lieutenant de la ville, et demoiselle Adelin. A cette occasion la fondatrice dota l'église d'une belle tapisserie de haute lice, à grands pots de fleurs, et d'une chasuble d'étoffe d'argent, à fleurs.

(2) Ce marché porte la date du 20 avril 1629. — Archives de l'abbaye de Verneuil.

étaient assez avancées pour permettre aux religieuses de quitter leur hospice et de s'y installer.

La sollicitude de l'abbesse pour les soins matériels de sa maison ne lui faisait point oublier l'intérêt spirituel de ses filles. L'évêque d'Évreux l'ayant autorisée à faire donner des exercices de 10 jours par les R. P. Jésuites, elle s'adressa aux PP. de Lingende, Jacquinot et de Saint-Jure, connus par leur mérite et leur piété. Cette prédication mit le comble à l'édification des sœurs.

Cependant la prospérité croissante de la communauté, non moins que le mérite de l'abbesse, inspirèrent à l'évêque, aux officiers et aux habitants de Verneuil, le désir de lui ménager de plus hautes destinées. Leurs efforts réunis obtinrent, sans peine, du roi Louis XIII, l'érection du prieuré de Verneuil en abbaye, par lettres patentes, en date à St-Germain-en-Laye du mois de juin 1631.

Le 17 mai de l'année suivante, l'abbesse eut la joie de voir sa nièce, Charlotte de La Londe, demander à être mise auprès d'elle. La marquise de La Londe, mère de la postulante, ne pouvant la détourner de ce pieux désir, voulut au moins qu'elle fût considérée comme une seconde fondatrice. Mlle de La Londe reçut donc en dot la somme considérable de 9,000 livres, tant de sa mère que de la comtesse de Grancey, sa grand'mère. Elles espéraient ainsi lui épargner les austérités du cloître, qu'elles redoutaient pour sa constitution délicate. A cette somme furent joints de magnifiques présents pour l'église.

La joie de cette admission fut cruellement troublée pour l'abbesse, par la mort de la comtesse sa mère, dont nous avons parlé plus haut.

De nouvelles épreuves attendaient Mme de Médavy. La peste et la famine, qui firent tant de ravages en France, vers cette époque, vinrent bientôt jeter la consternation dans Verneuil (1). Les habitants émigraient en foule ; les bouchers ayant presque tous succombé, on ne pouvait plus se procurer de viande. L'abbesse lutta longtemps avec courage contre le fléau ; des sœurs converses furent chargées de remplir l'office du boucher, mais elles ne tardèrent point à être emportées elles-mêmes.

La marquise de La Londe, alarmée à la fois pour sa fille et pour sa sœur, obtint de l'évêque l'ordre de faire évacuer l'abbaye. Elle envoie aussitôt quatre carrosses pour recevoir l'abbesse et ses filles. Six d'entre les religieuses étaient alors atteintes de la petite vérole : on dut les laisser à Verneuil, sous la garde de trois sœurs. Le 15 août 1633, à la pointe du jour, l'abbesse se dirigeait, avec 26 religieuses, novices et postulantes, vers le château de Condé, où le prélat les attendait pour célébrer la messe et les faire communier.

Après un léger repas, la petite caravane reprend le chemin de La Londe, dont le château, situé entre Rouen et Elbeuf, est distant d'une quinzaine de lieues de Verneuil. Là, par les soins de Mme de La Londe, les fugitives purent mener une vie conforme à leurs habitudes claustrales. La grande salle du château, séparée en deux pour leur usage, leur fut abandonnée en entier. L'archevêque de Rouen avait permis d'exposer le Saint-

(1) Il résulte d'une note écrite par un vicaire sur les registres de la Madeleine, qu'en cette année 1633, huit cents personnes succombèrent au fléau. Les magistrats eux-mêmes abandonnèrent la ville et rendirent la justice à Mandres.

Sacrement dans la chapelle du château. Grâce à ces dispositions et à la pieuse discrétion de la châtelaine, trois mois s'écoulèrent sans apporter le moindre trouble aux exercices des saintes filles. A la grande édification de leur entourage, elles résistèrent à toutes les sollicitations pour leur faire abandonner momentanément leur retraite.

La maréchale de la Ferté-Imbault, cousine germaine de l'abbesse, était en couches à son château de Mauny, dans le voisinage de La Londe. Ne pouvant aller voir sa chère parente, elle fit les plus vives instances pour l'attirer auprès d'elle. Rien ne put vaincre sa répugnance à rompre la clôture, et la maréchale dut attendre son rétablissement pour venir entretenir Mme de Médavy, chez la marquise de La Londe.

Bien différent alors devait être l'aspect du vieux château de La Londe de ce qu'il était quelques années auparavant, lorsqu'en 1620 le marquis, engagé dans le parti de la reine-mère contre la cour, à l'instigation du duc de Longueville, y faisait élever ces redoutables fortifications dont prit ombrage le Parlement de Normandie, et qu'il fit suspendre à coups d'arrêts.

Cependant, la maladie ayant cessé d'exercer ses ravages à Verneuil, la petite colonie put reprendre le chemin du monastère, où elle arriva le 25 novembre 1633, jour de Ste-Catherine.

Un des premiers actes de l'abbesse, à son retour, fut d'acquérir de MM. de Grancey et de Marey, ses frères, le domaine de Verneuil, moyennant la somme de 33,000 livres. Heureusement pour la communauté, elle n'eut à débourser pour cette acquisition que 9,600 livres, MM. de Médavy ayant consenti à imputer le surplus sur les diverses libéralités faites par leur mère en faveur de sa fondation, et qui ne s'élevaient pas à moins de 23,700 livres (1).

Nonobstant les lettres-patentes du roi dont nous avons parlé, Mme de Médavy songeait à rendre sa communauté élective ; mais l'évêque d'Évreux et le R. P. provincial des jésuites firent violence à sa modestie.

Les premières lettres-patentes n'avaient point été enregistrées au Parlement de Normandie (2), et devenaient par cela même *surannées*, comme on disait alors ; on en obtint de nouvelles, qui ordonnèrent l'enregistrement immédiat des premières. Cette formalité porte la date du dernier novembre 1634.

L'évêque diocésain se chargea d'en obtenir la confirmation du pape Urbain VIII, qui, touché des vertus de l'abbesse, lui délivra gratuitement une dispense d'âge, motivée sur l'excellence de sa vie religieuse.

Guyonne-Scholastique n'avait alors que vingt-sept ans, mais son mérite et sa piété étaient renommés dans toute la contrée. S'agissait-il de fonder une maison, on ne trouvait pas de meilleure école que l'abbaye de Verneuil pour l'apprentissage de la vie religieuse. C'est ainsi que les évêques d'Avranches et d'Évreux réunissaient leurs instances auprès de l'abbesse pour obtenir trois de ses filles, qu'on envoyait à Dol présider à une fondation.

---

(1) Ce domaine consistait en trois moulins : le moulin de Plaisance, le moulin d'En-Haut, dit des Murailles, et parties des moulins de la Tour-Grise, de Poisley et Lallemand. En faisaient également partie les fermes de la Coutume, des Conciergeries de Verneuil et de Laigle, du débit des draps, et de la Jauge. — Archives de l'abbaye.

(2) Le Parlement se montrait alors assez hostile à la création de nouveaux monastères.

Bientôt on crut pouvoir arracher à l'abbesse le secret de ses vertus, en lui demandant un livre de piété qu'elle dut se résigner à composer et à laisser mettre au jour. Elle avait exigé qu'on brisât les planches qui avaient servi à l'impression, mais cet opuscule ne s'en répandit pas moins.

Au commencement de l'année 1635, voulant faire observer la règle de saint Benoît dans toute sa rigueur, elle proposa à ses filles de revenir à l'abstinence, ce qu'elles acceptèrent avec empressement.

Renchérissant encore sur les austérités de l'Ordre, elle accordait à ses religieuses la permission de jeûner, d'un jour l'un, au pain et à l'eau, pendant toute la durée du Carême. On peut bien croire qu'elle donnait elle-même l'exemple de la plus dure pénitence. Elle leur faisait des conférences édifiantes, soutenait leur piété par des retraites et des prédications, et apaisait, par sa douceur autant que par son autorité, les légères dissensions qui menaçaient d'altérer la sérénité du cloître.

Il n'était bruit que des guérisons merveilleuses dues aux prières de l'abbesse et de ses compagnes. Le comte et la comtesse de Marey avaient été témoins de celle de Mme de La Londe, leur nièce, et leur vénération pour leur digne sœur s'en était d'autant accrue.

Les derniers vestiges du protestantisme n'avaient pas encore disparu de ces contrées, à l'époque qui nous occupe, malgré les efforts constants tentés pour amener ce résultat. Notre abbesse ne pouvait être insensible aux périls de ces brebis égarées; aussi déploya-t-elle toute sa sollicitude pour faire des prosélytes. Quelle n'était pas sa joie lorsque sa douce persuasion avait porté quelques fruits ! Aucunes démarches ne coûtaient à son zèle :

conférences sur le dogme confiées à de savants controversistes ; visite des pauvres et des malades, confondus dans son ardente charité, sans distinction de culte ; hospitalité du cloître offerte gratuitement aux néophytes ; rien n'était épargné.

Comme le retour d'une âme à l'unité de la foi devenait un jour de fête pour le monastère ! Comme les voies étaient aplanies sous les pas des nouveaux convertis !

Un gentilhomme huguenot abjure son hérésie ; cette conversion entraîne celle de sa sœur ; mais il faut un asile à la jeune fille contre l'hostilité de ses coreligionnaires, contre la persécution de ses proches, peut-être ; la communauté est bien là, et la nouvelle convertie brûle du désir d'y être admise, mais on refuse de la doter ; elle prie alors l'abbesse de la recevoir, au moins comme sœur converse ; celle-ci, assurée de l'assentiment de ses filles, en fait de suite une religieuse de chœur.

Une autre fois, c'est une pauvre fille qui va trouver le sieur de Quillebeuf, curé de la Madeleine : *elle veut être de la Messe*. Mais comment se soustraire à l'obsession de sa famille ? Le curé en confère avec l'abbesse qui la recueille, l'instruit, l'assiste, sans pourtant la tenir en charte privée. Loin de là, elle peut librement recevoir au parloir la visite des ministres protestants ; sa mère redouble d'efforts pour la dissuader ; le magistrat de la ville va lui-même l'interroger et lui fait signer la ferme résolution de se faire catholique et religieuse.

Nous éprouvons quelque embarras à parler d'une tribulation qui affligea l'abbaye de Verneuil au commencement de l'année 1639.

Peu d'années s'étaient écoulées depuis les scènes extraordinaires de possession dont avaient été victimes les Ursulines de Loudun. Il n'entre ni dans notre cadre, ni dans notre dessein, de discuter l'authenticité de faits sur lesquels on s'est efforcé de déverser l'odieux et le ridicule. Au moins, nous pouvons le dire, quelques-uns de ces faits semblent, aujourd'hui même, si incompréhensibles, qu'à moins de rejeter les témoignages nombreux et importants qui les attestent, il est absolument impossible de les expliquer par des causes naturelles (1).

Au moment même où ces scènes allaient se renouveler dans l'abbaye de Verneuil, la ville de Louviers retentissait encore du bruit occasionné par la possession de ses religieuses capucines. L'évêque, François de Péricard, en avait été si affligé qu'il en conçut un chagrin, dont sa fin prématurée révéla bientôt l'étendue (2).

Là aussi s'étaient passés des faits bien singuliers et dont, à notre sens, on a vainement tenté de donner la clef. Comment, en effet, se persuader que les enquêtes minutieuses dirigées par l'évêque diocésain, assisté de son official, en présence des magistrats du Parlement, des commissaires royaux et des médecins de la cour, enquêtes qui devaient aboutir à de terribles condamnations, comment, disons-nous, se persuader que de telles enquêtes ne soient point parvenues à dévoiler les supercheries que l'on voudrait attribuer pour seules causes à des scandales épouvantables ?

La science moderne, si dédaigneuse à l'endroit des croyances de nos pères, en est venue à nier tout ce qu'elle ne peut expliquer. C'est un procédé à la fois

---

(1) Voir le curieux livre de M. de Mirville sur les Esprits.
(2) Floquet, *Histoire du Parlement de Normandie.*

commode et expéditif. Laissons-lui son superbe dédain, et bornons-nous à rappeler des faits, sur lesquels d'ailleurs nous ne saurions avoir la prétention d'imposer une opinion dogmatique.

Hâtons-nous de déclarer tout d'abord qu'on n'eut point à déplorer à Verneuil les rigueurs déployées à Louviers et à Loudun. Tout se passa dans l'intérieur de l'abbaye, et le bras séculier n'eut point à intervenir, désarmé sans doute par le prélat, encore sous l'impression du dénouement de Louviers auprès du Parlement.

François de Péricard n'était point cruel : loin de là, il nous est dépeint par des écrivains peu bienveillants comme animé des sentiments les plus pieux et les plus charitables ; tout au plus pouvait-on lui reprocher, au dire de ces mêmes écrivains, une certaine faiblesse de caractère, alliée à trop de crédulité. Il faut avouer, dans tous les cas, que cette crédulité fut mise à une rude épreuve par les accidents, cruels autant que bizarres, qui affligèrent nos pauvres bénédictines, et qui eurent, pour plusieurs d'entre elles, un dénouement fatal (1).

A cette affliction succéda bientôt une autre épreuve. Au mois d'octobre 1640, la peste qui avait visité l'abbaye en 1633 l'envahit une seconde fois. Plusieurs religieuses avaient déjà payé leur tribut, lorsque, le 4 novembre, l'infatigable prélat fit de nouveau évacuer la communauté, à laquelle il offrit généreusement pour asile son château de Condé. Le carrosse de l'évêque fut mis à la disposition des infirmes ; lui-même suivait sur un mau-

(1) *Vie de Guyonne-Scholastique de Médavy*, par Jacqueline Bouette de Blémur.

vais cheval d'emprunt ; quant à l'abbesse, elle marchait à pied avec une quarantaine de ses filles ; le château ne contenant point assez de lits, de la paille fraîche leur servit de couches.

Cependant un hasard providentiel voulut que, ce jour-là même, la comtesse de Marey, belle-sœur de l'abbesse, passât par Verneuil pour aller rejoindre son mari au château de la Mothe, dans le voisinage de Médavy. A la nouvelle de ce départ, l'intrépide comtesse, sans mesurer le danger, court au château de Condé, et obtient de l'évêque la permission d'emmener à la Mothe l'abbesse, avec dix de ses religieuses. De son côté, la marquise de La Londe envoyait chercher sa fille, avec sept de ses compagnes, et les installait, une seconde fois, au château de la Londe. Les autres religieuses furent confiées, deux à deux, à leurs parents.

Le château de la Mothe ne fut pas moins hospitalier pour la pieuse colonie que ne l'avait été la Londe quelques années auparavant.

L'antique sanctuaire de Notre-Dame de la Délivrande n'avait rien perdu de la vénération traditionnelle qui lui avait attiré plus d'une royale visite. Guyonne de Médavy profita de son exil momentané pour y conduire ses filles en pèlerinage. La célèbre abbaye de Bénédictines de Caen, qui se trouvait sur son passage, avait alors pour abbesse la vénérable Laurence de Budos, renommée par son mérite et sa piété. Les deux abbesses étaient dignes de s'entendre ; elles conçurent bientôt l'une pour l'autre une de ces affections fondées sur l'estime, qui ne finissent qu'avec la vie.

Au mois de janvier 1641, François de Péricard, croyant le danger disparu, convoqua les religieuses à son château de Condé, pour les reconduire en corps à Verneuil. La sécurité du prélat était prématurée, car peu de jours après la peste enlevait encore une des religieuses, mais ce fut la dernière victime.

Les ressources de l'abbaye avaient été tellement épuisées par le fléau et la dispersion des religieuses, qu'à grand'peine l'abbesse pouvait-elle faire face aux charges de son administration, lorsque lui arriva un secours inespéré. C'était son auguste protectrice, la reine d'Angleterre, qui, oubliant ses propres infortunes, lui adressait une lettre de change de 500 livres, prélevée sur ses modestes épargnes.

Deux ans après, Mme de Médavy eut l'inspiration de recourir directement à la reine Anne d'Autriche, pour en obtenir quelques minots de sel. Les droits de la gabelle étaient alors si élevés, que le sel valait douze sous la livre, somme considérable pour le temps.

La réponse ne se fit pas longtemps attendre, et, le 19 janvier 1643, la reine adressait à l'abbesse cette lettre autographe, où se peignait si bien la bienveillance de l'auguste princesse :

« Mme l'abbesse de St-Nicolas, j'ai toujours eu une affection si particulière pour ceux de votre famille, que j'ai bien voulu vous témoigner par celle-ci combien j'aurai agréable, en toutes les occasions, de vous en faire recevoir les effets et à toute votre communauté, désirant sur toutes choses, de vos bonnes religieuses, qu'elles continuent toujours leurs prières à Notre-Seigneur, pour la parfaite santé du roi, mon seigneur, la mienne et celle de nos enfants, ce qui me donnera plus de sujets de vous avoir les preuves de ma bienveillance. Sur ce, je prie

Dieu de vous avoir, Mme l'abbesse de St-Nicolas, en sa sainte garde. »

Écrit à St-Germain-en-Laye, le 19 janvier 1643. *Signé* : ANNE.

Bientôt, en effet, une ordonnance royale, réalisant ces promesses, vint concéder à l'abbaye 4 minots de sel (1).

Le roi étant mort quelques jours plus tard, l'abbesse put joindre à ses remercîments des condoléances qui lui valurent cette nouvelle lettre, que nous transcrivons sur l'original, revêtu de la signature autographe de la reine :

« Mme l'abbesse de St-Nicolas, la lettre que vous m'avez escrit a soulagé de sorte ma doulleur que j'en ay ressenty beaucoup de consolation dans mes ennuis ; le tesmoignage de vostre affection envers moy me donne telle confiance que vous me la conserverez, que je n'en doubteray jamais ; vous cognoistrez la mienne de mesme dans touttes les occasions que j'auray de vous en faire recevoir les bons effects que vous debvez vous en promettre ; je prie Dieu cependant vous avoir Mme labbesse de St-Nicolas, avec toutes vos filles, en sa sainte garde. Escrit à Paris le 3me juin 1643. » *Signé* : ANNE.

La lettre d'Anne d'Autriche était accompagnée de présents, destinés à l'église abbatiale.

Là ne se bornèrent point les témoignages de la bienveillance royale. L'abbesse ayant fait offrir à la reine un ouvrage de piété, préparé dans l'abbaye pour l'oratoire du Louvre, en reçut une troisième lettre, conservée comme

---

(1) Le minot valait 54 litres. Vers 1662, l'abbesse obtint, à la sollicitation de la maréchale de Castelnau, sa nièce, d'être réintégrée dans la jouissance de cette concession dont elle avait été privée pendant les guerres de la Fronde.

la précédente dans les archives des Dames bénédictines.

« Mme l'abbesse de St-Nicolas, le présent que vous m'avez envoyé par la dame Noiron, l'une de mes femmes de chambre, m'a esté si agréable que jay bien voulu vous le tesmoigner par celle cy et vos dire que vos me ferez service de faire toujours continuer par vos religieuses des prières à nostre seigneur pour la conservation du roy mon filz et la mienne, ce qui me donnera plus de sujet de vos faire recevoir en toutes les occasons des effetz de ma bonne volonté ; sur ce, je prie Dieu vos avoir Mme de St-Nicolas en sa sainte garde. Escrit à Paris, le 19me jour d'octobre 1643. » *Signé :* ANNE.

Cependant la réputation de sainteté de notre abbesse allant toujours croissant, la reine manifesta le désir de l'entretenir au Louvre. L'occasion venait de s'en présenter. Guyonne-Scholastique étant allée, au mois de mai 1646, installer Mme de Pommereuil, une de ses religieuses, comme prieure de N.-D.-de-Monfort, à Meaux, s'arrêta quelques jours à Paris au milieu de sa famille. A peine la reine en fut-elle informée, qu'elle voulut recevoir la visite de l'abbesse. Introduite dans le cabinet d'Anne d'Autriche par Mme de Bracmont, Guyonne de Médavy fut reçue par Mme de Flotte, dame d'atours de la reine. C'était l'heure du dîner de la princesse. Après une courte attente, l'abbesse recevait de sa protectrice le plus bienveillant accueil. Comme elle se confondait en remercîments, la régente lui répondit, avec cette grâce et cette effusion qui donnaient tant de prix à ses moindres faveurs, que sa protection ne lui ferait jamais défaut. Mettant alors de côté toute étiquette, la princesse accabla l'abbesse de questions sur le but de son voyage, sur les détails de sa vie religieuse, sur les deux croix qu'elle portait, et dont l'une contenait les précieuses reliques offertes par la reine d'Angleterre. Passant alors à la famille de Guyonne, elle eut l'ingénieuse délicatesse de rappeler les services du comte de Grancey, son frère, dont elle devait bientôt faire un maréchal de France. Elle avait entendu parler des autres sœurs du comte, vouées à la vie religieuse ; mais lorsqu'elle apprit qu'elles étaient au nombre de huit, elle se fit répéter ce chiffre qui l'ébahissait. Puis elle fit venir Monsieur, charmant enfant de six ans, à l'œil mutin ; elle lui dit de réclamer les prières des bonnes religieuses, et se tournant vers l'abbesse : « Priez bien pour lui, Madame, c'est un petit éveillé qui en a grand besoin. » L'oratoire, avec ses nombreuses reliques, fut ensuite visité. Comme la reine en sortait, on lui apporta un billet du cardinal, qui la prévenait de son arrivée. L'abbesse voulant se retirer, « pas avant, lui dit la princesse, que je vous aie présentée au roi. » Elle l'envoya aussitôt quérir ; mais le royal enfant était à la chasse, en dépit de ses huit ans, à peine sonnés. Mme de Médavy eut alors la permission de prendre congé de Sa Majesté, qui daigna lui renouveler ses protestations d'affection et la fit reconduire par la marquise de Sennecé jusqu'à la galerie, où elle trouva Mme de Bracmont pour la mener à son carrosse.

Notre abbesse, un peu effarouchée des attentions dont elle était l'objet, avait hâte de rentrer sous la protection de ses grilles. Mais le comte de Grancey, son frère, voulut la revoir à Paris, à son retour de Meaux. Il lui envoya son carrosse et la fit d'abord conduire à l'abbaye de Gif, où se trouvait une de ses filles, Marie-Bernade de Grancey, sous la direction de la sœur de la comtesse, Mme de Villarceaux, abbesse de Gif. Nous verrons, en parlant de Marie-Bernade, quels furent les résultats de cette visite.

La mort de Mgr de Péricard, arrivée le 21 juillet 1646, fut un deuil pour la communauté ; les larmes des pieuses filles redoublèrent, lorsqu'elles connurent la clause de son testament, par laquelle le vénérable évêque léguait son cœur à l'abbaye qu'il avait tant aimée.

Jacques Le Noël du Perron, grand aumônier de la reine d'Angleterre, occupa peu de temps l'évêché d'Évreux, et les archives de St-Nicolas n'ont guère conservé d'autre trace de son épiscopat que le souvenir de sa visite après son installation.

Sur ces entrefaites éclata la guerre de la Fronde. Anne d'Autriche et le jeune roi ayant abandonné la capitale, le 6 janvier 1649, le trouble était à son comble, aussi bien à Verneuil qu'à Paris. L'abbesse avait des motifs particuliers de crainte : le baron des Essards, gouverneur de la ville, était tout dévoué aux frondeurs, et ne dissimulait point son mauvais vouloir contre Mme de Médavy, dont la famille avait donné tant de preuves de dévouement à la cour. L'évêque, ému des craintes légitimes des religieuses, les autorisa à quitter la ville. Mais, à la nouvelle de leur prochain départ, les dames de Verneuil, qui n'avaient d'espoir qu'en la protection de l'abbesse, dans le cas où le parti royal viendrait à triompher, vinrent tout éplorées la supplier de ne point les abandonner. On ne pouvait vainement faire appel au dévouement de Guyonne. Son parti fut bientôt pris : elle laissa les plus timides se réfugier dans leur famille, et demeura ferme au milieu du danger. Le maire de la ville, touché de sa courageuse résolution, se hâta d'en témoigner sa reconnaissance, en envoyant à l'abbesse 50 boisseaux de blé et de nombreuses provisions, qu'on se procurait si difficilement.

Quelque temps après, le duc de Longueville, gouverneur de la province, étant venu à Verneuil, voulut rendre visite à l'abbesse, à laquelle il prodigua les témoignages d'affection. Il avait, lui dit-il, l'honneur d'être allié à sa famille, qu'il tenait en grande estime ; mais il considérait Guyonne « *comme la bonne de sa race.* »

Que n'était-il accompagné de Mme de Longueville, déjà plongée dans les intrigues de la Fronde, qu'elle finit par lui faire partager ! La fougueuse princesse eût peut-être été ramenée à des sentiments plus chrétiens par la douce influence de l'abbesse (1).

Mgr du Perron étant mort le 17 février 1649, Gilles Boutault, évêque d'Aire, qui lui succéda, vint visiter l'abbaye, dont il admira la sage direction, et dès ce moment sa protection lui fut accordée.

Cependant la Fronde, touchant à son apogée, s'agitait dans de sanglantes convulsions, et, au mois de mars 1652, la ville de Verneuil était menacée d'un siége. Il fallut s'en éloigner de nouveau. L'abbesse eut encore recours à l'hospitalité de la comtesse de Marey, et le château de la Mothe lui servit une seconde fois de refuge. Elle put y vivre jusqu'à la fin des troubles, avec une dizaine de ses filles, à l'abri d'un cloître improvisé. Le voisinage du château de Médavy, appartenant au maréchal de

---

(1) Deux ans plus tard un autre visiteur subissait le même ascendant; c'était le célèbre comte d'Harcourt, de la maison de Lorraine, si connu sous le surnom de Cadet-la-Perle.

Grancey, si bien en cour, et la proximité de la ville de Séez, dont le siége venait d'être donné à François de Médavy, autre frère de l'abbesse, rendait cette résidence pleine de sécurité.

Ce fut pendant ce séjour qu'elle eut la douleur d'assister aux derniers moments de la digne abbesse d'Almenesches, sa sœur, dont nous avons raconté la mort à son monastère d'Argentan.

Trois mois auparavant, le comte de Marey, son troisième frère, était emporté à Briare par un coup de canon, sous les yeux du grand Condé, qui lui fit faire à Paris de superbes funérailles.

Plusieurs années devaient s'écouler avant que le contre-coup des guerres intestines cessât de se faire sentir dans les finances du couvent, alors fort délabrées. Aussi, lorsqu'au mois de janvier 1656, un édit vint imposer une taxe de 10,000 livres sur les revenus de l'abbaye, l'abbesse se trouva-t-elle à bout de ressources. Se rappelant alors les promesses de son auguste protectrice, elle résolut, dans sa détresse, de s'adresser à la reine elle-même. M. Beurier, père d'une de ses jeunes professes, lui avança l'argent nécessaire pour le voyage, et voulut l'accompagner à Paris, avec deux autres religieuses.

Arrivée à Chaillot, elle descendit chez les religieuses de Ste-Marie. L'évêque de Séez, de passage à Paris, lui envoya son carrosse, pour la conduire à l'hospice construit au faubourg St-Germain par l'abbesse de Gomer-Fontaine, sa sœur, en 1636. L'abbé de Montaigu lui ménagea une audience de la reine, dans ce même cabinet, témoin de leur première entrevue. Sa démarche fut couronnée de succès: d'après le conseil d'Anne d'Autriche, elle fit dresser un placet, que sa royale patronne voulut bien présenter au roi et au cardinal. La taxe fut réduite à 2,000 livres, et l'abbesse obtint quittance du surplus, afin de ne pas dévoiler le secret de cette faveur.

Aussi, lorsque le 20 janvier 1666 Anne d'Autriche succomba à la longue et cruelle maladie qu'elle supporta si chrétiennement, la consternation fut-elle dans l'abbaye de Verneuil, qui perdait son principal soutien. L'abbesse en fut tellement affectée que sa santé en fut sérieusement atteinte (1).

Henri Cauchon de Maupas du Tour, évêque du Puy, avait succédé, en 1661, à Mgr Gilles Boutault, mort à Paris le 11 mars précédent. Les premières années de son épiscopat furent passées loin de son diocèse. Le prélat avait été chargé par le roi, sur les instances des religieuses de la Visitation, de poursuivre la canonisation de saint François de Sales, qu'il obtint en 1667, après plusieurs voyages à Rome. Il connut pourtant assez notre abbesse pour lui vouer une estime et une affection dont il devait donner les preuves les moins équivoques.

Le 16 août 1669, Mme de Médavy, depuis longtemps déjà languissante, tomba malade pour ne plus se relever. Elle vécut encore jusqu'au dernier jour de l'année, sans que la souffrance pût lui arracher une plainte, ni l'effroi de la mort altérer sa sérénité. Le digne évêque vint, à plusieurs reprises, lui apporter les secours de son ministère, et s'édifier au spectacle de cette sainte mort.

(1) Un service solennel fut fondé à perpétuité dans l'église de l'abbaye, pour le repos de l'âme de la reine.

Guyonne-Scholastique de Médavy fut inhumée dans le caveau où reposaient les restes de la comtesse de Grancey, sa mère, et son cœur, renfermé dans une boîte d'argent, fut déposé, comme le cœur de François de Péricard, dans un des piliers de l'église (1).

Une foule immense, où l'on remarquait les plus hauts personnages, voulut rendre les honneurs suprêmes à sa dépouille mortelle. La vénération qui entourait l'abbesse avait gagné les rangs les plus élevés. On avait vu, tour à tour, venir se retremper au contact de son ardente piété plusieurs princesses du sang royal. Le cardinal Antoine, Mlle de Lamoignon, Jeanne de Bourbon, abbesse de Fontevrault, les duchesses de Bouillon et de Saint-Simon, avaient conçu la plus vive affection pour Mme de Médavy. La duchesse de Saint-Simon lui en avait donné la plus grande preuve, en lui confiant le cœur de sa fille, morte fort jeune dans son gouvernement de Blaye (2). Aussi la vit-on accourir à Verneuil, pour mêler ses larmes à celles des religieuses, en apprenant la mort de l'abbesse. Sa douleur était si vive qu'on la vit un moment tomber en défaillance. Peut-être le souvenir d'une plaie plus cruelle était-il ravivé par ce nouveau deuil.

Mgr de Maupas voulut présider en personne à la cérémonie funèbre ; l'encombrement était tel qu'il dut permettre aux dames l'accès du chœur des religieuses,

(1) Cette précieuse relique est encore aujourd'hui possédée par l'abbaye de Verneuil, où nous avons pu la contempler, non sans quelque émotion.

(2) L'abbaye conserve encore aujourd'hui le dépôt confié à sa garde. La duchesse de Saint-Simon, Henriette de Budos, n'était point la mère du célèbre auteur, qui dut le jour à Charlotte de l'Aubespine, seconde femme du premier duc.

pour faire place dans l'église aux hommes de qualité.

Les larmes coulèrent de tous les yeux lorsque le prélat, d'une voix émue, prononça l'oraison funèbre de la défunte, qui nous a été conservée.

. . . .

« Si j'avais à m'étendre sur les avantages de son illustre naissance, je pourrais dire que Mme Scholastique de Rouxel de Médavy, première abbesse de St-Nicolas de Verneuil, a été petite fille, sœur, tante et cousine de maréchaux de France; qu'elle est sortie des parents du grand saint Bernard.

. . . .

« Quand je parle des maisons de Rouxel de Médavy, des comtes de Grancey, je parle d'un sang noble, généreux, illustre. Mais, Messieurs, ma sainte abbesse me fait ici des reproches; elle renonça à toutes ces grandeurs domestiques; elle n'a que du silence pour tous les avantages de la naissance; elle passe même jusques au mépris de tout ce qui peut, tant soit peu, détacher de la pauvreté du calvaire.

. . . .

« Nobles, princes, roys, évêques, cardinaux (puisqu'on prétend que ma défunte avait toutes ces dignités dans ses alliances), imitez mon abbesse et ma très-chère sœur, si vous avez voué la sainte pauvreté, rendez à Dieu ce que vous lui devez.

. . . .

« Mais, si la noblesse et la beauté relèvent l'éclat de sa chasteté, quel surcroît de gloire à sa vertu d'avoir refusé des alliances illustres, pour se rendre dans un cloître, l'imitatrice des anges et l'épouse de Jésus-Christ.

« Allez, ma chère abbesse, volez à tire d'ailes dans le séjour de la gloire ; vous laissez encore ici-bas sur la terre, pour quelques moments, votre pauvre père affligé, votre évêque, non assez digne père d'une si digne fille, mais un père qui vous a aimé comme sa sœur, qui vous a honoré comme une sainte, et qui vous a pleuré, voyant que votre mort privait son diocèse des exemples admirables de vos vertus. . . . .
. . . . »

Tel fut le langage du prélat. Qu'aurait-il dit de plus, s'il se fût agi de glorifier une sainte ?

Peut-on s'étonner maintenant de la vénération qui entoure encore une mémoire si chère ? Il était donné à l'abbesse actuelle de rendre à l'affection de ses filles les restes de la fondatrice et de Guyonne-Scholastique. Un travail ingrat et opiniâtre, entrepris par les religieuses, sans aucun secours du dehors, vient d'être couronné d'un succès complet. Il s'agissait de décombrer l'ancienne crypte régnant sous l'église abbatiale. L'effondrement de la voûte en avait fait un véritable chaos. Sous ces décombres ont été retrouvés intacts les cercueils de la comtesse de Grancey et de Guyonne de Médavy, avec deux ou trois autres. Le caveau, qui occupait toute l'étendue de la nef supérieure, a été restauré avec goût. Il est aujourd'hui transformé en une crypte, où peut être célébré l'office divin. Les cercueils échappés à la profanation ont été placés dans une annexe, près de l'autel, avec une inscription rappelant les noms de la fondatrice et des deux premières abbesses, ses filles. Le successeur d'Henri de Maupas sur le siége épiscopal d'Évreux, Mgr Devoucoux, venait naguère, au milieu des fidèles accourus en foule, bénir ces remarquables travaux, et les dépouilles qu'ils doivent protéger (1).

Il est pourtant un regret dont nous nous faisons volontiers l'écho, parce que nous le partageons. Plusieurs portraits d'abbesses sont conservés dans le monastère, mais aucun ne porte le nom de Médavy. Pour l'un d'eux, on en est réduit à de simples conjectures. Les trois qui figurent dans notre galerie ne sont pas plus authentiques. Le premier a, du moins, le mérite de rappeler Guyonne-Scholastique, en la personne d'Anne de Médavy, sa sœur, l'abbesse de Vignats, qui dirigea ses premiers pas dans la vie monastique. Le second est une médiocre copie d'une peinture sans caractère. Quant au troisième, on y retrouve assurément la grâce et la beauté dont était parée la jeune fille avant son entrée au cloître ; mais comment reconnaître la sainte abbesse dans la pose nonchalante et la tenue mondaine qu'il a plu au peintre de donner à son modèle ? Ainsi l'humilité si chère à notre abbesse devait la suivre au-delà du tombeau !

§ 2. — 1632-1704.

Marie-Bernarde de MÉDAVY, 2ᵉ abbesse de Verneuil.

En mourant, Guyonne-Scholastique de Médavy eut la consolation de léguer à son abbaye une abbesse de son nom, mûrie à l'ombre de ses vertus, et digne de continuer son œuvre.

(1) Voir, pour le récit de cette cérémonie, le *Journal officiel* (petit format), du 13 octobre 1869.

Lorsqu'au printemps de l'année 1646, Guyonne-Scholastique de Médavy, sur la demande de Mme de Ribera, supérieure de Notre-Dame-de-Montfort, à Meaux, entreprit d'aller installer Mme de Pommereuil à la place de cette supérieure, nous avons dit qu'elle s'arrêta à Paris chez le comte de Grancey, son frère. Celui-ci l'avait instamment priée d'aller voir à l'abbaye de Gif sa troisième fille, Marie-Bernarde, née de son premier mariage avec Mlle de Monchy d'Hocquincourt. La seconde femme du maréchal-comte de Grancey, Charlotte de Villarceaux, n'avait sans doute qu'une affection de belle-mère pour la fille de son mari, car elle avait décidé qu'elle demeurerait dans cette communauté, dont était abbesse Mme de Villarceaux, jusqu'à l'âge de 18 ans, époque, un peu tardive pour le temps, où l'on songerait à la marier. Mais la jeune fille supportait à regret cette réclusion forcée ; elle n'aspirait qu'à rentrer dans le monde, où son mérite et sa naissance lui promettaient un brillant accueil. Née en 1632, elle allait atteindre sa quinzième année, âge auquel on mariait fréquemment les filles de grande maison.

Le comte de Grancey, son père, qui l'aimait tendrement et ne songeait point à violenter ses inclinations, se persuada, non sans raison, qu'elle éprouverait moins de répugnance à demeurer sous la direction de ses tantes, les abbesses d'Almenesches, de Vignats et de Verneuil. Il pria donc cette dernière de l'emmener avec elle et de la traiter avec une bienveillance toute particulière. Marie-Bernarde se laissa facilement persuader, et n'eut point à s'en repentir. Elle fut accueillie à Verneuil avec toutes les prévenances possibles, et les distractions compatibles avec la dignité du cloître lui furent prodiguées par sa tante. Six semaines s'étaient à peine écoulées depuis son arrivée, que le mystérieux ascendant des vertus de l'abbesse avait opéré dans cette âme mondaine une transformation inattendue.

S'ouvrant alors à sa tante, la jeune fille lui confie que, dès l'âge de neuf ans, elle avait formé le vœu d'être à Dieu et de garder la chasteté. La prudente abbesse se hâta de lui faire observer qu'un tel vœu, à un pareil âge, ne saurait être considéré comme un engagement sérieux. Elle lui promit du reste d'en conférer avec son évêque.

Guyonné poussa la réserve jusqu'à l'engager à aller visiter ses tantes d'Almenesches et de Vignats, pour faire diversion aux pensées qui l'obsédaient.

La jeune fille y consentit ; mais son absence ne fut pas de longue durée : après un séjour d'une semaine dans chacun des deux monastères, résistant aux instances les plus vives pour la retenir, elle se hâta de rentrer dans sa chère abbaye de Verneuil, qu'elle n'avait quittée qu'à regret. Au mois de septembre suivant, sa résolution était si bien prise, qu'elle vint prier sa tante de la soumettre aux plus dures épreuves, avant de l'admettre au noviciat. On dut alors prévenir sa famille de cette détermination. François de Médavy, mort archevêque de Rouen, et qui n'était encore qu'abbé de Cormeilles, se contenta d'écrire à l'abbesse « qu'il n'y avait rien d'impossible à Dieu » ; mais le comte de Grancey, désolé autant que surpris d'une pareille demande, voulut au moins ajourner son consentement. D'ailleurs la guerre de la Fronde ne lui laissait pas le temps de songer à ses affaires privées. La cour venait de se retirer à St-Germain ; les religieuses de Verneuil craignaient elles-mêmes pour leur propre sûreté.

Une trêve de courte durée ayant un instant dissipé les craintes, Marie-Bernarde put enfin prendre l'habit, le 1er mai 1649, le jour même où sa tante, Françoise de Médavy, était rappelée par l'abbesse d'Almenesches pour diriger le prieuré d'Argentan.

Le 10 août suivant, elle prononçait ses vœux, en présence d'une auguste assistance, à laquelle était venue se joindre Charlotte de Villarceaux, comtesse de Grancey, sa belle-mère.

Elle ne devait plus quitter sa chère tante, qu'elle accompagna, en 1651, pour l'entourer de ses soins, lorsqu'elle vint à Almenesches et à Vignats suivre le traitement des docteurs de Caen, qui la sauvèrent d'une dangereuse maladie.

Il lui fallut plus tard songer à sa propre santé. Mais telle était la tendresse qu'elle inspirait à tous les siens, qu'à la première alarme ils l'entourèrent de toute leur sollicitude. C'était en 1666 ; le maréchal, son père, et l'évêque de Séez, son oncle, informés de son état, lui fournirent tous les moyens d'y remédier. Le comte Pierre II de Grancey, son frère, et la comtesse, sa femme, la conduisirent aux eaux de Bourbonne.

A la mort de Guyonne-Scholastique, en 1670, Marie-Guyonne de Médavy, sa nièce, fut jugée la plus digne de lui succéder. Les bulles de son institution sont datées du 10 septembre de cette année, et le 12 novembre suivant, elle prit possession de son abbaye. Elle sut se montrer constamment à la hauteur de sa mission. « La grande innocence et la douceur de ses mœurs, dit le *Gallia christiana*, son ardente charité envers ses filles, son esprit d'humilité, lui concilièrent l'estime et l'affection de toute la communauté, où elle sut faire régner l'ordre et la discipline dont elle donnait elle-même l'exemple. Grâce à la sage administration de la nouvelle abbesse, les revenus de la maison purent suffire à son achèvement. »

Marie-Bernarde de Médavy reposa en Dieu le 11 avril 1704, et son corps fut inhumé dans le caveau qui renfermait déjà les restes de la fondatrice et de la première abbesse.

Parler de Marie-Bernarde, c'était encore nous occuper de Guyonne-Scholastique ; car, après Dieu, ce fut à sa pieuse tante qu'elle dut de marcher si dignement sur ses traces. C'est donc par ce nom vénéré que se terminera une étude, dont on nous pardonnera les trop longs développements.

APPENDICE.

ARMOIRIES DES PRINCIPALES FAMILLES ALLIÉES AUX ROUXEL DE MÉDAVY (1).

A.

Agneaux (d') : d'argent, à trois agneaux passants de gueules.

Alègre (d') : de gueules, à une tour d'argent, accostée de six fleurs de lis d'or.

Anzeray de Courvaudon : d'azur, à trois têtes de léopard, 2 et 1.

Arquien (voyez La Grange).

Aschey (d') : de gueules, à deux haches d'or adossées et posées en pal.

Aubert de Tourny : de sable, à l'aigle éployé d'or, à l'étoile de même, posée au canton d'extre.

Aubigny (voyez Morell).

Avaugour (d') : d'argent, au chef de gueules.

---

(1) Cette liste est empruntée à la généalogie manuscrite de Lautour-Monfort, où sont non-seulement énoncées, mais encore peintes et figurées, toutes les armoiries qu'elle contient.

Avesgo (d') : d'azur, à la fasce écotée d'or, accompagnée de trois gerbes de blé de même, deux en chef et une en pointe, à la bordure de gueules, chargée de huit besants d'or.

B.

Balzac (de) : d'azur, à trois sautoirs d'argent, au chef d'or, à trois sautoirs d'azur.

Bar (de) : d'azur, semé de doubles croisettes d'or, à deux bars adossés et posés en pal du même, au lambel à trois pendants de gueules.

Bauldot de Clairambault : d'azur, à trois têtes de léopard, 2 et 1, au chef d'or, chargé d'une croix recroisettée et au pied fiché, de sable (1).

Bautru de Serrant et de Nogent : d'azur, au chevron d'argent, accompagné de deux roses du même en chef, et en pointe d'une tête de renard arrachée, aussi d'argent.

Beauvilliers : fascé d'argent et de sinople, de six pièces, les trois d'argent chargées de six merlettes de gueules, 3, 2 et 1.

Béthune-Selles (de) : d'argent à la fasce de gueules, surmontée d'un lambel en chef, du même.

Bezançon (voyez Plessis).

Bigars de La Londe (de) : de gueules, à une bande d'argent, l'écu semé de croisettes d'or.

Bouillonné (du) : d'azur, à dix croisettes d'argent, 4, 3, et 1.

Bouligneux (voyez La Palu).

Bourbon-Rubempré (de) : de France, au bâton péry en bande de gueules.

Brosset : de gueules, à trois chevrons d'argent, accompagné de trois merlettes d'or, 2 en chef, 1 en pointe.

Brulart de Genlis : de gueules, à la bande d'or, chargée d'une traînée tortillée de sable et de cinq barils de même, trois d'un côté et deux de l'autre.

(1) Philippine Bauldot, mère de Jacqueline de Saulx.

Bullion (de) : d'azur, à trois fasces ondées d'argent, au lion naissant en chef de même.

C.

Castelnau (de) : écartelé au 1 et 4 d'azur, au château d'argent, à trois donjons avec leurs girouettes, qui est Castelnau, aux 2 et 3 d'or, à deux loups passants de sable, qui est La Loubère, sur le tout d'or à trois chevrons de sable.

Chabannes La Palisse (de) : de gueules, au lion d'hermines, armé, lampassé et couronné d'or (1).

Châteauvillain (de) : de gueules, billeté d'or, au lion brochant sur le tout du même.

Choiseul (de) : d'azur, à la croix d'or, cantonnée de 18 billettes du même, 5 posées en sautoir dans chaque canton du chef, 4 posées en carré dans chaque canton de la pointe.

Clutin : d'argent, au chef d'azur, crénelé de l'un en l'autre, le chef chargé d'une étoile d'or (2).

Colbert : d'or, à la vivre ou couleuvre ondoyante ou tortillée d'azur, posée en pal.

Courcy (voyez Oilliamson).

D.

Damas-Thianges (de) : d'or, à la croix ancrée de gueules.

Dauvet : bandé de gueules et d'argent, brisé d'un lionceau de sable, sur la première bande d'argent.

Des Diguères (voyez Guyon).

Dyo : fascé d'or et d'azur, bordé de gueules (3).

---

(1) Suzanne de Chabannes La Palisse, ou La Palice, était femme de Jean Olivier, et bisaïeule de Charlotte de Mornay, maréchale de Grancey.

(2) Jeanne Clutin était femme de Jean de La Palu, et aïeule d'Henriette de La Palu-Bouligneux, comtesse de Grancey.

(3) Françoise Dyo était femme de François de Damas, et aïeule d'Henriette de La Palu, comtesse de Grancey. (Notes de Lautour-Montfort.)

E.

Escalles (d') : de gueules, au chevron d'argent, accompagné de trois coquilles du même, lignées de sable, deux en chef et une en pointe.

Etampes (d') : d'azur, à deux girons d'or, au chef d'argent, chargé de trois couronnes ducales, de gueules.

F.

Fabert : d'or, à la croix de gueules.

Fervaques (de) (voyez Hautemer).

Flavacourt (de) (voyez Fouilleuse).

Fouilleuse de Flavacourt (de) : d'argent, papelonné, à trois trèfles renversés de sinople.

Fouques de Manetot : échiqueté d'or et de gueules.

Fribois-des-Authieux (de) : d'azur, à deux fasces d'argent, accompagnées de six roses du même, trois en chef, deux entre les fasces, et une en pointe.

G.

Genlis (voyez Brulart).

Gillier : d'or, au chevron d'azur, accompagné de trois macles de gueules, deux en chef, une en pointe.

Gouhier : de gueules, à trois roses simples, d'argent.

Goyon de Matignon : d'argent, au lion de gueules, armé, lampassé et couronné d'or.

Grancey (voyez Rouxel).

Grancey (de) : d'or, au lion d'azur, couronné et lampassé de gueules.

Grigny (de) : d'or, à trois haches de sable, 2 et 1, celles du chef adossées.

Guyon des Diguères : d'argent, au cep de vigne de sable, fruité de gueules.

H.

Harcourt (d') : de gueules, à deux fasces d'or.
Hautefeuille (voyez Texier).
Hautemer de Fervaques (de) : d'or à trois fasces ondées d'azur.
Hocquincourt (voyez Monchy).
Houdancourt (voyez La Mothe).

L.

Labbé : d'or, au chevron d'azur, accompagné de deux étoiles en chef de sable, et d'une rose de gueules en pointe.
La Baume de Montrevel : d'or, à la bande vivrée d'azur.
La Champlaye (de) : fascé d'argent et de gueules.
La Châtre (de) : de gueules, à la croix ancrée de vair (1).
La Ferté-Imbault (voyez Étampes).
La Grange d'Arquien (de) : d'azur, à trois renchiers d'or.
La Mothe-Houdancourt (de) : écartelé au 1 et 4 d'azur, à la tour crénelée d'argent ; au 2 et 3 d'argent, au levrier courant, de gueules, coleté d'azur et bouclé d'or, accompagné de trois tourteaux de gueules et d'un lambel, en chef, à trois pendants du même.
La Palisse (voyez Chabannes).
La Palu-Bouligneux, en Bresse (de) : de gueules, à la croix d'hermines de cinq mouchetures.
La Pallu (de) en Normandie : d'azur, à trois fasces de sable, denchées par haut, d'argent.
La Pommeraye (de) : d'argent au chef endenché d'azur, écartelé de gueules, à une croix d'argent, cantonnée de quatre épis de blé d'or.
Larçonneur : de gueules, à la croix d'argent.

---

(1) N..... de La Châtre, femme de Guillaume de Laubespine, bisaïeule de Charlotte de Mornay, maréchale de Grancey.

Laubespine (de) : d'azur, au sautoir alaisé d'or, cantonné de quatre billettes du même.

La Vieuxville (de) : fascé d'or et d'azur de huit pièces, à trois annelets de gueules, posés en chef et brochés sur les deux premières fasces.

Le Boutheillier : d'azur à trois fusées d'or, rangées en fasce.

L'Évesque de Marçonnay : d'or, à trois bandes, de gueules.

Le Vieil : burelé d'argent et d'azur, à l'aigle de gueules, brochant sur le tout.

L'Huillier : d'azur, à trois paniers d'or (1).

Lusignan (de) (voyez St-Gelais).

M.

Mannoury (de) : d'argent, à trois hermines de sable, 2 et 1 (2).

Marçonnay (voyez l'Évesque).

Mathan (de) : fascé d'or et de gueules de huit pièces, au chef de sable, chargé d'un lion passant, ou léopardé d'argent.

Médavy (voyez Rouxel).

Moinet : écartelé au 1 et 4 d'argent, au chevron de gueules, accompagné en pointe d'un croissant de sable, aux 2 et 3 d'argent, à trois fasces de sable.

Monchy d'Hocquincourt (de) : de gueules, à trois maillets d'or, 2 et 1.

Montlandrin (de) : de gueules, à la fasce palée d'or et d'azur de

---

(1) N..... L'Huillier, femme de Nicolas de Mornay, grand louvetier de France, bisaïeule de Charlotte, maréchale de Grancey.

(2) Anne-Marie-Françoise d'Oilliamson, petite-fille du seigneur comte de Grancey, et nièce du maréchal de Médavy, a épousé messire Pierre de Mannoury, seigneur d'Ectot et de St-Eugène. (Notes de Lautour-Monfort.)
Un brevet délivré par d'Hozier, le 2 novembre 1780, à messire Charles-Guillaume-François-Léonor-Isaac de Mannoury, seigneur d'Aubry, leur petit-fils, et notre aïeul maternel, est venu autoriser ce dernier à *écarteler* ses armes avec celles des Médavy-Grancey.

six pièces, accompagnée de trois têtes de lion arrachées, 2 en chef, 1 en pointe.

Montagu : bandé d'or et d'azur de six pièces, à la bordure de gueules, au franc quartier d'argent.

Montrevel (voyez La Baume).

Morchesne (de) : d'argent, au chevron de gueules, accompagné de trois hermines de sable.

Morell de Putanges et d'Aubigny (de) : d'or, au lion de sinople, couronné et lampassé d'argent.

Mornay de Villarceaux (de) : burelé d'argent et de gueules, de dix pièces, chargées d'un lion de sable, brochant sur le tout.

N.

Nogent (voyez Bautru).

O.

Oilliamson, marquis de Courcy (d') : d'azur, à l'aigle éployé d'argent, enlevant un baril d'or.

Olivier : d'azur, à six bezants d'or, 3, 2 et 1, au chef d'argent, chargé d'un lion naissant de sable.

Orgemont (d') : d'azur, à trois épis d'or d'orge, posés en pal (1).

Orges (d') : d'argent, au lion de sable, armé, lampassé et couronné de gueules (2).

Osmond (d') : de gueules, au vol d'hermines.

P.

Panthouf ou Panthou (de) : de gueules, à deux fasces d'argent, surmontées chacune de deux croissants montants d'or.

---

(1) Jeanne d'Orgemont épousa Henri Rouxel, seigneur de..... et des Dormans. (Note de Lautour-Montfort.)

(2) Claudine d'Orges, femme de Léonard de Damas, bisaïeule maternelle d'Henriette de La Palu, comtesse de Grancey.

Petit-Fumey (de) : d'hermines, au chevron de sable.

Pierrefitte (de) : bandé d'argent et d'azur de dix pièces, à la bordure de gueules, chargée de huit bezants d'or.

Plessis-Bezançon (du) : d'argent à la tête de More de sable, tortillée d'argent, accompagnée de trois trèfles de sinople, 2 et 1.

Prie (de) : de gueules, à trois tierces-feuilles d'or.

Putanges (voyez Morell).

R.

Rabodanges (de) : écartelé, au 1 et 4, d'or à la croix ancrée de gueules ; aux 2 et 3, de gueules à trois coquilles d'or.

Rochecouart (de) : fascé, ondé de six pièces, d'argent et de gueules.

Rouxel de Médavy et de Grancey : d'argent, à trois coqs hardis de gueules, becqués, crêtés et barbotés du même.

S.

Saint Gelais-Luzignan (de) : d'azur, à la croix d'argent (1).

Sarcilly (de) : écartelé au 1 et 4 d'argent, à une hermine de sable ; aux 2 et 3, de gueules, à trois fasces d'argent, chargées de six merlettes de sable.

Saulx-Tavavannes (de) : d'azur, au lion d'or, couronné et lampassé de gueules.

Seran d'Audrieu (de) : d'azur à trois croissants montants d'or, 2 et 1.

Serrant (voyez Bautru).

Sobieski : parti, aux 1 et 4 de gueules, à l'aigle éployé d'argent ; aux 2 et 3, de gueules, au chevalier monté et courant, armé d'un bouclier et l'épée à la main ; sur le tout, d'azur, au bouclier d'or.

Silly (de) : d'hermines, à la fasce ondée de gueules, accompagnée de trois tourteaux de même, rangés en chef.

---

(1) Françoise de Saint-Gelais épousa Louis de Prie, neveu du baron de Médavy. (Note de Lautour-Montfort.)

T.

Tavannes (voyez Saulx-Tavannes).

Texier d'Hautefeuille : de gueules, au lévrier d'or surmonté d'un croissant en chef du même.

Thianges (voyez Damas).

Thiboult (de) : d'argent à deux molettes d'éperon, en chef, et une fleur de lis en pointe, le tout de gueules.

Thieuville (de) : d'argent, à deux bandes de gueules, accompagnées de sept coquilles du même, 2, 3 et 2.

Tourny (voyez Aubert).

Thuray (de) : d'or au chevron d'azur, accompagné de trois macles de gueules.

Turgot (de) : d'hermines, treillissé de gueules.

TABLE ALPHABÉTIQUE ET ANALYTIQUE

DES NOMS PROPRES.

A.

Agneaux (Jeanne d'), femme de Guillaume Larçonneur, dame d'honneur de la duchesse d'Alençon, belle-mère de Jean Rouxel, fonde la chapelle de l'hospice d'Argentan, et y est inhumée, 22, 23, 24.

Alard de Court-Alary (Jean), mari de Jacqueline de Germigny, 329.

Alègre (Anne d'), veuve du comte de Laval, deuxième femme du maréchal de Fervaques, leurrée par le duc de Chevreuse; son procès avec la comtesse de Médavy, 100. — Marraine de Guyonne de Médavy, 486.

Alègre (marquisat d'), 99, note.

Alençon (Jean II, duc d') est fait prisonnier à Verneuil, 22, 23.

Alençon (François, duc d'), frère du roi Charles IX, protecteur de Jacques et Denis Rouxel, 36. — Sa triste expédition en Flandre, où il emmène Fervaques, 85.

Almenesches (abbaye d') 457 à 469.

Ancre (maréchal d') est assassiné au Louvre, 74, 75.

Angennes (Catherine d'), femme de Louis II de Rabodanges, 269-270.

Angennes (Madeleine d'), duchesse de La Ferté-Senneterre, 270.

Angennes (N. d'), baronne de La Loupe, marraine de Françoise Rouxel, 45.

Anne d'Autriche, ses lettres autographes à Guyonne de Médavy, abbesse de Verneuil ; reçoit cette abbesse au Louvre, la comble de faveurs ; sa mort plonge l'abbaye dans l'affliction, 501 et suiv.

Annebault (Jeanne d'), femme de Guillaume II de Fervaques, 79, 80.

Annebault (Jean II d'), connétable de Normandie, *ibid.*

Annebault (amiral et cardinal d'), *ibid.*

Antoine (le cardinal), son estime pour Guyonne de Médavy, 511.

Anzeray de Courvaudon, 38, note.

Aquin (Louis d'), évêque de Séez, autorise la translation de l'abbaye d'Argentan à Almenesches, 467.

Argentan (ville d') élève une statue à Mézeray, 7. — Le comte de Marey en est chassé par M. de Chambois ; la reprend sur ce dernier, et la met à contribution ; en est une seconde fois chassé, 188 et suiv. — Le comte Pierre II de Grancey l'embellit, en créant la promenade du cours ; réjouissances à l'occasion de la naissance du duc de Bourgogne, 211 et suiv.

Argenton (Mme d') veut se retirer à Gomer-Fontaine, après sa rupture avec le régent, 475.

Arnaud d'Andilly et de Pompone, alliés aux Feuquières, 171.

Arquien (voyez La Grange).

Aschey (Marie d') épouse Guillaume Rouxel, comte de Marey ; son portrait, 199. — Recueille la communauté de Verneuil au château de la Mothe, 502, 508.

Aubert, gentilhomme de Caen ; sa querelle avec M. du Barquet, 195, 196.

Aubert de Tourny (Marie-Catherine) épouse le comte de Grancey, chef d'escadre, sa dot, son extraction ; le château et la terre de Grancey lui sont alloués pour ses reprises ; elle les lègue au marquis de Tourny, son neveu, 245 et suiv.

Aubert de Tourny (Urbain), marquis de Tourny, père de la précédente, président à la cour des comptes de Normandie, est poursuivi comme financier, 245 et suiv.

Aubert de Tourny (Urbain-Armand), marquis de Tourny, son fils, intendant de Guyenne, 246, 247.

Aubert de Tourny (N.), marquis de Tourny, fils du précédent, créateur des Allées de Tourny, à Bordeaux, 248, 249.

Aubert de Tourny (N.), dit l'abbé de Tourny, frère du précédent, 249.

Aubert de Tourny (N.), marquis de Tourny, son frère, légataire du château de Grancey, 249.

Aubigné (Agrippa d'), son épisode du siége de Domfront, 83.

Aubigny (voyez Morell).

Aubry-le-Panthou, terre appartenant aux Rouxel, 24, 26.

Aubusson de La Feuillade (le duc d') commande la première expédition de Candie, 343.

Aumont (Pierre d'), mari d'Anne de La Baume, 80.

Aumont (duchesse d'), 97.

Aumont (Anne-Élisabeth d') épouse le marquis de Trichâteau, 200.

Aunou (voyez Fouques).

Avaugour (maison d'), descendue des ducs de Bretagne; une fille de Jean Rouxel épouse un d'Avaugour, 20.

Avaugour (Gilles d') épouse Gillette Rouxel, 28.

Avernes (voyez Bernard).

Avesgo (Hélène d'), dame de Mathan, 30.

Avrigny (Jacques d'), sieur d'Hellenvilliers, épouse Mlle de Fervaques, 96.

B.

Badin (Gilles), sieur de Vaucelles, épouse Catherine Rouxel, 28.

Balzac (Anne de), femme d'Antoine de Monchy, 135.

Balzac (Marie de) d'Entragues, sœur de la marquise de Verneuil; son curieux procès avec Bassompierre, 88 et suiv.

Bar (Yolande de), descendue de Louis le Gros, épouse Eudes de Grancey, 81.

Barbot des Perrelles, échevin d'Argentan, 190.

Bardou (Jeanne de), épouse Gérard de Hautemer, 79.

Barquet (M. du), son duel à Caen, son origine, sa bravoure, 195, 196.

Bassompierre (le maréchal de), son curieux procès à Rouen avec Mlle d'Entragues, 88 et suiv.

Bassompierre (Catherine de), sœur du précédent, comtesse Le Veneur de Tillières, 41, note, 493, note.

Bautru de Serrant (Marie-Madeleine), comtesse de Maulevrier-Colbert, mère de la maréchale de Médavy, 402.

Bautru de Serrant (Guillaume), grand père de la précédente, membre de l'Académie française ; ses bons mots, sa faveur auprès de Richelieu, ses ambassades, sa mort, 403, 404.

Bautru de Serrant (Guillaume), comte de Serrant, père de Mme de Maulevrier, épouse Mlle de La Basinière, 402 ; sa grande fortune ; cède son hôtel au grand Colbert, meurt fort âgé en Anjou, 405, 406.

Bautru de Nogent (Nicolas), comte de Nogent, frère de l'Académicien ; son mot sur Mme de Guéménée, 404; 405.

Bautru de Nogent (Armand), comte de Nogent, fils du précédent, épouse Mlle de Lauzun, est tué au passage du Rhin ; sa fille unique, Mme de Biron, hérite du duc de Lauzun, 405.

Bautru de Nogent (Marie), sœur du précédent, marquise de Rambures, 405.

Bautru de Nogent (Charlotte), d'abord marquise de Rânes, puis princesse de Montauban, 405.

Bautru de Nogent (N.), marquis de Vaubrun, lieutenant général, 405, note.

Beauffremont (le marquis de), épouse la fille du prince de Courtenai, 228, note.

Beaufort (le duc de), amiral de France, 253.

Beaumesnil (le château de), ses possesseurs, 263, note.

Beaurepaire (Mlle de), comtesse d'Hautefeuille, ses poésies, 274.

Béchamel (M. de), surintendant de Monsieur, 396.

Belin (la marquise de), est du cercle de Mme de Marey, 348.

Bellefonds (le maréchal de), son séjour à Argentan, 216.

Bellefonds (Marie-Madeleine-Hortense de), marquise de Fervaques, 106.

Benserade, ses ballets royaux, où dansent Mmes de Grancey, 339 et suiv., 364, 380.

Bernard (saint), sa parenté avec les Grancey, 321, 487.

Bernard d'Avernes (Jacques de), épouse N. du Bouillonné, 35.

Berryer (Louis), acquiert le domaine de La Ferrière, 203.

Bertaut (Jean), évêque de Séez, ses poésies, 317, 486, note.

Berthelot de Pléneuf (N.), marquise de Prie, gouverne la cour, 98, 99.

Béthune (voyez Sully).

Béthune (N. de), duc d'Orval, épouse Mlle de Palaizeau, 219, note.

Béthune (Thérèse-Geneviève-Emmanuelle de), marquise de Grancey, son origine, sa beauté, son portrait, épouse en secondes noces le maréchal duc de Belle-Isle, 304 et suiv.

Béthune (Louis-Marie-Victoire de), comte de Selles, père de la précédente, épouse : 1° Henriette d'Harcourt ; 2° la fille du duc de Tresmes, 304 et suiv.

Béthune (François, marquis de), père du précédent, épouse Louise-Marie de La Grange d'Arquien, 305.

Béthune (Maximilien-Henri de), duc de Sully, leur cousin, assiste au mariage de la marquise de Grancey, 307.

Beuil (Jean de), comte de Marans, mari de Françoise de Montalais, 352.

Besançon (voyez Plessis).

Bigars de La Londe (François, marquis de), épouse Rénée Rouxel, dévoué à la Fronde, fortifie le château de La Londe, en est empêché par le Parlement, 42, 43.

Bigars de La Londe (François et N.), ses fils, tués à Arras et à Étampes, 43.

Bigars de La Londe (Charlotte), leur sœur, religieuse à Verneuil, puis abbesse de Gomer-Fontaine, 43, 44, 323, 494.

Bigars de La Londe (Catherine), sa sœur, épouse le président Le Cordier, qui prend le titre de marquis de La Londe, 44.

Bigars de La Londe (N. marquis de), maire de Rouen, ses mémoires, 42.

Biron (le duc de), l'un des roués du régent, 302.

Blosset (Marie de), épouse Jean d'Annebault, 80.

Boisfranc (M. de), ses magnifiques réceptions, 385.

Bons (le seigneur de), sa lettre écrite de son sang à Mlle de Rabodanges, sa fiancée, 421, note.

Bordeaux (M. de), ses mémoires, 153 et passim.

Bordeaux (Mme de), fêtée par le duc d'Enghien, 346.

Bossuet, présenté à l'hôtel de Rambouillet par le marquis de Feuquières, 170, 171, ne croit pas à l'empoisonnement de Madame, 378, singulier procès fait à son héritier, 439, note, désavoue la déclaration de 1682, 442, recommande au roi la sévérité dans le choix des évêques, 469, note.

Bouchet (Jean du), marquis de Sourches, grand prévôt de France, 136.

Bouette de Blémur, son éloge des illustres de l'ordre de St-Benoît, 14; son article sur Louise de Médavy, 463, et sur Guyonne, 501, note.

Bouhier de Lantenay (Mlle de), épouse le marquis de Tourny, 249.

Bouillon (le duc de), gouverneur de Normandie, nomme Fervaques gouverneur de Lisieux, 82.

Bouillon (la duchesse de), son estime pour Guyonne de Médavy, 511.

Bouillonnay (Catherine du), religieuse à Exmes sous Louise de Médavy, 461.

Bouillonnay (Jeanne du), abbesse de Gomer-Fontaine, 471.

Bouillonné (Guy du), épouse Anne Rouxel, 35.

Bouillonné (François du), son fils, abbé de Mondée, 35.

Bouligneux (voyez La Palu).

Bourbon (Béatrix de), femme d'Eudes de Grancey, 81.

Bourbon (Marguerite de), épouse Jean IV de Monchy, 135.

Bourbon (Louis de), comte de Vermandois, compromis dans une débauche par le chevalier de Lorraine, 376.

Bourbon (Jeanne de), abbesse de Fontevrault, son estime pour Guyonne de Médavy, 511.

Bourbon (Henri-Jules de), duc d'Enghien, sa magnificence, ses galanteries, son portrait, ses assiduités auprès de Mme de Marey, sa jalousie, sa rupture, 344 et suiv.

Bourbon (Julie de), demoiselle de Châteaubriand, fille naturelle du précédent, épouse le marquis de Lassay, 352 et suiv.

Bourgogne (le duc de), réjouissances de la ville d'Argentan, à sa naissance, 213 et suiv.

Boutault (Gilles), évêque d'Évreux, 508.

Bouton (Erard), comte de Chamilly, épouse Catherine Le Conte de Nonant, 263.

Bracmont (Mme de), dame d'Anne d'Autriche, 505.

Bragelonne (le chevalier de), sa belle conduite à Dieppe, 450.

Brantôme, sa curieuse histoire du mariage secret de Rabodanges avec la mère du roi Louis XII, 268, 269.

Brancas (le duc de), l'un des roués du régent, 302.

Bras de Bourgueville (de), 14 et passim ; peinture qu'il fait de l'Université de Caen, en 1564, 58.

Bras de Bourgueville (Isabelle de), fille d'honneur d'Henriette d'Angleterre, est aimée du poète Chandeville, 319.

Briare (combat de), Turenne y bat Condé ; le comte de Marey y est tué, 152.

Briqueville (François de), baron de Colombières, tué à la tête des Huguenots, en défendant St-Lo, 174.

Brissac (le maréchal de), parrain de Charlotte Rouxel, baronne de Castelnau, 44.

Brissac, major des gardes du corps, tour qu'il joue aux fausses dévotes, dans la chapelle de Versailles, 393 et suiv.

Broglie (le comte de), seconde le retour de Mazarin, 148.

Broglie (le duc de), l'un des roués du régent, 302.

Brossard (M. de), ses curieux manuscrits, 15 ; ses fils accourent à Médavy assister le marquis de Grancey dans sa querelle avec Mme de Nonant, 265.

Brossard (Guillaume), sieur de la Féraudière, lieutenant civil et criminel à Argentan, 460.

Brosset (Charles), seigneur du Chesnay, épouse Catherine Rouxel, 31.

Brucourt (Gabrielle de), religieuse à Vignats, 491.

Brulart de Genlis (Claude), duchesse d'Harcourt, assiste au mariage de la marquise de Grancey, sa parente, 307.

Buat (Louise du), religieuse à Exmes, sous Louise de Médavy, 461.

Budos (Laurence de), abbesse de Caen, reçoit Guyonne de Médavy, 502.

Budos (Henriette de), duchesse de Saint-Simon, son attachement pour Guyonne de Médavy, à laquelle elle confie le cœur de sa fille, 511.

Bullion (Nicolas, marquis de), épouse Charlotte de Prie, 104, 105.

Bullion (Alphonse de), son fils, son testament à la duchesse de Ventadour, 105.

Bullion (Charles-Denis de), son frère, marquis de Fervaques, 105.

Bullion (N. de), épouse le duc d'Uzès, 106.

Bullion (N. de), épouse le prince de Talmont-La-Tremoille, 106.

Bullion (Anne-Jacques de), marquis de Fervaques, embellit le château de Fervaques, épouse Mlle de Bellefonds, 106.

Bullion (Marie-Anne-Étiennette de), duchesse d'Olonne-Montmorency, 106.

Bullion (Jacqueline-Hortense), duchesse de Montmorency-Laval, 106.

Bullion (N. de), duchesse de Beauvilliers, 106.

Bussi-Lamet (Marie de), première femme du prince de Courtenai, 227.

Bussy-Rabutin, ses mémoires, 13 et passim; son pamphlet sur le maréchal de Grancey, 131.

C.

Caderousse (le duc de), prend part à la première expédition de Candie, 343.

Calmesnil (le seigneur de), ses démêlés avec René Rouxel, 33.

Calprenède (La), son roman de Cassandre, 137.

Canaye (le P.), son entretien avec le maréchal d'Hocquincourt, 159.

Canillac (de), l'un des roués du régent, 302.

Canonville (François de), baron de Raffetot, deuxième mari de Jeanne de Fervaques, 96.

Capucines de la place Vendôme, les maréchaux de Grancey y ont leur tombeau, 129, 293.

Caracène (le marquis de), est défait par le maréchal de Grancey, 124 et suiv.

Cars (Charles des), premier mari de Gabriel du Châtelet, 138.

Cars (le cardinal des), est remplacé comme évêque de Lisieux par François de Médavy, 426, 427.

Castelnau (Jacques de), épouse Charlotte Rouxel, 44, 173.

Castelnau (Jacques, marquis de), leur fils, maréchal de France, 173 à 185.

Castelnau (Charlotte de), abbesse de Bouxières, 45.

Castelnau (Michel de), grand père du maréchal ; ses mémoires, 173 et suiv.

Castelnau (Michel, marquis de), fils du maréchal, tué à Ameyden, 184.

Castelnau (Charlotte de), duchesse de Grammont, sa beauté, 185, 339, 385.

Castiglione (Victoire de), remportée par le comte de Médavy sur le prince de Hesse-Cassel, 283 et suiv.

Cauchon-de-Maupas (Henri), évêque d'Évreux, obtient la canonisation de saint François de Sales, sa vénération pour Guyonne de Médavy, son oraison funèbre de cette abbesse, 510 et suiv

Cauvigny d'Escoville (Léonore de), comtesse d'Hautefeuille, 273.

Cé (le baron de), défait par le comte de Grancey, 116.

Cé (le pont de), pris par Hocquincourt, 149.

Chabot (Henri de), épouse Mlle de Rohan, 99, note.

Chabot (Jeanne de), maréchale de la Châtre, 305.

Chambois (M. de), ses démêlés avec le comte de Marey, son zèle pour la Fronde, est chassé de Normandie par le maréchal de Grancey, est nommé gouverneur de Caen, sa conversion éclatante, sa mort, son origine, son nom de Rosnyvinen, sa descendance, 188 et suiv.

Chambray (N. marquis de), épouse N. de Castelnau, 44.

Chambray (Hélène-Marthe de), abbesse d'Almenesches, 467.

Champlais (Charles de), marquis de Courcelles, épouse Sidonie de Lenoncourt, 401.

Champvallon (Guillaume de), épouse Gillette Rouxel, 28.

Chandeville (voyez Sarcilly).

Chantelou (François de), sieur d'Abbeville, lieutenant de roi à Argentan, 213, note.

Charles-Édouard (voyez Stuard).

Charles X, son passage à Argentan, 212, note.

Châteaubriand (le vicomte de), ses relations avec le comte d'Hautefeuille, 274.

Châteauvillain (Anne de), dame de Grancey, femme de Marc de La Baume, comte de Montrevel, 80.

Châtelet (Gabrielle du), seconde femme du grand prévôt d'Hocquincourt, 137.

Châtelet (Érard du), marquis de Trichâteau, épouse Claire Rouxel, 200.

Châtillon (la duchesse de), tente d'entraîner Hocquincourt dans la Fronde, 154, 161, 162.

Chemerault (Mlle de), son esprit, son intrigue, épouse N. Bertrand de La Basinière, 403.

Cherouvrier (Jeanne-Claude), épouse le marquis de Tourny, 246.

Chevreuse (voyez Lorraine).

Choiseul (Claude de), comtesse de Clefmont, épouse de Jean d'Aschey, 199.

Chrétien-des-Croix, d'Argentan, ses pastorales, 317, 318.

Cinerieu (Jeanne de), femme de Claude de Rabodanges, 269.

Cintray (Séraphine de), religieuse à Verneuil, 491.

Coëtlogon (Mlle de), 364.

Coëtquen (Mme de), fêtée par le duc d'Enghien, 346.

Coislin (le cardinal de), premier aumônier du roi, 450.

Clérembault (la maréchale de), sa disgrâce, soupçonnée de l'empoisonnement de Madame, son retour d'Espagne, 335, 377, 391.

Colbert (le grand), illustres alliances de ses enfants, ses prétentions à la noblesse, sa véritable origine, ses faux aïeux, supercherie pour les accréditer, épigrammes qu'il s'attire, 408 et suiv.

Colbert (Marie-Thérèse de Maulevrier), maréchale de Médavy, 399 à 416.

Colbert (Édouard-Louis), comte de Maulevrier, son père, son mérite, sa valeur, meurt de chagrin de n'être pas maréchal de France, ses projets de mariage avec Sidonie de Lenoncourt, marquise de Courcelles, épouse Mlle de Serrant-Bautru, 399 et suiv.

Colbert (N. de), fils du précédent, sa folle passion pour la duchesse de Bourgogne, sa mort mystérieuse, 407.

Colbert (Jean-Baptiste), marquis de Seignelai, 408, 412 et suiv.

Colbert (Jacques-Nicolas), archevêque de Rouen, son frère, 412, 415, note, 441.

Colbert (N. N. et N. de), ses sœurs, duchesses de Mortemart, de Chevreuse et de Beauvilliers, 408 et suiv.

Condé (le grand), défait Hocquincourt à Bleneau, 151, 152.

Corday (le chevalier de), lieutenant de roi à Falaise, 242.

Corné (voyez La Vallée).

Corneille (Thomas), sa comédie sur les amours du duc d'Enghien et de Mme de Marey, 248 et suiv.

Cosnac (Daniel de), archevêque d'Aix, premier aumônier de Monsieur, ses mémoires, 447.

Courcelles (voyez Champlais et Lenoncourt).

Courtarvel (Catherine de), comtesse d'Hautefeuille, 273.

Cousin (Victor), 14, 16, 17, ses visites à l'abbaye de Verneuil, 485.

Custine (le marquis de), acquiert le château de Fervaques, 107.

D.

Daillon du Lude (Marie de), duchesse de Roquelaure, recherchée en mariage par le comte de Grancey, sa triste fin, 219, 220.

Dallancé, célèbre chirurgien, envoyé auprès de Castelnau, mourant, 181, 182.

Damas-Thianges (Gabrielle de), comtesse de Bouligneux, mère de la comtesse de Grancey, 220, son origine, 224 et suiv.

Damphoux de Vachères (N. de), dame du Plessis-Besançon, 226.

Dangeau, (le marquis de), son journal, 13 et passim.

Dangeau (la marquise de), sa piété, 393, 395.

Daugnon (voyez Foucault et Guyot).

Davy (Guillaume), sieur de Néel, épouse N. Rouxel, 28.

Decazes (la duchesse), représente aujourd'hui les Feuquières et les Soyecourt, 172.

Desportes (Joachim), frère du poète Philippe, envoyé par Médavy à Sully, pour négocier son accommodement, 68.

Devoucoux (Mgr), évêque d'Évreux, préside à Verneuil l'inauguration de la crypte des Médavy, 513, 514.

Domfront (le siége de), Montgommery y est pris, 83, 84.

Dreux-Morainville (Jean de), est tué à Verneuil en défendant cette ville contre Médavy, 61, 62.

Drosay (Jean de); célèbre docteur de l'Université de Caen, 58, 59.

Dubois (le cardinal), est sur le point de succéder à l'abbé de Grancey, 453, 454.

Dubreuil, lieutenant de roi à Argentan, 140.

Duquesne (le contre-amiral), au combat de l'île de Wigth, 254.

Duras (le marquis de), son fils est défait par le comte de Grancey, 117.

Dyo (Françoise de), épouse de François de Damas-Thianges, 225.

E.

Effiat (Antoine Ruzé, marquis d'), petit-fils du maréchal, sa grande faveur auprès de Monsieur et du régent, sa prodigieuse fortune, 325.

Enghien (voyez Bourbon).

Entragues (voyez Balzac).

Escalles (Catherine d'), épouse Georges Rouxel, 28, 29.

Escorpain (dame de l'), fiancée à René Rouxel, 33.

Esnault (Philippe), trésorier de St-Germain d'Argentan, 140.

Essards (voyez Lombellon).

Estouteville (Marie d'), femme de Jean de Châteauvillain et de Grancey, 80.

Estrées (l'amiral d'), commande la flotte française, 254 et suiv.

Etampes (Claude d'), baron de la Ferté-Imbault, épouse Jeanne de Fervaques, 96.

Etampes (Jacques d'), son fils, maréchal de France, 97.

Etampes (Dominique d'), marquis de Valencey, 161.

Etampes (Éléonore d'), maréchale d'Hocquincourt, 167.

F.

Fabert (Angélique), fille du maréchal, marquise d'Harcourt-Beuvron, assiste au mariage de la marquise de Grancey, sa parente, 307.

Falaise (Marie de), comtesse de La Ferrière, 202.

Falaise (Joachim de), son frère, seigneur de Bernai-sur-Orne, 202.

Falaise (ville de), réception qu'elle fait à Henriette de Grancey, marquise de Putanges, femme du gouverneur, 242 ; François de Médavy y établit un séminaire pour la philosophie, 435.

Falendres (le seigneur de), 59.

Faucon de Ris (le premier président), se joint à Fervaques pour haranguer le Parlement de Normandie, à la mort de Henri IV, 88.

Fénelon, son avis à Mme de Maintenon sur la piété renaissante, 393, note, détourne l'archevêque de Rouen, Colbert, de reconstruire le château de Gaillon, 415, note.

Fervaques (voyez Hautemer).

Fervaques (château de), Henri IV y reçoit l'hospitalité, 95, sa description, 101, 102.

Fiennes (Mme de), ses odieux propos sur l'empoisonnement de Madame, 377, son avarice proverbiale, 391.

Fiesque (N. d'Harcourt, comtesse de), familière de Mme de Marey, 348.

Feuquières (voyez Pas).

Flavacourt (voyez Fouilleuse).

Fleuré (le château de), bâti par Jacques de Silly, 27, reconstruit par Mgr du Plessis d'Argentré, 435.

Flotte (Mme de), dame d'atours d'Anne d'Autriche, 505.

Foucault du Daugnon, fait maréchal de France, 120.

Foucault du Daugnon (Louise-Marie), marquise de Castelnau, sa fille, 84, 85.

Fouilleuse (Michel de), marquis de Flavacourt, épouse Marie Rouxel, 275.

Fouilloux (N. de), marquise d'Halluye, famillière de Mme de Marey, 348.

Fouques d'Aunou, 21.

Fouques de Manétot (Perrette), épouse Jacques Rouxel, 38.

Fouquet (le surintendant), sa magnificence à St-Mandé, son plan de défense découvert derrière une glace, 478, 479.

Four du Saussay (M. du), donne asile à M. de Pommainville, 246.

Four de Bellegarde (Jacques du), nomme une cloche à Argentan avec la marquise de Grancey, 271.

Four de Trémont (Jean du), contrôleur du grenier à sel d'Argentan, 460.

Fribois (Gilles de), épouse Hélène Rouxel, 31.

Fumichon (voyez Lonchamp).

G.

Gallois (Etienne), sa publication des lettres des Feuquières, 170.

Gaucher (Michel), président en l'élection de Verneuil, 493, note.

Gautier du Tilleul et de Chiffreville (Jacques de), épouse la marquise de Courcelles, 402.

Germigny (Jacqueline de), dame de Court-Alary, 329.

Gillier (Jacqueline), mère de la maréchale de Fervaques, 95.

Girard de l'Epinay (Marie), maréchale de Castelnau, 183, 184.

Gislain (Jean), seigneur de Saint-Mars, 62, note.

Gobé (Claude), sieur de Suresnes, épouse Anne Rouxel, 35.

Godeville (Jacques), curé de Verneuil, se dévoue pour épargner à la ville le pillage des troupes de Médavy, 65, 66.

Gomer-Fontaine (abbaye de), 471 et suiv.

Gontaut-Biron (Catherine de), religieuse à Almenesches, 459.

Gosset (Nicolas), dédie son histoire de sainte Opportune à Mme de Médavy, 465.

Gouhier (famille de), 30, note.

Gouhier (Cristophe), sieur d'Ectot, épouse Isabelle Rouxel, 29.

Goyon de La Moussaye, 25, note.

Gourdon (Mlle de), dame d'atours de Madame, 348, 379, 383.

Grancey (voyez Rouxel).

Grancey (Jeanne de), dame de Chateauvillain, 81, 81.

Grancey (Eudes de), épouse 1° Béatrix de Bourbon ; 2° Yolande de Bar, 81.

Grancey (terre de), érigée pour le maréchal de Fervaques, en duché-pairie que l'on veut faire revivre pour le maréchal de Médavy, 91, 92, 290.

Grancey (château de), le maréchal de Médavy y place ses pièces de canon prises à Castiglione, le fait reconstruire, sa magnificence, sa belle héronnière, statue du maréchal, 289 et suiv.

Grammont (Roger de), son duel avec le maréchal d'Hocquincourt, 167.

Grammont (Anne-Louise de), marquise de Feuquières, 171.

Grandpré (voyez Joyeuse).

Grenoble, le maréchal de Médavy y fait exécuter, sur ses plans et à ses frais, la belle promenade des Champs-Élysées, 295.

Groignes (Blanche de), dame de Fervaques, 79.

Guets de Belleville (Marie des), abbesse d'Almenesches, 458.

Guets de la Potinière (Renée des), religieuse à Almenesches, 458, 490.

Guiche (le comte de), compromet Madame, son exil, ses attentions pour Mᴵˡᵉ de Grancey, 370, 384.

Guyot du Daugnon (Catherine), femme d'Henri de Lambert, 244.

H.

Hally (Christophe de), comte de La Ferrière, épouse Marie Rouxel, 202, 203.

Harcourt (Mᵐᵉ d'), marraine de Marie Rouxel, 39.

Harcourt (Henriétte d'), comtesse de Béthune, mère de la marquise de Grancey, 305, 306.

Harlay de Chanvallon, archevêque de Paris, 44, note.

Hautemer (Guillaume de), maréchal de Fervaques, 79 à 108.

Hautemer (Louise-Marie de), marquise de Prie, 96, 97.

Hautemer (Jeanne de), baronne de La Ferté-Imbault, 96, 97.

Hautemer (Charlotte de), comtesse de Grancey, 313 à 326.

Henri IV, parrain d'Henri Rouxel, 41, ses lettres à Sully au sujet du comte de Médavy, 70, 71, loge au château de Fervaques, son billet au maréchal de Fervaques, 95.

Héricourt (Charles d'), son livre des vies de huit vénérables veuves, 314, note.

Hesse Cassel (le prince de), est défait à Castiglione par Médavy, 283, échoue devant Toulon protégé par le Même, 287, 288.

Heudey de Pommainville (Nicolas de), soustrait par le marquis de Grancey à la fureur de ses adversaires, épouse Mᴵˡᵉ Le Conte de Nonant, 267.

Heudey (Jacqueline), abbesse d'Almenesches, 457.

Hocquincourt (voyez Monchy).

Honfleur (siége de), Fervaques s'y signale, 86.

Houay (Charles d'), frère de l'historien Mézeray, sa réponse au maréchal de Grancey, son dévouement lors de la peste d'Argentan, 140, 141.

Huet (le savant évêque d'Avranches), ce qu'il dit d'Éléonor de Sarcilly, dans ses origines de Caen, 319.

Huxelles (la marquise d'), fait partie du cercle de Mme de Marey, 348.

J.

Jablonouski, prince Palatin de Russie, épouse Mlle de Béthune, 306.

Joyeuse (Charles-François de), comte de Grandpré, s'efforce d'entraîner Hocquincourt dans la Fronde, 154.

Juan d'Autriche (don), défait par le maréchal d'Hocquincourt, 157.

Julien, dit le Capitaine, fils naturel de René Rouxel, ses aventures, 33, 34.

Jumilly (Madeleine de), religieuse de Vignats, 491.

La Basinière (voyez Bertrand).

La Baume (Anne de), épouse Jean de Fervaques, 80.

La Baume-Le-Blanc de La Vallière (Marie de), marquise de Trichâteau, 200.

La Baume (Nicolas-Auguste de), marquis de Montrevel, maréchal de France, épouse la marquise de Grancey, sa mort singulière, 272.

La Beaumelle, ce qu'il dit de l'inclination du roi pour Mlle de Grancey, 365.

Labbé (Marguerite), dame de La Rosière, épouse Frédéric Rouxel, 34.

La Bretinière (de), plaide à Rouen pour Bassompière contre les d'Entragues.

La Carte (voyez Thibault).

La Châtre (Louise de), fille du maréchal, marquise de La Grange d'Arquien, 305.

La Fare (le marquis de), ses Mémoires suspects, 334, trait qu'il rapporte de la charité de Monsieur, 368.

La Ferrière (voyez Hally).

La Ferrière (le comte Hector de), son histoire du canton d'Athis, 203, 316, notes.

La Ferté-Imbault (voyez Etampes).

La Ferté-Senneterre, fait maréchal de France, 146.

La Ferté-Senneterre (Adélaïde de), épouse de Louis de Rabodanges, 270.

La Ferté-Senneterre (Françoise-Charlotte de), marquise de La Carte, 271.

Lafrette (Mme de), marraine du comte de Marey, 186.

La Grange-d'Arquien (le cardinal, marquis de), 305.

La Grange-d'Arquien (Marie-Casimire de), sa fille, épouse le roi Jean Sobieski, 305.

La Grange-d'Arquien (Louise-Marie de), sœur de la reine, marquise de Béthune, grand'mère de la marquise de Grancey, 306.

La Londe (voyez Bigars).

Lambert (Thérèse de), dame de Vassan, 244.

Lamoignon (la 1re présidente de), marraine de Madeleine Rouxel, 50.

La Mothe-Houdancourt (le maréchal de), épouse Louise de Prie, 97, 314.

La Mothe-Houdancourt (Mlle de), sa fille, duchesse de Ventadour, 339 et passim.

La Mothe-Peley (château de), 90, note ; sert d'asile aux religieuses de Verneuil, 502, 508.

Lanchal (le seigneur de), Françoise Rouxel meurt chez lui, 200, 201.

Langan (Pierre de), baron de Boisfevrier, gouverneur de Verneuil, 493.

Langlois (Jacqueline), dame du Chesnay, épouse Alain Rouxel, 29.

Lansac (Mme de), 97, note.

La Palu-Bouligneux (Henriette de), comtesse de Grancey, 220.

La Palu (Jean de), comte de Bouligneux, son père, son extraction, 220, 222.

La Palu (Claude de), lieutenant général, 222.

La Palu (Louis de), son courage, singulière anecdote sur sa mort, 222 et suiv.

Larçonneur (Guillaume), son origine, devient seigneur de Médavy, gouverneur d'Argentan, écuyer du duc d'Alençon, tué à Verneuil, 21, 23.

Larçonneur (Marie), sa fille, épouse Jean Rouxel, 24, 26.

La Rochefoucault (le duc de), défait par le maréchal de Grancey, 117.

La Saussaye (abbaye de), 477 à 482.

Lassay (voyez Lesparre).

La Tournelle (Charlotte de), marquise d'Hautefeuille, 273.

La Trémoille (N. de), marquis de Noirmoutiers, défait par Grancey, 117.

La Trémoille (N. de), prince de Talmont, épouse Mlle de Bullion, 106.

Laudier (Renée), dame de Sainte-Marthe, ses relations avec René Rouxel, 33.

Launoy (Mme de), marraine du comte de Marey, 186.

Lautour-Montfort, sa notice généalogique sur les Rouxel, 14.

Laval (le comte de), beau-fils du maréchal de Fervaques, 99.

Laval-Montmorency (Guy-André-Pierre de), épouse Mlle de Bullion, 106.

Laval-Montigny, 493, note.

La Vallée-Corné (Mlle de), son mariage avec le comte de Grancey, difficultés qu'il rencontre, détails romanesques, démêlés judiciaires, ce qu'étaient les La Vallée, comment la comtesse ne parvint jamais à faire prévaloir son titre, 228 à 238.

La Vallière (Mlle de), on cherche à la supplanter auprès du roi par Mlle de Grancey, 365.

La Vienne (fameux baigneur), ses salons rendez-vous des débauchés, 132.

La Vieuxville (la duchesse de), succède à Mme de Marey comme dame d'atours de la duchesse de Berry, 358.

La Vieuxville (Mme de), abbesse de Gomer-Fontaine, 475.

Laubespine (Madeleine de), dame de Leuville, aïeule de la maréchale de Grancey, 328.

Laubespine (Charlotte de), duchesse de Saint-Simon, 511.

Le Brun (le président), 1er mari de la princesse de Courtenai, sœur de la comtesse de Grancey, 227.

Le Camus (Étienne), intendant de Pau, épouse Mlle de Tourny, 246.

Le Chevallier (Jacques), seigneur de Venoix, 29, note.

Le Conte de Nonant (la marquise douairière), est enlevée avec sa fille par le marquis de Grancey qui les emmène au château de Médavy, détails sur ce curieux épisode, 264 et suiv.

Le Conte (Pompone), marquis de Nonant, fils de la précédente, épouse Mlle de Lyonne, son duel avec le comte de Selles, meurt à 20 ans, 262 et suiv.

Le Cordier (Nicolas), marquis de La Londe, 44.

Le Laboureur, son édition des mémoires de Castelnau, 175, sa vie du maréchal de Castelnau, 183.

Lenoir (Jean), théologal de Séez, ses démêlés avec l'évêque François de Médavy, sa condamnation, sa mort, 435 et suiv.

Lenoncourt (Marie-Sidonie de), marquise de Courcelles, sa beauté, son origine, ses richesses, est détournée d'épouser le comte de Mauleyrier, sa vie romanesque et dissolue, son second mariage avec Jacques de Gautier, 401, 402.

Leportal, tente de sauver Montgommery à Domfront, 83, 84.

Le Rebours (le P.), prononce à Rouen l'oraison funèbre du baron de Médavy, 76.

L'Escalopier (Charlotte), épouse Guy de Rabodanges, 270.

Lesparre de Madaillan (Armand de), marquis de Lassay, épouse Julie de Bourbon, fille naturelle du duc d'Enghien, 352.

Le Tellier (l'abbé), aumônier du maréchal de Grancey, 133.

Le Tellier (Marie-Anne), marquise de Tourny, 246.

Le Tellier de Tourneville, receveur des gabelles, à Rouen, la populace pille sa maison, 246 note, 431.

Leuville (voyez Olivier).

Le Vallois (Nicolle), recteur de l'Université de Caen, 158.

Le Veneur de Tillières (voyez Bassompierre et Tillières).

L'Evesque de Marçonnay (Renée), maréchale de Fervaques, 95, 96.

DES NOMS PROPRES. 549

Le Vieil (Françoise), femme de René Rouxel, 32.

Lezy (le chevalier de), commande la garnison de Cayenne, 258.

L'Hospital (le maréchal de), 218, veut épouser la marquise de Nonant, 264.

L'Hospital (Élisabeth de Boullogne, marquise de), ses propos ridicules sur le marquis de Grancey, 308.

Ligniville (Mme de), prédit la mort du maréchal d'Hocquincourt, 166.

Lisieux (la ville de), Fervaques en est fait gouverneur, 93, 94; y fonde le couvent des Capucins, 427.

Livarot (voyez Oraison).

Lombellon (Louis de), baron des Essards, 63, gouverneur de Verneuil, dévoué à la Fronde, 507.

Longchamp (Guy de), sieur de Fumichon, ses démêlés avec Fervaques, 83, 94.

Longchamp (Marie de), épouse Louis de Rabodanges, 270.

Longueville (N. de), comte de Saint-Paul, ses liaisons avec la marquise de Castelnau, sa mort, 184.

Longueville (le duc de), son père, visite Guyonne de Médavy, sa parente, 509.

Lorraine (Charles de), duc de Mayenne, protége le comte de Médavy, 60, 61.

Lorraine (Claude de), duc de Chevreuse, épouse Marie de Rohan, 100, note.

Lorraine (Henri de), comte d'Harcourt, dit Cadet-la-Perle, nommé grand écuyer de France, au lieu de Saint-Simon, 375; visite Guyonne de Médavy, 508, note.

Lorraine (Philippe de), dit le chevalier de Lorraine, son origine, sa grâce, son esprit, sa valeur, ses mœurs dissolues, son influence sur Monsieur et sur le roi, son intrigue, sa disgrâce, son exil, ses liaisons avec Mlle de Grancey, est soupçonné d'avoir participé à l'empoisonnement de Madame, 373 et suiv., sa belle conduite à Dieppe, 450.

Lorraine (Charles de), comte de Marsan, associé aux débauches du chevalier, son frère, 376, épouse la marquise de Seignelay, 408.

36

Louis XIV, son goût pour Mlle de Grancey, 365, sa réponse à l'odieuse proposition de Villarceaux, à cette occasion, *ibid.*

Loudun (possession des religieuses de), 500.

Louviers (possession des religieuses capucines de), *ibid.*

Lude (voyez Daillon).

Lully, son idylle sur la Paix, chantée à Sceaux, 413.

Luxembourg (le duc de), rompt son mariage avec la marquise de Seignelay, 408, note.

Lyée (Jacques de), premier mari de Louise de Vieuxpont, 62, note.

Lyonne (Mlle de), épouse le marquis de Nonant, 262, 263.

M.

Maintenon (Mme de), ses lettres, 13, sa liaison avec les Mornay, 331, s'efforce de retenir la comtesse de Marey auprès de la duchesse de Berry, 356, veut faire de Gomer-Fontaine une succursale de St-Cyr, 475.

Mandat (le baron de), légataire de la terre de Grancey, 249.

Mandat-Grancey (le comte de), possesseur actuel du château de Grancey, *ibid.*

Mancini (Hortense). Mazarin veut lui faire épouser le prince de Courtenai, 227, 228.

Mancini (Olympe), comtesse de Soissons, 339, 346, 347, 365.

Mannoury (M. de), seigneur d'Aubry, sa galerie de portraits des Médavy-Grancey, 8, est autorisé à écarteler ses armes de celles des Rouxel, 524, note.

Mannoury (Pierre de), épouse Mlle d'Oilliamson, petite-fille du comte de Grancey, 240.

Mannoury (Isaac de), épouse Françoise de Mannoury, sa cousine germaine, en présence de la maréchale de Médavy, sa grand'tante, 415, note.

Marçonnay (voyez L'Évesque).

Marey (voyez Rouxel).

Mathan (Guillemette de), épouse Fleury-Rouxel, 30.

Matignon (le comte de) se prononce pour la Fronde, est arrêté et remplacé par Grancey dans le commandement de la Normandie, 118 ; accourt au château de Médavy pour en arrêter le siége, 265.

Matignon (Thérèse de), marquise de Seignelay, comtesse de Marsan, 408.

Matignon (Mlle de), marraine de François de Médavy, 425.

Mauchrestien, sieur de Vatteville, 317.

Maulevrier (voyez Colbert).

Mauny (le marquisat de), 97, note.

Maupas (voyez Cauchon).

Maurey d'Orville, son histoire de Séez, 430.

Maussion (le général de), 248.

Mauzaisse, son portrait du maréchal de Médavy, 294.

Mazarin (le cardinal), ses démêlés avec Hocquincourt, quitte la France et y est ramené par Hocquincourt, 144 et suiv.

Médavy (voyez Rouxel).

Médavy (Agathe de), 20, 21.

Médavy (château de), assiégé à l'occasion de l'enlèvement, par le premier marquis de Grancey, de Mlle de Nonant, 262 et suiv., reconstruit par le deuxième marquis de Grancey, 309.

Médicis (Catherine de), veut faire épouser Marie Stuart, puis Élisabeth, au roi Charles IX, 174.

Ménildot (Catherine du), épouse Jacques du Bouillonné, 35.

Merle (famille du), seigneurs de Médavy, 24.

Mirecour (Eugène de), son roman sur la marquise de Courcelles, 402, note.

Mirville (le marquis de), son livre *Des Esprits*, 500, note.

Moinet (Catherine), épouse Alain Rouxel, 29.

Monchy d'Hocquincourt (Catherine de), première femme du maréchal de Grancey, 134 et suiv.

Monchy d'Hocquincourt (Georges de), père de Mme de Grancey, grand prévôt de France, 134 et suiv.

Monchy (Jacques IV de), seigneur de Montcavrel et Rubempré, épouse Marguerite de Bourbon, 135.

Monchy d'Hocquincourt (Charles de), maréchal de France, frère de Mme de Grancey, 147 à 173.

Monchy d'Hocquincourt (le marquis de), fils du maréchal, fait tirer sur les troupes de son père, 163 ; créé chevalier du Saint-Esprit, épouse Mlle Molé, 168.

Monchy d'Hocquincourt (Marie-Madeleine de), marquise de Feuquières, fille du précédent, 169, 170.

Montagu (Gallois de), épouse Suzanne Rouxel, 31.

Montagu (Mlles de), leur séjour à Médavy, 316.

Montalais (Françoise de), comtesse de Marans, mère de Julie de Bourbon, marquise de Lassay, sa folie, 353.

Montbazon (la duchesse de), folle passion d'Hocquincourt pour elle, 159.

Montgommery (le comte de), fait prisonnier à Domfront, 83, repoussé d'Argentan par Denis Rouxel, 420.

Montlandrin (Collette de), épouse Guillaume de Fervaques, 80.

Montmorency (Sigismond de), duc d'Olonne, épouse Mlle de Bullion, 108.

Montmorency (voyez Laval).

Montpensier (la duchesse de), tente d'entraîner Hocquincourt dans la Fronde, 156 ; marraine de Gaston Rouxel, 204 ; ses séjours chez les Flavacourt, 276 ; son portrait de Monsieur, 367 ; ne croit pas à l'empoisonnement de Madame, 378.

Montpezat (le marquis de), lieutenant général du maréchal de Grancey, en Savoie, 124.

Monty (le marquis de), id., *ibid.*

Morand (Thomas), baron du Mesnil-Garnier, 330.

Morand (Marie), sa fille, marquise de Leuville, id.

Morchesne (Rolland de), 38, note.

Morell (Antoine-Achille de), marquis de Putanges, gouverneur de Falaise, épouse Mlle de Médavy, 50 ; fêtes données à cette occasion, réception de la marquise à Falaise, 240 et suiv.

Morell (de), seigneurs d'Aubigny ; leurs tombeaux dans l'église d'Aubigny, 243 et suiv.

Morenne (Claude de), évêque de Séez, baptise Guillaume Rouxel, 41.

Mornay de Villarceaux (Charlotte de), maréchale de Grancey (voir son article p. 327 à 338).

Mornay (Louis de), marquis de Villarceaux, frère de la maréchale, sa galanterie, ses liaisons avec Mme de Maintenon et Ninon de Lenclos, 330 et suiv.

Mornay (Charles de), marquis de Villarceaux, fils du précédent, son courage, sa mort, 332.

Mornay de Montchevreuil (la marquise de), sa piété, 393.

Mortagne (la ville de), Médavy tente vainement de s'en emparer, 63, 64.

Moulinet (du), évêque de Séez, parrain du Marie Rouxel, 39.

Moutis (Jacques des), lieutenant de Médavy au gouvernement du Perche, 62, son expédition de Mortagne, 63.

N.

Nanteuil (Robert), son portrait du maréchal de Castelnau, 175.

Napoléon Ier blâme Turenne de n'avoir pas attendu le maréchal d'Hocquincourt à Briare, 153.

Navailles (le marquis de), seconde le retour de Mazarin, 148.

Nemours (le duc de), blessé à Bleneau, 155.

Nemours (la duchesse de), ses séjours chez les Flavacourt, 277.

Neufbourg (Mme du), marraine d'André Rouxel, 41.

Neufville de Cleray (Mlle de), marquise de Rabodanges, 271.

Nevers (le duc de), cède le gouvernement du Nivernais au comte de Médavy, 286, recherche Mlle de Grancey, épouse Mlle de Thianges, 384.

Noailles (le duc de), son histoire de Mme de Maintenon, 14.

Noiron (Mme), femme de chambre d'Anne d'Autriche, 505.

Noirville (M. de), lieutenant général en l'élection de Falaise, 242.

Nollent (M. de), parrain d'une cloche à Verneuil, 493.

Nonant (voyez Le Conte et Plessis).

Noviant (Jeanne de), femme de Jacques de Leuville, 329.

Noyers (Mahaut de), dame de Grancey, 79.

O.

O (Mme d'), marraine de Charlotte Rouxel, 44.

Oilliamson (René d'), marquis de Courcy, épouse Catherine Rouxel de Médavy, 238 et suiv.

Oilliamson (Anne-Marie-Françoise d'), dame de Mannoury, fille des précédents, 50, note ; est élevée à l'abbaye d'Almenesches par sa grand'tante, fille du maréchal de Grancey, est marraine avec l'abbé de Grancey, premier aumônier du régent, épouse Pierre de Mannoury, seigneur de Ste-Eugénie, etc., 240 et note.

Oilliamson (Anne d'), épouse François de Rabodanges, 369.

Olivier de Leuville (Anne), dame de Villarceaux, mère de la maréchale de Grancey, 328.

Olivier (François), chancelier de France, aïeul de la maréchale.

Olivier (Louis), marquis de Leuville, frère de la maréchale, 330.

Olivier (N.), fille du précédent, marquise d'Effiat, 335.

Ollier (Marie), dame de Morell d'Aubigny, 244.

Opalinska (la comtesse Bnin), mère du roi Stanislas, 306.

Oraison (César), marquis de Livarot, épouse Mlle de Longchamp, 272, note.

Orléans (la duchesse d'), mère de Louis XII, épouse secrètement le seigneur de Rabodanges, 268 et suiv.

Orléans (Gaston, duc d'), brouillé avec la reine, 124, parrain de Gaston Rouxel, 204.

Orléans (Philippe, duc d'), Monsieur, frère de Louis XIV, son goût pour Mlle de Grancey, songe à l'épouser après la mort d'Henriette d'Angleterre ; son portrait, ses goûts efféminés, son courage à la guerre, sa faiblesse pour ses favoris, 365 et suiv.

Orléans (Henriette d'Angleterre, duchesse d'), première femme de Monsieur, son portrait, sa légèreté, son voyage politique en Angleterre, 370 et suiv. ; sa mort, soupçons auxquels elle donne lieu, 377 et suiv.

Orléans (Charlotte-Élisabeth, duchesse d'), deuxième femme de Monsieur, son portrait par elle-même, ce qu'en dit Saint-

Simon, sa véracité suspecte, 371 et suiv.; ses imputations au sujet de la mort de Madame, 377 ; sa querelle avec Mlle de Grancey, 380 et suiv. ; son opinion sur l'éducation des enfants du régent, 355.

Orléans (Marie-Louise d'), fille de Monsieur, reine d'Espagne, ses regrets en quittant la France, est conduite en Espagne par Mlle de Grancey, sa dame d'atours, sa mort mystérieuse, 386 et suiv.

Orléans (Anne-Marie d'), *idem*, duchesse de Savoie, conduite à Turin par la maréchale de Grancey, 336.

Orléans (Charlotte-Élisabeth d'), *idem*, duchesse de Lorraine, sa constante amitié pour Mme de Marey, sa gouvernante, ses vertus, sa mort, 353 et suiv.

Orléans (Philippe, duc d'), régent de France, ses roués, 301 et suiv.

Orléans (Marie-Élisabeth d'), duchesse de Berry, fille du régent, son enfance, ses vices, son mariage; Mme de Marey, sa gouvernante, refuse d'être sa dame d'atours, Saint-Simon et Dangeau applaudissent à ce refus; portrait de la duchesse en notre possession, 355 et suiv.

Orléans (Louise-Élisabeth d'), *idem*, abbesse de Chelles, son humeur, sa piété, sa mort, son épitaphe, 360 et suiv.

Orléans (Charlotte-Aglaé d'), *idem*, duchesse de Modène, 361.

Orléans (Louis, duc d'), leur frère; ses vertus, 361.

Orléans (Marguerite-Louise d'), grande-duchesse de Toscane, son humeur bizarre, son retour en France, ses démêlés avec Françoise de Grancey, abbesse de St-Mandé, sa mort, 479 et suiv.

Ormesson (Olivier d'), ne croit pas à l'empoisonnement de Madame, 378.

Osmond (Antoine d'), épouse une Rouxel et devient seigneur d'Aubry, 34.

Osmond (Catherine d'), dame de Seran d'Audrieu, 238.

Osseville (Mme d'), ses vers sur Catherine de Médavy, marquise de Courcy, 240.

P.

Palaizeau (Mlle de), recherchée en mariage par le comte de Grancey, 278 et suiv.

Palatine (Madame), voyez Orléans.

Panthou (Philippe de), épouse Jacqueline Rouxel, 31.

Pas (Manassès de), marquis de Feuquières, est battu à Thionville, 113 et suiv.

Pas (Antoine de), marquis de Feuquières, son origine, ses mémoires, épouse Mlle d'Hocquincourt, 169 et suiv. ; son appréciation de la victoire de Castiglione, remportée par Médavy, 284 et suiv.

Pas (Pauline-Corysandre de), marquise de Soyecourt, 172.

Patin (Guy), sa lettre sur la mort d'Hocquincourt, 166 ; *idem*, sur la mort de Castelnau, 181.

Paynel (Collin), seigneur de Médavy, 21.

Pellevé (le cardinal de), et son frère, docteurs de l'Université de Caen, 58 et suiv.

Péronne (la ville de), Hocquincourt en est gouverneur, 143 et suiv. ; y reçoit Saint-Évremond et le P. Canaye, 159 ; son fils l'empêche de la livrer aux frondeurs, 163.

Péricard (François de), évêque d'Évreux, protége l'abbaye de Verneuil, 500 et suiv.; lui lègue son cœur, 507.

Péricard (N. de), dame de Laval-Montigny, sa nièce, 493, notes.

Perron (le cardinal du), nomme Henry Rouxel pour le roi, 41.

Perron (Jacques Le Noël du), évêque d'Évreux, 507.

Pierrefitte (Françoise de), épouse Jacques Rouxel, 30 et 31.

Pierrepont (Marguerite de), religieuse de Vignats, 491.

Pinard, sa *Chronologie historique militaire*, 13 et passim.

Plessis (François du), seigneur de Richelieu, père du cardinal, 136.

Plessis-Bezançon (Anne du), comtesse de Grancey, 225.

Plessis-Bezançon (Bernard du), père de la comtesse, ses missions en Italie, son mérite, 225 et suiv.

Plessis-Bezançon (Hélène du), princesse de Courtenai, sœur de la comtesse de Grancey, 227 et suiv.

Plessis-Châtillon (N. du), marquis de Nonant, épouse Mlle Le Conte de Nonant, 263, 264.

Pommainville (voyez Heudey).

Pommereuil (Mme de), prieure de N.-D. de Monfort, 505.

Portes (la marquise de), acquiert le château de Fervaques, 107.

Portes (Mlle de), comtesse d'Hautefeuille, 74.

Praslin (le marquis de), commande la cavalerie à Thionville, sa défaite, est mis à la Bastille, 113 et suiv.

Prat (Antoinette du), marquise d'Alègre, 99.

Pré-en-Pail (Anne de), dame de Silly, 27.

Prie (Aymard de), marquis de Toucy, épouse Louise de Fervaques, 96.

Prie (Charlotte de) épouse le marquis de Bullion, 103.

Prouverre (Thomas), son manuscrit sur Argentan, 15 et passim.

Prouverre de Francheville, échevin d'Argentan, 190.

Pussort (Marie), mère du grand Colbert, 409.

Putanges (voyez Morell.)

Q

Quillebeuf (M. de), curé de la Madeleine de Verneuil, 499.

Quincé (le comte de), lieutenant général du maréchal de Grancey, en Savoie, 124, son *Histoire militaire*, 128.

R

Rabondanges (Jeanne-Aimée de), épouse le premier marquis de Grancey, 257; son origine, 265 et suiv.; épouse en secondes noces le maréchal de Montrevel, 272.

Rabodanges (N. de), épouse secrètement la reine, mère de Louis XII, 268 et suiv.

Racine, son *Idylle sur la paix*, composée pour les fêtes de Sceaux, 413.

Racine, le fils, vers qu'il adresse à l'abbesse de Chelles, 361.

Radziwil (Jacob), prince de Zamoski, épouse Casimir de La Grange d'Arquien, 305.

Raffetot (François de Canouville, baron de), épouse Jeanne de Hautemer, baronne de La Ferté-Imbault, 96.

Rambures (Mme de), aimée du poète Chandeville, 319.

Retz (le cardinal de), son odieuse imputation contre Hocquincourt, 150.

Riant (Gabrielle de), dame de Morell d'Aubigny, 224.

Richelieu (le cardinal de), réponse hardie que lui fait Hocquincourt, 137.

Rochechouart (Gabrielle de), marquise de Thianges, devient pieuse, 393.

Rochechouart (Athénaïs de), marquise de Montespan, *ibid.*

Rohan (le duc de), défait par le comte de Grancey, 209.

Rohan (Jean-Baptiste de), prince de Montauban, épouse Charlotte Bautru, marquise de Rânes, 405.

Roquelaure (le duc de), épouse Mlle du Lude, que recherchait le comte de Grancey, 220.

Roquette (victoire de la), remportée par le maréchal de Grancey, 124.

Rosnyvinen (voyez Chambois).

Rosnyvinen (famille de), 197.

Rospigliosi (le bailli de), commande l'expédition de Candie, 253.

Rouen (le Parlement de), Fervaques y fait enregistrer l'édit de Nantes, y prend le parti de Bassompierre, 86 et suiv.

Roués du régent, le marquis de Grancey en fait partie, 301 et suiv.

Roucy (le comte de), son bon mot sur la mort de l'abbé de Grancey, 453.

Rouillé de Meslay (Marie-Anne), marquise de Fervaques, 105.

Rouville (voyez Rouxel).

Rouxel de Médavy (Jean), son origine, son établissement en France sous Charles VI, devient écuyer du duc de Bretagne, épouse Marie Larçonneur, prend part au combat des *Trente*, reçoit de Charles VII des biens en Normandie, 21, 24 et suiv.

Rouxel, Roussel et Russel (identité de ces trois noms), 25.

Russel (lord John), descendant d'un des compagnons de Guillaume le Conquérant, envoie une cloche à l'église de Rosel, berceau de sa famille, 25, note.

Rouxel (Thierry), frère de Jean, meurt sans postérité mâle, ayant marié sa fille unique à un seigneur d'Avaugour, de la maison de Bretagne, 25.

Rouxel (Alain), fils aîné de Jean et de Marie Larçonneur, prend le parti du duc de Bretagne contre Charles VIII, épouse Renée de Sallet, meurt en 1490, laissant un fils, mort sans postérité, chevalier des Ordres du roi, 26 et 27.

Rouxel (Olivier), son frère, 27.

Rouxel (Alain), *idem*, 27.

Rouxel (Jeanne), sœur des précédents, épouse Jean de Silly en 1455, 27.

Rouxel (Gillette), *idem*, épouse : 1° Guillaume de Champvallon ; 2° Gilles d'Avaugour, 28.

Rouxel (Catherine), *idem*, épouse Gilles Badin, sieur de Vaucelles, 28.

Rouxel (Georges), frère des précédents, épouse Catherine d'Escalles, est tué à Guinegate, 28.

Rouxel (Robert), son fils, meurt en 1520, 29.

Rouxel (Alain), *idem*, meurt en 1539, 29.

Rouxel (Isabelle), sœur des précédents, épouse Christophe Goubier, sieur d'Ectot, 29.

Rouxel (Fleury), épouse : 1° Philippine de Sarcilly ; 2° Guillemette de Mathan, 30.

Rouxel (Suzanne), sa fille, épouse Gallois de Montagu, 31.

Rouxel (Jacqueline), *idem*, épouse : 1° Charles Brosset du Chesnay, 2° Philippe de Panthou, 31.

Rouxel (Hélène), *idem*, épouse Gilles de Fribois, 31.

Rouxel (Jacques Ier), leur frère, épouse Françoise de Pierrefitte, 31, 32.

Rouxel (René), son fils, est blessé mortellement à St-Quentin, son mariage et ses galanteries, sa contestation avec le sieur de Calmesnil ; son fils naturel, 32 et suiv.

Rouxel (Georges), *idem*, est tué à Gravelines, 34.

Rouxel (Frédéric), *idem*, épouse Marthe Labbé, 34.

Rouxel (Denis), *idem*, évêque-comte de Lisieux, 419-424.

Rouxel (Anne), sœur des précédents, épouse : 1° Guy du Bouillonné ; 2° Claude Gobé, seigneur de Suresnes, 35.

Rouxel (Jacques II), leur frère, premier baron de Médavy, favori et chambellan du duc d'Alençon, frère de Charles IX, est fait gouverneur d'Argentan, chevalier des Ordres du roi, capitaine de 100 hommes d'armes, conseiller ordinaire du prince et son lieutenant général au duché d'Alençon, épargne les massacres de la St-Barthélemy à la ville d'Argentan, épouse Perronne Fouques de Manetot, meurt en 1607, âgé de quatre-vingts ans, 35-39.

Rouxel (Vincent), son fils, meurt à un an, 39.

Rouxel (François), *idem*, évêque-comte de Lisieux, 425-428.

Rouxel (Jacques), *idem*, grand prieur d'Aquitaine, ambassadeur de l'ordre en France, meurt en 1647, 39.

Rouxel (Françoise), sœur des précédents, morte jeune, 39.

Rouxel (Marie), *idem*, morte à Verneuil, en 1602, 39.

Rouxel (Pierre Ier), comte de Grancey, gouverneur de Verneuil, 57-78.

Rouxel (André), son fils, mort de la peste à Verneuil, 40, 41.

Rouxel (Jacques), *idem*, mort à Verneuil, au berceau, 41.

Rouxel (Henry), *idem*, filleul d'Henry IV, mort âgé de 9 ans, 41.

Rouxel (Guillaume), *idem*, mort jeune, 41, 42.

Rouxel (François), *idem*, archevêque de Rouen, 429-444.

Rouxel (Guillaume), *idem*, comte de Marey, lieutenant général, 187-205.

Rouxel (Renée), leur sœur, marquise de La Londe, 42 et suiv., 495 et suiv.

Rouxel (Charlotte), *idem*, baronne de Castelnau, mère du maréchal de ce nom, 44, 45.

Rouxel (Louise), *idem*, abbesse d'Almenesches, 455-461.

Rouxel (Madeleine), *idem*, abbesse de Gomer-Fontaine, 471. et suiv.

Rouxel (Anne), *idem*, abbesse de Vignats, 467-470.

Rouxel (Guyonne-Scholastique), *idem*, abbesse de Verneuil, 483-514.

Rouxel (Françoise), *idem*, prieure d'Argentan, 45, 46.

Rouxel (Marguerite), *idem*, abbesse de Gomer-Fontaine, 474, 475.

Rouxel (Louise), *idem*, religieuse de Vignats, 46.

Rouxel (Jeanne), *idem*, religieuse de Vignats, 46.

Rouxel (Jacques III), maréchal de France, 109-141.

Rouxel (Georges), son fils, chevalier de Malte, 46, 47.

Rouxel (François et Jacques), *idem*, jumeaux, morts jeunes, 47.

Rouxel (François-Bénédict), *idem*, dit le marquis de Grancey, lieutenant général, 254-277.

Rouxel (François), frère du précédent, dit le chevalier de Grancey, 47.

Rouxel (Marie-Louise), sa sœur, abbesse d'Almenesches, 461 et suiv.

Rouxel (Marie-Françoise), *idem*, abbesse de Vignats, 469 et suiv., et 477-481.

Rouxel (Marie-Bernade), *idem*, abbesse de Verneuil, 514 et suiv.

Rouxel (Claude et Michel), ses frères, 47.

Rouxel (Hardouin), *idem*, dit l'abbé de Grancey, premier aumônier de Monsieur et du régent, 445-456.

Rouxel (Jacques-Charles), *idem*, chevalier de Malte, 47.

Rouxel (Antoine), *idem*, mort à Thionville, 48.

Rouxel (Marie-Anne), sa sœur, morte au berceau, 48.

Rouxel (Marie-Louise), *idem*, comtesse de Marey, gouvernante des enfants de Monsieur et du régent, 339-360.

Rouxel (Marie-Madeleine), *idem*, abbesse d'Almenesches, 463-467.

Rouxel (Marie-Anne), *idem*, abbesse du Parc-aux-Dames, 48.

Rouxel (Louise-Élisabeth), *idem*, dite Mlle de Grancey, dame d'atours de la reine d'Espagne, 363-398.

Rouxel (Marie-Charlotte), *idem*, prieure de Gomer-Fontaine, 48.

Rouxel (Marguerite-Charlotte), *idem*, abbesse du Parc-aux-Dames, 48.

Rouxel (Pierre II), comte de Grancey, lieutenant général, 203-249.

Rouxel (N.), son fils, mort en naissant, 49.

Rouxel (Gabriel), *idem*, chevalier de Grancey, 49.

Rouxel (Louise-Catherine), sœur du précédent, dame d'Oilliamson, marquise de Courcy, 49; son mérite personnel, vers qu'elle inspire à Mme d'Osseville; ses enfants, 238 et suiv.

Rouxel (Henriette), *idem*, dame de Morell, marquise de Putanges, 50; sa réception à Falaise, 240 et suiv.

Rouxel (N.), *idem*, morte au berceau, 50.

Rouxel (Jacques-Madelain), chanoine de Rouen, frère de la précédente, 50.

Rouxel (François), *idem*, deuxième marquis de Grancey, lieutenant général, 297-311.

Rouxel (Louis-François), *idem*, comte de Grancey, chef d'escadre, 245-249.

Rouxel (François-Louis), *idem*, mort au berceau, 51.

Rouxel (Hardouin-Guy et Jacques), *idem*, morts au berceau, 51.

Rouxel (Anne-Guyonne), sœur des précédents, morte jeune, 51.

Rouxel (Jacques-Léonor), maréchal de France, 279-296.

Rouxel (Élisabeth-Victoire), sa fille, marquise de Grancey, 51.

Rouxel (N.), *idem*, morte en naissant, 51.

Rouxel (Élisabeth), *idem*, morte au berceau, 51.

Rouxel (Antoine), fils du comte de Marey, 200.

Rouxel (Claire), marquise de Trichâteau, sœur du précédent, 200.

Rouxel (Françoise), *idem*, abbesse de Bouxières, 200.

Rouxel (Gabrielle-Françoise), *idem*, dame chanoinesse de Rémiremont, 200-201.

Rouxel (Blanche), *idem*, abbesse de St-Jean d'Autun, 201.

Rouxel (Marie), *idem*, comtesse de La Ferrière, 201.

Rouxel (Élisabeth), *idem*, 203.

Rouxel (Joseph), leur frère, comte de Marey, 201 ; épouse Louise de Grancey, sa cousine ; son expédition en Portugal ; est fait mestre-de-camp de cavalerie, se signale au siége de Lille, est tué à Candie, 341 et suiv.

Rouxel (Gaston), *idem*, chanoine de St-Augustin, 203.

Rouxel (Élisabeth), fille du premier marquis de Grancey, épouse le comte d'Hautefeuille ; sa dot, son portrait, sa beauté, sa galanterie, 272 et suiv.

Rouxel de Rouville (Angélique), comtesse de Grasse, 443.

Rouxel (Marguerite), prieure de Vignats, sa vie mondaine, 467-68.

Rouxel (Judith), prieure de Gomer-Fontaine, 458, 459, 471, 472.

Ruyter (l'amiral), commande la flotte hollandaise ; le marquis de Grancey en vient aux mains avec lui, 255 et suiv.

Ry (la commune de), patrie des trois frères Eudes de Mézeray, 7.

S.

Sabran (Mélanie de), marquise de Custine, 107.

Sacey-Tillon (Mme de), ses séjours à Médavy, 316.

Sales (saint François de), ses conseils à une veuve, 313.

Sallet (Renée de), épouse Alain Rouxel, 27.

Sanzay (la comtesse de), ses séjours à Médavy, 316.

Sarcilly (Philippine de), épouse Fleury Rouxel, 30.

Sarcilly (Éléonor de), poète célèbre, neveu de Malherbe, connu sous le nom de Chandeville, présenté à la cour par la comtesse de Grancey; ses poésies, sa mort prématurée, 318 et suiv.

Savoie (le duc de), réception qu'il a faite à la maréchale de Grancey à Turin, 334.

Savoie (le prince Eugène de), recule devant Médavy, à Toulon, 287.

Saint-Aignan (voyez Beauvilliers).

Saint-André-en-Gouffern (l'abbaye de), 426.

Sainte-Aulaire (le comte de), épouse une descendante des Soyecourt, 172.

Saint-Bazile (M. de), président en l'élection de Falaise, 242.

Saint-Évremond, reçu à Péronne par le maréchal d'Hocquincourt, rapporte sa conversation avec le P. Canaye, 159.

Sainte-Hermine (M. de), neveu de Mme de Maintenon, épouse Mlle de Morell de Putanges, 243, note.

Saint-Malo (M. de), ses séjours à Médavy, 316.

Saint-Mandé (l'abbaye de), d'abord château de Fouquet, 478 et suiv.

Saint-Rhémy (Mme de), marraine de Charlotte Rouxel, 44.

Saint-Simon (le duc de), ses mémoires souvent cités, son estime pour la comtesse de Marey, sa parente, 356 et suiv.

Saint-Simon (la duchesse de), sa femme, dame d'honneur de la duchesse de Berry, 357.

Scudéry (Mlle de), son roman du grand Cyrus, son estime pour le poète Chandeville, 319.

Seran d'Audrieu (Charlotte de), comtesse de Grancey, 238.

Sévigné (la marquise de), ses lettres souvent citées, 13 et passim.

Sforzza (la duchesse de), amie de la duchesse d'Orléans, 397.

Sillery (le marquis de), est défait par le maréchal de Grancey, 117.

Silly (Jean de), épouse Jeanne Rouxel; sa famille, 27 et suiv.

Silly (Jeanne de), épouse Louis de Rabodanges, 269.

Sinsanet (le chevalier de), insulte Mlle de Grancey, 380 et suiv.

Sobieski, roi de Pologne, grand oncle de la marquise de Grancey, 305.

Soissons (Anne de Montafié, comtesse de); ses démêlés avec Fervaques, 90.

Somaize, son grand dictionnaire des Précieuses, 183 et suiv.

Sorel (Marie), comtesse d'Hautefeuille, 273.

Stuart (Marie), ramenée en Écosse par Michel de Castelnau, 173.

Stuart (Jacques), dit le chevalier de St-Georges, épouse la petite-fille de Jean Sobieski, 305, note.

Stuart (Charles-Édouard), dit le Prétendant, son fils, *ibid.*

Sue (Eugène), son *Histoire de la marine*, 251, 410.

Sully (le duc de), traite avec Médavy, 67 et suiv.

Sully (Marguerite de), sa fille, duchesse de Rohan, 99.

T.

Tallard (le comte de), rival du duc d'Enghien auprès de la comtesse de Marey, 352.

Tallemant-des-Réaux, ses historiettes souvent citées, 13 et passim.

Tavannes (le vicomte de), avec Médavy, s'empare de Verneuil, 64.

Texier d'Hautefeuille (Gabrielle-Étienne, comte de), épouse Élisabeth de Grancey, sa fortune, son origine, sa descendance, 273 et suiv.

Thibault de La Carte (Philippe), marquis de La Ferté, épouse Mlle de Rabodanges, 271.

Thiboust du Grez (Françoise), dame de Manetot, 38.

Thionville (la ville de), le maréchal de Grancey y reçoit le roi, 128.

Tillières (la comtesse de), marraine d'Henri Rouxel, 41.

Tillières (Catherine de Bassompierre, comtesse de), 493.

Tilly (Marie de), dame de Chambois-Rosnyvinen, 197.

Toulon, Médavy en fait lever le siége au prince Eugène, 287.

Tourny (voyez Aubert).

Trépigny (le sieur de), Médavy l'enlève à bout de bras, enferré de son épée, 64.

Tresmes (le duc de), sa sépulture aux Capucines de Paris, 130.

Tressan (MM. de), évêques du Mans et de Rouen, premiers aumôniers de Monsieur et du Régent, 447.

Trichâteau (voyez Châtelet).

Tromp (l'amiral), Grancey combat contre lui, 257.

Troterel (Pierre), sieur d'Aves, ses poésies, est protégé par la baronne de Médavy et lui dédie ses œuvres, 317, 318.

Turenne (le Grand), sa victoire sur Condé, à Bleneau; griefs d'Hocquincourt contre lui, 151 et suiv.; son estime pour Castelnau, 180.

Turgot de Saint-Clair, sa générosité envers Argentan, 191.

U.

Uzès (N., duc d'), épouse Mlle de Bullion de Fervaques, 106.

V.

Valbelles (le commandeur de), seconde le marquis de Grancey contre la flotte hollandaise, 257.

Valot, médecin du roi, ne croit pas à l'empoisonnement de Madame, 378.

Vallix de Prestal (Nicole), dame de La Rozière, 34.

Vardes (le marquis de), lieutenant général du maréchal de Grancey, 124.

Vardes (le comte de), brillant courtisan, 218.

Vassan (Catherine de), marquise de Morell de Putanges, 244.

Vaudemont (le prince de), cède le commandement à Médavy, 282.

Vauquelin de La Fresnaye et des Yveteaux, 316.

Vaussey-Vaujarry (le sieur de), tue le capitaine Julien, 34.

Vay (Bertran du), docteur de l'Université de Caen, 58.

Vêle (le baron de), tué à Ray-sur-Saône, 116.

Vendôme (le duc de), remplacé par Médavy à l'armée d'Italie, 282.

Veneur (Le); voyez Tillières.

Ventadour (la duchesse de), 97, 98, légataire du marquis de Bullion, 105, dame d'honneur de Madame, 379.

Verneuil (la ville de), 7 et 8 (bataille de), 23; Médavy en est nommé gouverneur, 61, 62; sauvée du pillage par Jacques Godeville, curé de la Madeleine, 65, 66.

Versailles (tablettes historiques de), 6.

Viel des Parquets et de La Vente; leurs démêlés avec le comte de Marey, 190 et suiv.

Viel (Luc), sieur du Theil, anobli en 1634, 213, note.

Vieuxpont (Gabriel de), sieur de Chailloué, 63, note.

Vieuxpont (Louise de), dame des Moutis, 62.

Vieuxville (Alain de La), premier mari de Marie Larçonneur, 24.

Vignacourt (le marquis de), veut entraîner Hocquincourt dans la Fronde, 156.

Vignats (l'abbaye de), 467-470.

Villarceaux (voyez Mornay).

Villars (André de Brancas, marquis de), amiral de France, parrain d'André Rouxel, 40; ami de Médavy, traite avec Sully de la reddition de Rouen, 67 et suiv.

Villars (le marquis de), ambassadeur en Espagne, ses mémoires sur la cour d'Espagne, 388.

Villars (N. de Bellefonds, marquise de), sa femme, ses lettres, 389.

Ville (le marquis de), lieutenant général du maréchal de Grancey, en Savoie, 123.

Villeroy (le duc de), 218.

Visé (de), collaborateur de Thomas Corneille au *Mercure de France* et au *Théâtre*, 439.

Vitry (le marquis de), battu par le maréchal de Grancey, 117.

Vivonne (le comte de), général des galères, 253.

W.

Walckenaër, son opinion sur les lettres de Madame, 372.

Wartigny, maréchal de camp, singulière anecdote sur sa mort, racontée par Saint-Simon, 224.

Weimar (le duc de), son estime pour le maréchal de Grancey, 111.

Wicillopolski (le comte), grand chancelier de Pologne, épouse Mlle de La Grange d'Arquien, 306.

Y.

York (le duc d') commande les forces navales de France et d'Angleterre, 254.

Yver des Rivières (Jacques), son *Histoire du prieuré d'Argentan*, 463.

Yvry (bataille d'), Médavy y est fait prisonnier, 254.

Caen, typ. F. Le Blanc-Hardel.